近代中国的人物形象与记忆塑造

复旦大学历史学系
复旦大学中外现代化进程研究中心
／编

近代中国研究集刊 ● 第十二辑

上海古籍出版社

《近代中国研究集刊》

12

复旦大学历史学系
复旦大学中外现代化进程研究中心 编

编委会
（按姓氏笔画排列）

王立诚　朱荫贵　吴景平　张济顺　张晖明
陈思和　林尚立　金光耀　金冲及　姜义华
顾云深　章　清　熊月之　戴鞍钢

执行编辑　张仲民　张　翼

目 录

编者的话 ………………………………………………………… 1

· 专论 ·

私谊、舆论和政治：刘师培与章太炎关系再研究
　………………………………………… 张仲民　　1
娱乐、政治和形象塑造：汪笑侬与清末上海的戏曲改良
　运动 ………………………………………… 林秋云　56
东方的虚镜：《对西夷文明的一些观察》一书中的
　"东方主义"解构 ………………………… 张　翼　92
"跨年"的逻辑：沈敦和生年问题考 ………… 王思雨　119
《君宪救国论》如何出炉？杨度研究三题 …… 代　维　139

· 新史料 ·

胡祥翰日记 ……………………………… 曾　煜 整理　168
孙德谦友朋手札（一）………… 邹晓燕 整理　钟淇名 校对　272
孙德谦友朋手札（二）………… 齐晓芳 整理　钟淇名 校对　291

· 史实钩沉 ·

辛亥革命之后的"自由"与"柿油党":中华民国自由党考论
.... 石希峤　300

· 书评 ·

发现被塑造者的另面
——读《再造与自塑:上海青年工人研究(1949—1965)》
.... 周永生　344

· 会议综述 ·

"第二届复旦大学近现代史研究生论坛"综述 …… 王艺纯　364
"第三届复旦大学近现代史研究生论坛"综述 …… 刘　鹏　394

编 者 的 话

　　随着新史料不断得到发掘,以及稀见史料的逐步整理、集结与出版,中国近代史中的人物研究取得了长足进展。新史料的涌现,让过去长期未能得到关注的人物或群体进入学者的视野,或是为人们熟知的人物补充上鲜为人知的侧面,修正了既往研究所造成的刻板印象。尤其是通过以往学者未见或是忽略的报刊、往来信札等资料,重构著名人物之间的私谊变化,有助于加深对历史人物立身处世方式及其自我形象塑造的理解。张仲民的《私谊、舆论和政治:刘师培与章太炎关系再研究》利用刘师培刊载于《亚细亚日报》上的"与章太炎书",重新检视了刘师培与章太炎之间的恩怨纠葛。刘师培与章太炎均为中国近代思想史上具有巨大影响力的人物,二人借助报刊舆论而展开的互动为再现清季民初学术、私谊和政治的复杂关系提供了另类的细节材料,有助于我们理解二人的性格差异同其本人政治抉择的关系。刘师培在波诡云谲的清末民初政治场域内趋势善变,多次转换政治立场,甚至不惜出卖、构陷章太炎。尽管章太炎对此不无芥蒂,但他始终基于学术上的欣赏,大体上展现出相当的气度,尤其是在刘登报道歉后,章太炎不计前嫌,与刘言归于好,体现出章太炎作为学人对自身信仰的坚守。二人的互动也为学人在政治压力之下何去何从提供了鉴戒和范例。

　　近代被誉为"第一戏曲改良家"的汪笑侬因一部《瓜种兰因》

而蜚声海内。美国汉学家卡尔·瑞贝卡(Karl Rebecca)用相当后现代的文本分析方法解析了此剧中"波兰"与"土耳其"游移于历史事实与建构之间的符号意义。因傲慢而遭到瓜分的"波兰"一方面作为"亡国"的象征,却同时预示着"人民"在国家废墟上重建民族国家的可能,而瓜分者"土耳其"则因为"同种"的意义而被用来指代不断崛起的日本。这种隐喻的选择展现了中国知识分子如何通过概念化抽取和产生中国民族主义话语的新意和新场域。① 然而这一过程多大程度上是知识分子自觉的记忆塑造行动?或者说是否还有其他现实社会因素推动了此类"时事新剧"的产生?林秋云的《娱乐、政治和形象塑造:汪笑侬与清末上海的戏曲改良运动》试图从汪笑侬的交谊与人际网络出发,论证他成为清末"第一戏剧改良家"实为多方力量营势打造的结果。汪笑侬并非一开始就有明确的思想倾向,他南下抵沪后结识了许多洋场才子,而与这些人的交谊才成为汪排演《党人碑》和《瓜种兰因》等"进步戏曲"的契机,他本人的戏曲改良意识也是在此过程中逐步清晰起来的。所以,戏曲的改良不仅是伶界自发而为,更是当时的洋场报人、趋新势力、革命党人等为了各自诉求参与其中、集体打造的结果。林秋云的研究从文本之外的社会背景对瑞贝卡的观点进行了回应。

汪笑侬的"进步戏剧"选择波兰作为"亡国灭种"的象征符号得到广泛接受,很大程度上是因为其契合了近代中国思想界担忧中国亦走上此种命运的潜意识。许多思想家挪用欧美对于中国人的批判作为警醒,但却也同样使"病夫""睡狮"这样的标签成了自我认识的一部分。这种文化上的"非中心意识"被阿里夫概括为

---

① [美]卡尔·瑞贝卡著,高瑾译:《世界大舞台:十九、二十世纪之交中国的民族主义》,生活·读书·新知三联书店,2008年,第66—67页。

"自我东方化"。① 然而这种文化场域内的权力倒错并非弱势一方独有的现象。张翼在《东方的虚镜:〈对西夷文明的一些观察〉一书中的"东方主义"解构》中介绍的史料《对西夷文明的一些观察,尤以英国为例》就是一种假托"自我东方化"塑造记忆的例子。史料作者美国人斯旺西(Swasey)在这本史料中假托一位中国人的视角,对维多利亚时代英国社会中存在的诸多问题加以批判。斯旺西有意识地在写作中戏仿"东方主义"的写作模式,用西方游客批判中国社会、文化时惯用的套路加诸欧美社会本身,以此主客体倒错的方式达到讽刺效果。尽管这样的表达在形式上是对欧美中心主义的反叛,但斯旺西本人的中国经历有限,他对中国的描绘很大程度上依旧充满欧美优越论者的一厢情愿,是脱离中国历史语境的"东方的虚镜"。因此《对西夷文明的一些观察》一书既是18世纪"中国热潮"的一次回声,又预言了20世纪欧美在经历世界大战后对自身文明的省思。并且书中看似解构了"东方主义"话语,实际上并未摆脱刻板印象的现象,也预示着20世纪批判"东方主义"时面临的困境,以及"后殖民"研究解构的局限性。

近代史人物研究不仅在上述新理论的引入时要小心,在方法论上亦需注意各类时间叙述不一造成的陷阱。王思雨的《"跨年"的逻辑:沈敦和生年问题考》就以沈敦和生卒年为例,提醒读者传统记岁中应注意到"过年增岁"与"周年增岁"两种算法,以及许多人在"官年"上虚报年龄的现象。算法口径不一导致沈敦和的生卒年出现诸多说法,王思雨通过缜密的考证确认了沈敦和的准确生年,同时以此为案例,探讨了人物研究中,在新旧历混用的时代

---

① Arif Dirlik, "Chinese History and the Question of Orientalism" in his *The Postcolonial Aura: Third World Criticism in the Age of Global Capitalism*, Boulder: Westview Press, 1997, p. 113.

需要注意的"跨年"问题。

代维的《〈君宪救国论〉如何出炉？杨度研究三题》一文通过详细的考证，指出过往人们认为杨度因写作《君宪救国论》而被袁世凯赐匾额"旷代逸才"系误传，袁世凯赐匾在1914年而杨度写作《君宪救国论》在1915年，二者并无直接关系。作者认为《君宪救国论》可能存在多个可能的写作时间，但发表时间可大致确定在1915年8月26、27日间。且当时段芝贵并不在湖北，故所谓袁世凯将《君宪救国论》寄给段在湖北印刷传播的说法亦为误传。代维通过精细的考证推翻了过去一直被学者接受的一些错误认识，对于洪宪帝制和杨度研究的推进贡献甚大。

除了以上五篇专论外，本刊还收录三份史料整理、一篇史实钩沉与一篇书评。曾煜抄录、整理了上海图书馆所藏、被误认为是"观海楼日记"的文献，确认其为胡适族叔胡祥翰的日记。该日记自1931年末起至1935年末，主要记录了胡祥翰的读书和交友活动。胡祥翰一生参与多种地方志的编纂工作，他的日记有助于我们了解近代上海的文人结社活动和日常生活。由邹晓燕、齐晓芳分别整理，钟淇名校对的《孙德谦友朋手札》，内容涉及颇广，提供了很多有价值的信息，很有利于民初学术史研究。

石希峤的《辛亥革命之后的"自由"与"柿油党"：中华民国自由党考论》通过对大量报刊史料的考订，为我们复原了民国初年所谓"自由党"的史实。石希峤认为自由党和同盟会之间存在"一合一离"的复杂组织变动，而自由党的所谓机关报《上海民权报》本身也是其"商办党报"计划失败的产物，这两点都有别于以往对于自由党的认识。石希峤还进一步讨论了自由党组织在民初迅速扩张，以及由此造成的党员行为无法得到有效约束，进而引起广泛批评的现象。这些乱象反映在鲁迅的小说中，对历史记忆产生了深远的影响。

周永生的书评《发现被塑造者的能动性——读〈再造与自塑：上海青年工人研究（1949—1965）〉》着重阐发了刘亚娟书中青年工人的"自塑"力量问题。上海的青年工人在解放后并非是单纯受到政权改造的客体，而是在强大的潮流中试图自主地选择自身命运。他们中有些人抓住了新社会给予的机会而走出了不一样的人生，但也有人成为主流所排斥的"阿飞"而遭到打压。无论如何，这些人都在时代大潮中通过自身的选择成为时代的"和声"，而历史学家的责任，便是在这些和而不同的"执拗的低音"中发现被塑造者的能动性。

最后，本刊还收录了第二、第三届"复旦大学近现代史研究生论坛"的会议综述，以便读者了解近年来复旦大学历史学系中国近现代史学科的一些科研、教学动态。

编者

·专论·

私谊、舆论和政治：刘师培与章太炎关系再研究[*]

摘要：借助于一些新出现的材料，本文在清末民初的政治史脉络里对刘师培与章太炎的关系重新进行了检视和考辨，重构了两人通过媒体舆论进行自我展示与互动的有关细节和具体语境，乃至两人交谊变化情况及其背后的现实政治因素影响，藉此展现了刘、章两人的性格、为人与行事风格差异：两人皆非常重视报刊媒体的力量，善于利用舆论发声和进行自我展示，但刘师培好胜多疑、趋时善变，注重一时得失；章太炎则宽厚爱才、特立独行，不屈服于政治或舆论压力。由此导致两人基于相似学术立场的私谊不可避免地成为报刊舆论的消费品，也难以承受政局变动的刺激和考验。

关键词：刘师培，章太炎，端方

作者简介：张仲民，复旦大学中外现代化进程研究中心

---

[*] 本文曾蒙万仕国先生、中国社科院中国历史研究院历史理论研究所张建斌博士和华东师范大学历史学系李文杰教授、中山大学历史学系吉辰副教授、复旦大学历史学系博士生石希峤等指点帮助，并得到《近代史研究》编辑部和匿名评审专家的批评提醒，特此致谢。这里发表的是全文，《近代史研究》2023年第3期发表的是删节版。

研究员暨历史学系教授

说到近代中国学者的善变,少年成名、著作宏富的刘师培肯定要算一个。作为一个饱学之士,刘师培之善变,以及由此引发的争议可谓不断。其中,刘师培同另外一位学术大家章太炎的私人恩怨一直贯穿其中,两人关系演变牵涉面广,与政局变动关系密切,且深受舆论干扰,不但引发时人的高度关注,还吸引了后世不少研究者的兴趣。

因此,有关清末刘师培与章太炎失和暨刘师培背叛革命这个公案,学界已有诸多高质量的研究成果。① 这些研究主要是从革命党的角度对章太炎同刘师培、端方的关系以及刘师培何以背叛革命的角度进行解读(杨天石、曾业英、李红岩、李帆、沈寂等先生文),大家利用了一些新发现的报刊报道,就刘师培夫妇背叛革命的经过和原因、他们同章太炎的矛盾情况以及端方在其中所扮演的角色进行了概括性的复原和解释,连带也涉及章太炎与端方、吴稚晖、张之洞的关系问题及章太炎的革命意志及书生气问题、刘师培与黄侃关系问题(汤志钧先生文)、刘师培与章太炎长期关系的

---

① 有关情况,可参看万仕国编著《刘师培年谱》,广陵书社,2003年,第150—157页;汤志钧编:《章太炎年谱长编(增订本)》上册,中华书局,2013年,第151—152页。相关研究成果可参看:杨天石、王学庄:《章太炎与端方关系考析》,《南开学报》1978年第6期,转见郭汉民主编《中国近代史实正误》,湖南人民出版社,1989年,第430—445页;郑师渠:《章太炎刘师培交谊论》,《近代史研究》1993年第6期,第1—19页;杨天石:《何震揭发章太炎》,《近代史研究》1994年第2期,第264—268页;李红岩:《刘师培何以要背叛革命》,中国社科院近代史研究所编:《中国社科院近代史研究所青年学术论坛·2000年卷》,社会科文献出版社,2001年,第409—432页;李帆:《歧路彷徨——也谈刘师培的政治选择》,《文史知识》2002年第6期,第59—66页;汤志钧:《读〈量守遗文合钞〉——黄侃与章太炎、刘师培》,《南京师范大学文学院学报》2003年第4期,第175—180页;富田昇著,邹皓丹译:《刘师培变节问题的再探讨》,收入复旦大学历史系编《江南与中外交流》,复旦大学出版社,2009年,第328—346页;沈寂:《章太炎与端方关系案》,《安徽史学》2012年第3期,第5—12页,等等。

演变情况(郑师渠先生文)。还有个别学者(日本富田昇先生文)不同意刘师培曾经背叛革命一说,认为刘师培不过是假意投降端方,甚至认为刘师培1908年给端方的万言书系伪造。既有关注点之外,有关刘、章两人关系中的一些具体史实细节、两人交谊的后续演变情况,以及对其周边资料(包括端方档案、周边人记载、当事人言说、报刊时论、后续追忆等)的进一步开拓利用方面,依然有不少可以继续拓展的空间。

最近,刘师培致章太炎的一封道歉信被公布,此信较长,披露信息颇多,因系当事人的现身说法,尽管有公开表演成分,但其史料价值重大,为进一步讨论刘、章关系提供了很好的第一手材料。有学者根据刘师培此信中的自白,为刘师培投靠端方一事进行了更有深度的解释与辩护。① 但刘师培这里的自我表白和标榜不尽可靠,仍有诸多有待发覆之处,笔者亦拟以此为基础,结合学者的既有研究,对刘师培的说辞进行考辨,再利用新出版、新发现的其他若干资料,重新梳理和考察清末民初刘师培与章太炎的交谊,以及双方利用报刊媒介进行的自我展示与互动,乃至相关的后续情况。

一、刘章交恶

1903年,在上海刘师培与章太炎于蔡元培主持下的爱国学社订交,"二君之学术涂径及革命宗旨皆相符合"。② 旋即章太炎因

---

① 参看万仕国《刘师培佚文两篇》,《扬州文化研究论丛》第25辑,广陵书社,2020年,第44—49页;杨婷婷《刘师培变节自述及诗旨发覆:以新发现〈与章太炎书〉为中心》,《中华文史论丛》2021年第1期,第369—397页。

② 钱玄同:《章太炎、黄季刚二君关于刘申叔君文十首》,见南桂馨等编《刘申叔遗书》上册,江苏古籍出版社,1997年影印本,第19页。

为苏报案入狱三年,1906年被释放后远赴日本加入同盟会,主持《民报》,大力宣传排满革命。1907年初,人在安徽芜湖皖江中学堂任教的刘师培接受章太炎邀请,携妻子何震一起赴日,也加入了同盟会,为章太炎主持下的《民报》撰稿,鼓吹排满革命,并与章太炎一起参加了其他激进政治活动。① 但这段时间,同盟会内部矛盾爆发,且因为《民报》经费问题,倍感失望的章太炎对孙中山尤为不满。恰巧暗中本也是革命党人的程家柽受清廷肃亲王善耆、陆军部尚书铁良委派,赴东京分化收买革命党人,阻止其模仿徐锡麟从事暗杀清廷大员活动。程联络同盟会员刘揆一后示意革命党人可以假受招安,"不妨受金,而不为所用。革命党得此巨资,大有利于军事进行"。章太炎认为作为权宜之计,此事可行。② 可能正是从此角度考虑,章太炎此后才委托何震向清廷地方督抚寻求资助。③

1907年底,章太炎被迫辞掉《民报》主笔,这让不满于同盟会的章太炎有了告别政治赴印度为僧的想法,只是此行需要金钱颇多,他本人无力负担:"睹国事愈坏,党人无远略,则大愤,思适印度为浮屠,资斧困绝,不能行。"④为此,他与同住好友刘师培夫妇应有过不少交流,并让即将归国的何震同其亲戚——时任清廷驻长

---

① 参看郑师渠《章太炎刘师培交谊论》,《近代史研究》1993年第6期。
② 参看沈寂《章太炎与端方关系案》,《安徽史学》2012年第3期,第6页。
③ 而根据周作人的回忆,当时湖北留日学生打算翻译东亚同文会1906年出版的《支那经济全书》,因该套书调查中国社会经济情形非常详细,情报价值极大。此事获得湖广总督张之洞的支持,特意拨款赞助。其中部分款项为许寿裳负责管理,曾被用来替章太炎主持的《民报》社垫付罚款,"救了太炎的急难"。不知道章太炎向张之洞求助跟此事有无关系。周作人:《知堂回想录》,香港三育图书有限公司,1980年,第227页。
④ 黄侃:《太炎先生行事记》,原见1913年8月《神州丛报》第1卷第1册,转自湖北省人民政府文史研究馆校订《黄季刚诗文钞》,湖北人民出版社,1985年,第30页。

崎领事、张之洞女婿卞绥昌联系,①让卞向张之洞说项以换取资助,"所托诸事,务望尽力"。②但张之洞此时已调离湖广总督,转到北京担任兼管学部的军机大臣,人恰好在南京的卞绥昌得知这一消息后,就近告诉了因为徐锡麟事件而极为警惕留日学生革命问题的两江总督端方,让何震到南京同端方接洽。1907年11月25日,章太炎得知何震赴南京交涉的消息。③ 12月29日,章太炎从何震复信中得知刘师培由东京返回上海的旅行"甚苦",刘已经不再计划赴南京而是打算就地在上海代章太炎同端方交涉,章太炎遂建议何震、刘师培可以托人在南京的旧友杨文会帮忙,"密致杨仁山书,令其转圜"。④而稍早回国的妻子何震,已在南京与端方联系完毕返回上海迎接刘师培回国。

在上海停留期间,刘师培夫妇与旧友柳亚子、邓实、黄节等人曾两次雅集,互相唱和,并一起参与了南社创立的活动。⑤ 暗中,刘师培夫妇也在为章太炎、苏曼殊赴印度为僧获得端方资助事进行奔波。⑥ 当然,刘师培夫妇这样做也有为自身考虑的因素:有老

---

① 据何震自谓,何震之兄何誉生与时任清廷驻长崎领事卞绥昌"亲善",故章太炎才托何震帮忙。参看万仕国编著《刘师培年谱》,第125页。何震或许并不知晓黄侃与卞氏及张之洞关系。卞绥昌为著名学者卞孝萱族叔,官宦家庭出身,与刘师培同属仪征人,曾长期担任清廷驻日公使随员,卞家与黄侃一家有姻亲关系,卞绥昌之弟绥昌为黄侃姐夫。而黄侃为湖北官宦子弟,其父为理学名家,与张之洞有旧交,黄侃曾去拜访过张之洞,并得其欣赏资助赴日留学。有关卞本人及其家族情况,以及黄侃经历和交游情况,可参看卞孝萱口述、赵益整理《冬青老人口述》,凤凰出版社,2019年,第96—110页;汪辟疆:《悼黄季刚先生》,《制言半月刊》第4期(1935年11月1日),第1—7页。
② 章太炎:《与何震、刘师培》,马勇整理:《章太炎全集·书信集》上册,上海人民出版社,2017年,第142页。
③ 同上书,第143页。
④ 同上。
⑤ 参看万仕国编著《刘师培年谱》,第126—128页。
⑥ 苏曼殊丁未十月二十三日致刘三(季平)信中曾说:"前太炎有信来,命曼随行,南入印度。现路费未足,未能豫定行期。"苏曼殊:《与刘三书》,柳亚子编:《苏曼殊全集》第1卷,当代中国出版社,1995年,第123页。

母随行的刘师培在东京经济窘迫,计划由日本返回上海居住,这均需要金钱支持。①

而何震之前到南京同端方接洽的结果自然是获得积极回应,端方答应资助刘师培夫妇可以继续返回日本活动。作为回报和答谢,刘师培遂在上海致函端方,就如何镇压、收买革命党一事为之出谋划策,且主动输诚表示自己愿意放弃反满立场,充当朝廷暗探,侦查、破坏革命党的活动。② 不过这封信的最后部分,刘师培也在端方面前力保章太炎,高度评价章太炎学问之余,还为其何以从事反满革命行为进行辩护,"特以未冠以前,嗜阅野史,遂倡民族主义"。刘师培这里并揭出章太炎主持《民报》事及其与革命党的矛盾情况,指出章太炎主张反满革命并非内心所愿,同样"系党人迫彼使为",眼下章太炎打算"往印度为僧","惟经费拮据,未克骤行",刘师培希望端方赦免章太炎的罪行,"助以薄款,按月支给",好让章太炎改过自新,"则国学得一保存之人,而革命党中亦失一绩学工文之士"。刘师培且请求端方为此事保密。③ 但刘师培这

---

① 据此时同为刘师培夫妇、章太炎好友的苏曼殊丁未十月二十九日在上海致密友刘三信中所语可知:"申公(即刘师培,引者注)有意明春返居沪渎,以留东费用繁浩,且其老太太远适异国,诸凡不便故也。"苏曼殊:《与刘三书》,柳亚子编:《苏曼殊全集》第1卷,第123页。对刘师培经济窘迫情况的分析,可参看万仕国编著《刘师培年谱》,第147页。

② 参看刘师培《1908年上端方书》,此万言书原被洪业公布于《大公报·史地周刊》(1934年11月2日,第11版),收入万仕国辑校《刘申叔遗书补遗》下册,广陵书社,2008年,第943—948页。关于刘师培此信的真假一直存有争议,有关的分析和考订,可参看高良佐《论刘师培与端方书》,《建国月刊》第12卷第4期(1935年4月),第1—11页。后续的补充纠正,可参看富田昇《刘师培变节问题的再探讨》。而据当时同刘师培有密切关系的钱玄同所言,钱本人曾于周作人处亲自看到过这封刘师培致端方信原件,认为笔迹的确出自刘师培之手,"阅此始知其讲社会主义时已做侦探也"。钱玄同1932年8月21日日记,杨天石主编:《钱玄同日记》中册,北京大学出版社,2014年,第876页。

③ 参看刘师培《1908年上端方书》,收入万仕国辑校《刘申叔遗书补遗》下册,第948页。

里获得端方按月支给章太炎出家费用的许诺却未被章太炎接受。章太炎在1908年1月30日致刘师培、何震的复信中表示:"领事按月支款之说,万难允从。"他希望刘师培能为之转圜为"先付三分之二,不则二分之一"的条件,否则即拒绝。① 章太炎这样的要求自然也为端方拒绝,这意味着刘师培夫妇为章太炎前后奔走获取端方资助的努力宣告失败。

1908年2月中旬返回东京之后,刘师培夫妇继续从事无政府主义宣传与提倡世界语活动之余,开始离间章太炎和革命党的关系,希望能迫使章太炎早日脱离革命党。凑巧的是,这时何震与其表弟汪公权的奸情为章太炎识破,章太炎遂将此事告诉刘师培,但却让好名、惧内、多疑的刘师培愈加不信任此时正极力反对世界语的章太炎,两造之间的裂痕进一步扩大。②

4月中旬,汪公权与刘师培、何震夫妇放出章太炎将要放弃《民报》笔政出家为僧的消息,并致信《二六新闻》《申报》等媒体让其刊发。敏感的《申报》驻东京记者立即在《申报》上发布了有关内容:

> 主持《民报》社之章炳麟现已经请南京某僧来东受戒,决意出家,《民报》事从此绝不顾问。自谓被捕七次,坐狱三年,身世茫茫,正不知如何结果,大有废然自返之意,党中人颇愤恨之。③

稍后,《时报》亦发表了类似报道:"据确实友人信,言《民报》社主

---

① 章太炎:《与何震、刘师培》,马勇整理:《章太炎全集·书信集》上册,第144页。
② 参看张仲民《种瓜得豆:清末民初的阅读文化与接受政治》,社会科学文献出版社,2021年,第311—353页。
③ 《东京通信·章太炎出家》,《申报》1908年4月14日,第2张第4版。

笔章太炎已延南京某僧来东受戒,决计出家,从此不问世事云。"①

《申报》《时报》等报的报道马上为章太炎得知,他立即致信《申报》等媒体反驳,《申报》随即发表了此驳斥声明。章太炎于声明中除揭发刘、何、汪三人构陷自己之外,还批评何震女权思想激烈,并直斥何震表弟汪公权为刘章矛盾的症结所在,反驳之中也为刘师培留了转圜余地:

> 近日党派纷争,宪党已微,女子复仇党又思乘机而起,彼辈宗旨虽与吾党无大差池,而志在揽权,其心极隐。《二六新闻》前登程家柽事,本属虚诬,其意并不在程家柽,欲因此以倾覆《民报》,故中有《天义报》《民报》优劣一段事。《二六新闻》明著送稿者为刘光汉,使吾辈知其语所由来。刘君本非险诈之徒,惟帐下养卒陈(原文如此,当为"汪",引者注)公权者,本一势幻小人,以借贷诈骗为务。刘君素无主张,一时听其谗言,遂至两家构衅,诚可浩叹!闻彼辈亦曾送稿贵同人,言鄙人种种灰心事。其意只欲取而代之耳。鄙人近仍在《民报》办事,拟重新整顿一番。至于削发为僧,本与此事绝无关系,月照尚可作尊王攘夷事,况我辈耶?若谓从此入山,摈弃世事,则今日并无山可入也。一切谗言,愿勿听纳。此问近安。章炳麟白。②

面对章太炎的辩驳,刘师培夫妇却不愿就此罢手,仍希望让章太炎声名狼藉,为此不惜自揭曾充当章太炎和端方之间联络人的秘密。因之,何震专门致密函于章之论敌吴稚晖,向其提供章太炎

---

① 《东京通信·章太炎受戒作僧》,《时报》1908年4月17日,第3页。
② 《东京通信·章炳麟仍办〈民报〉》,《申报》1908年4月21日,第2张第2版。

通过刘师培夫妇与端方联络的五封信,藉以揭发章太炎与清廷大员已经暗通款曲,以及章太炎抨击《新世纪》主张无政府主义的事实。① 何震在信中还火上浇油,特别说到"东方无知之革命派受其(指章太炎)影响,亦排斥无政府主义及世界语",②以此加深主张世界语和无政府主义的吴稚晖对反对世界语的章太炎之敌意。此外,刘师培夫妇还迁怒于寄居其家的苏曼殊,迫使苏曼殊搬出。如苏曼殊自陈:"太少两公又有龃龉之事,而少公举家迁怒于余。余现已迁出,漂泊无以为计。"③随后刘师培夫妇伪造《炳麟启事》在《神州日报》上发表:

> 世风卑靡,营利竞巧。立宪革命,两难成就。遗弃世事,不撄尘网,固夙志所存也。近有假鄙名登报或结会者,均是子虚。嗣后闭门却扫,研精释典,不日即延高僧剃度,超出凡尘。无论新故诸友,如以此事见问者,概行谢绝。特此昭告,并希谅察。章炳麟白。④

从启事内容看,与之前所引《申报》上发布的内容相接续,刘师培夫妇直接模仿章太炎口气表达悲观心情,示意章氏对革命事业已经灰心丧气,将要出家归隐。刘师培夫妇希望通过这样的手段造出既成事实,逼迫章太炎脱离《民报》社,不再反清排满。刘师培

---

① 参看杨天石《何震揭发章太炎》,《近代史研究》1994 年第 2 期,第 264—268 页;又可参看《章炳麟与刘光汉及何震书五封》,转见吴稚晖《吴稚晖全集》卷八,九州出版社,2013 年,第 313—316 页。

② 《何震与吴稚晖书》(1908 年 4 月 21 日),万仕国辑校:《刘申叔遗书补遗》下册,第 1019 页。

③ 苏曼殊:《与刘三书(戊申四月八日)》,柳亚子编:《苏曼殊全集》第 1 卷,第 128 页。

④ 《炳麟启事》,《神州日报》1908 年 5 月 24 日,第 2 页;汤志钧编:《章太炎年谱长编》(增订本)上册,第 152 页。

与何震二人这种借用舆论造势、伪造章太炎发声的策略,不但让章太炎受到革命党阵营中吴稚晖等论敌的诋毁,还连带落下"背叛革命党"充当"满洲鹰犬"的恶名,①其影响一直延续到民初(详后)。

刘师培夫妇如此操作,让此时对章太炎非常不满的蔡元培都感觉"太不留余地","枚叔末路如此,可叹可怜"。②而对于章太炎同样借助舆论力量在《申报》上的声辩,蔡元培认为章太炎本已在《神州日报》的广告中(即前引刘师培夫妇伪造之《炳麟启事》,在发表时间上,《申报》其实在前,《神州日报》启事在后,引者注)声明对外来质疑不再答辩,却于《申报》中食言为自己再次声辩,"其言尤为无聊",并对吴稚晖来函表示不再针对章太炎此函"作答"的说法表示赞同。③不过,吴稚晖在收到何震揭发章太炎与清廷联络的五封书信后,忍不住又针对章太炎此声辩进行批评,认为这是章太炎为自己投靠清廷一事故意狡辩:"证据俨然在五书之中,始知无可抵赖,乃作书于《申报》馆,以'日僧月照亦谈革命'等,支吾其词。"④

在制造革命党内讧暨与章太炎发生矛盾的这段时间,刘师培通过清廷驻日留学生监督田吴炤与端方保持电报联络,并由此渠道获得端方资助。如通晓内情的时人之言:"田伏侯时为留学生监督","据云申叔与午桥往来文件,皆由彼作介"。⑤而一档馆留存

---

① 参看杨天石《何震揭发章太炎》,《近代史研究》1994年第2期,第268页。
② 蔡元培:《复吴敬恒函(1908年6月下旬)》,收入中国蔡元培研究会编《蔡元培全集》第十卷,浙江教育出版社,1998年,第67页。
③ 同上。
④ 参看《章炳麟与刘光汉及何震书五封》,转见吴稚晖《吴稚晖全集》卷八,第314页。
⑤ 参看《卢慎之致梅鹤孙书札一通》,参看杨丽娟整理《学海遗珍:仪征刘氏家藏书札笺注》,广陵书社,2014年,第210页。

的端方档案,内中即有田吴炤就刘师培计划归国事与端方来往的电报。电报内容表明,刘师培通过何震(即电报中所言的何桢)的中介让驻日留学生监督田吴炤在光绪三十四年九月十八日(1908年10月12日)致电端方,表达其希望归国之意,并请代为询问归国费用问题:"南京制台:柱,何桢来言,申叔定计归国,曾经切禀,稍有累,求助成行,盼复至切。嘱电陈,求速复。"①四天后(光绪三十四年九月二十二日),端方回电田吴炤,称刘师培所需费用已于八天前汇出,请其转告刘:"东京使署田监督:柱,申叔八数日前已由叶志道函汇,祈转告。"②

1908年10月中下旬,刘师培由日本东京回到上海活动,开始帮助端方搜集革命党人的情报,"始真为侦探矣"。③ 但随着其出卖革命党一事被舆论曝光,自保为上的刘师培不得不于1909年4月赴南京公开投奔江督端方,④之后追随转任直隶总督的端方北上天津。刘师培背叛革命、公开入端方幕府一事颇为时论关注,纷纷对此加以关注报道。⑤ 倾向革命的上海《神州日报》则专门刊出讽刺小说《书生侦探》,讥笑刘师培"是国粹党而新充南洋侦探者"。⑥ 激进的《民呼日报》直接模仿刘师培口气和文风发表《拟刘光汉新擢直督随带赴任禀》,挖苦羞辱刘师培甘作"南洋秘密侦探"和端方"沐恩门生","烈性消磨于五百薪金,汉玉秦铜主义变

---

① 田吴炤:《为何桢来言申叔定计归国事自东京致端方电报》,一档馆藏端方档案,27-01-002-000183-0109。
② 端方:《为申叔八数日前已由叶志道函汇事致东京留学生监督田吴照电报》,一档馆藏端方档案,27-01-001-000137-0221。
③ 参看陶成章《浙案纪略》,收入汤志钧编《陶成章集》,中华书局,1986年,第364页。
④ 参看万仕国编校《刘师培年谱》,第172页。
⑤ 参看《五光十色之刘师培》,《时报》1911年5月25日,第3页;《端督随员》,《大公报》1909年7月31日,第2版。
⑥ 参看《滑稽小说·书生侦探》,《神州日报》1909年2月9日,第1页。

半生铁血,只图温饱,久甘为社会狐狸"。① 连比较亲政府的《大公报》也对刘师培脱离革命党入端方幕府事进行讥评:

> 徐锡麟,安庆之候补道也,而竟革恩铭之命。刘光汉,著名之革命党也,而竟入某督之幕。乃最相反之事而竟以一身兼之,论者鲜不以为怪而不知非也。今之志在入幕者,无不以革命为终南之捷径,即今之热心革命者,无不以入幕为最后之目的。放眼前途,革命乎? 入幕乎? 直一而二,二而一也。②

稍后激烈的戴季陶更是挖苦刘师培为"水性杨花之志士",为了功名利禄而投靠清廷:"非向主张革命提倡社会主义者乎? 而今则仅不过因一四品京堂数百月薪,遂全变其旧日之气概,忘其旧日主义焉。"③徐兆玮后来在看了《民立报》等报刊上登载的幸德秋水被杀害的报道后,将之与刘师培变节一事进行对比道:"日本社会党幸德秋水之死,中西各报皆详纪其事,幸德不幸而传矣。刘申叔在日本亦极力提倡,而利禄熏心,中途改节,能无愧杀?"④

二、章太炎的努力

刘章交恶之后,章太炎曾请汪东、刘揆一等人帮助说和未成,⑤仍在试图挽回与刘友谊,还致信前辈学者孙诒让请其调解:

---

① 《拟刘光汉新擢直督随带赴任禀》,《民呼日报》1909 年 6 月 12 日,第 2 页。
② 《革命党入幕》,《大公报》1909 年 7 月 29 日,第 2 张。
③ 参看戴季陶(天仇)《水性杨花之志士》(原刊上海《天铎报》1910 年 12 月 12 日),收入桑兵等编《戴季陶辛亥文集》上册,香港中文大学出版社,1991 年,第 358 页。
④ 参看徐兆玮 1911 年 2 月 4 日日记,李向东等标点:《徐兆玮日记》第 2 册,黄山书社,2014 年,第 1147 页。
⑤ 参看杨天石主编《钱玄同日记》上册,第 129 页。

仪征刘生（旧名师培，新名光汉，字申叔，即恭甫先生从子），江淮之令，素治古文《春秋》，与麟同术，情好无间，独苦少年气盛，喜受浸润之谮。自今岁三月后，馋人交构，莫能自主，时吐谣诼，弃好崇仇。一二交游为之讲解，终勿能济（以学术素不逮刘生故）。先生于彼则父执也，幸被一函，劝其弗争意气，勉治经术，以启后生，与麟戮力支持残局，度刘生必能如命。偻偻陈述，非为一身毁誉之故，独念先汉故言，不绝如缕，非有同好，谁与共济？故敢尽其鄙陋以浼先生，惟先生稍留意焉。①

可惜孙诒让未收到信时即已去世，而刘章交谊终至决裂。其实按照当时刘师培在端方幕府的得意情形看（详后），即便孙诒让致信刘师培劝解，也难有效果。

　　难得的是，刘师培入端方幕府之后，为学术也为私谊考虑，章太炎仍希望刘能迷途知返，特意致信刘师培，信中回顾两人交谊和学术志趣，"与君学术素同，盖乃千载一遇"，希望两人不要因为薄物细故和外人挑唆而致决裂："中以小釁，蕲为仇雠，岂君本怀？虑亦为人诖误。"章太炎接下来提醒只能舞文弄墨的刘师培不要相信端方的示好之举，端氏为人实多疑，"外示宽弘，内怀猜贼"，只是将刘师培投闲置散，任意驱使，如此太浪费刘师培的才华，将来还会有灾祸潜伏，"猜防积中，菹醢在后"。章太炎这里认为自己与刘师培惺惺相惜，"艺术素同，气臭相及"，建议刘能考虑到现实和家庭情况，听信自己劝告，"挈身远引"，甚至可以"佯狂伏梁"，避

---

① 章太炎：《与孙仲容书》，见南桂馨等编《刘申叔遗书》上册，第23页。

开"凶人牵引",专心学术,这样"先迷后复,无减令名"。① 对于章太炎的良言相劝,刘师培并未理会。② 反倒是章太炎又因此背上恶名,一些革命党的舆论传言他同刘师培,"和好如初,且受端方委任,担任解散革命党,及充常驻东京之侦探员"。③

与章太炎对刘师培看法类似的还有刘师培另一好友蔡元培。当蔡元培收到吴稚晖揭发刘师培背叛革命的来信及所附证据后,就在回信中表示刘师培虽然"确是老实,确是书呆",但有"好胜""多疑""好用权术"三个毛病。接下来蔡元培分析刘师培由于性格上的这些弱点导致与章太炎失和,只是不曾想到他居然会公开投靠端方,甘作密探出卖革命党:

> 在申叔,未免好用其所短。然此等性质,充类至尽,亦不过于自党中生冲突而止,万不料其反面而受满人端方之指挥,且为之侦探同党也。弟初见《书生侦探》小说,即疑之。然彼报未几即自行取消。弟尚以为在疑似之间。一月前,得钟君宪鬯来函,有云:近来风云大变,素日同志,改节易操者,盖多有之,如刘申叔辈,其尤甚也云云。钟君素不妄语,弟于是始知申叔之果变节。及后见《民呼日报》,两载端方携其亲信之书记陶保濂主政、刘师培孝廉赴北洋云云,则彼又公然入端方之幕矣。

对刘师培寄予极高期望的蔡氏不理解"何以变而一至于此",但心

---

① 参看章太炎《与刘光汉书七》,收入南桂馨等编《刘申叔遗书》上册,第23页;马勇整理:《章太炎全集·书信集》上册,第140—141页。
② 参看万仕国编校《刘师培年谱》,第177—178页。
③ 参看《章炳麟与刘光汉及何震书五封》,转见吴稚晖《吴稚晖全集》卷八,第317页。

存忠厚的他仍为刘师培行为进行辩护,认为刘师培假戏真做,或能成为打入满清内部的"徐锡麟第二",藉以为自己洗刷耻辱,蔡元培希望吴稚晖乐观看待此事,不必过早下定论,"此亦先生所谓与进与洁之意也":

> 最后之希冀,或者彼将为徐锡麟第二乎?徐君当将到安徽之时,其刎颈交攻之颇剧烈。后来之事,大出意外。然则论定一人,非到盖棺时竟有未可质言者。①

字里行间,不难发现蔡元培对刘师培的爱惜之情和回护之意。②只是昔日被友朋称为"支那少年""东方卢梭"的刘师培此时已面目大变,③前者对之"徐锡麟第二"的期待无疑是一厢情愿。

这时原来将刘师培、何震引为同道,"热诚与之交通"的吴稚晖虽然对于刘师培出卖革命党、公开投入端方幕府一事深恶痛绝,但认为系何震幕后教唆刘师培:"惟刘本痴人,无所作为,况现已明作幕僚,肆恶为难。"④

---

① 蔡元培:《复吴稚晖函(1909年8月21日)》,中国蔡元培研究会编:《蔡元培全集》第十卷,第72—73页。
② 钱玄同后来曾致信郑裕孚说:"自癸卯至己未十七年间,对申叔终无恶意及非议者,惟蔡公而已。"之后,钱又致信蔡元培说:"先生对于申叔之交始终不渝,不以其晚节不终而有所歧视。"参看《钱玄同致郑裕孚(1934年3月30日)》(二)、《钱玄同致蔡元培(1936年7月5日)》,刘思源等编:《钱玄同文集》第6卷,中国人民大学出版社,1999年,第187、277页。
③ 因为刘师培1903年曾出版过《中国民约精义》一书,以卢梭的民约论(即社会契约论)主张来重新梳理若干中国传统经典与思想家,试图藉此诠释和建构出中国本土的民权传统,所以当时一帮友朋称赞他为"东方卢梭"。曾与章太炎、刘师培、梁启超等人均为好友的吴君遂即写诗形容刘师培:"人言病夫老大,我见支那少年。东方卢梭有几,申叔夫子最贤。"见吴稚初《怀人诗》,收入吴保初著、孙文光点校《北山楼集》,黄山书社,1990年,第75页。该诗也被收入梁启超《饮冰室诗话》,人民文学出版社,1982年,第84页。
④ 参看吴稚晖《鳞鳞爪爪(十六)》,收入《吴稚晖全集》卷八,第85—86页。

1911、1912年之交，四川兵变情况及端方被杀的消息不断见之于报端，而一起追随端方入川的刘师培也生死不明，①于是章太炎不念旧恶、不顾非议，于1911年12月1日的《民国报》上公开发表《章太炎宣言》赞扬刘师培学问，借机为其声辩，求取革命党宽恕：

> 今者文化陵迟，宿学凋丧，一二通博之材如刘光汉辈，虽负小疵，不应深论。若拘执党见，思复前仇，杀一人无益于中国，而文学自此扫地，使禹域沦为夷裔者，谁之责耶？②

继而，担心刘师培人身安全的章太炎又联合蔡元培在1912年年初的《大共和日报》上连续发布《求刘申叔通信》的共同署名广告，希望能依靠舆论的力量联络到刘师培，确保其安全无忧：

> 刘申叔学问渊深，通知今古，前为宵人所误，陷入藩笼。今者，民国维新，所望国学深湛之士，提倡素风，任持绝学。而申叔消息杳然，死生难测。如身在他方，尚望先一通信于《国粹学报》馆，以慰同人眷念。章炳麟、蔡元培同白。③

另外一个旧友张恭虽曾因刘师培出卖被捕入狱，④但他同样很佩

---

① 稍后还有媒体传出刘师培同端方在资州已经一起被杀的消息。参看《刘光汉随端方入川，闻在资州已同端一起被杀》，《时报》1912年1月23日，第1页。
② 转见汤志钧编《章太炎年谱长编》（增订本）上册，第220页。
③ 章太炎、蔡元培：《求刘申叔通信》，《大共和日报》1912年1月16日，第1页论前广告。该通信也被收入中国蔡元培研究会编《蔡元培全集》第二卷，第5页。该通信又见汤志钧编《章太炎年谱长编》（增订本）上册，第220页。
④ 参看经盛鸿《刘师培出卖张恭时间小考》，《文教资料》1997年第5期，第79—80页。

服刘师培的学问,不计前嫌在杭州专门致电上海《神州日报》《新闻报》《时报》等报馆,效法章太炎等人刊布声明求知情者帮忙与刘师培联络:

《神州报》转各大报馆鉴:
　　故人刘申叔学问渊深,性情和厚。自戊申冬间一别,闻其转徙津鄂,信息杳然。前者为金壬朦蔽,致犯嫌疑。现在民国维新,凡我同人,正宜消除意见。所有知其寓址者,代为劝驾,惠然来归。或先通信于杭州祠堂巷庄君新如处,以慰渴念。金华张恭叩。①

稍后,人在安庆安徽都督府任职的刘师培旧友邓绳侯(艺孙)、李光炯(德膏)、陈独秀(陈仲)等人也响应章太炎、蔡元培请四川当局释放刘师培的呼吁,以安徽都督府秘书科名义集体致电临时大总统孙中山,恳请其"宽宥"刘师培当年变节之过:

大总统钧鉴:
　　仪征刘光汉累世传经,髫年岐嶷,热血喷溢,鼓吹文明。早从事于爱国学校、《警钟报》、《民报》等处。青年学子读其所著书报,多为感动。今之共和事业得以不日观成者,光汉未始无尺寸功。特惜神经过敏、毅力不坚,被诱金壬,隳节末路。今闻留系资州,行将议罚。论其终始,实乖大法;衡其功罪,或可相偿。可否恳请赐予矜全,曲为宽宥。当玄黄再造之日,延读书种子之传,俾光汉得以余生,著书赎罪,某等不啻身受大

---

① 《共和民国之紧要电报》,《神州日报》1912年1月18日,第1页,此材料蒙万仕国先生惠示;《公电》,《新闻报》1912年1月18日,第1张第2版;《杭州电》,《时报》1912年1月18日,第2页。

法矣。谨此布闻,伏待后命。

皖都督府秘书科邓艺孙、洪海阎、汪津本、李德膏、陈仲、卢光诰、冯汝简、吕嘉德、李中一、龙炳等谨叩(安庆来电)。①

受到各方援助刘师培呼吁的影响,教育部和总统府也分别致电四川都督府和资州军政署方面,督促四川军政当局释放刘师培,护送其到南京。② 事实上,此前刘师培在成都已被释放,各方对其的拯救举措只是更加有利于其之后的安全而已。旋即,刘师培即被四川都督尹昌衡聘为新成立的四川国学院"院副",开始在成都任教一年半的生活。③

此时的章太炎不但公开通过舆论发声拯救刘师培,在政坛上的表现也非常活跃,被身边人视为"奇货可居"。④ 这时他高票当选为新成立的政团中华民国联合会会长,还充任新创办的该会机关报《大共和日报》社长,积极参与各种政治活动,就各种现实问题不断公开表达政见。他对孙中山和同盟会推行的一系列政策与作为尤其不满,有诸多批评指责。如章太炎认为从政体角度看不应将总统实权虚化,又批评孙中山和同盟会太过在乎一党私利,不惜制造同光复会旧人的党争,乃至企图保留黄兴为南京留守以南京为基地对抗中央,还批评南京民国临时政府率尔采用阳历的做法。另一方面,章太炎赞成促成清廷退位的袁世凯组织"临时全权政府",主张建都北京而非定都南京,支持袁世凯的中央集权行为,

---

① 原电见《临时政府公报》第 2 号(1912 年 1 月 30 日),"电报"第 14 页。该电又见桑兵主编、赵立彬编《各方致孙中山函电汇编(1895—1912.2)》第 1 卷,社会科学文献出版社,2012 年,第 304 页。

② 《又电云》《又致成都电云》,《时报》1912 年 2 月 1 日,第 2 页。两电又见万仕国编校《刘师培年谱》,第 208 页。

③ 参看万仕国编校《刘师培年谱》,第 211 页。

④ 丁文江、赵丰田编:《梁启超年谱长编》,上海人民出版社,2009 年,第 373 页。

甚至主张同盟会"销去党名",以配合袁世凯的集权举措。其中章太炎针对据传打算派人暗杀自己的黄兴的批评尤为激烈,称其是打仗屡战屡败的"败保"(类比于清廷派去镇压太平军、屡战屡败的清军将领胜保),材具"中庸",徒有虚名,且其担任南京留守期间犯下滔天罪恶,可谓之为民贼。①

章太炎这些率性言行大有利于袁世凯而不利于革命党一方,且公开彰显了革命党内部的严重分歧,自然招致孙中山、黄兴及诸多同盟会会员的极大不满。② 他们亦通过报刊舆论围击章太炎,企图去制造章太炎早已声名狼藉、其言行无足轻重的形象。针对章太炎"主都北京反对南京"的主张,激烈的《天铎报》专门刊发评论,旧事重提,挖苦章太炎当年为贪图钱财投靠端方,充当清廷侦探,如今并无资格对民国政事说三道四:

> 奈之何倡都北京、斥都南京者,乃一平日有学无行以十万金充端方侦探之某社长乎?呜呼!以端方侦探而竟学人谈国事!鹰武(鹦鹉)能言,不离飞鸟;猩猩能言,不离禽兽。记者

---

① 有关民初章太炎这些言行的大概情况,可参看汤志钧编《章太炎年谱长编》(增订本)上册,第 215—233 页。对于章太炎这些言行立论的根据,时为章氏爱徒的钱玄同非常了解内情,并于十年后有分析:"看《太炎最近文录》,此均民国元年时代,章师对于政治的意见,其中多悖于进化潮流之论,在不知当时情形者观之,必大不满意,或且诋师为媚袁亦未可知。然师在当时忽发此等议论,实有下列四等之原因:一、师熟于中国历史,而于历朝之典章制度尤所究心,故其政论不免有笃旧之倾向。二、师为倡单调的种族革命论者,对于共和政体本非所满意。三、辛亥以前革命党中,光复、同盟两会早已互相仇视,师与光复党接近,对于孙黄诸人感情素恶。四、陈英士暗杀陶焕卿之事,师所最切齿痛恨者。以是种种原因,于是发为文章反对阳历,反对建都于南京,反对学法政之新进,甚至于反对约法……若习闻师平日之见解言论,又深知当时党中情形,则对于此等偏激之谈,必能曲谅。"钱玄同 1922 年 1 月 2 日日记,杨天石主编:《钱玄同日记》上册,第 384 页。
② 章太炎激烈的言论让清遗老郑孝胥都觉得出格:"均是盗也,章子可谓盗之狂者也。"郑孝胥 1912 年 9 月 20 日日记,见劳祖德整理《郑孝胥日记》第 3 册,中华书局,2005 年,第 1434 页。

多见其不自量也。①

另一份同盟会系的报纸《中华民报》1912年3月5日号则发表有《民国之文妖》,该文同样攻击章太炎当年在日本时通过刘师培等人同张之洞、端方联络旧事,暗示其已降清:"假手下绋昌、刘光汉辈,以通款曲于张之洞、端方,同受虏廷之饶遗。"② 戴季陶更是牢牢抓住章太炎这个辫子不放,不但在《民权报》重新发表当年何震揭发章太炎的五封通信,还加有按语强化何震揭发信之内容确凿,并屡屡以此作为证据批评章太炎收受端方资助、同刘师培沆瀣一气、已经背叛革命的事实,同时大力批判为章太炎辩护的黄侃及其主持的《民声报》。③ 在抨击时,戴季陶挖苦章太炎为"狗彘不食",直斥其为袁世凯"走狗""国民公敌","竟不惜假政府之力,以摧残民党",与刘师培同样堕落。④ 之后,同为同盟会报纸的《民主报》更是接连发表三篇评论"讨民贼章太炎"。该系列第一篇是针对章太炎对黄兴的批评所作的辩护和反驳,第二篇是针对章太炎主张的废除总理职位、解散革命党等主张的反驳。⑤ 第三篇则是从历史角度列举身为"民国之贼"的章太炎出狱到日本以后的八大罪状,其中第三条即是"充端方侦探,至卖友邀功"。⑥ 而《民立报》社论认为早应把章太炎"置之疯人院中",此议后又受到《太平洋

---

① 重公:《咄咄侦探,亦有谭国事之资格耶?》,《天铎报》1912年2月29日,第2版。此处引文又见万仕国编《刘师培年谱》,第213页,字句略有出入。
② 此处引文转见万仕国编《刘师培年谱》,第213页。
③ 参看戴季陶(天仇)《非民声之〈民报〉》《章炳麟之丑史》(原刊《民报》),收入桑兵、黄毅、唐文权编《戴季陶辛亥文集》下册,第833、842—844页。
④ 参看戴季陶(天仇)《哀章炳麟》(原刊《民权报》1912年5月2日),收入桑兵等编《戴季陶辛亥文集》下册,第828、829页。
⑤ 快:《讨民贼章太炎一》,花铃:《讨民贼章太炎二》,《民主报》1912年9月19日,第10页。
⑥ 快:《讨民贼章太炎三》,《民主报》1912年9月20日,第2页。

报》的支持。①

受到章太炎言论的拖累与同盟会围剿章太炎舆论的影响,连其爱徒黄侃也想与章太炎决裂。如同盟会员、《太平洋报》总编辑叶楚伧质问黄侃是否在故意挑拨章太炎与同盟会关系时,黄侃回信自辩说,他同样认为章太炎出言随意,让人无法忍受,所以一度打算公开撰文批评章太炎,却被同为章门弟子的汪东阻止。叶楚伧随机将此信公开刊发于自己主持的《太平洋报》,以此显示章太炎为师不尊,连爱徒黄侃都已经与之决裂的现实:

前日侃往见章君,值其寝疾,略与辩论,不暇详谈。然此公性本绝人,而又惑于肤受,故不留余地如此。昨拟一稿,欲付报刊。旭初过此,谓侃曾执梃门下,一旦(原文为且,当误,引者注)相攻,殊伤雅道。要之章君乖僻处,已为世所共知,无俟鄙人更为表暴。至鄙人初意,本欲以危语劝其稍敛锋芒,不图适增忿激。不善言之,咎则有之矣。果为挑拨与否,当听社会之公评与日后之定论。此时宜无汲汲自白也。②

这时媒体又传出袁世凯有意让章太炎担任即将成立的国史馆馆长(时人误会为国史院院长)的消息。自我感觉良好的章太炎自觉能担任此职,所以私下写信请弟子钱玄同帮忙推荐浙江"史才":

项城有意修清史,属为物色史才(大抵项城平日政尚武断,名士不附,今亦借此以收物望耳)。史才难得,即寻常文笔

---

① 转见留民《斥章太炎》,《太平洋报》1912年9月20日,第2页。
② 《黄季刚覆叶楚伧书》,《太平洋报》1912年4月18日,第9页。

雅健综核者亦能("能"该为"难"才更符合原意,引者注)胜任。至于作志,则经师转为近之。浙材尚有何人?望一一称举为要。①

为阻止此任命,同盟会广东支部在报刊上公开发通电揭发章太炎旧日历史,抨击其并无资格担任所谓的"国史院长":

  章炳麟乞前充满奴端方侦探,泄漏民党秘密,笔据确凿,尚存本处。忽闻拟委国史院长,如此重大事件,委诸佥壬之手,势必颠倒是非,摇惑万世。同人誓不承认。②

《太平洋报》则以《章痴子放枪》为题攻击章太炎为"神经病",认为其不能有选举权,也不应该担任临时大总统的高等顾问。③ 非惟面临这类苛刻言论的围剿,章太炎一度还遭到暗杀警告,亲同盟会的《民立报》对章太炎甚至做了"并无正当政见,惟以詈骂同盟会、毁诬同盟会为最得意之事"的定性。④

面对这些报刊的批评攻击,之前曾因《苏报》案成大名,又因主持《民报》而与民党争议频出的章太炎此时无疑已经成为报刊舆论的消费品和牺牲品。众口铄金,民国初年章太炎在政治上比较有争议的言行,包括他昔日与端方联络、所谓枪逼国务总理唐绍

---

① 《章太炎与钱玄同函(1912年5月1日)》,马勇整理:《章太炎全集·书信集》上册,第217页。
② 《不让章炳麟为国史院院长》,《民立报》1912年5月12日,第3页。该电被收入汤志钧编《章太炎年谱长编》(增订本)上册,第233页。另,杨天石、王学庄两先生的《章太炎与端方关系考析》文所引用该文出处为《民权报》1912年5月11日,该报为笔者所未见。
③ 素:《章痴子放枪》,《太平洋报》1912年5月21日,第7页。
④ 《唐蔚芝与章太炎》,《民立报》1912年5月19日,转见汤志钧编《章太炎年谱长编》(增订本)上册,第232页。

仪、要枪击张謇和熊希龄等人、刊布征婚广告等事,均导致他成为媒体舆论消费炒作的对象。后来京沪媒体间还制造出关于章太炎的诸多八卦议题,说其打算离婚、纳妾、已经自杀等。这段时间章太炎的舆论形象非常不佳,他最终也未能出任国史馆馆长一职。

如此情势,导致章太炎对媒体言论非常警惕。5月底,他曾致信报刊同业组织"报界俱进会"进行自辩和提醒:

> 京城报馆三十余家,大抵个人私立,取快爱憎,以嫉妒之心,奋诬汙之笔。其间虽有一二善者,而白黑混淆,难为辨别。都城斗大,闻见易周,然其信口造谣,甚于齐谐志怪……此种报章,南方各报,亦多见及。望弗以亡是乌有之谈,传为实录,则幸甚。①

不但如此,章太炎后来屡屡告诫其夫人汤国梨警惕报馆和报人,甚至宣称:"报章喧传离婚之言,乃进步党人有意离间,此辈无赖成性。吾近亦不看报,苦劝同人亦不看报,盖报纸无一实情也。(必不得已,北京有《顺天时报》略可看。)"又断言:"今报馆谣言,市人妄语,一概当置之勿听。"②

话虽如此,章太炎本人还是非常善于借助媒体舆论发声,正像前引他针对刘师培、何震所造谣言进行辟谣的做法一样,他的一些政见和学术观点也主要通过报刊媒体发表。曾担任过《民报》主笔的章太炎甚至自己也办报纸(如《大共和日报》)、办杂志或指导学生办报,凡此均可见他对于媒体舆论重要性的认识。

---

① 《章太炎致报界俱进会书》,《太平洋报》1912年5月27日,第7页。该函又载于《大共和日报》等处,被收入马勇整理《章太炎全集·书信集》上册,第596页。

② 两则引文分别见《章太炎与汤国梨函(1913年10月17日、1915年4月8日)》,马勇整理:《章太炎全集·书信集》下册,第679、710页。

同样在上海和日本有过丰富媒体从业经历的刘师培(曾出任《警钟日报》主笔、《申报》主笔、《国粹学报》作者、《天义报》创办人兼主笔、《衡报》创办人兼主笔、《河南》杂志总编等)对于报刊舆论功用的认识亦相当清楚,故此他也非常善于借助舆论发声,其绝大多数学术文章和政见均是借助报刊发表公布。有时为了扩大其论述的影响力,刘师培不惜一稿多发,①甚或不惜借助媒体生造谣言、推波助澜以达目的,如前述刘师培、何震为了离间章太炎与革命党关系之所为。民初即便流落到成都,刘师培也曾利用当地报刊《公论日报》发表同新结交的当地闻人吴虞进行唱和的五言诗三首与论学文字。②而当他得知吴虞因为与《公论日报》意见不合,且"无暇求学",打算辞去该报主笔专心读书之时,③刘师培劝吴虞"勿辞《公论报》社事",吴虞答以"川人知识芒昧,于近处法学尚不能研究,真难与言",刘师培则劝吴虞不要灰心,因为十年前"南人程度"亦如此,"今日则固不怪矣","川人到南人程度尚待十年后"。④不过吴虞仍然辞去了主笔之职,稍后刘师培在和吴虞交谈时,又提醒其"标知雄守雌主义",为吴虞"深然之"。⑤诸如此类,均可见刘师培对报刊作用的重视情况。

---

　　① 如其《劝告中国人士宜速习世界新语》一文,该文作者署为"仪征刘氏",曾刊《时报》1908年11月26日、27日、28日,均在第1页;又刊于《中外日报》1908年11月27日、28日、29日,均在第2张第1版;该文还刊于《神州日报》1908年11月26日、27日,均在第4页。该文稍后又被刘师培寄到烟台《渤海日报》(1909年2月17日,第1张第2、3版)发表,署名是"申公来稿"。此文亦被收入万仕国编《刘申叔遗书补遗》下册,第1237—1243页。
　　② 参看吴虞日记1912年3月11日、13日条,见中国革命博物馆整理《吴虞日记》上册,四川人民出版社,1984年,第34页。
　　③ 参看吴虞1912年4月29日、5月3日、21日、6月10日、11日等日日记,见中国革命博物馆整理《吴虞日记》上册,第39、40、43、47页。
　　④ 参看吴虞1912年6月19日日记,见中国革命博物馆整理《吴虞日记》上册,第48—49页。
　　⑤ 参看吴虞1912年6月22日日记,见中国革命博物馆整理《吴虞日记》上册,第49页。

当然,由上情况也可管窥媒体舆论在近代中国所具有的重要地位和所扮演的复杂角色。媒体舆论的发达一方面让读书人有了更多的发表、表演空间和获得信息的渠道,一方面不可避免地让他们成为被窥伺、被展示、被批评、被征引、被消费的对象,章太炎、刘师培都难免陷入此窠臼。饶是如此,他们还是不断同报刊发生关系,将之作为自己表演的舞台和发声的通道,藉此影响或改变时人观感。

三、刘师培的道歉信

当刘师培看到章太炎、蔡元培联名刊布要求他联络的广告后,对于章太炎这样不计前嫌主动营救自己的义举,刘师培应该非常感动。自然,刘师培也能从报刊的报道中知晓章太炎的言行动态,以及了解同盟会系的报刊对章太炎的讨伐情况。作为当事人,他自然明白时论所指责的章太炎为端方间谍事之真相为何。或许是希望化解与章太炎的矛盾,或许是因为良心上的不安与感激,或许是因为双方有着类似的文化立场,①或者因其所坚持的"知雄守雌主义",或者兼而有之,不管如何,好名的刘师培终于放下身段,于1912年4月17日(即三月朔日)主动致信章太炎,借以回应章太炎广告寻人的厚谊,同时兼报平安,表谢意。信中刘师培对以往两人的矛盾情况进行了解释与道歉,并自述昔日惨状,表示自己受人诱导和胁迫才投靠端方,情非得已,希望章太炎能够明察体谅,双方重归于好。原信颇长,但内容重要,以下原文照录:

---

① 刘师培也同章太炎一样反对民国政府废除旧历、改用公历,为此甚至于民国元年一月撰写长文表示自己意见。参看万仕国编校《刘师培年谱》,第208—211页。

太炎先生执事：

　　往昔惧民溢尤，谝佞善言，梼（原文作"捣"）昧弗察，凶怒愤兴。上乖君子惩（原文作"澄"）忿之贞，下违晋阳佩韦之训。远复祗悔，匪一日矣。惟是兆云询多，以变节易度相诬。至以燕人刘景宣（原文作"宜"）昆季事，移被藐躬。长此弗昭，乾坤几息。

　　夫八年亡命，丧乱末资，公所知也；家室勃溪，交相谪诮，公所睹也。顾乃任重力少，希张言微，赀（原文作"訾"）业有限，诱窃官金。始衿齐给，终罹胁持，其罪一也。《衡报》既封，孑身如沪，希情作述，不能引决自裁，至为赵椿林、洪述轩甘言所蛊。困株入幽，三岁不觌，其罪二也。惟抵沪而后，思误浃旬，秋枚、千里，佥可咨询。逮及北征，履弗逾阈，无结引旁驰之务。俭德避难，好爵不縻，政党时论，曾无一字。清吏积疑，伺察日加。虽葱灵挈轴，楼台荐棘，弗是过也。少侯、蛰仙，颇悉厥况；津署幕僚，见闻尤审。若夫证段昭以无罪，促吴昆使速飏，厥谵尤昭，遑云佝德。

　　近岁室如悬磬，靡异旅东。故友李光炯去夏招游滇南，中途殄资，复为端方迫致，牵率西行。然繇鄂抵渝，闲约日严，闭置幽室，坚禁独行。巴渝人士，类能言之。迹其百忧之罹，仰展史册，殆寡拟方。昔公旦礼葬，天动风雷；启縢省书，流言终白。夫公旦才美，自逊弗侔。至于艰贞晦明，内难正志，旦身遘悯，万弗逮一。乃周郊偃禾，未闻表异。天道偏颇，固如是乎？自婴诽谯，久拟自明。顾清廷咫尺，言出祸随。又左右前后，罔弗为端方作耳目。中怀郁勃，潜托咏歌，去岁所槧《左盦诗》，可覆按也。今者诸夏光复，不失旧物。本拟迅赴秣陵，躬诣众议院法庭，申述枉抑。积疑既白，退从彭居。惟蜀都东南，夺攘儴仍。彼都学人，因以讲学属文相稽。近则陈兵清途,行旅无闳。东征有期,弗逾二旬,晤言匪遥,祈公释怀。

至于覃精著书,三载若一。《左氏》经例,豁然通贯。赓续旧疏,业逾十卷。又《尚书》古文、《周官》旧谊,近儒诠释,往往纰谬,诤补所及,亦有成书。子史之属,日事勘雠;剖泮泯棼,书达百种。亦欲萃集大成,希垂善本。顾以录副鲜暇,稿存武昌,烽燧之余,存亡弗审。夫新故更贷,群雄攘意。愚款乔儓之夫,袁克侵蜂之辈,往昔缘循偃仰,柔若蒲苇,蹙运而兴,金膺胡福。弟则捐弃井乡,振发蒙瞶,百苦毁家,隘穷不悯。卒之谤毁丛积,文字佚湮,天命所定,奚假怨訧?惟邦无惇史,直道无存,斯岂国家之福哉?

又往者敬午诸君,系身沪狱,同人窜伏,鲜复介怀。弟独奔走忘寝,丐贷讼金,律师既延,遂免缧绁。今则持彼浮言,严词相苴。渠淳散朴,一至于斯,当亦公之所深慨也。余俟面罄,书不宣心,并询子民先生近祉。光汉顿首。三月朔日。①

有意思的是,刘师培把这封私信公开发表在风评尚可的北京《亚细亚日报》上,②而非影响更大也更商业化的上海报纸上,这显然是此时尚身陷逆境中的刘师培有意操作,其意图不仅在于为昔日投靠端方、出卖章太炎一事向章太炎道歉,或许更主要的,是藉

---

① 刘信见《刘申叔与章太炎书》,连载于《亚细亚日报》1912年6月4、5、6日,均在第7版。本处的引用文字辨正,参考了杨婷婷、万仕国的研究。参看杨婷婷《刘师培变节自述及诗旨发覆:以新发现〈与章太炎书〉为中心》,《中华文史论丛》2021年第1期,第371—373页;万仕国:《刘师培佚文两篇》,《扬州文化研究论丛》第25辑,第44—48页。

② 该报初创时比较稳健,立场偏于维护政府,不过于袁世凯筹划称帝时,该报成为其御用机关报,臭名昭著,不得不于袁世凯去世后关张。但袁世凯复辟帝制前,严复曾对熊纯如说及北京各报皆无可观,唯该报稍佳:"复向于报章,舍英文报外,不甚寓目,北京诸报,实无一佳,必不得已,《亚细亚报》或稍胜也。"严复:《与熊纯如书(二四)》(1915年6月19日),王栻主编:《严复集》第3册,中华书局,1986年,第624页。

舆论影响向处于政治中心的北京各界进行解释与辩白,展示自己昔日投奔端方的不得已之处。

但从该信的具体内容看,刘师培之言狡辩成分颇重,态度有欠真诚。信中他不但未坦诚认错,还刻意自我表彰革命业绩,即所谓的"八年亡命",将降清一事委过于他人诱惑与环境逼迫(家庭矛盾与经济窘迫),认为自己"变节"系被"诬",这显然是刘师培在开脱罪责,完全不顾他投靠端方时曾秘密贡献"弭乱之策十条"的事实。① 因为刘师培明白章太炎等人并不知道他当日曾向端方上万言书献媚的事实(刘师培此信被公布是在 1934 年),②所以才敢公然说谎。

进而刘师培在致章太炎信中又大言不惭说自己追随端方入北洋之后,并未实心为其卖命,只是沉潜学术,"政党时论,曾无一字",因此引发端方怀疑,暗派密探侦查自己行迹。有关情况,孙毓筠(少侯)、汤寿潜(蛰仙)以及端方直隶总督幕府中同僚等亲历者均可作证。此后自己生活窘困,一如昔日旅居东京之时。刘师培这样的说法,其实是为了回应此前章太炎致刘师培信中对端方多疑性格的认知。刘师培这里显然故意隐瞒和遗忘了昔日他同端方之间的密电往来与酬唱应和,以及他曾向端方献计献策仿照湖北、苏州先例在南京创办存古学堂以抗衡新学的故事。③ 同时,刘师

---

① 参看刘师培《1908 年上端方书》,已经被收入万仕国辑校《刘申叔遗书补遗》下册,第 946 页。

② 何海鸣(求幸福斋主)当时在《大公报》上读到刘师培此信后评论刘师培昔日向端方所贡献的"十条"弭乱之策道:"则真荒谬绝伦,丑态百出。今日阅之,尤其为申叔浑身大起肉疙瘩也。"参看求幸福斋《阅刘师培与端方书所感》,《东南日报》1934 年 12 月 15 日,第 4 张第 13 版。

③ 刘师培:《刘师培致端方诗稿》,一档馆藏端方档案,27 - 02 - 000 - 000046 - 0001;刘师培:《为振兴国学庶尊孔爱国之词克以实践即正人心息邪说之功事致端方信函》,一档馆藏端方档案,27 - 02 - 000 - 000046 - 0002。后一封信即刘师培《上端方书》,已被收入南桂馨等编《刘申叔遗书》下册,第 1729—1730 页。

培也刻意忽略了端方即便从直隶总督任上被免职后仍然十分看重刘师培的事实,其证据之一即是端方在同权贵名流宴饮交游时,刘师培也经常为座上宾。①

接着刘师培自陈为了脱离端方掌控而努力的旧事。1911年夏,昔日在安徽皖江中学堂任教时的旧友李光炯此时正于云贵总督李经羲幕府任职,约刘共游滇南。由于缺乏旅费,自己中途又被端方所迫,不得不经由湖北进入四川。途中被端方管束甚严,"闭置幽室,坚禁独行",自己虽然不满,"自婴诽讟,久拟自明",但无可奈何,只能"潜托咏歌"。上述遭遇,时人皆可作证,刚出版之《左盦诗》中也有类似心迹自陈。接下来,刘师培自我表白说当初中华民国成立时,自己也支持革命,"至于艰贞晦明,内难正志","诸夏光复"后,自己本打算到南京众议院法庭为自己辩护,澄清此前有关投靠清廷传言,然后隐居专事著述:"本拟迅赴秣陵,躬诣众议院法庭,申述枉抑。积疑既白,退从彭居。"但鉴于四川位置偏僻,距离南京(秣陵)路途遥远,战火纷飞,旅行不便,未能及早成行,不得不滞留成都讲学为生。近期治安状况好转,自己打算离开四川东归,同章太炎当面相见有日,"祈公释怀"。

此信结尾部分,刘师培向章太炎讲述了自己近三年勤于著述及其因武昌起义导致被毁的情形:"覃精著书,三载若一。""剖泮泯棼,书达百种。""顾以录副鲜暇,稿存武昌,烽燧之余,存亡弗审。"②由此引发出他对个人身世命运不幸和史道不存的感慨:"卒之谤毁丛积,文字佚湮,天命所定,奚假怨詿?惟邦无惇史,直道无

---

① 郑孝胥1911年4月25日日记,劳祖德整理:《郑孝胥日记》第3册,第1318页。
② 刘师培不但著述亡佚,其藏书也被毁。如钱玄同日记载,当钱通过邓实(秋枚)知道湖州学者戴望藏书后辗转归刘师培所有,但因刘师培跟随端方入蜀,"置书于鄂渚,及武汉事起,全毁灭矣。惨矣"! 参看钱玄同1912年12月3日日记,杨天石主编:《钱玄同日记》上册,第244页。

存,斯岂国家之福哉?"

同时刘师培这里也对正受章太炎抨击的黄兴(字克强,一字廑午,号庆午、竞武)表示不满,认为黄兴当年(1904年底)因牵涉万福华行刺王之春案被捕入狱,无人为之善后,是自己东奔西走(实际是刘师培、林獬即林万里筹集重金,聘请律师高易为之辩护),花费金钱才将其救出,黄兴却听信流言,痛骂自己背叛革命,对此情况,想必有过类似遭遇的章太炎会有同感。最后刘师培请章太炎代为向共同登报营救自己的蔡元培致谢。

信末刘师培重新使用旧日反满革命时的"光汉"署名,更是别有深意在。刘师培想借此表明自己一贯反清的立场,以及希望唤醒章太炎昔日同刘师培一起倡导反满革命记忆的心机。①

若我们结合其他有关材料,可以明显发现刘师培此信中的自道虽不乏歉疚成分,但夸张虚饰之处同样不少,真正意图在于为自己当年降清及寄生于端方幕府事进行辩解。故为表白心迹,刘师培于辩护中屡屡对端方和清廷加以讨伐,这恰从反面彰显了刘师培自辩时的急切心情,乃至为此不惜歪曲、抹杀事实的做法。事实上,刘师培暗中投奔端方后,即以"叔"为笔名,为其时正被端方手下上海道蔡乃煌控制的《申报》撰写了数篇时事评论,②为清廷统治政策进行鼓吹和辩护。③ 出卖革命党事发后,刘师培不得不公开进入端方幕府避祸,随即受到端方高度礼遇,"同学少年均艳羡

---

① 关于刘师培使用"光汉"一名的意义,可参看钱玄同《刘申叔先生遗书总目》,收入南桂馨等编《刘申叔遗书》上册,第5页。

② 参看《达赖喇嘛与西藏》,《申报》1908年11月4日,第1张第2版;《闻太皇太后升遐惊悼谨书》,《申报》1908年11月17日,第1张第4版;《论谣言之害》,《申报》1908年11月25日,第1张第3版;《论本埠商界举行国哀》,《申报》1908年11月26日,第1张第3版;《论日美协约后东方之时局》,《申报》1908年12月17日,第1张第2版。这些文章后皆被收入万仕国所编《刘申叔遗书补遗》中。

③ 《为拟接〈申报〉尊处出款四万便可办成望速定议事致盛京将军赵尔巽电报(光绪三十三年)》,一档馆藏端方档案,27-01-001-000166-0053。

之",纷纷走刘师培门路,希望其能将之绍介或引荐于端方。①

1911年初,此前被端方保举为学部咨议官的刘师培按照惯例请都察院代奏,②希望清廷参照之前顾炎武等三大儒入祀孔庙的先例,③将东汉大儒贾逵也入祀孔庙,"呈称东汉大儒贾逵学行卓绝,请从祀文庙"。④ 此事旋即引起舆论和时人关注,《新闻报》曾有针对刘师培此奏的评论,历数刘师培昔日激烈多变的历史,连带披露其妻何震同汪公权的私情以及刘师培个人的性格弱点,揭发刘师培投靠端方充当清廷侦探侦查革命党诸事,最后直斥刘师培此奏是"异想天开","竟欲表彰贾逵从祀文庙,贾逵有知,能无痛哭于地下耶"?⑤《天铎报》则发表评论揭露刘师培旧日立场多变的"恶历史",认为"自知得罪于全社会"的刘师培在投靠清廷"敛迹"两三年后,"忽然抛头露面",呈请表彰汉儒贾逵,其原因在于刘师培希望借表彰贾逵一事"标榜声誉",洗刷昔日恶名,"思乘间运动保举""硕学通儒"上位,因此视其为"革党之败类,贾逵之罪人"。⑥

尽管遭到舆论的指责,刘师培希望清廷表彰贾逵的提议却得到被他视为仇敌的章太炎认可。章太炎在写给钱玄同的信中直接

---

① 《刘申叔孝廉之知遇》,《时报》1909年7月11日,第3页。参看梅鹤孙《青溪旧屋仪征刘氏五世小记》,上海古籍出版社,2004年,第50页。
② 清末立宪时期,都察院自谓自身功能可比之于西方之"上议院",向清廷要求:"如有士民上书者即由都事厅呈递,酌量代奏,以通上下隔阂之情,而收集思广益之效。"清政府"颇以为然,已允筹商办理"。《都察院议准士民上书》,《盛京时报》光绪三十三年二月十六日,第2页。
③ 参看《773》,中国第一历史档案馆编:《光绪朝上谕档》第34册,广西师范大学出版社,2008年,第191页。
④ 《交旨》,《大公报》1911年5月19日,第1张;《谕旨》,《申报》1911年5月24日,第2版。
⑤ 《表彰贾逵之刘师培》,《新闻报》1911年5月18日,第1张第3页。该语后又见之于《五光十色之刘师培》一文结语,该文刊载于《时报》1911年5月25日,第3页。
⑥ 《刘师培恶历史》,《天铎报》1911年5月25日,第3版。

表达了他对刘师培意见的支持，并对报刊舆论围剿刘师培一事表示不满：

> 申叔请贾侍中从祀，虽近顽固，实无罪于天下，而报章极口骂之。则不知前日请三遗民从祀者，何以独蒙赦宥也。爱憎之见，一往溢言，等之儿童戏语而已。①

在章太炎看来，之前顾炎武、黄宗羲、王夫之三大儒已经成功入祀孔庙，②不见时论责难，现在却针对刘师培贾逵入祀孔庙的提案进行批评，时论明显是标准不一，厚此薄彼。章太炎这里的打抱不平除了显示他同刘师培的若干文化立场与学术立场依然取径略似之外，还表明章太炎看人取其长、忽略其短的认知。正如章太炎在致张謇信中引用《老子》"是以圣人常善救人，故无弃人。常善救物，故无弃物"自喻："每以老子'常善救人'为念，苟有寸长，以为不应记其瑕适。昔于仪征刘申叔尝申此旨矣。"③

可以说，较之章太炎的宽厚大度，刘师培此信中的表述则显得有些不够坦诚，其中的自我辩护与他当年写给端方的投诚密信格调类似，同样是将自己的行为归为受外来影响，归咎于环境的逼迫和他人的诱导。如在1908年初的《上端方书》中，为了获得端方宽恕和信任，刘师培如此陈述自己受到革命党影响及其思想转变历程：

---

① 《章太炎与钱玄同函（1911年8月30日）》，马勇整理：《章太炎全集·书信集》上册，第209页。
② 关于清末三大儒入祀孔庙的情况，可参看段志强《孔庙与宪政：政治视野中的顾炎武、黄宗羲、王夫之从祀孔庙事件》，《近代史研究》2011年第3期，第120—133页。
③ 《章太炎与张謇函》，该信原见《大共和日报》1912年1月20日，转见马勇整理《章太炎全集·书信集》上册，第547页。

> 适时值艰虞,革命之说播于申江,揭民族主义为标,托言光复旧物。师培年未逾冠,不察其诬,窃以中外华夷之辨,默合于麟经。又嗜读明季佚史,以国朝入关之初,行军或流于惨酷,辄废书兴叹,私蓄排满之心。此虽由于《苏报》之激刺,然亦以家庭多难,泯其乐生之念,欲借此以祈遄死也。至沪以后,革命党人以师培稍娴文墨,每有撰述,恒令属草。然仅言论狂悖,未尝见之行事也。嗣蔡元培诸人设暗杀会于上海,迫师培入会……及前岁之冬,孙文居东京,创立同盟会……时师培居芜湖,以事苻沪,蔡元培、黄兴又以入会相诱胁,并以皖省革命事相嘱。然师培居芜湖岁余,实未敢公为叛逆之举,惟党人密谋知之较审耳……东渡以后,察其隐情,遂大悟往日革命之非。①

从上述表达中明显可以看出刘师培诿过于人的表达特色,将自己的举动皆归因于自己年少无知与家庭悲剧,加上友朋误导。由该自述,我们亦不难发现刘师培急于表现和善变、趋炎附势的行事风格,或者这即其所谓的"知雄守雌主义"真义所在。

饶是如此,刘师培此信仍有珍贵的史料价值,它不但填补了刘章交往过程中的一个重要空白,即刘师培自己如何看待和记述刘章关系及其背叛革命一事,还为我们了解刘师培投奔端方之后的情况提供了第一手的材料。经由其现身说法,我们可以更方便地管窥刘师培的心路历程变化和人生遭际情况,非常有利于把握他的为人处世方式与性格特征。

根据后续情况看,刘师培的道歉信应该获得了此时正在极力

---

① 参看刘师培《1908年上端方书》,收入万仕国辑校《刘申叔遗书补遗》下册,第943—944页。

反击同盟会报刊指责的章太炎的谅解和认可,这从章太炎 1912 年 6 月 6 日公开发表的致浙江统一党支部的电报可知。在电文中,章太炎针对此前同盟会各报攻击他充当端方间谍一事反驳道:

> 同盟南北诸报皆举端方事件,以为攻仆之词,其实不值一哂,请为诸君道其原委。仆自抵东办报,亲戚故旧,音问俱绝。后见同盟会渐趋腐败,愤欲为僧,以求梵文于印度。又与安南、朝鲜诸学生立亚洲和亲会,闻印度革命党才高志坚,欲裹粮以从之,得所观法。于是假贷俱绝,惟南皮张孝达有一二日之旧游,后在东京关于文学教育诸事,亦尝遗书献替。张于革命党素无恶感,不得已告贷焉。其书嘱长崎领事卞某(即前引卞綍昌,引者注)带归,卞即张之婿也。卞回国后,不敢请通,私以语端方,遂居为奇货,反嘱卞来告,其言十万金、五万金者,皆凭虚饵人之语。仆亦欲达初志耳,何论出资者为端为张!而端遂欲致之鼓山(福建岛)、普陀等处,仆遂决意不受。对敌之言,自有开合张弛,同盟会人遂云仆作侦探,然则黄兴出洋留学,亦端方特与官费,其侦探耶?非耶?……①

从此回复中可以看出,章太炎这里将批评矛头仅指向同盟会,只提及另一中介人卞綍昌,全然不提当初身为自己与端方联络人的旧友刘师培夫妇,正是知情者刘师培夫妇四处揭发造谣,让章太炎背上投靠清廷嫌疑,并被论敌作为把柄。② 如今面对同盟会中人重

---

① 该电原见《越铎日报》1912 年 6 月 6 日,原文未见,转引自曾业英《章太炎与端方关系补正》,《近代史研究》1979 年第 1 期,第 320—321 页。引文标点略有更易。该电又见汤志钧编《章太炎年谱长编》(增订本)下册,第 721—722 页。唯文电内容稍有出入。

② 参看杨天石、王学庄《章太炎与端方关系考析》,转见郭汉民主编《中国近代史实正误》,第 430—445 页。

提旧事,章太炎大可借此良机将自己昔日遭刘师培夫妇陷害的情形公开披露。但在这个关键时刻,章太炎仍刻意选择回护刘师培的立场,在电报中顾左右而言他,避免使人联想及刘师培背叛革命的旧事,并明言求助于端方或张之洞不过是一种策略问题,同盟会中人不必深文周纳,否则黄兴等类似受过端方等达官资助的革命党人将面临同样处境。① 章太炎此处别具深意的表达,或可被视为他对此前刘师培这封致歉信的公开回应,恰如曾业英先生之论:"骨子里隐藏着他包庇刘师培的动机。"② 因此,面对刘师培这封公开信,章太炎应会感到安慰,也应会复信刘师培表示认可其解释与道歉,可惜有关信件内容我们今日已不得而知。

1912年10月,章太炎、梁启超、马相伯、严复曾打算模仿法兰西学院的模式发起函夏考文苑,拟定的入选名单应该反映出不少章太炎的影响,其所推重的刘师培、孙毓筠等人,以及得意门生黄侃、钱夏(玄同)等均在列,其中刘师培的特长标记为"群经",应该体现了章太炎对刘师培学术特色的推崇。③ 函夏考文苑之议最终

---

① 章太炎此处的表达获得了《神州日报》的认可,该报也发表评论进行呼应,认为这样揭人隐私、肆意谩骂的行为,"实不免有伤忠厚","此端一开,将恐牵涉革命巨子不少矣!何则?昔之主张革命者,惟一之目的只在革命,小德出入,尽人难免,此无可讳者。章因党见不同,在东京出同盟会发生冲突,彼此互相攻击,此留学界中所共知者。某报所揭章之事,即当年人之窃以攻章者。然章之攻人,亦自有其理由事例在。使章之党亦如某报之攻章者以攻之,是因某报之攻章以开启端,而将害及其他之革命伟人矣。某报为自护其党计,固亦不宜出此。故吾劝某报以政见争,决不可涉及私事"。参看黄花《正告同业》,《神州日报》1912年5月6日,第1页。《神州日报》对章太炎的维护遭到戴季陶的反击,参看戴季陶《正告〈神州报〉》《告〈民声〉、〈神州〉两报之最后语》(原文分别刊于《民权报》1912年5月7、9日),收入桑兵等编《戴季陶辛亥文集》下册,第847、848—849页。另:此处《神州日报》评论为杨天石、王学庄两先生文最早注意。参看杨天石、王学庄《章太炎与端方关系考析》,转见郭汉民主编《中国近代史实正误》,第438页。

② 曾业英:《章太炎与端方关系补正》,《近代史研究》1979年第1期,第322页。

③ 有关情况可参看方豪《马相伯先生筹设函夏考文苑始末》,收入《方豪六十自定稿》下册,台湾学生书局,1969年,第1993—2012页,尤其是第2002页。还可参看汤志钧编《章太炎年谱长编》(增订本)上册,第242页。

虽未落实，①但刘师培能备列入选学者名单，无疑显示出章刘交谊的好转情况，难怪时人会有两人"言归于好"的回忆。②

不仅章刘交谊由此言归于好，连章太炎弟子钱玄同也受到影响，开始重新客观评价刘师培起来。如钱玄同自谓，当年因刘师培出卖章太炎，让钱玄同对其一直耿耿于怀，不但于学术上恶评刘师培，甚至"当时恨不手刃其人"，但到了民国初年，形势大变，钱玄同开始重新肯定刘师培学术贡献之外，还认为满清灭亡、汉族光复的目的已经达到，刘师培昔年背叛之举应该被谅解："今日则时势大变，虽满洲大酋，犹且优以致礼，元恶大憝，如铁良、善耆之类，且邀赦免。如申叔之学术深湛者，不当宥之十世乎？"③

有意思的是，进入端方幕府后，敏感的刘师培的确在《左盦诗》中表达了不少愧疚和郁郁寡欢的情绪。研究者杨婷婷女士认为这是刘师培在借诗明志，在为自己投靠端方之举辩护，强调自己仅是伪装降清，并未得到端方信任，形同被监视居住的囚犯，复遭友朋误解与鄙视。这样，刘师培《左盦诗》中的内容就同这封写给章太炎的道歉信可以相互参证。④ 只是刘师培这样公开在诗中为自己所作的辩解并不可信，一如他在这封公开信中所言。实际上，借由这样的"诗言志"方式，刘师培为自己不顾章太炎劝阻投奔端

---

① 后来章太炎在北京被袁世凯软禁之时，又策略性地向袁世凯提出开设考文苑旧议："私心所祈向者，独考文苑一事……"袁世凯也答应了此事，并打算给予经费资助，但章太炎不过借此刁难袁世凯："今则但以索赔为言，不言考文苑矣。盖破面之后，意态自殊也。"其中章太炎所拟的办事人才，其爱徒黄侃"赫然首选"。参看《章太炎与袁世凯（1913 年 11 月 22 日）》，马勇整理：《章太炎全集·书信集》上册，第 579 页；《章太炎与汤国梨（1914 年 2 月 21 日）》，马勇整理：《章太炎全集·书信集》下册，第 691 页；刘成禺、张伯驹：《洪宪纪事诗三种》，上海古籍出版社，1983 年，第 175—176 页。

② 参看曼华《同盟会时代〈民报〉始末记》，收入中国史学会主编《中国近代史资料丛刊·辛亥革命》第 2 册，上海人民出版社，1981 年，第 447 页。

③ 钱玄同 1912 年 11 月 5 日日记，杨天石主编：《钱玄同日记》，第 234—235 页。

④ 参看杨婷婷《刘师培变节自述及诗旨发覆：以新发现〈与章太炎书〉为中心》，《中华文史论丛》2021 年第 1 期，第 384—396 页。

方的情况进行了新的包装与解释,藉以回应昔日报刊舆论对其的批评指责。因为"诗可以怨","穷苦之言易好",古代诗词里这种故意伤春悲秋、"不病而呻"为文造情的表演是一种普遍存在的现象,由此不但可以获得读者的共鸣共情,还可以麻醉安慰自己,甚至自高声价。如钱钟书先生所言:"在诗词里,这种无中生有(fabulation)的功能往往偏向一方面。它经常报忧不报喜,多数表现为'愁思之声'而非'和平之音'……"①进一步,我们或可继续借用一下钱钟书的论述。钱在《管锥编》中曾引用18世纪一法国妇人言:"吾行为所损负于道德者,吾以言论补偿之。"如果移用来检视刘师培《左盦诗》中的悔意,或可说,正是由于刘师培非常清楚自己的过错,所以才会隐瞒事实真相而频频借诗说愁,为自己开脱罪责,所谓"神奸元恶,文过饰非,以言弥缝其行","观文章固未能灼见作者平生为人行事之'真',却颇足征其可为、愿为何如人,与夫其自负为及欲人视己为何如人"。② 刘师培在诗中的自我辩护同样不能脱离此窠臼,若是我们据其诗就贸然信其为真,进而认为其公开信中所述同样为真,以诗证史,以刘证刘,那无疑就入其彀中,尤其是结合他之后投靠袁世凯时的作为与处事风格来看(详后)。

　　刘师培这封信中的自白与这一时期他急于自我辩护的心态也应为当年在东京交往过的黄侃所知,因黄侃晚年为刘师培当年投靠端方一事辩护时的理据就如前引刘师培致章太炎这封道歉信及《左盦诗》中所示。1934年11月2日,顾颉刚主持的《大公报·史地周刊》第7期发表了洪业《清末革命史料之新发现——刘师培与

---

　　① 参看钱钟书《诗可以怨》,收入钱著《七缀集》,三联书店,2016年,第138页。对于此类的文人书写现象,钱钟书此文有精彩的揭示与分析。
　　② 有关的讨论可参看钱钟书《管锥编》第4册,中华书局,1994年,第1388—1390页。

端方书》一文,在文前按语中,洪业认为"此文可视为中国革命重要史料,所道及人物,今尚有健在者,当能证其虚实也"。此封书信公布后,坊间颇有对刘师培当年出卖革命党降清一事进行责难的声音,①遂引起以刘师培弟子自居的黄侃不满。

1935年9月13日,赴金陵大学授课的黄侃专程借阅了洪业(煨莲)发表在《大公报》上这篇文章,护师心切的黄侃认为此文根据伪造史料故意污蔑刘师培:"乃有伪造申叔师文诬之于地下者,甚可氛恨也。"②三天后,意气难平的黄侃专程撰写了《书申叔与端方书后》(此文后来出版时名为《申叔师与端方书题记》)一文,③为"申叔师"辩污,同时对洪业的按语进行了回应。黄侃在回应中认为当年刘师培是受到汪公权唆使假意投靠端方,"伪为自首于端方,可以给取巨资",结果堕入端方计谋,被端方扣留于两江总督衙门三个月,不得已,刘师培乃撰此自白书,为"脱身之计,兼遂给资之谋","以迂阔之书生,值狡黠之戎虏,宁有幸乎?书稿流传,贻人笑柄,至可痛惜"!进而黄侃批评洪业以此书信作为刘师培叛变革命的"史料"根据不足,现存的当事人如张继、谷斯盛、刘揆一等人均可作证,刘师培并非"反覆无恒,卖友卖党",只是他"不谙世务,好交佞人","发言不慎",不但导致章太炎"无故受诬,至今犹在梦中",也牵连及刘师培自身,"忧思伤其天年,流谤及于身后"。④这篇辩护词最后,黄侃又追悔自己当年未能尽力劝阻刘师

---

① 参看宋吉人《读刘师培与端方书:革命的前一幕》,《清华周刊》第42卷第6期(1934年11月26日),第95—96页;高良佐:《论刘师培与端方书》,《建国月刊》第12卷第4期(1935年4月),第1—11页。

② 黄侃乙亥八月十六日(1935年9月13日)日记,收入黄延祖重辑《黄侃日记》下册,中华书局,2007年,第1104页。

③ 黄侃乙亥八月十九日(1935年9月16日)日记,收入黄延祖重辑《黄侃日记》下册,第1106页。

④ 以上引文均见王元化主编《学术集林》卷一,上海远东出版社,1994年,第13—14页;又见汤志钧编《章太炎年谱长编》(增订本)下册,第684—685页。

培降清:"尝尽言而不听,有失匡教之义,侃亦何能无愧乎?"我们如结合前述刘师培1907年底至1908年初行迹情况,即可知黄侃这里所言刘师培被端方"见幽"三个月一事为不实,而刘师培这封自首信更非伪造,其投靠端方之举并非逢场作戏。黄侃的辩护实在有为师尊讳和强词夺理之嫌,不过这也体现出长期以来黄侃在学术上对刘师培由衷的尊敬与佩服之情。难怪心高气傲的他当年在北大任教时主动敛衽拜刘师培为师,"敬佩之深,改从北面",黄侃还自谓自己原本仅喜欢文学,不懂经学,追随刘师培后才通经学门径:"夙好文字,经术诚疏。自值夫子,始辨津涂。"后来从北大辞职回武昌的黄侃听闻刘师培去世,悲伤异常,"为位而哭,表哀以诗",哀诗中黄侃表示自己之所以留在北大任教,乃是因刘师培之故,"幽都难久居,数年为君留"。诗后奠文中黄侃又以弟子身份感叹:"至夫子既亡,斯文谁系?"①

四、刘章再次绝交

遗憾的是,上述刘师培道歉信中述及的不久当东归与章太炎见面的设想并未成为现实,直到一年多以后的1913年8月底,刘师培才从成都东返,坐船经由上海到扬州,在扬州停留一段时间后,刘师培夫妇取道上海北上太原投奔阎锡山亲信南桂馨。② 不巧的是,在刘师培这两次途经上海之时,章太炎已经北上进京,两人正好错过会面时机。③

刘师培到太原阎锡山幕府效力一年以后,复被阎氏推荐到北

---

① 参看黄侃《始闻刘先生凶信,为位而哭,表哀以诗》,收入南桂馨等编《刘申叔遗书》上册,第23—24页。
② 刘师培:《左盦诗录》卷三,收入南桂馨等编《刘申叔遗书》下册,第1929页。
③ 参看汤志钧编《章太炎年谱长编》(增订本)上册,第258—260页。

京为袁世凯效力。此后,逐渐取得袁世凯信任的刘师培又全然忘记了当年投靠端方时的教训,不再顾及当年他与章太炎两人的惺惺相惜之情、章太炎与蔡元培昔日联合发电拯救他的铁肩道义,以及他之前致章太炎信中表达的歉意,非但不去看望业已被袁世凯囚禁、悲愤欲绝的章太炎,反为袁世凯大肆歌功颂德、出谋划策,毫不忌讳时人和舆论对他的批评。①

相比之下,袁世凯曾迫使软禁中的章太炎撰文称颂帝制,"以其能文之故而迫之使美新",据说"美新之文朝上,太炎可夕释,否则幽囚无期"。② 但章太炎不为所动,宁愿绝食而死也不愿意与袁世凯合作:"太炎宁自殉而不以文阿世,此乃太炎之所以为太炎欤!"这同刘师培的作为不啻有天壤之别,无怪乎章太炎对投靠袁世凯后的刘师培失望至极,"乃至不往来"。③

章太炎被袁世凯长期软禁北京后,极度苦闷,曾有不少忧时感愤之作,如其在为苏曼殊(元瑛)撰写的短文中曾借题发挥,称颂苏曼殊人品之外,旧事重提,故意讽刺刘师培当年留日时的"阴谋"及其背叛革命党事暴露后对苏曼殊的污蔑:"光汉为中诇事发,遂以诬元瑛。顾谈者不自量高下耳,斟德程技,不中为元瑛执鞭。元瑛可诬,乾坤或几乎息矣!"④章太炎此处如此贬低刘师培之作为,与 1912 年 6 月初他反驳同盟会指控电文中对刘师培的回护可谓大相径庭。而在 1915 年 9 月 1 日致夫人汤国梨的信中,章太炎不点名批评刘师培道:"京师议论日纷,彼冒昧主张者,徒造成

---

① 可参看张仲民《"以学殉时":洪宪帝制期间的刘师培》,收入拙著《叶落知秋:清末民初的史事和人物》,上海人民出版社,2020 年,第 100—114 页。
② 白虚:《章太炎》,《中华新报》1915 年 11 月 20 日,第 2 张第 3 版。
③ 《致郑裕孚(1935 年 3 月 9 日)》(一八),刘思源等编:《钱玄同文集》第 6 卷,第 218 页。
④ 章太炎:《书苏元瑛事》,《章太炎全集·太炎文录初编》,上海人民出版社,2014 年,第 228—229 页。

亡国之基础,虽暂得富贵,其覆可待。"①此处章太炎针对的显然是筹安会及其发起的规复帝制讨论,而刘师培则为筹安会六人中"笔墨最勤者"。②

作为一代大师,章太炎被袁世凯囚禁一事引发了很大反响,"新旧学界中无论识与不识,皆有志为伊申理,非重其行,实重其学也"。③较之刘师培的忘恩负义,两人《国粹学报》时期的旧友黄节(晦闻)就对章太炎被囚禁事非常关注,"黄晦闻首发不平",④试图通过时任政治会议议长、与袁世凯有旧的李经羲(仲轩、仲仙)进行营救。⑤章太炎弟子朱希祖、黄侃等人也曾联合致信时任袁政府教育总长的汤化龙,请其出面营救章太炎。⑥温州也有刘冠三等人联合上书当道,"乞政府释章太炎之禁"。⑦另外一仰慕章太炎的苏州青年公羊寿则公开致信章氏好友李燮和(柱中),希望他能凭借自己的资历和地位施加援手,同之前搭救尹昌衡、商启予等人一样,解救国学"巨擘"章太炎于危难之中:

> 公与章先生素有旧谊于先,见其如此,能不戚戚? 诚能言之袁、黎两总统,谋之京官之有力者,出章先生于九死一生,则

---

① 《章太炎与汤国梨函(1915年9月1日)》,马勇整理:《章太炎全集·书信集》下册,第715—716页。
② 参看笑《筹安会之文坛》,《时报》1915年9月16日,第1张第2页。
③ 《黄节与政治会议议长李仲轩书》,《盛京时报》1914年2月6日,第1版。
④ 《章太炎与汤国梨函(1915年4月9日)》,马勇整理:《章太炎全集·书信集》下册,第711页。
⑤ 关于当时黄节致信李经羲拯救章太炎一事,媒体曾多有关注。参看《黄节与章太炎》,《神州日报》1914年2月4日,第4页;《黄节与政治会议议长李仲仙书》,《盛京时报》1914年2月6日,第1版;《黄节为章太炎致李仲仙议长书》,《新闻报》1914年7月12日,第4张第1版。
⑥ 参看汤志钧《章太炎年谱长编》(增订本)下册,第759—760页。
⑦ 参看张棡1915年9月19日(旧历八月十一)日记,张钧孙校点:《张棡日记》第4册,中华书局,2019年,第1625页。

天下之士，皆将托命于公，而读书种子庶乎不绝矣。且章先生与公不薄，曾见其致某书，盛推公攻拔上海之力，则公之功绩得表于世者，先生实有力焉……①

但公羊寿太过高估李燮和的实力了。事实上，李燮和并没有能力让袁世凯释放章太炎，不过这没有阻止他去探视和屡屡资助章太炎。② 故章太炎认为李后来是被袁世凯胁迫才加入筹安会，随后李"颇自愧，不继见矣"。③ 黄节、朱希祖与黄侃、刘冠三、公羊寿、李燮和，包括黎元洪、钱念劬等人拯救章太炎的努力虽然失败，④但与刘师培刻薄寡恩的做派相比，高下自现。

凡此皆可见前引蔡元培批评刘师培"好用权术"、自作聪明的性格，也可见功名心切的刘师培势利善变、见风转舵的行事方式，在形势不利于己时随时准备站在强者一边，甚至不惜否定自我，委过于人。故之后他可以迅速投奔端方，形势改变后向章太炎公开致歉，滞留四川后又积极向时任四川督军尹昌衡及当局其他官员

---

① 公羊寿：《致某公书》，该函原载《东社》第3卷（1916年），转见张家港沙上文化研究会编《公羊寿文集》，凤凰出版社，2016年，第88页。公羊寿该信原未提及收信人名字，但据信中信息推考，可知收信人当为李燮和，因章太炎此前致孙中山的公开信中曾有"李燮和攻拔上海"之言，后也曾屡次在著述中表彰李氏此功。参看汤志钧编《章太炎年谱长编》（增订本）上册，第221页。

② 1914年6月26日，章太炎曾在致夫人汤国梨的信中曾说："友人相助，以李柱中、钱念劬为最力，二君皆劝接眷以坚当事之心。"马勇整理：《章太炎全集·书信集》下册，第695页。章太炎在致女婿龚宝铨的信中也屡屡言及李燮和的援手。

③ 参看章太炎《太炎先生自定年谱》，上海书店出版社，1986年，第27页。

④ 1914年7月15日，章太炎曾在致夫人汤国梨的信中说："半年以来，钱念劬、李柱中数为辗转关说，副总统亦为陈情，而终未有其效。"稍后（约1914年7月）章太炎在致汤国梨的信中又说："李柱中助资，钱念劬助力，而其力不能直接进言于当事（黄晦闻移书可，威力则更薄）……黎公素有感情，援助之心甚切。"马勇整理：《章太炎全集·书信集》下册，第698、700页。而据马叙伦自称，他与黄节均曾写信求助于李经羲，请其向袁世凯说项释放章太炎。参看马叙伦《我在六十岁以前》，三联书店，1983年，第51页。

献策,①到北京后转而投靠更强者袁世凯。

尽管刘师培大节有亏、趋时善变,频频让友朋失望乃至寒心。幸运的是,作为学者的刘师培依然受到学界的尊重,并得到蔡元培、陈独秀这样旧友的呵护。1917年底,在旧友陈独秀、黄侃和蔡元培等人的努力下,走投无路的刘师培被聘请到北京大学任教,主讲中国文学。② 如顾颉刚当时致叶圣陶信中之言:"闻校中尚欲延刘申叔主中国文学……未识是否?"③

这时业已在北大教授中国通史的故人黄节见此情况,如同1915年8月两次致信刘师培批评其在筹安会中的作为一样,于1917年10月22日专门致信蔡元培重提刘师培当年附清、附袁旧事,对其收留有文无行的刘师培在北大任教表示不满:

> 申叔为人,反复无耻,其文章学问纵有足观,当候其自行刊集,留示后人,不当引为师儒,贻学校羞。盖科学事小,学风事大……申叔之无耻,甚于蔡邕之事董卓。

黄节此信中除严厉指责刘师培反复多变、大节有亏、影响恶劣外,还特别指出其忘恩负义于章太炎的往事:

> 民国初年,申叔以委身端方,流亡蜀中,是时死生失耗,公与太炎尝登报访问,恕其既往,谓其才尚可用,卒使川吏保护

---

① 参看万仕国编校《刘师培年谱》,第214—215页。
② 关于刘师培到北大任教之建议人,有陈独秀、黄侃等多种说法,个人以为陈独秀、黄侃说较合理。参看台静农《〈早期三十年的教学生活〉读后》,收入计蕾编、舒乙编选《台静农代表作:建塔者》,华夏出版社,1998年,第255—256页;司马朝军、王文晖合辑:《黄侃年谱》,湖北人民出版社,2005年,第118页。
③ 顾颉刚:《致叶圣陶·一九(1917年10月21日)》,收入顾颉刚《顾颉刚书信集》卷一,中华书局,2011年,第23页。

南归。公等故人待之,不为不厚矣! 及其来京入觐,太炎方被楷察,乃始终未一省视,何论援手?①

从事后的情况来看,黄节此信中的抗议并无效果,刘师培在北大任教直至去世。事实上,发出抗议信的黄节这时在文化立场上与刘师培及同在北大任教的黄侃(季刚)、陈汉章、马叙伦、吴梅、顾实等恰巧是同路人,均主张保存国粹,此后还与刘师培、黄侃共同支持北大学生创办《国故月刊》杂志,且列名为"特别编辑"。② 不仅如此,黄节对北大校内蔡元培支持胡适、陈独秀等新派提倡白话文运动与新思潮也非常不满,"论议与元培不相中,其后睹学制日颓,与人言辄愤吒久之",③故一度与持相似立场的其他北大教员如张尔田、吴梅等人联合自保,"古调独弹,当坚固团体,以求自保地位"。④

到北大任教后,旧学邃密的刘师培认真上课,颇受同学欢迎。如听课学生郝立权(昺蘅,1895—1978)四年后的回忆:"然其执诲殷拳,博文善诱。上下古今,如具匋匲。口陈指剖,不事研讨。匪徒学至,盖亦有天授也。"⑤另外据上过刘师培课的杨亮功回忆,这

---

① 黄节信见李韶清《黄晦闻之生平及其政治学术思想举例》,《广州文史资料》第 10 辑,1963 年,第 218—219 页。黄节该信也被收入万仕国编校《刘师培年谱》,第 263—264 页。引文标点有所更动。
② 参看司马朝军、王文晖合辑《黄侃年谱》,第 132 页。据顾颉刚言,《国故月刊》系傅斯年的同班同学所组织,同班除了傅之外,都加入了该杂志。顾颉刚:《致叶圣陶(1919 年 6 月 17 日)》,《顾颉刚书信集》卷一,第 65 页。
③ 参看章太炎《黄晦闻墓志铭》,《制言半月刊》第 2 期(1935 年 10 月 1 日),第 2 页。
④ 据吴虞记载,此语系张尔田面对北大同人日渐趋新后在写给黄节的信中所言。转见吴虞 1921 年 8 月 14 日日记,中国革命博物馆整理《吴虞日记》上册,第 625 页。
⑤ 郝昺蘅:《吊刘申叔先生文并序》,《进德月刊》第 2 卷第 4 期(1936 年 12 月 1 日),第 101 页。该文原名为《吊刘先生文并序》,发表于《华国》月刊第 1 卷第 12 期(1924 年 8 月 15 日),"文苑",第 6—7 页。作者自谓其文发表时被章太炎做了小改动,所以原文再重发于十二年后的《进德月刊》。实际上,章太炎删改后的郝文在《华国》刊出后,郝立权稍后又将此文原版连同他自己的另外两篇文章一并在《云南教育会月刊》第 2 卷第 2 号上刊出,刊出的文章标题同于《华国》,杂志内容则同于《进德月刊》本。参看郝立权《吊刘先生文并序》,《云南教育会月刊》第 2 卷第 2 号(1925 年 3 月),第 51—52 页。

时的刘师培主张新旧调和:"他在课堂上绝少批评新文学,他主张不妨用旧有的文章体裁来表达新思想,这是用旧瓶装新酒的办法。"①所以此时的刘师培与1914年秋到北大任教且同样提倡旧学的旧识章太炎弟子黄侃一起隐有被学生尊为宗主之势,②短短几年,他们在北大培养了诸多后来在中国文史研究领域的名家,如陈钟凡、刘文典、郝立权(昺蘅),甚至可以包括傅斯年、杨亮功、杨振声等人。至于刘师培任职北大之前入学的一些老北大生如金毓黼、范文澜、孙世扬、冯友兰、俞平伯、罗常培等皆曾深受黄侃影响。

而刘师培于洪宪帝制时期主持的《中国学报》(系民初《中国学报》的复刊),这时在社会上仍颇有影响力。由此北大新派学生罗家伦后来曾针对刘师培昔年主持的该杂志内容进行了刻薄的批评和嘲笑:

> 若说到守旧式的杂志所谈的学理,也有许多可笑的地方。这类的杂志从前最出名的就是《国粹学报》,其中虽有不纯粹的地方,但是有极少的几篇,也还能整理出旧学的头绪来。等到后来什么《中国学报》《洪宪学报》,那就糟了,其中材料,既不能持旧学作有统系的研究,又不能在旧学内有所发明,古人的年谱同遗著占了极多的篇幅。我以为前人若是有价值的东西,仅可印单行本,何必在杂志上替死人刻文集呢?……这种冢中枯骨的已往印刷品,我本来不愿批评的。但是我前月还看见北京书坊里有卖他的,社会上还有许多也学他的,所以我不得不乘便说几句,以备一格。③

---

① 杨亮功:《早期三十年的教学生活》,黄山书社,2008年,第19页。
② 关于黄侃到北大任教时间,参看司马朝军、王文晖合辑《黄侃年谱》,第90页。
③ 参看罗家伦《今日中国之杂志界》,《新潮》第1卷第4号(1919年4月1日),第627页。

罗家伦这里对刘师培的指责某种程度上正表明当时文化古城北京与北大的文化气氛依然是以保存国粹风气为主,刘师培的影响仍不容小觑,新思潮的流行和具有"权势"尚有待五四运动这个大刺激。①

或许是早已意识到北大内外对旧学有兴趣的人颇多,不甘寂寞的刘师培与黄侃又有了联合校内的旧派师生复刊《国粹学报》和《国粹丛编》之意。消息传开后,刘师培即被鲁迅痛骂。鲁迅结合刘师培旧事挖苦其为"侦心探龙""老小昏虫",视其打算主编《国粹丛编》对抗新文化派之举为"放屁":

> 中国国粹,虽然等于放屁,而一群坏种,要刊《丛编》,却也毫不足怪。该坏种等,不过还想吃人,而竟奉卖过人肉的侦心探龙做祭酒,大有自觉之意。即此一层,已足令敝人刮目相看。而猗欤羞哉,尚在其次也。敝人当袁朝时,曾戴了冕帽(出无名氏语录),献爵于至圣先师的老太爷之前,阅历已多,无论如何复古,如何国粹,都已不怕。但该坏种等之创刊屁志,系专对《新青年》而发,则略以为异,初不料《新青年》之于他们,竟如此其难过也。然既将刊之,则听其刊之,且看其刊之,看其如何国法,如何粹法,如何发昏,如何放屁,如何做梦,如何探龙,亦一大快事也。《国粹丛编》万岁!老小昏虫万岁!②

最后,《国粹丛编》和《国粹学报》虽未能成功复刊,但在刘师培等北大旧派师生的努力下,加上校长蔡元培的支持,1919 年 3 月 20

---

① 参看张仲民《新文化偶像的塑造:胡适及其受众》,《学术月刊》2020 年第 12 期,第 159—161 页。
② 参看鲁迅《致钱玄同(1918 年 7 月 5 日)》,人民文学出版社编:《鲁迅书信集》上册,人民文学出版社,1976 年,第 17 页。

日,以保存国粹为宗旨《国故月刊》杂志创刊号出版,刘师培与黄侃出任总编辑。《公言报》等媒体将此杂志视为北大校内旧派的旗帜,刘师培、黄侃则被视为旧派领袖。看到此报道后,深知舆论威力且正为肺病所困的刘师培马上致函《公言报》(且将此函同时送登《北京大学日刊》)辩白,并让《国故月刊》社也同时致函《公言报》进行解释,表示自己和《国故月刊》社无意与新派争衡,①只打算以保存国粹为宗旨。②

不管刘师培如何因应,正如鲁迅的批评所显示的,《国故月刊》客观上已经被视为"旧文学一派"的阵地,③这正好彰显了北大校长蔡元培"兼容并包"的治校方针。该杂志第一期出版后,黄侃即将包含其《题辞》和章太炎另一高徒吴承仕《王学杂论》一文的该期杂志转寄章太炎,章太炎阅读该期后曾致信吴承仕表达对其文章的意见,另外章太炎又寄信黄侃,对该杂志中的某个说法加以反驳。④ 章太炎的积极回应,某种程度上或表明他对刘师培的不满已经有所缓解。投桃报李,《国故月刊》也当即将章太炎两封信件刊布于杂志中,并加有按语感谢章太炎的支持:

---

① 陈平原教授认为刘师培此举是不愿与陈独秀为敌,也不想让蔡元培为难的意味。参看陈平原《新文化运动中"偏师"的作用及价值——以林琴南、刘师培、张竞生为例》,《北京大学学报》第56卷第3期(2019年5月),第19页。陈说有一定合理性,刘师培之所以能任职北大,跟陈独秀、蔡元培两人有密切关系,后来陈独秀被捕,刘师培也曾具名与校内同人和北京学界联合保释陈独秀。参看《北京学界保释陈独秀呈文》,万仕国辑:《刘申叔遗书补遗》下册,第1453页。

② 参看万仕国编校《刘师培年谱》,第270—271页;司马朝军、王文晖合辑:《黄侃年谱》,第144—145页。

③ 此时表面趋新实则钟情旧学的吴虞即认为《国故月刊》第1、2号中,"佳者颇少",他的朋友"陈惺农"则讥笑:"国粹学者已多半形在神离,不足虑。"吴虞1919年8月1日日记,中国革命博物馆整理:《吴虞日记》上册,第477页。但反对新文化运动的徐兆玮读了两册《国故月刊》后则认为:"中多精粹,惜校勘疏略,误字盈纸,亦一病耳。"徐兆玮1919年6月1日日记,李向东等标点:《徐兆玮日记》第3册,第1989页。

④ 参看汤志钧编《章太炎年谱长编》(增订本)上册,第344页。

> 太炎先生学问文章,本社同人素所景慕。此次锡之教言,匡其不逮,极为感谢。谨将原书载入"通讯栏",并拜嘉惠。同人以课余之暇,率而成文,自知必多谬误,尚望硕学如先生者,时锡教言,匡其不逮。①

此按语很大可能是出自黄侃之手,但显然也应得到总主编刘师培的首肯。这样一个对章太炎来函的回应,尽管比较间接与含蓄,或仍可被看作是刘师培变相再次向章太炎示好。只是限于前车之鉴与"好胜心",刘师培已经无颜如 1912 年时那样亲自致信向章太炎表示歉意了!

时移世易,当刘师培寄居北大任教并同黄侃合作支持《国故月刊》保存国粹时,可能会让章太炎复有些许国学人才难得的感慨,所以他才会比较热心地回应《国故月刊》上发表的文章,我们或可将之视为章太炎对刘师培努力的一种变相肯定和支持。

1919 年 7 月,因看不惯蔡元培、陈独秀、胡适等人倡导文学革命和新思潮,黄侃(季刚)离开北大别走,"始而与争,继乃愤而去职"。② 刘师培病情也日渐加重,被新势力视为对手的《国故月刊》于 1919 年 9 月 20 日出版第 4 期后不得不停刊,旧派的声势大受影响,"北大文科旧势力大减"。③ 如 1920 年 4 月赴北大任教、接替刘师培之职位的张尔田稍后所说:"北校自申叔殂谢,新体竞妍,至有加选学以'妖孽'之目者。"④饶是如此,人走茶未凉,刘、黄两

---

① 参看汤志钧编《章太炎年谱长编》(增订本)上册,第 344 页。
② 汪辟疆:《悼黄季刚先生》,《制言半月刊》1935 年第 4 期,第 2 页。
③ 杨亮功:《早期三十年的教学生活》,第 23 页。
④ 张尔田:《与李审言(二)》,收入梁颖等整理《张尔田书札》,上海人民出版社,2021 年,第 54 页。此处的"选学"即钱玄同所谓的"选学妖孽"——主要指以《昭明文选》为代表的魏晋六朝文章风格,该风格为章太炎、刘师培、黄侃乃至鲁迅、周作人所推崇效法。有关的情况可参看陈平原《中国现代学术之建立》,北京大学出版社,1998 年,第 375—384 页;郭宝军:《"选学妖孽"口号的生成及文化史意义》,《河南大学学报》第 58 卷第 5 期(2018 年 9 月),第 113—119 页。

人在之后的北大学生中依然有一定影响力。如据尚在成都、即将赴北大任教的吴虞从北京到访的友人处得知的观感:"观北大学生中主选派及申叔、季刚一派者居多数,其主桐城派者亦有,然不盛也。"①

五、难以达成的和解

1919 年 11 月 19 日夜间,刘师培病逝于北京寓所。② 远在上海的章太炎很快得知此消息,11 月 27 日,他即转告从粤来沪就医的旧友陈去病此事,"即闻太炎云申叔死矣"。③ 通过陈去病这里的简述,我们仍不难发现章太炎对刘师培病故一事的关注。

1923 年 9 月 15 日,章太炎弟子汪东联合章太炎、黄侃、吴承仕、孙尚杨、但焘等章门师弟创办了《华国》月刊,"志在甄明学术,发扬国光",由章太炎担任社长,"总持其事"。④ 从该刊办刊宗旨、体例和实际内容来讲,它与四年前刘师培、黄侃支持的《国故》月刊可谓一脉相承,志同道合。不仅如此,该刊在启事与略例中都特别声明可以发表"前人遗著":"如未经刊行,或虽有刻本而流布未广,坊肆所无者,本刊间为登载,各以类从,凡此皆于著者姓名之下登明遗稿,但诗文词类偶录一篇,不复加注。"⑤正是有此意识,《华国》月刊杂志先后发表了刘师培遗著六篇:《文说五则》⑥《废旧

---

① 吴虞 1921 年 3 月 2 日日记,中国革命博物馆整理:《吴虞日记》上册,第 585 页。
② 《刘师培教授在京病故》,《北京大学日刊》1919 年 11 月 21 日,第 2 版。
③ 《陈佩忍君致校长函》,《北京大学日刊》1919 年 12 月 5 日,第 3 版。据笔者眼见所及,此材料最早为郑师渠教授引用。
④ 章太炎:《发刊辞》,《华国》月刊第 1 卷第 1 期(1923 年 9 月 15 日),第 3 页。
⑤ 《本刊启事三》《略例》,《华国》月刊第 1 卷第 1 期,分别见插页、第 3 页。
⑥ 刘师培申叔遗著:《文说五则》,《华国》月刊第 1 卷第 7 期(1924 年 3 月 15 日),"文苑"第 1—3 页。

历论》①《中古文考》②《屈君别碑》③《隐士秦君墓志铭》④《孝子卫洪基碑》⑤。特别值得一提的是,时为北大黄节学生的郝立权撰写了一篇追忆和悼念刘师培的文章——《吊刘申叔先生文并序》投稿给《华国》,⑥但发表时序言为章太炎"稍加删节",郝氏自谓为此才在十二年后重新发表该文。⑦ 可以想象,假如没有主持者章太炎首肯,《华国》是不会发表刘师培这些遗文的,更不可能会发表一个年轻学生悼念刘师培的文章。需要刨根问底的是,章太炎为何要修改郝立权的这篇悼文序言?他都修改了哪些内容呢?接下来我们就对比一下郝立权文章先后两个版本的差异。

在完整版的悼文序言里,郝立权本有批评刘师培为袁世凯效力类似于刘歆做新莽国师的表述,认为此系刘师培人生污点,尽管其来有自:"顾以操己诡越,履途多险。刘歆依违于莽朝,陆机点污于贾谧。旷世所欷,可谓一轨。即其遭命所至,实亦有由。"这段批评性兼具为刘师培进行辩解的话完全被章太炎删除,或显示出章太炎不同意郝文认为刘师培罪同于刘歆、陆机的认知。接下来郝文中描述刘师培家庭经济状况及其与何震关系的"瘠渴积年,勃溪累日"表达,在发表稿中也被删除,但章太炎保留了郝文对刘师培

---

① 刘师培申叔遗著:《废旧历论》,《华国》月刊第1卷第8期(1924年4月15日),"学术",第1—4页。
② 刘师培申叔遗著:《中古文考》,《华国》月刊第1卷第12期(1924年8月15日),"学术",第1—4页。
③ 刘师培:《屈君别碑》,《华国》月刊第2卷第7期(1925年5月),"文苑",第3—4页。
④ 刘师培:《屈君别碑》,《华国》月刊第2卷第7期(1925年5月),"文苑",第4—5页。
⑤ 刘师培:《孝子卫洪基碑》,《华国》月刊第2卷第11期(1926年1月),"文苑",第3页。
⑥ 郝立权:《吊刘先生文并序》,《华国》月刊第1卷第12期,"文苑",第6—7页。
⑦ 郝昺蘅(立权):《吊刘申叔先生文并序》,《进德月刊》第2卷第4期(1936年12月1日),第102页。

的高度评价——"磨而不磷,古有几人",同时却删除了"此则世所悯谅者也",这或显示出深切了解当时刘师培家庭情况的章太炎仍未完全谅解刘师培,不再同意是因为经济问题与何震的影响才导致刘师培背叛革命的说法,而这样的表达恰巧是1912年刘师培公开致歉信中自谓的,也是被彼时的章太炎所接受的。接下来郝文中的"洎夫望实交贾,形神已讹"句,被章太炎修改为"及情势娄迁,形神亦瘁",这或体现章太炎不赞同郝立权认为刘师培声望坠落——"望实交贾"的观点,而是含蓄地认为刘师培因遭到周边"情势"影响,才连带影响到其人身体健康,但声名反而无碍。对于郝文最后的悼文,内中也有对刘师培的同情和高度评价,章太炎则完全没有改动。通过以上对比,我们不难发现章太炎对刘师培身后评价的在意,他既不希望人们苛责刘师培,又不愿意世人完全原谅刘师培,这种对刘师培既爱惜又有所芥蒂的矛盾心态大概一直延续到章太炎晚年。

除此之外,章太炎之后于著述中也偶有牵涉刘师培之处。如1932年3月24日在燕京大学演讲时,章太炎在梳理扬州学者系谱时,高度评价了刘师培曾祖父刘文淇,并说及刘氏学问,"至曾孙师培而绝",并引用司马迁《太史公自序》说法,感叹其家学"后世中衰",惋惜之意非常明显:"余谓仪征刘氏之学,真绝于刘师培也。"① 再如在晚年为爱徒黄侃撰写的墓志铭中,章太炎又提及当年黄侃拒绝刘师培"以筹安会招学者称说帝制"一事,并表彰黄侃"为学一依师法,不敢失尺寸。见人持论不合古义,即眙视不与言。又绝类法度士,自师培附帝制,遂与绝,然重其说经有法。师培疾亟,又往执挚称弟子"。② 明显可以看出章太炎这里借黄刘交谊来

---

① 章太炎:《论今日切要之学》,《章太炎全集·演讲录》(上),第429页。
② 章太炎:《黄季刚墓志铭》,《章太炎全集·太炎文录续编》,第293页。

表彰黄侃之学行、德行,但叙述中太炎并未刻意贬损作为潜在比较对象的刘师培,只是平心静气地追述了当年刘师培所为,其中不乏肯定其学问之处。如果再结合1933年4月8日章太炎在致张继信中的"夫子自道":"吾之于人,不念旧恶,但论今日之是,不言往日之非。"①我们或可大胆推断,晚年章太炎应该已经原谅了昔日刘师培对自己的不义之举。而此时章太炎所主持的《制言》半月刊不时刊出刘师培佚文也可为间接旁证。

1934年初,章太炎的另一爱徒钱玄同开始受雇于刘师培旧友南桂馨为刘师培编纂文集,经过钱玄同等人的努力,花费三年多时间,《刘申叔先生遗书》始告编成。② 在此编辑过程中,钱玄同一直想邀请章太炎这个刘师培"学问上最重要之友"为之作序,③预测两人尽管早已断交,"但刘君下世已十有五年,章君年垂七十,过去恩怨或可淡然若忘",④钱玄同这里打算"姑且冒险进言,且看结果如何",不过因为担心会为章太炎拒绝,钱玄同最终未敢开口请求,其内心却一直认为只有蔡元培和章太炎才是最了解刘师培学术与为人的旧日友人,也是最适合为之写序的人。如其在致蔡元培信中之言:"玄同本拟请两先生各撰一文,而因先师与申叔凶终隙末,恐其或有谴呵之语,反失表彰之义,故屡欲去书请求,而迟回审顾,卒未果行。"⑤章太炎的忽然去世,让即将出版之《刘申叔先生遗书》缺少章序一事成为永远的遗憾。为弥补此"缺憾",钱玄同遂

---

① 《章太炎与张继函》,马勇整理:《章太炎全集·书信集》上册,第587页。
② 有关情况可参看张仲民《南桂馨和刘师培》,收入拙著《叶落知秋:清末民初的史事和人物》,第199—231页。
③ 《钱玄同致郑裕孚(1936年11月28日)》(五九),刘思源等编:《钱玄同文集》第6卷,第283页。
④ 《钱玄同致郑裕孚(1935年3月9日)》(一八),刘思源等编:《钱玄同文集》第6卷,第218页。
⑤ 钱玄同:《致蔡元培信(1936年7月5日)》,刘思源等编:《钱玄同文集》第6卷,第277页。

将当年章太炎与刘师培的通信及有关文字八篇作为代序置于书中。① 可以说，借助这种形式的共存，钱玄同让业已身故的章太炎、刘师培两人再度重归于好，为两人的恩怨画上一个不算圆满的句号。

结　　语

通观刘师培和章太炎在清末民初的这段交谊情况，明显可以发现两人皆喜欢利用报刊舆论来表达和展示自我，会根据现实的政治形势来调整对对方的看法。但不管如何，双方在学术上的惺惺相惜之情一直存在。然而随着刘师培周边环境的影响和个人处境的改变，两人开始产生隔阂与矛盾，特别是刘师培势利善变、好名、急于表现的性格，加之其妻子何震对他的影响，最终导致刘师培暗中投靠端方，并通过媒体舆论对章太炎加以构陷。一心致力于国粹事业的章太炎则鉴于刘师培人才难得，对刘师培所为不计前嫌，哪怕是刘师培公开加入端方幕府后，以学术为先的章太炎依旧在努力挽回与刘师培的友谊，希望刘氏能够以学术为重，悬崖勒马，可惜并未成功。民国肇建以后，爱才心切的章太炎依旧对旧交刘师培念念不忘，担心追随端方入蜀的刘师培的人身安全问题，遂连续刊登报刊广告，希望能够通过舆论之力保护和联络到刘师培，并期待刘师培能回头改过，恢复两人旧谊，共同戮力于国学研究。所以即便章太炎当时面对诸多革命派媒体指责自己昔日曾投靠端方、背叛革命，压力之下其仍不愿将此中内情披露，以免始作俑者刘师培夫妇遭到舆论围剿而处于不利局面。章氏的频频示好也让

---

① 参看《章太炎、黄季刚二君关于刘申叔君之文十首》，收入南桂馨等编《刘申叔遗书》上册，第19—23页。

刘师培颇为感动，他也主动通过报刊公开致信章太炎进行解释道歉，同时也希望借助舆论之力让他的自我辩护得到更多读者的阅读和谅解，然而刘师培这里隐瞒了关键真相，认错态度也有欠诚恳，他竟然认为自己是为环境所迫、被人胁迫欺骗才无奈投靠端方，以致于落下"变节"恶名，内心其实一直未能忘情革命和国学研究事业，一直在希望尽早摆脱端方控制。刘师培的致歉信显然获得了章太炎的谅解，但此时两人的和解在当时诡谲的政治形势下没有激起太多的反应。其后不久，章太炎、刘师培的人生选择又发生较大变化，再次被深深卷入严酷的现实政治斗争中。为此，桀骜不驯的章太炎在北京被袁世凯软禁近三年之久，而汲汲于用世的刘师培则经由阎锡山推荐为袁世凯服务后，故态复萌，频频为袁世凯大唱赞歌，完全不顾章太炎的困境和感受。尤其是当他加入筹安会后，为袁世凯的复辟帝制大业卖力鼓吹，借史论作政论，不断献言献策，造成的争议和影响极大，刘章关系于是再度彻底破裂。洪宪帝制失败后，身败名裂的刘师培到北大任教，并联合黄侃等人勉力提倡国故，与章太炎再次成为提倡国学的同道，两人关系才稍加改善，但再难恢复旧观。刘师培去世后，致力于捍卫中国文化的章太炎对刘师培既痛惜又心怀芥蒂，但最终仍选择了宽恕。

  鉴于刘师培、章太炎在中国近代思想史和学术史上乃至政治史的重要地位与巨大影响，两人行迹与相互关系的演变自然值得格外注意。而两人在清末民初或公开或暗中借助报刊舆论展开的互动情况，为两人关系的研究提供了另类的细节材料，弥足珍贵。因之，本文希望回到当时的政治语境中，从传播学的视角努力钩沉刘师培、章太炎两人基于学术立场相似而形成的私谊之演变情形，藉此展现两人的性格差异同其本人政治抉择的关系，以及媒体舆论在其中扮演的角色和发挥的作用，进而再现清季民初学术、私谊和政治的复杂关系及其经由媒体等管道所呈现出的互动情形。拾遗补阙之外，希望能于刘师培研究、章太炎研究乃至刘章关系的研究有所裨益和推进。

抑有进者，刘章两人私谊的变化实际也折射出在"吾国社会之无良"、不断发生剧烈政治变动的情况下书生论政的局限和学者坚守学术立场之困难。饶是如此，尽管无法避开政治的压力和舆论的干扰，学人自身的坚持、坚守和信仰依旧有其重要意义，尤其是在如何经世致用、如何于非常时刻独善其身、如何处理学术与政治关系等重大议题时，刘师培与章太炎的交谊情形为我们提供了很好的鉴戒和范例，足供我们反躬自省和三思后行。

娱乐、政治和形象塑造:汪笑侬与清末上海的戏曲改良运动

摘要: 汪笑侬成为清末"中国第一戏剧改良家"实是多方力量营势打造的结果。其开风气之先的《党人碑》脚本实为与自立军往来密切的连文澂提供,戏中影射的党祸并非全指戊戌政变,与庚子政局渊源更深。与洋场才子的交谊成为汪排演《党人碑》的契机。知识人改良戏曲的意识也是在此之后才逐渐清晰。凭借此戏,汪笑侬拓展了交游圈,并成为新党笔下"剧班革命"的巨子。后在排演《瓜种兰因》等具有种族革命色彩的新戏中,汪再次被革命党人标举为"演剧改良主义的开山",由此被塑造为戏曲改良先锋。汪的成名让同行纷纷仿效,引发了沪上戏园排演改良新戏的热潮,而注重时事则成为其中最明显的特征。

关键词: 汪笑侬,戏曲改良,庚子,排满

作者简介: 林秋云,江西师范大学历史系讲师

---

* 基金项目:国家社科基金青年项目"清代男伶群体身份演化研究"(19CAS030)。本文初稿撰就后,曾得到张仲民老师惠赐修改意见。拙文还曾在江西师范大学"名达史学青年沙龙第一期"(2019年6月1日)、复旦大学"接受的政治学:近代中国的阅读和阅读文化"学术讨论会(2021年5月7日)上报告,并得到晏雪平、杨向艳、孙青等师友的评议。在此谨致谢忱!

有关清末戏曲改良运动,已有成果多为宏观性的考察,或勾勒运动的基本概貌,或阐释知识人的戏曲改良主张,检讨戏曲改良的成果。① 在戏曲改良缘何发生的问题上,强调的主要是文学思潮,尤其是"小说界革命"的影响。李孝悌从历史学的角度指出戏曲改良乃清末下层社会启蒙运动的组成部分,运动最初和最主要的原动力是义和团运动所带来的刺激,揭示了戏曲改良发生的社会背景。② 但这些研究都将戏曲改良的发生归功于知识人有意识的提倡,而将伶人的舞台实践视为响应知识人主张的结果,③忽略了二者可能互相启发的事实。

本文所要讨论的汪笑侬乃清末民初的京剧名伶,作为票友下海者,他的身世和经历颇为传奇。④ 此外,他的得名不只是因其艺术造诣,京剧史将其定位为可与前后"三鼎甲"比肩的杰出艺术家,很重要的理由在于他"以自己的创作和舞台实践为京剧改良运

---

① 详见傅晓航《晚清的戏曲改良运动及其理论》,《戏剧艺术》1986 年第 4 期;关爱和:《晚清戏曲改良运动述略》,《河南大学学报》(哲学社会科学版) 1988 年第 2 期;颜全毅:《清末京剧改良文学的成果与不足》,《戏曲艺术》2005 年第 2 期;夏红永:《论晚清戏曲改良》,《戏曲艺术》2007 年第 3 期;马跃敏:《近代戏曲改良运动研究》,河南大学博士论文,2009 年;范方俊:《"大历史观"视野下的清末"戏曲改良"》,中国戏剧出版社,2013 年;张福海:《中国近代戏剧改良运动研究:1902—1919》,上海古籍出版社,2015 年。

② 详见李孝悌《清末的下层社会启蒙运动(1901—1911)》,河北教育出版社,2001 年。

③ 张仲民与韩晓莉在新近关于戏曲改良的研究中已经指出,艺人响应戏曲改良主张背后有着自己的考虑,这些认识上的分歧使得戏曲改良呈现出了启蒙之外商业化、形式化的面向。详见张仲民《种瓜得豆:清末民初的阅读文化与接受政治》,社会科学文献出版社,2021 年,第 93—119 页;韩晓莉:《跨界合作下的改良实践与困境——以清末京城戏曲改良中的报人和艺人为中心》,《北京社会科学》2020 年第 8 期。

④ 提及汪笑侬身世,最为人所津津乐道的是他的弃官为伶。主流的戏曲史书写都说他下海前曾中过举、当过官,革职后绝意仕途。但有学者认为,汪笑侬没有科名,也未实际担任官职,下海则是因家变故。详见谷曙光《旧剧界之维新派,新剧界之国粹家——"伶隐"汪笑侬新考新论》,《民族文学研究》2015 年第 3 期。

动做出了重要贡献"。① 实际上,汪笑侬和戏曲改良的关系不止于此,清末戏曲改良的兴起乃至形成风潮,与他和同人在此之前的努力密不可分。也因为此,在清末涌现的改良戏曲论述中,他被时人赞誉为"中国第一戏剧改良家"。

与此前将汪笑侬视为戏曲改良先锋,接着阐述其贡献的理路不同,②本文着眼点在于,考察汪笑侬究竟是如何因缘际会成为戏曲改良的开山,③借助这一个案探讨清末戏曲改良得以发生和落地的具体语境,从而更好地理解社会变迁与戏曲变革的内在关联。④ 由于上海是汪笑侬一生中最重要也是最主要的活动舞台,同时也是清末戏曲改良运动的重镇,故本文的讨论以上海为中心。

---

① 北京市艺术研究所、上海艺术研究所组织编著:《中国京剧史》上卷,中国戏剧出版社,2005年,第338—339页。

② 详见傅秋敏《论汪笑侬的戏曲改良活动》,《戏剧艺术》1988年第3期;北京市艺术研究所、上海艺术研究所组织编著:《中国京剧史》上卷,第333—339页;张福海:《中国近代戏剧改良运动研究:1902—1919》,第105—128页;Joshua Goldstein, *Drama Kings: Players and Publics in the Re-creation of Peking Opera, 1870-1937*, London: University of California Press, 2007, pp. 95-98.

③ 本文初稿在2018年初写就,期间反复修改,2022年3月改定之后,拜读到夏晓虹《京剧〈党人碑〉演考述——兼及汪笑侬早期戏曲活动》,《文艺研究》2022年第1期。夏文同样注意到汪笑侬凭借《党人碑》及其他新戏被维新派与革命派视为"同志",由此确立其戏剧改良第一人的地位。其侧重点在于辨析《党人碑》脚本的编撰者,梳理《党人碑》排演实况以及汪笑侬早期的演戏生涯,认为《党人碑》脚本系同情戊戌变法的吴趼人所作可能性更大,此戏主要表达了对戊戌政变杀党人的愤慨,以及庚子之难后列强交侵、国势衰微的忧虑。汪笑侬编演新戏主要是其创新意识,并及时把握住"启蒙成为晚清社会最迫切的需求"之时机的体现,从而赢得超越党派与政治立场的一致赞扬。本文更倾向认为《党人碑》脚本系连文澂所作,且更侧重汪笑侬的交游圈,包括沪上戏园经营策略、传统梨园搬演经验对其编演新戏的启发,并指出这种不同社群间的交往互动不仅影响了汪笑侬在清末改良戏曲论述中的书写,淡化了有关汪笑侬下海的另一种言说,同时也清晰了知识人对于改良戏曲的相关想法,促成了上海戏园排演改良新戏的热潮。

④ 诚如论者指出的那样,"当前国内学科细分培养模式带来的视野区隔,常常限制了人们对戏曲与社会互动关系的整体性探索",详见刘芳《外部凝视、群体预设与隔绝空间——评郭安瑞〈文化中的政治:戏曲表演与清都社会〉》,《文艺研究》2020年第12期。

一、南下上海"隐为伶官"

1895年11月20日的《申报》刊登了一则题为"丹桂茶园汪（筱）[笑]侬"的广告。广告称汪笑侬为京都真正第一等名角,并将他的南下说成是园主"久慕其名,特往都门挽恳内城高友央请来申"。① 这是现存的有关汪笑侬同时代最早的生平资料,记载了汪笑侬首次来沪的时间。虽然广告把汪笑侬包装成了名角,但据时在《新闻报》总持笔政的孙玉声回忆,汪笑侬初至沪时,"以嗓音太狭,不足动流俗之耳,郁郁不得志而去,至苏至宁皆如之"。② 孙玉声的描述大致准确,从《申报》每日都会刊出的各大戏园广告来看,汪笑侬这次在上海演唱的时间并不长,1896年1月21日以后,这个名字便从丹桂戏园的广告消失,也未出现在沪上其他戏园的广告中。

时与报人往来密切的周桂笙有云："日报主笔如病鸳、云水、玉声诸君,且受（庸）[佣]药肆、剧场,专事歌颂。"③概因为此,甫至上海,汪笑侬即前去拜访孙玉声,并主动以诗相贻。汪笑侬在诗中化用了白居易《杨柳枝词》的典故抒发了自己怀才不遇,表达了自己下海并非为了生计,而是壮志未酬,暂寄梨园以待其时。多年之后,孙玉声还是以"诧为异才"来形容汪笑侬初次造访给他留下的印象。显然,同为失意抱恨之人的孙玉声对汪笑侬的诗产生了共鸣,以故他不但在《新闻报》上刊出汪笑侬的诗作,还特意为此写了一段序文,把汪笑侬比作东方朔,说他是"以声色之化身,作游戏

---

① 《丹桂茶园汪筱侬》,《申报》1895年11月20日,第6版。
② 《汪笑侬之〈马嵬坡〉》,《图画日报》1910年第319期。
③ 周桂笙:《新盦笔记》卷三《新盦随笔（上）》,上海古今图书局,第36页。

之三昧;梨园寄迹,本出良家","白雪阳春,早已蜚声冀北"。① 这也为汪笑侬争取来了最早的一批支持者。②

1899年底,汪笑侬第二次来沪。尽管职业生涯看上去未见起色,孙玉声创办的《采风报》还是对他极力鼓吹。③ 主笔吴趼人亦在报上公开赠诗,④并有"太虚生""陈钝根""饮雪词人"等纷纷来诗为和。他们认为汪笑侬下海是迫于世局的无奈之举,是志士穷途的一种体现。其中,"陈钝根"的"往事邯郸梦一场,宫袍初试气轩昂"、"儒生都被功名误,优孟衣冠信渺茫"还隐约提到了科场和仕途的失意。⑤ 这既是洋场才子对汪笑侬人生际遇的阐释,同时可能也是他们自身状况的一种写照。无论是否符合汪笑侬的实际情况,正是在他们的诗歌唱和中,汪笑侬"由士而优"的儒伶形象逐渐确立,他的"怀才不遇"也变得更加具体。

汪笑侬迎来事业的转折点是在1900年底。在这一年11月《消闲报》举办沪上梨园菊榜评选,汪笑侬被拔为文榜状元,⑥次年

---

① 《都门汪笑侬诗附记汪笑侬夜访漱石生》,《新闻报》1895年11月26日,第9版。孙玉声在这段序文中写道:"世多俗子,谁能相识于风尘;仆本根人,窃愿陶情于丝竹。"可见汪笑侬的下海的确引发了他内心深处的共鸣,毕竟新闻业在晚清和梨园行业一样不受认可。

② 详见《感怀二首原韵》,《新闻报》1895年12月11日,第9版;《观汪笑侬演空城计偶成一律》,《新闻报》1895年12月30日,第9版。

③ 《天宝风流》,《采风报》1899年12月23日,第2版。孙玉声曾谈及自己继李伯元办《游戏报》之后,在三马路太平坊创《采风报》,详见氏著《沪壖话旧录》,熊月之主编:《稀见上海史志资料丛书》第2册,上海书店出版社,2012年,第105页。

④ 《采风报》1899年12月28日第3版上刊登的"辋川居士太虚生王同藻侣琴甫"给汪笑侬的赠诗中提及"今趼人词长已先得我心,爰次其韵,率成一律,聊以贻赠",可见吴趼人曾赠诗予汪笑侬。由于保留下来的《采风报》有缺损,已经找不到吴趼人写给汪笑侬的原诗内容为何。

⑤ 陈钝根、饮雪词人的和诗见《次韵和趼人词长赠汪笑侬即希正刊》,《采风报》1900年2月6日,第3版;《步趼人同乡原韵赠诗伶汪笑侬》,《采风报》1900年2月8日第3版。

⑥ 《桂仙茶园告白》,《新闻报》1900年11月22日,第6版;晓如厂主选辑:《海上梨园旧事·庚子梨园"文"榜》,《中国艺坛画报》1939年第63期。

2月,正式受聘于牌子更老的天仙戏园。① 汪笑侬能够脱颖而出离不开孙玉声等洋场才子的支持,此外还需提及的是,评选前不久他和"岫云庐主"的诗歌酬唱。根据夏晓虹的考证,"岫云庐主"即是《消闲报》梨园菊榜的评定者、"百花祠主人"毕以堮玉洲。庚子事变发生后,有感于时局糜烂,他在报上作诗索和,"不意和者惟伶官汪笑侬一人"。② 此举令他大为激赏,在酬答汪笑侬的诗中,他提到汪笑侬"本世家子,曾举于乡,悲时局之弥沦,乃放浪形骸,隐为伶官",③ 不但明确说汪笑侬曾中过举,还将他的下海归结为愤于时局的选择。换言之,汪笑侬成为职业演员,并不是出于窘迫不第的无奈,而是一种主观的意愿行为,藉此来表达对现实政治的不满。这样的归隐动机无疑更符合"隐士"的身份。④ 撰写评语的"醉墨生"夸赞汪笑侬"至品度之高洁,才具之优长,尤足冠绝侪辈",⑤ 指的应该就是毕玉洲说的"隐为伶官"。

通过以上的梳理可以看出,汪笑侬从籍籍无名到成为"菊榜状元"的过程中,关于他下海的言说也在不断地被增添删改。毕玉洲的说法更是直接赋予了汪笑侬另一个身份——"隐为伶官"的本质不是伶官,而是隐士,隐于伶和隐于耕樵等一样,都是"隐"的一种方式。正如成书于1910年的《海上梨园新历史》为汪笑侬立传

---

① 《乐部琐谈》,《同文消闲报》1901年2月23日,第2版。
② 《叠时事感怀第二首韵答汪笑侬》,《消闲报》1900年10月9日。1900年的《消闲报》仅存8月24日、8月27日、9月13日、9月26日、9月30日、10月9日、10月10日、10月13日、10月15日、10月24日、12月5日,囿于资料,"岫云庐主"的感怀诗与汪笑侬的和诗已无从目睹。
③ 《叠时事感怀第二首韵答汪笑侬》,《消闲报》1900年10月9日。
④ 一般被认定为"隐士"的人,大都具有良好的德行,包括使其混迹市井、杂处农樵亦能卓尔不群的人文知识素养,"不仕"则是成就隐士身份的关键,无论是终生不仕,还是曾经有过仕宦经历。详见胡翼鹏《"隐"的生成逻辑与隐士身份的建构机制——一项关于中国隐士的社会史研究》,《开放时代》2012年第2期。
⑤ 晓如厂主选辑:《海上梨园旧事·庚子梨园"文"榜》,《中国艺坛画报》1939年第63期。

时说的,"隐之道固不一也",汪笑侬和隐于耕渔、版筑、陇冈之上者没有区别。① 严格意义上隐士是有能力入仕却不愿意为官的人,②有功名之志却屡次受挫而归隐不在此范畴,但这似乎不妨碍汪笑侬的隐士身份,故传记中明确说他是不得志于举子业才以优伶善其身。③ 同时期的另一本梨园专书亦说他"怀才不遇,隐于梨园,借登场袍笏,一吐其胸中块垒"。④

不过,孙宝瑄的日记却记载了汪笑侬下海的另一种说法。1901年,汪笑侬因排演新戏《党人碑》结识了时寓沪上的孙宝瑄,二人曾同席而坐。席间孙宝瑄"与笑侬谈,知其人旗籍,于乙酉年入庠,出先人门下。先人时督学直隶也。戊子,应试北闱中式,遂以候选县官河南"。换言之,他先是于1885年考中秀才,继之于1888年顺天乡试考中举人,并获得候选河南地方知县资格。汪笑侬为诸生时,孙诒经正好任提督顺天学政,所以孙宝瑄说"出先人门下"。这似乎可以印证毕玉洲说的"本世家子,曾举于乡",但在为何会下海的问题上,日记记载的却是"未几犯奸案,发觉褫革,自是无聊赖。甲午,南游海上,遂入菊部,奏技以糊口。又屡至姑苏,博利甚微,落落不为人知"。⑤ 也就是说,下海的直接导火索乃是犯案被革,迫于生计,既非困于场屋,亦非悲于时局。

由于汪笑侬的真实姓名众说纷纭,孙宝瑄提到的科场履历暂

---

① 苕水狂生:《海上梨园新历史》,傅谨主编:《京剧历史文献汇编》第2册,第673页。
② 高敏:《我国古代的隐士及其对社会的作用》,载《社会科学战线》1994年第2期。
③ 苕水狂生:《海上梨园新历史》,傅谨主编:《京剧历史文献汇编》第2册,第673页。
④ 慕优生:《海上梨园杂志》,《京剧历史文献汇编》第2册,第523页。
⑤ 童扬校订:《孙宝瑄日记》上册,中华书局,2015年,第410页。

时难以查证。① 但日记中提到汪笑侬首次来沪的时间,以及他享名之前在苏在沪演出都不太叫座却都是有史可稽。汪笑侬的好友穆诗樵也透露过类似信息,②因犯案才委身梨园之说并非杜撰。只是,这一说法在汪笑侬生前从未公开,面对他身世的种种传言,汪笑侬"第言手版脚靴,曩固饱尝滋味,即考场亦经一履其地,今既隐迹于伶,前程奚必复言",③只承认自己有过官场和科场经历,余皆避而不谈。

直到1918年汪笑侬逝世,曾在报馆充任笔政的汪厚昌才将穆诗樵告诉他的旧闻登报,"以俟一般有戏迷者之考索焉"。④ 虽然他言之凿凿,在当时却没有引起太大反响。⑤ 孙宝瑄在日记中还提及,和汪笑侬同席交谈的当日,在场的还有《游戏报》《繁华报》的主笔李伯元。按照娱乐小报的运作逻辑,席间听到的"爆料"不失为吸引读者眼球的新闻,然而,李伯元却选择了沉默。他和汪笑侬又有何交情?为何在大部分汪笑侬的传记中,犯奸被革一说几未被采信,而藉梨园一途以抒其志反而最终成了主流书写?回答这些问题,可能还要从汪笑侬排演《党人碑》说起。正是这部戏,进一步成就了汪笑侬"伶隐"的声名,并让他成为"演剧改良主义

---

① 关于汪笑侬的本名,民国以后的传略出现了德龄、德克金等说法。满人入关后姓名逐渐汉化,常以名首一字作为姓氏,故"德"可能不是汪笑侬本来的姓氏。与汪笑侬有交的陈去病撰有《汪笑侬传》,其中提到笑侬祖父乃蒙古人,其氏为博尔济吉特,但笔者在光绪戊子科《顺天乡试同年齿录》中,也查不到既符合孙宝瑄提到的科场履历,姓氏又是博尔济吉特的旗籍举人。
② 详见切肤《汪笑侬传略》,《新世界》1918年9月29日,第2版;燕山小隐:《汪笑侬轶事》,《戏剧》1923年第2期。
③ 海上漱石生:《汪笑侬修表谢抡元》,《戏剧月刊》1928年第2期。
④ 切肤:《汪笑侬传略》,《新世界》1918年9月29日,第2版。
⑤ 只有上海启智印务公司1926年出版的鹿原学人编译的日人波多野乾一著《京剧二百年之历史》,以及剧评家冯小隐1923年发表的《汪笑侬轶事》中提到了汪笑侬乃因犯奸案被革不得已才下海为伶。

之开山"。①

二、庚子政局与《党人碑》

汪笑侬首演《党人碑》发生在1901年搭班天仙戏园期间。尽管此前得益于"菊榜状元"已小有名气,但真正令他声名鹊起的却是《党人碑》。《游戏报》谓其"自排演《党人碑》一剧后,声名洋溢,中外皆知"。② 孙玉声在1910年撰写"三十年来伶界之拿手戏",也提到了汪笑侬排演《党人碑》时"适康梁党狱大作,汪串谢琼仙酒楼醉碑登场,慷慨激昂,观者罔不击节,于是名始大噪"。③

现存《党人碑》共有两种,一种为常熟人丘园撰写于明崇祯年间的传奇,共有二十八出,另一种则是汪笑侬排演的《党人碑》,共四场,讲述北宋书生谢琼仙怒砸党人碑获罪后被其友傅人龙巧计搭救之事,主要情节改编自丘园的同名传奇。④《党人碑》故事并不复杂,关键情节还曾经以昆腔折子戏的形式在舞台上搬演过。⑤ 孙玉声的回忆透露了《党人碑》令汪笑侬名声大噪的关键并不在于故事的精彩,或是汪笑侬表演艺术的精湛,而在于这部戏和时局,也就是孙玉声所说的"康梁党狱大作"有很大的关系。汪笑侬

---

① "伶隐汪笑侬曾于辛丑编《党人碑》新戏,实为演剧改良主义之开山",详见《剧坛之新生面〈瓜种兰因〉》,《警钟日报》1904年8月6日。
② 《汪笑侬烦唱〈五毒茶〉》,《游戏报》1901年12月1日,第2版。
③ 《汪笑侬之〈马嵬坡〉》,《图画日报》1910年第319期。
④ 汪版《党人碑》对传奇《党人碑》的改动详见苗露《京剧〈党人碑〉悲剧性之辨析》,《中南大学学报》(社会科学版)2012年第6期。但苗露引用的是收录在《汪笑侬戏曲集》中的《党人碑》,并未注意到这个版本和最初舞台上搬演的情形并不完全相同。
⑤ 《缀白裘》是清代舞台演出本的折子戏选集,其中第八集第二卷收录了传奇《党人碑》"打碑、酒楼、计赚、闭城、杀庙、赚师、拜师"七出。详见钱德苍编《缀白裘》八集,中华书局,2005年标点本,第78—114页。

扮演主角谢琼仙砸碑,此举被视为在表达对党祸的不满。

或是受到这段记载的影响,后来的学人都认为汪笑侬排演此戏乃为影射戊戌政变而作,①而"敢在清廷镇压戊戌政变之时做戏映射,是其爱国"。② 从当时的相关报道来看,排演《党人碑》确和时局有关。先是《消闲报》于 1901 年 4 月 15 日刊出的预告,其中提到汪笑侬"近因触目时艰,伤心动魄",排成八本的连台新戏《元祐党人碑》,"借古证今,颇能切合"。③ 接着又在 4 月 19 日刊出署名"蓬庐主人"的来信:

> 夫顷岁以来,是非颠倒,致贤奸混淆,寝酿成庚子之乱,而中国亦几乎亡矣。幸顽固既挫,压力稍轻,公理渐明于世。今者汪伶怆怀国是,以缠绵忧国之情,而寓于歌声舞态之中……④

《党人碑》所借古事与北宋徽宗年间蔡京当权时期的党人碑事件有关。"顽固既挫"很容易让人联想到所谓的顽固派、守旧党经庚子一役遭受的毁灭性打击。而且在头本《党人碑》演出之后,署名"独学后人"与"织今馆主"给《消闲报》馆的来信也提到了

---

① Joshua Goldstein, *Drama Kings: Players and Publics in the Re-creation of Peking Opera, 1870–1937*, London: University of California Press, 2007, p. 95.
② 苗露:《京剧〈党人碑〉悲剧性之辨析》,《中南大学学报》(社会科学版) 2012 年第 6 期;此说最早出自张次溪的《汪笑侬传》,《戏剧月刊》1929 年第 2 卷第 3 期;此外还见于周信芳回忆汪笑侬的文章(周信芳:《敬爱的汪笑侬先生(代序)》,《汪笑侬戏曲集》,中国戏剧出版社,1957 年)。
③ 《匠心独运》,《同文消闲报》1901 年 4 月 15 日,第 2 版。连台本戏被认为是沪上京戏最具代表性的剧作形式,其最大特质在于能够连续演出多日,篇幅较一般剧作长,每一本既要能自成首尾,自有高潮,又能与上下本连接,相互呼应。详见林幸慧《〈申报〉戏曲广告所反映的上海京剧发展脉络:1872 至 1899》,台湾清华大学博士论文,2005 年,第 240 页。
④ 《急于快睹》,《同文消闲报》1901 年 4 月 19 日,第 1 版。

"顽固"。

他们将汪笑侬誉为"伶隐",称赞《党人碑》情节振聋发聩,"惟目今固执不通、冥顽不灵者比比皆是",建议汪笑侬将此戏排演下去,"或可稍豁梦梦者之眼界,使其忠爱之心油然而生,顽固之气毅然而去,以与彼自强之国共策维新之政"。①"织今馆主"更自称从中受到启发,认为当下民智未开,"豁世人之眼界,演剧为上,小说次之",委托报社嘱咐汪笑侬,将前日本驻华公使矢野文雄所著《经国美谈》排成戏曲,"以组织世界之公理,增长国民之见解","药我中国顽固党之脑筋,而齐武我自强之政术"。②

三封来信都不约而同将矛头指向了妨碍维新之政的"顽固",且"独学后人"还有联合昆伶邱凤翔等排演《东林党》新戏的计划。③《东林党》未见剧本,报上也未看到演出信息,但从戏名来看显然也和党祸有关。④ 这些细节的确让汪笑侬排演的《党人碑》看起来像是在讲述朝廷对维新党人的迫害。问题是,此戏是否真为影射戊戌政变而作?

首先需要厘清的是,戊戌政变并非完全以康、梁为首的"新党"助光绪皇帝推行变法,导致与以慈禧太后为首的"旧党"之间的"新旧矛盾",尽管政变的确有反新政的一面,但将它的发生归为"旧党"反对维新,将自己视为"新党"代言人,更多是康、梁等人在政变后为掩盖"围园锢后"密谋的一种宣传策略。⑤ 其次,排演《党人碑》乃在庚子以后,并非是戊戌政变发生之时,并且天仙戏

---

① 《录独学□人来函》,《同文消闲报》1901年5月3日,第2版。
② 《投函照录》,《同文消闲报》1901年5月1日,第2版。
③ 《拟排〈东林党〉新戏》,《消闲报》1901年5月3日。
④ 谢国桢:《明清之际党社运动考》,上海人民出版社,2006年,第35—53页。
⑤ 贾小叶:《"新党"抑或"逆党":论戊戌时期"康党"指涉的流变》,《近代史研究》2015年第3期。

园在 4 月 23 日刊载的演出广告中标注有"新排五国闹中华"字样,①似在暗示不久前发生的八国联军侵占北京,这部戏和庚子事变的关系可能更为密切。

还有几点值得关注。一是头本《党人碑》的演出时间与前来看演出的观众。据《消闲报》报道,此戏原定于 4 月 28 日开演,但因"民学会同人"欲在会中演说之期包场观此新戏,故又改于 4 月 29 日。"民学会"资料阙如,仅知演说之期为每周一、周四晚。② 孙宝瑄日记中有该年三月十四日晚至名学会听演说的记录。三月十四日乃礼拜四,孙宝瑄也说该会"每遇礼拜一、四演说",③可见"民学会"可能系"名学会"之误。此会乃严复于 1900 年间在上海所创,讲演名学一时风靡。④

孙宝瑄也曾赴戏园观看《党人碑》,他会关注这部戏,主要是《中外日报》的创办者汪康年此前曾告诉他相关消息,并称到时候"同志皆欲往观",孙宝瑄当即欣然表示"愿附末坐"。⑤ 严复、孙宝瑄、汪康年皆与梁启超有所交往,尽管他们并非"康党",汪康年与康、梁还一度关系紧张,但在政变后,他们却都是受到牵连的"新党"中人。此外,他们还都是 1900 年成立于上海的中国议会(亦称国会)的成员,该组织目的在于通过联合民间私党变政,开创新国,废弃旧政府,建立新政府。⑥

二是《党人碑》的内容。和现存版本不同,汪笑侬最初拟排演的《党人碑》是连台本戏,前后共有八本。1901 年演完了头三本,

---

① 《天仙茶园头本连台新戏》,《新闻报》1901 年 4 月 23 日,第 6 版。
② 《党人碑又改期了》,《同文消闲报》1901 年 4 月 28 日,第 2 版。
③ 童扬校订:《孙宝瑄日记》上册,第 359 页。
④ 孙应祥:《严复年谱》,福建人民出版社,2014 年,第 132 页。
⑤ 童扬校订:《孙宝瑄日记》上册,第 357 页。
⑥ 桑兵:《庚子勤王与晚清政局》,北京大学出版社,2004 年,第 107—108 页。

令他暴得大名的主要也是这三本。① 根据戏园广告，头本与同名传奇第六至第十出的情节大体相同，②现存版本应该就是源于这一本。但是第二、三本中的部分关目，诸如杀子、食人、惨戮、哭狱等，③都是同名传奇和现存版本中所没有的情节。这些情节很容易让人联想到暴力、血腥与惨烈，《消闲报》在报道第三本《党人碑》时，也特别指出"如'惨戮''哭狱'两折，甚为沉痛，并间以郭药师起义兵一节，益之以劝饷演说一段，皆足开民智者，不可以戏而忽之"。④ 原著并无郭药师一角，也无劝饷一事，演说则是近代舶来品，可见这些内容实为改编者所添加。

《消闲报》录有劝饷演说的全文。汪笑侬饰演的谢琼仙先是描述了一番目下"群奸内乱，强邻外逼，国几不国"的危机，继而指出危机根源在于民众不知立国之义，阐释国家的存在"绝非无端集合，实由列倔群立，齐来犯我，独力不足以抵御，不能不合同种群力以抵御，于是有国"，而君主不过是为国家总理公事的人，朝廷不过是国君总理公事的场所，所以国事废兴，人人有责，号召国人合众力，集众财，"将保身保家之心，移而保国保种"。⑤

---

① 第二、三本的演出时间详见天仙戏园刊于《新闻报》上的广告（1901年5月22日，第6版；1901年7月16日第6版）。未及第四本演出，汪笑侬便于1902年春"为汉口戏园聘去"（《汪笑侬重人情》，《游戏报》1902年11月22日，第2版），后几本是在他1902年底重返上海以后才排的。

② 头本《党人碑》的关目主要有：升殿、罗织、树碑、醉愤、打碑、赎珮、锻狱、赚令、闹院、出狱、搜查、闭城、问卜、杀庙、逃难、退敌。详见《天仙茶园头本连台新戏》，《新闻报》1901年4月23日，第6版。

③ 第二本《党人碑》的关目有：请师、觅友、杀子、食人、出京、拜帅。详见《天仙茶园接演第二本新戏〈党人碑〉》，《新闻报》1901年5月22日，第6版。第三本《党人碑》的具体关目并未在广告中列出，但《同文消闲报》登载的《第三本〈党人碑〉记略》中，提到了有惨戮、哭狱、起义等情节，详见《第三本党人记略》，《同文消闲报》1901年7月12日，第2版。

④ 《第三本党人记略》，《消闲报》1901年7月12日，第2版。

⑤ 这篇演说原载于光绪二十七年六月初二日（1901年7月17日）的《同文消闲报》，原件已佚，全文转载于晓如厂主选辑《海上梨园旧事：第三本〈党人碑〉演说词》，《中国艺坛画报》1939年9月20日第103期，第2页。

保国保种是戊戌年间康有为组织"保国会"的重要宗旨,演说中提到的"国"和康、梁隐晦不提而实质主张的"国"一样,不再是大清王朝,而是合同种群力之物,即全体成员的共同实体。① 正是在这种新的国家观念影响下,庚子年间,国会在上海成立,②包括保皇会在内的南方趋新各派展开了以勤王为名义的救亡运动,一面积极在海外鼓动筹款,一面试图联合大举,在长江流域实行民主变政,自立为国。无论是康有为、梁启超,还是上文提及的汪康年、严复、孙宝瑄,都是这一计划的参与者。

在戏曲演出过程中穿插演说,《党人碑》是第一次。虽然提倡演说的文字直到 1902 年以后才普及开来,但演说的功效梁启超早有阐发,③生活在上海的知识人对演说也不陌生,《党人碑》演出的前一个月,汪康年、孙宝瑄曾发起上海绅商张园集会抵制俄约,并亲自登台演说。严复主持的名学会也经常举办演说讲演名学,上文提到名学会同人曾在会中演说之期包场观演头场《党人碑》,这不禁让人产生联想,第三本演出过程中穿插进的这场演说是否有他们的影响。

梁启超在日本创办的《新民丛报》也报道了《党人碑》的"戏中有演说",并提到此戏"借蔡京事以影射时局,激昂慷慨,义愤动人",称赞汪笑侬"可谓名士,可谓豪杰"。④ 不过报道并未指出《党人碑》影射的时局到底为何。可以明确的是,《党人碑》意在批评

---

① 沈松侨:《族群、文化与国家:晚清的国族想象》,王建朗、黄克武主编:《两岸新编中国近代史(晚清卷)》(下册),社会科学文献出版社,2016 年,第 968 页;黄彰健:《论康有为"保中国不保大清"的政治活动》,《戊戌变法史研究》,上海书店,2007 年,第 1—67 页。

② 根据汤志钧的考证,唐才常邀集沪上名流在愚园召开"国会"时就是以"保国保种"为辞。详见氏著《乘桴新获:从戊戌到辛亥》,江苏人民出版社,1990 年,第 353 页。

③ 陈平原:《有声的中国——"演说"与近现代中国文章变革》,《文学评论》2007 年第 3 期。

④ 《杂俎》,《新民丛报》1902 年第 3 号。

朝廷大兴党狱,但结合这部戏推出的时间、演出前后受到的关注,以及戏中添加的情节,包括演说的内容与目的(劝饷筹款),其所指涉的党狱可能不只和戊戌政变有关:庚子年间,唐才常领导的汉口自立军起事失败被剿灭捕杀,"自是张之洞乃大兴党狱,湖北杀人殆无虚日","湘抚俞廉三承张之洞意旨,大兴党狱,全省骚然",①保皇会被指为逆党,国会的主要成员遭通缉。随着此役而来的严防搜捕,勤王运动不得不草草收场。"郭药师起义、惨戮、哭狱"等,更像是在写照这一段刚发生不久的历史。

《党人碑》的改编者还可以提供一点线索。此戏多被认为是汪笑侬改编,夏晓虹根据孙玉声民国年间的回忆,以及吴趼人同情戊戌变法的政治立场,包括吴趼人曾创作用京戏演唱的时事新剧,推断《党人碑》为吴趼人所撰的可能更大。但就清末的史料而言,该剧脚本的作者却更多指向另一个报人——连文澂。与汪笑侬有交谊的南社社员陈去病说:"初有浙人连横者,当戊戌秋居上海,撰党人碑为班本,欲以贻诸伶,而诸伶多驽下,弗称焉,独笑侬以能诗名与连横交,于是横以其本授之笑侬,为斟酌损益而协于律。"②

孙玉声最早在介绍伶界拿手戏时,也是说汪笑侬搭班天仙期间"得武林连梦惺君所撰之《党人碑》全部脚本,汪与同班尽心排演"。③"哀梨老人"著于1904年间的《同光梨园纪略》亦载:

> 杭人小宋者,为江西赣州太守连文仲幼弟,名文澂,号孟清,藏有《党人碑》秘本。前由某报馆商诸丹桂排唱,丹桂允

---

① 冯自由:《革命逸史》,新星出版社,2016年,第1031页。
② 陈去病:《汪笑侬传》,殷安如、刘颖白编:《陈去病诗文集》上册,社会科学文献出版社,2009年,第474页。此文最早发表于1908年的《中华新报》上。
③ 《汪笑侬之〈马嵬坡〉》,《图画日报》1910年第319期。

尚未排，小宋不及待，乃赠汪笑侬，即在天仙改为二簧，先演四本……①

连横，原名连文澂，②号小宋，又号慕秦，字孟清，亦作孟青、梦青、梦惺。③"哀梨老人"没有说《党人碑》剧本乃连文澂所撰，却也没有说是汪笑侬创作，只说赠给汪笑侬以后，"即在天仙改为二簧"，且说《党人碑》大卖后，连文澂认为"此中稍润色，亦分所应得"，④可见在《党人碑》由昆腔改编为京腔皮黄调的过程中，连文澂是参与其中的，汪笑侬扮演的可能是给剧本配腔以及导演的角色。

戊戌政变发生时连文澂是否居上海没有其他资料可以说明。政变发生的前一年，他曾在杭州与章太炎等人联合发起"兴浙学会"。⑤ 1902年初为英敛之邀去天津担任《大公报》编辑，直至1903年夏返回上海。⑥ 他是《繁华报》主笔李伯元的好友，⑦且和参与自立军被清方通缉的沈荩熟识，担任《大公报》编辑期间，率先将沈荩被捕及惨死的消息披露于世。⑧ 他虽是杭州人，却生长

---

① 哀梨老人：《同光梨园纪略》，傅谨主编：《京剧历史文献汇编》第2册，凤凰出版社，2011年，第371—372页。
② 详见《浙江同乡公鉴》，《申报》1905年8月17日，第1版。
③ 池秀云：《历代名人室名别号辞典》（增订本），山西古籍出版社，1998年，第1047页；陈玉堂：《中国近现代人物名号大辞典》（全编增订本），浙江古籍出版社，2005年，第470页；民国《黑龙江志稿》卷五七，文海出版社，1965年影印本，第4940页；章士钊：《疏黄帝魂》，《章士钊全集》第8卷，文汇出版社，2000年，第264页。
④ 哀梨老人：《同光梨园纪略》，傅谨主编：《京剧历史文献汇编》第2册，第373页。
⑤ 张玉法：《戊戌时期的学会运动》，《历史研究》1998年第5期。
⑥ 刘大绅：《关于〈老残游记〉》，魏绍昌：《老残游记资料》，中华书局，1962年，第54—104页。
⑦ 连文澂曾为李伯元著《官场现形记》作序，且直呼其为"老友"。详见连梦青《官场现形记叙》，黄霖编：《中国历代小说批评史料汇编校释》，百花洲文艺出版社，2009年，第777页。
⑧ 苗怀明：《〈老残游记〉写作缘起新考》，《文献》2019年第5期。

于湖南。一说他参加了唐才常的自立会,自立军起义失败后逃往上海才得免。① 连文澂后来还加入了被时人称为"《苏报》第二"的《国民日日报》,担任副刊《黑暗世界》的编辑,"攻击官僚,不遗余力",②立场转向革命。

最有价值的是《苏报》主笔章士钊有关连文澂的讲述。章士钊乃湖南长沙人,自称连文澂"在沪与吾辈至稔",其兄乃军机章京,"为拳民巨魁,各国驻京公使所指目,罪状在伪传清谕,命清兵攻击天津租界,并围攻北京使馆。文澂处此矛盾形势之下,极为愤慨,因以嬉笑怒骂笔调",写成《叙庚子消夏记》。③ 连文澂之兄,即《同光梨园纪略》中提到的江西赣州太守连文仲(冲)。野史记载,连文仲本军机处帮领班章京,荣禄幕友,荣"诏令批折,一切委连文冲","比庚子拳祸,政府纵匪殃民,五月清载漪伪谕有云'与其苟且图存,同归于尽,曷若大张挞伐,以决雌雄,彼恃战力,我恃人心',一时传诵,而不知祸我东南赤子,皆此数语酿成之,而连文冲与有力焉。连以庇拳故,为外人所指索,必欲痛惩之。荣禄知连不可留京,遂外放江西某府知府"。④

《叙庚子消夏记》收录在黄藻1903年编纂的《黄帝魂》一书中,此书主要辑录当时报上反清言论而成,"是篇(指《叙庚子消夏记》)描写满廷君臣张皇颠顶之状态,处处以挑动之笔出之,惟妙惟肖"。⑤ 黄藻乃湖南善化县人,"岁庚子,唐才常倡议于汉上,藻

---

① 陈玉堂:《中国近现代人物名号大辞典》(全编增订本),第470页。
② 戈公振:《中国报学史》,中国和平出版社,2014年,第162页;冯自由在回忆上海《国民日日报》内部起争执时也曾提到"经在沪同志冯镜如、叶澜、连梦青、王慕陶诸人奔走调处,仍难收效",详见冯自由《革命逸史》,第106页。
③ 章士钊:《疏黄帝魂》,《章士钊全集》第8卷,第264页。
④ 辜铭鸿、孟森等:《清代野史》第4卷,巴蜀书社,1998年,第2112—2113页。
⑤ 黄藻:《黄帝魂》,罗家伦主编:《中华民国史料丛编》,中国国民党中央委员会党史史料编纂委员会,1979年,第293页。

与毕永年、林锡珪为友,以诸生与闻其事。事败,名在刊章而不甚著,遂遁而之沪,用鬻文自晦者久之"。① 连文澂和黄藻"居室密迩,几于朝夕相见",②他在沪上的境况和黄藻差不多,不得不"倚小报为生涯",③卖文为生。从他后来见《党人碑》大卖、希望分得酬劳来看,经济情况大概很是窘迫。即便如此,最初他迫不及待将剧本交给汪笑侬排演却是赠予,而非售卖,可见排演《党人碑》,更多是为了抒发内心对清廷的不满与愤懑,同时可能也有为自己辩白、剖明心迹的意思。

需要说明的是,对《党人碑》的改编除了上述一些情节的增删,以及在戏中穿插演说之外,最主要的变动就是把这个故事由昆腔改为皮黄。不同声腔剧种之间的相互移植与改编是梨园常见的传统行为模式,皮黄京剧早期有大量剧目都是从梆子移植过来的。而在光绪年间,宫廷中有不少承应戏也从原来的昆腔、弋腔翻为皮黄。④ 将《党人碑》改为皮黄,很大程度上应该是考虑受众更多,更容易制造影响力:自道光年间徽汉合流皮黄并奏,京剧作为新兴的独立剧种形成以来,发展势头就一直很强劲,不仅很快占据京师剧坛的半壁江山,同治年间京班南下以后,更是促进了这股潮流在全国的流布。⑤ 上海租界戏园遍布,虽然也会兼唱昆腔、梆子腔等其他声腔,但主体还是以皮黄为主,专唱昆腔的戏园子很少,生意规模也小。

除了连文澂,《同光梨园纪略》还提到《党人碑》的排演有"某

---

① 章士钊:《疏黄帝魂》,《章士钊全集》第8卷,第183页。
② 同上书,第265页。
③ 同上。
④ Xiaoqing Ye, *Ascendant Peace in the Four Seas: Drama and the Qing Imperial Court*, Hong Kong: The Chinese University Press, 2012, p.227.
⑤ 哀梨老人:《同光梨园纪略》,傅谨主编:《京剧历史文献汇编》第2册,第303页。

报馆"的推动。此报馆应该就是在该剧演出前后给予积极报道的《消闲报》。吴趼人此时正好襄理《消闲报》笔政,且是连文澂后来创办《飞报》的主要撰稿人。他在孙宝瑄、汪康年组织的第二次张园集议拒俄运动中也登台发表了演说。① 孙玉声晚年改口称《党人碑》乃吴趼人有感于清政府大肆搜捕党人而作,②说明吴趼人在其中作用可能不小,第三本穿插其中的演说出自其手笔也未可知。再是李伯元,连文澂曾供职于其主办的《繁华报》馆中。③ 他不仅是连文澂的好友,且与汪康年订交甚早,友人中不乏有此类趋新人士,孙宝瑄寓居沪时与他有过几次往来,④而他本人在庚子以后更是创作了不少时事新戏,还曾将《经国美谈》改为《经国美谈新戏》,⑤这不得不让人怀疑上文提到的"织今馆主"就是李伯元本人。李伯元与汪笑侬等梨园中人有颇多往来,⑥和吴趼人、孙玉声等报人亦常相过从。

庚子之变招致的亡国危机给吴趼人、李伯元之类的中下层文人带来的心理冲击和转变,⑦或许是他们推动《党人碑》排演的诱因。这同时也是他们改善自身文化形象、提高文化地位的契机。

---

① 《纪第二次绅商集议拒俄约事》,《中外日报》1901年3月25日,第3版;《吴君沃尧演说》,《中外日报》1901年3月26日,第4版。
② 海上漱石声:《我佛山人脚本授笑侬》,《时报》1934年8月15日,第4版。
③ 章士钊:《疏黄帝魂》,《章士钊全集》第8卷,第265页。
④ 童扬校订:《孙宝瑄日记》上册,第393、400、410、419页。
⑤ 邹振环:《〈经国美谈〉的汉译及其在清末民初的影响》,《东方翻译》2013年第5期。关于李伯元在庚子以后创作的时事新戏见《李伯元年谱》,薛正兴主编:《李伯元全集》第5册,江苏古籍出版社,1997年,第159页。
⑥ 孙宝瑄在日记中提到李伯元招饮他,赴宴以后发现汪笑侬也在(见童扬校订《孙宝瑄日记》上册,第410页);郑逸梅曾写过李伯元联合孙玉声等人为汪笑侬开菊榜,以汪笑侬冠冕群英(郑逸梅:《郑逸梅选集》第5卷,黑龙江人民出版社,1991年,第82—83页),虽然不一定真实准确,但由此也看出他们关系应该颇为密切。
⑦ 郭道平:《庚子事变的书写与记忆》,北京大学博士论文,2011年,第126页。

报馆主笔在时人看来,乃"无赖文人"之末路,"不仅社会上认为不名誉,即该主笔亦不敢以此自鸣于世"。① 小报文人更是不堪。连文澂寓居沪上时,适逢同乡杨度"以争路抵沪",文澂约章士钊共访杨度,结果"度借词事冗,拒而不见"。后来杨度私下告诉章士钊,连文澂"倚小报为生涯,何可与谈正事"。② 而吴趼人在1902年撰写的《吴趼人哭》中反思自己过去五六年主持各小报的笔政生涯,也直感慨此"实为我进步之大阻力,五六年光阴遂虚掷于此","悔之晚矣,焉能不哭"。③

汪笑侬业儒的经历,以及他和洋场才子的交谊,都为连文澂将《党人碑》交予他排演做了铺垫。同时还应考量的是汪笑侬本人的立场。《党人碑》开演前,孙宝瑄曾向友人打听汪笑侬之为人,得到的答复是"其人善谈吐,工诗文,开化党也"。④ 孙宝瑄在与其交谈后,也认为其人"亦略闻新理,颇能读书者",颇有引为同道之意。此外,从商业角度来说,排演新戏也是沪上戏园重要的经营策略。⑤ 在《党人碑》之前,汪笑侬就曾排过一些内容荒诞不经的新戏,⑥1902年底由汉返沪后续编的后几本《党人碑》更是"陈腐旧

---

① 姚公鹤:《上海闲话》,上海古籍出版社,1989年,第131页。
② 章士钊:《疏黄帝魂》,《章士钊全集》第8卷,第265页。
③ 吴趼人:《吴趼人哭》,魏绍昌编:《吴趼人研究资料》,上海古籍出版社,1980年,第270页。
④ 童扬校订:《孙宝瑄日记》上册,第357页。
⑤ 王敏、魏兵兵编:《近代上海城市公共空间(1843—1949)》,上海辞书出版社,2011年,第110—112页。早在1884年"新编新戏"就已经成为上海戏园号召观众的重要手段。不过在不同时期,新戏的具体所指不同,详见林幸慧《〈申报〉戏曲广告所反映的上海京剧发展脉络:1872至1899》,第119—120、143—162、191页。
⑥ 汪笑侬在天宝戏园搭班时曾排过讲述人鬼夫妻事的新戏《鄭都古迹》;排《党人碑》的当年,还排过新戏《戏迷十八扯》;详见《天宝茶园告白》,《申报》1900年1月5日,第6版;《天仙茶园园主告白》,《新闻报》1901年4月4日,第6版。

套,不脱文章窠臼"。① 对于嗓音条件不好的汪笑侬而言,编演新戏也是他扬长避短的一种方式。②

无论如何,《党人碑》使得汪笑侬获得了比"菊榜状元"更大的成功,他也因为这部戏"为新党所推重"。③ 这也是为什么在呼吁戏曲改良的文字大量出笼以前,零星的几篇文章都是以《党人碑》为改良戏曲的范例,比如下文将会讨论到的1902年底发表于《大公报》的《编戏曲以代演说说》。这篇论说会标举汪笑侬的《党人碑》,可能与连文澂此时在《大公报》担任编辑有关。担任《大公报》主笔的安徽人方守六也认识汪笑侬,他在沪时曾和孙宝瑄一道访汪笑侬于三山会馆,④是汪康年人际交往圈中的重要成员,也曾在张园集会拒俄运动中发表演说。而另一篇同年发表在《文兴报》上,称赞汪笑侬"撰《党人碑》以暗射近年党祸",实属"当今剧班革命之一大巨子"的文章,作者乃康有为弟子、唐才常合作大举

---

① 哀梨老人:《同光梨园纪略》,傅谨主编:《京剧历史文献汇编》第2册,第372页。汪笑侬后来离开搭班春仙期间,续编《党人碑》,将此戏排到了第八本。然而,除了第五本描摹"联军破京"、"二圣北狩","将败国之悲惨,破城之急难,曲曲□出,足以惊人而生自强之心",还具有一些维新启蒙的色彩外,其余情节皆荒诞不经。如第六本,主要情节为"傅人龙子寻父踪,其中遇石掬怪兽而结婚姻,后至泥马渡康王为止";第七本更为离奇,"颠倒鸳鸯,雌雄变幻,孤儿寻骨,假男□真,女子配合"。由此也可以更加确定,汪笑侬主动接演这个戏,存在商业因素的考量。详见《春仙茶园接排新戏五本党人碑》,《新闻报》1903年4月18日,第6版;《春仙茶园接排新戏第六本党人碑》《新闻报》1903年5月21日,第6版;《春仙茶园接排新戏七本党人碑》,《新闻报》1903年6月3日,第5版。
② 《汪笑侬略史》提及汪笑侬在沪上时,"汪、孙、谭、许诸名伶相继在沪演唱,笑侬以新近不能敌,乃抒其胸中所藏,编排新戏"。剧评家冯小隐也说:"汪之喉音,暗不成声,其演剧或以旧戏改新词,或以新戏唱旧法,故示奇异,以自矜贵。详见《汪笑侬略史》,《春柳》1918年第1期;《近世伶工事略》,周剑云主编:《鞠部丛刊·伶工小传》,交通图书馆,1918年,第5页。
③ 童扬校订:《孙宝瑄日记》上册,第410页。
④ 同上书,第357页。

计划的支持者欧榘甲。①

就在汪笑侬演完《党人碑》不久,1902年初梁启超在《新民丛报》创刊号上登载了由其创作的传奇《劫灰梦》。在这部只有"楔子"的戏曲作品中,梁启超借主人公之口表达了试图通过小说戏本觉醒国人的意图。同年他还创办了《新小说》,发表了《论小说与群治之关系》。很难直接证明梁启超受到了汪笑侬排演《党人碑》的触动与启发,在以往的论述中,正是梁启超的这些举动揭开了清末"戏曲改良"的序幕。②

三、排满、"尊伶"与成为"第一戏曲改良家"

如学者注意到的那样,提倡戏曲的文字从1904年起才大量涌现。③ 此前相关论述除了《党人碑》演出过程中《消闲报》刊载"织今馆主"的言论之外,主要就是《编戏曲以代演说说》与《观戏记》。《编戏曲以代演说说》观点和"织今馆主"相近,认为学堂、报馆、演说虽为传播文明的利器,但"行于今日之中国皆有名无实",最便利的开化之术无非戏曲。作者以汪笑侬在上海演《党人碑》为例,谓其戏中演说颇能"热国民之血性",使座中看客产生共鸣,建议多编此类形式的戏曲以代纯粹的演说。④ 欧榘甲则主张改良剧本,他通过将法国和日本战败赔款等时事编演成戏曲对于国内新

---

① 据夏晓虹的考证,此文发表时间大致在1902年。详见氏著《阅读梁启超》,生活·读书·新知三联书店,2006年,第113页。
② 范方俊:《"大历史观"视野下的清末"戏曲改良"》,第196页;张福海:《中国近代戏剧改良运动研究:1902—1919》,第20页。
③ 李孝悌:《清末的下层社会启蒙运动(1901—1911)》,第168页。
④ 《编戏曲以代演说说》,《大公报》1902年11月11日,第2版。

政的推动来说明汪笑侬编演《党人碑》的意义,强调戏曲应当关乎时事,有助于"激发国民精神"。①

这些主张或着眼于改良戏曲的内容,或着眼于改良戏曲的表演形式,但落脚点都是为了"新民",进而推动国内的政治改革。② 1904年间涌现的改良戏曲专论部分延续着此前的思路。如"剑雪生"的《尊伶篇》与《伶部改良策》,同样认为教育不兴,民智未启,国人独乐听戏,故"伶部诚为开通民智之一大端"。他提出的改良之策也都是着眼于戏曲内容,比如不演淫戏、演古戏应当以正史为依据,以及戏曲应当能体现尚武精神,③同样旨在培育新国民。他对汪笑侬也推崇备至,称赞汪笑侬有教育思想,"日以改良伶部为己任","可谓能于戏界中放大光明者"。④

但也有新的论调。比如《警钟日报》上"健鹤"的《改良戏剧之计画》与陈去病的《论戏剧之有益》。"健鹤"认为"描摹旧世界之腐败而破坏之,撮印新世界之文明而鼓吹之"的戏曲始有价值,建议将"举民族何以受制于异族之手,而异族又何以受制于强族之手"等亡国亡种的问题编为戏曲。⑤ 陈去病也建议有志之士组织名班编演明季稗史、汉族灭亡记等,激起民众的尚武精神、民族主义。他指出"吾黄种同胞"受异族政府长久统治已经丧失了民族

---

① 欧榘甲:《观戏记》,阿英编:《晚清文学丛钞·小说戏曲研究卷》,中华书局,1960年,第367—372页。

② 包括"织今馆主"建议编演成新戏的《经国美谈》,主题也是改进社会、确立民权、振兴国家。详见邹振环《〈经国美谈〉的汉译及其在清末民初的影响》,《东方翻译》2013年第5期。

③ 这三条主张被作者概括为"去淫、存实、尚武","去淫"主要是基于道德观念,"存实"则是为了补教育之不足,"尚武"注重的是培养国民的勇气。

④ 详见剑雪生《尊伶篇》,《顺天时报》1904年7月29日,第2版;《尊伶篇(续稿)》,《顺天时报》1904年7月30日,第2版。《伶部改良策》为《尊伶篇》附文。这两篇文章发表后不久就被《同文消闲报》转载,转载时还特意将有关汪笑侬的一段编辑成单独的新闻,详见《伶部改良策》,《同文消闲报》1904年8月16日第1版。

⑤ 《改良戏剧之计画》,《警钟日报》1904年5月31日、1904年6月1日。

意识,戏曲却保留了民族的历史记忆,凡人窥其情状,莫不能"明夷夏之大防,触种族之观念"。①陈独秀的《论戏曲》也认为戏曲保存了汉官威仪,他还建议将岳飞、文天祥、史可法、袁崇焕、黄道周等人的事迹排成戏曲。②

不难看出,这些主张莫不带有"排满"的"种族主义"色彩。《警钟日报》乃上海革命党人之喉舌,③时陈去病任该报"撰述编纂之责"。④他和陈独秀都曾参加拒俄运动,且共事于《国民日日报》。此前陈独秀在安徽发起的"励志学社"曾被指"名为拒俄,实为排满"。⑤二人提倡戏曲改良主要为了服务革命,这点尤其体现在陈去病创办的《二十世纪大舞台》,这份发行了两期即被禁锢的戏曲专刊,用创办人的话说,实是"藉改良戏剧之名,因以鼓吹革命而设"。⑥为了更好地实现这一目的,他们号召社会破除对伶人的歧视,争取伶人的支持。⑦与汪笑侬的合作就是显例,陈去病曾自述:

> 余识笑侬在甲辰(1904)夏间,当是时君已负重名,隶上海之春仙班,以能独造新剧为时流所称。而余方与诸子持社会改良系乎戏剧之说,日为论著以告于众,复相与争撰班本刊

---

① 《论戏剧之有益(再续十一日稿)》,《警钟日报》1904年8月26日。
② 三爱:《论戏曲》,《安徽俗话报》1904年第11期。
③ 冯自由:《革命逸史》,第106页。
④ 《陈去病年谱》,张夷主编:《陈去病全集》第6册,上海古籍出版社,2009年,第46页。
⑤ 邬国义:《陈独秀早年事迹的新资料》,《近代史研究》2003年第2期。
⑥ 陈去病:《警钟日报与大舞台杂志之被封》,《江苏革命博物馆月刊》1930年第6期。
⑦ 比如发表在1904年1月17日《俄事警闻》上的《告优》便明确提出,伶人"流品虽然狠低,力量到是狠大","各处的戏场,就是各种普通学堂","唱戏的人,就是各学堂的教习";陈独秀的《论戏曲》也说"戏馆子是众人的大学堂,戏子是众人的大教师",主张"世上人的贵贱,应当在品行善恶上分别,原不在职业高低"。

而布之,而笑侬遂与余合……①

据时在《时报》馆工作的包天笑回忆,陈去病主动前去拜访汪笑侬。② 利用戏曲传播革命思想,剧本只是一个方面,更为关键的是这些"进步"作品能否在舞台上搬演。同治年间无锡人余治编写的善戏在租界推广失败,很大缘由便在于"戏园不肯演习"。③ 陈去病也注意到了余治,并为他的遭遇感到惋惜。④ 他很清楚,要想通过戏曲动员更多民众,当务之急是要打造一支"梨园革命军",⑤ 为此他甚至呼吁青年同胞"遁而隶诸梨园菊部之籍","明目张胆而去为歌伶"。⑥ 在他笔下,汪笑侬也变成了拥有世袭爵位的"汉蒙种人",为达其爱汉之心,毅然投身优伶,志于改良戏剧。⑦

陈去病主动结交汪笑侬,不能不提的还有两个人。一是赠予汪笑侬《党人碑》剧本的连文澂,他也为《国民日日报》工作过,与陈去病可能相识。再就是曾被梁启超誉为"近世诗家三杰"之一的蒋智由,此人也是原国会成员,很早以前就认识汪笑侬。⑧ 1902年4月蔡元培和蒋智由等人在上海共同发起中国教育会时,陈去病曾受邀参加组建,返乡后还成立了"中国教育同里支部",可见他与蒋智由应该有交往。虽然这不能直接证明陈、汪订交是连文澂或

---

① 陈去病:《汪笑侬传》,殷安如、刘颖白编:《陈去病诗文集》上册,第474页。
② 包天笑:《钏影楼回忆录》,生活·读书·新知三联书店,2014年,第375页。
③ 《拟劝沪上戏园改演善戏说》,《字林沪报》1892年7月20日,第2版。
④ 《论戏剧之有益(再续十一日稿)》,《警钟日报》1904年8月26日。
⑤ 《二十世纪大舞台发刊词》,《二十世纪大舞台》1904年第1期。
⑥ 《论戏剧之有益(续十一日稿)》,《警钟日报》1904年8月24日。
⑦ 陈去病:《汪笑侬传》,殷安如、刘颖白编:《陈去病诗文集》上册,第474—475页。
⑧ 前文提到孙宝瑄曾向友人询问汪笑侬之为人,回答他的那个友人正是蒋智由,可见在演《党人碑》之前,蒋就已经认识了汪笑侬。另外,蒋智由1905年发表于《新民丛报》上的《中国之演剧界》中也提到了自己"曩时识汪笑侬于上海,其所编《党人碑》固切合时势一悲剧也,余曾撰联语以赠之",详见《新民丛报》1905年第17号。

蒋智由居中介绍,但上海名伶荟萃,其中不乏声名在汪笑侬之上者,陈去病选择了汪笑侬而不是其他人,可能多少和他们二人有关系。

《瓜种兰因》是汪笑侬结识陈去病后排演的第一部戏,原名《虚无党》。① "虚无党"原指国外信奉无政府主义的政治力量,其以暗杀等暴力手段反抗政府的主张与清末革命党人颇为相契,在清末小说的译介中虚无党小说曾风行一时。②《俄事警闻》"以翻译俄国虚无党之事实为主要部分",③更名之后的《警钟日报》同样鼓吹暗杀。④ 开演之前,《警钟日报》和《大陆报》都对此戏内容进行过预告,有议院、教会、跳舞、条约、侦探、阴谋、暗杀、爱国会、敢死军等情节,讲述的是波兰亡国的故事,宗旨在于"唤醒国民独立精神","欲观者知外交之险恶,内政之腐败,非结团体,用铁血主义,不足以自存"。⑤

与此前大部分戏曲不同,《瓜种兰因》是"以中国戏演外国事"。首开此风气的是梁启超,其在1902—1904年间陆续发表于《新民丛报》上的传奇《新罗马》便取材于意大利建国三杰的有关事迹并加以敷衍,只不过此剧从未在舞台上搬演。陈去病曾是《新民丛报》的拥趸,不仅投过稿,还在家乡帮忙宣传和代售,汪笑侬"谱《虚无党》"的想法很可能由此受到启发。此戏的文本资源主要来自薛公侠译述日本学者涩江保所著的《波兰衰亡战史》。⑥ 涩

---

① 陈去病:《汪笑侬传》,殷安如、刘颖白编:《陈去病诗文集》上册,第474页。
② 陈建华:《"虚无党小说":清末特殊的译介现象》,《华东师范大学学报》(哲学社会科学版)1996年第4期。
③ 蔡元培:《自写年谱》,高平叔编:《蔡元培全集》第7卷,中华书局,1989年,第293页。
④ 马光仁:《上海新闻史(1850—1949)》,复旦大学出版社,1996年,第244页。
⑤ 详见《剧坛之新生面〈瓜种兰因〉》,《警钟日报》1904年8月6日;《瓜种兰因》,《大陆》1904年第5期。
⑥ Rebecca E. Karl, *Staging the World: Chinese Nationalism at the Turn of the Twentieth Century*, Durham and London: Duke University Press, 2002, p. 38.

江保的原著完成于1895年,引入中国后出现了多个译本。值得注意的是,薛公侠译述本的印刷机构——东大陆图书译印局的创办人章士钊,发行此书的上海镜今书局主人陈竞全,包括为此书作序的柳亚子,都是陈去病的同道友人。①

早在戊戌维新期间,波兰亡国史就被康、梁等人作为推动变法的思想资源,《辛丑条约》签订之后,"波兰"更是成为民族衰亡与振兴民族的政治符号进入史书的书写谱系,并引起读者的注意。②正因为"波兰"在当时引发了知识人对中国自身情境的思考,汪笑侬才说"盖波兰之衰亡,瓦尔消之变动,皆足为吾中国镜者",③试图将波兰亡国史谱成戏曲,制造更大的影响力。

《瓜种兰因》原计划连演八本,④但实际上只演出了前三本。陈去病的"然非学者究不识也"道出了原委,⑤未再推出续集很有可能是因为该戏没有市场。尽管很早就预见到了结果,⑥当"笑侬既刺取波兰灭亡史,为《瓜种兰因》新剧成",陈去病仍为逐日刊之《警钟日报》,并单行以广其传。⑦《大陆报》将汪笑侬比成日本名优团十郎,称《瓜种兰因》乃汪笑侬有感于旧剧腐败"特着手于戏

---

① 章士钊曾和陈去病共事于《国民日日报》;陈竞全一直资助中国教育会、《俄事警闻》、《警钟日报》(详见陈去病《中国教育会》,《江苏革命博物馆月刊》1930年第6期),《二十世纪大舞台》也是由镜今书局印行(马光仁:《上海新闻史(1850—1949)》,第245页);柳亚子则是参与了《二十世纪大舞台》的发起和创办。
② 邹振环:《晚清波兰亡国史书写的演变谱系》,《南京政治学院学报》2016年第4期。
③ 陈去病:《汪笑侬传》,殷安如、刘颖白编:《陈去病诗文集》上册,第475页。
④ 《接演连台第二本灯彩新戏〈瓜种兰因〉》,《新闻报》1904年8月11日,第7版;《〈瓜种兰因〉续期演期》,《警钟日报》1904年8月14日。
⑤ 陈去病:《汪笑侬传》,殷安如、刘颖白编:《陈去病诗文集》上册,第475页。
⑥ 汪笑侬告诉陈去病"将谱《虚无党》"时,陈去病认为"能近取譬",想法很好,只是民众"国故之不知,往典之未悉,而顾欲与谈域外,侈陈高义,得无欲南其辕而北其辙乎",详见陈去病《汪笑侬传》,殷安如、刘颖白编:《陈去病诗文集》上册,第475页。
⑦ 《瓜种兰因序》,张夷主编:《陈去病全集》第1册,第292页。

本改良"而排,此戏"若萧条门巷无人问,则吾国真亡矣"。①《安徽俗话报》也连载了《瓜种兰因》的剧本,陈独秀还撰写了剧情提要,称汪笑侬为"先生",夸赞他"颇通时务,中国的诗文,也做得很好",《瓜种兰因》"暗切中国时事,做得非常悲壮淋漓,看这戏的人无不感动"。②

《大陆报》宗旨在于"开进我国民主思想","鼓吹改革,排斥保皇",③报社成员有不少从事过反清活动。④ 至于《安徽俗话报》,虽然以开通民智为宗旨,但也不乏反清和排满的宣传。就政治立场而言,这两份报纸和《警钟日报》性质接近。需要提及的是,《大陆报》成员陈景韩同样以翻译虚无党小说著称,与梨园中人亦有所往返。汪笑侬在《大陆报》上前前后后发表了十数首诗,和报社相关成员应该也有交情。

虽然《瓜种兰因》涉及"种族"问题,比如第二场各国使节为波斯国王祝寿,"同种同教诸国上座,异种异教诸国下座"的礼仪,使得土耳其受辱而导致入侵;又如第十三场演说波兰衰亡的原因,第一条就是"以异族之君王,临我同胞之百姓",但所要表达的"种族革命"观念始终比较隐晦。或因为此,陈去病才说这部戏"于民族主义虽弗显露,然处处刺中国时事",⑤接着才又有汪笑侬谱演《桃花扇》《缕金箱》《长乐老》等戏之举。《桃花扇》也是由昆腔翻为皮黄调,未在戏园正式公演以前,陈去病便偕同刘师培提前观看,

---

① 《瓜种兰因》,《大陆》1904 年第 5 期。
② 《新排〈瓜种兰因〉班本》,《安徽俗话报》1904 年第 11 期。
③ 冯自由:《革命逸史》,第 79 页。
④ 邹振环:《戢元丞及其创办的作新社与〈大陆报〉》,《安徽大学学报》(哲学社会科学版)2012 年第 6 期。
⑤ 《记续演〈瓜种兰因〉新剧》,《警钟日报》1904 年 8 月 16 日。

继之又在《警钟日报》上提倡鼓吹。①《缕金箱》和《长乐老》的剧本也都是陈去病所编,这几部戏的内容皆系明亡故事,暗含排满思想。②

排戏之余,陈去病拉拢汪笑侬加盟《二十世纪大舞台》。③ 正是在这份声称自己"乃优伶社会之机关,而实行改良之政策"的刊物中,④汪笑侬被标举为"中国第一戏剧改良家"。印刷在这个标题之下的,还有他的便装照以及他为自己小照题写的两首诗:

    铜琶铁板当生涯,争识梨园著作家。此是庐山真面目,淋漓粉墨漫相加。
    手挽颓风大改良,靡音曼调变洋洋。化身千万俱如愿,一处歌台一老汪。⑤

显然汪笑侬也想以"戏剧改良家"形象示人。如果说此前排演《党人碑》的改良意义更多是他人赋予的,诗中可以看到,汪笑侬已自觉使用了改良的话语。⑥ 可能对于他来说,最重要的不是知识人出于何种立场提出了怎样的改良主张,而在于他们的论述凸显了

---

① 《偕光汉子观汪笑侬〈桃花扇〉新剧》,《二十世纪大舞台》1904年第1期;《新剧编演期》,《警钟日报》1904年8月30日。
② 有关《缕金箱》《长乐老》,可参见《二十世纪大舞台》1904年第1期上刊登的《记〈缕金箱〉之内容》《记〈长乐老〉之内容》两篇;这两部戏的剧本也分别刊在了《二十世纪大舞台》第1期、第2期上,署名"红光"。据王立兴考证,"红光"就是陈去病,详见王立兴《陈去病与晚清的戏剧改革运动》,《南京大学学报》(哲学社会科学版)1995年第3期。
③ 汪笑侬虽然列名《二十世纪大舞台》的发起人,但根据包天笑的回忆,他不过是在上面发表了几首诗而已。详见包天笑《钏影楼回忆录》,第375页。
④ 《二十世纪大舞台发刊词》,《二十世纪大舞台》1904年第1期。
⑤ 《笑侬自题》,《二十世纪大舞台》1904年第1期。
⑥ 《瓜种兰因》开演之前,汪笑侬也曾对人言:"吾能以一手改良全国剧本,但未知国民之程度能解看否耳。"详见《瓜种兰因》,《大陆》1904年第5期。

戏曲在娱乐之外的社会价值，从而也间接提高了戏曲从业者的社会地位。这一点也可以从陈去病创办《二十世纪大舞台》，一时名伶孙菊仙、朱素云、熊文通、周凤文、时慧宝等，咸与其相往还中得以窥见。①

正因为汪笑侬不是陈去病真正意义上的"同志"，后来《警钟日报》和《二十世纪大舞台》被封，陈去病遭通缉而离开上海时，他不但没有走，反而继续排演了多部时事新戏，并得到绅商等界的赞誉。② 1910年南京劝业会开幕，汪笑侬作为"中国第一改良新戏大剧家"前往演唱。③ 次年8月，天津的学、报、绅商各界联合发起"以编演新戏改良风俗为宗旨"的社会教育俱乐部，汪笑侬受邀前去帮忙。④ 学界闻人严范孙曾在日记中多处提及在天津观看汪笑侬排演的新戏，对其赞赏有加。在他的推荐下，汪笑侬还担任了1912年成立的天津戏曲改良社副社长并附设"新剧练习所所长"一职。⑤

值得一提的是，自汪笑侬编演《瓜种兰因》等戏，上海的戏园

---

① 陈去病：《警钟日报与大舞台杂志之被封》，《江苏革命博物馆月刊》1930年第6期。

② 比如1905年编演于国内抵制美货运动之际的《苦旅行》，此戏得到作为代表与美国进行交涉的上海商务总会的议董曾铸之公开称赞以及《新闻报》的鼓吹。详见《春仙汪孝侬熊文通上商会曾少卿函》，《申报》1905年10月9日，第10版；《观〈苦旅行〉感书》，《新闻报》1905年10月12日，第2版。

③ 《劝业会琐闻》，《顺天时报》1910年7月29日，第7版。

④ 《改良乐部》，《大公报》1911年8月15日，第5版；《新剧将演》，《大公报》1911年11月6日，第5版。

⑤ 天津戏曲改良社的社长、副社长由直隶提学司任命，经费亦由学务公所拨发，接受提学司监督，具有半官方的性质。新剧练习所则近似戏曲学校，目的在于"养成有志置身剧界之学生"。详见《天津戏曲改良社暂行简章》，《通俗教育研究录》1912年第3期；《天津戏曲改良社暂行简章（续）》，《通俗教育研究录》1912年第5期；《天津戏曲改良社附设新剧练习所通告各社员书》，《通俗教育研究录》1912年第6期。汪笑侬曾以练习所所长身份在《教育周报》上发表《戏曲讲义》（《教育周报》1913年第24期）。其担任改良社副社长与练习所所长，还可见于就聘于丹桂第一台时的广告（《第一台礼聘寰球欢迎独一无二须生哲学大家汪笑侬》，《申报》1916年12月1日，第16版）。

广告纷纷出现"改良新戏""警世新戏""时事新戏""文明新戏"。①固然这和戏曲改良论述纷涌而出,改良戏曲成为流行的文化符号有关,②不可否认的是汪笑侬对其他伶人可能产生的影响。《警钟日报》上有两则报道,一则说"汪伶隐新排《瓜种兰因》久已风行海内,现江西有志士陈某购得班本以教本省名班小福兴";③另一则是在汪笑侬演《瓜种兰因》后,"闻又有某君新编《多少头颅》及《玫瑰花》两剧,《多少头颅》原稿已为天仙某伶携去,不日即可演唱,至《玫瑰花》一剧,倩丹桂名伶演唱去"。④如果说前者有鼓吹的嫌疑,后者则是可以找到其他史料印证的。⑤当时丹桂在《新闻报》上刊出的《玫瑰花》广告,用的就是"文明新戏"的噱头。⑥

其实,在《瓜种兰因》演出的前两个月,天仙伶人潘月樵便与同班伶人联合排演了《两国议和》,"是出脱尽旧气,独表新样,自构兵演起,以至平和了局,其中情节,确与东[三]省军事暗为关合"。⑦此前汪笑侬在天仙搭班时,潘月樵曾和他配过戏,扮演过《党人碑》的另一个重要角色"傅人龙"。⑧包天笑回忆陈景韩在《时报》馆工作时,潘常到报馆来向他请教,"演新戏最卖力,慷慨激昂,满口新名词,对于观众好作似是而非的演说"。⑨《时报》成

---

① 详见林秋云《戏曲行业的变革与边缘身份的演化:清代京沪男伶群体研究》,复旦大学博士论文,2018年,第254—274页。
② 张仲民:《种瓜得豆:清末民初的阅读文化与接受政治》,第115页。
③ 《戏班改良》,《警钟日报》1904年10月26日。
④ 《戏剧改良》,《警钟日报》1904年8月26日。
⑤ 《中国白话报》1904年第20期上刊登有《多少头颅》的剧本;陈去病作有《偕笑侬观〈玫瑰花〉新剧》诗四首,详见《二十世纪大舞台》第1期。
⑥ 《丹桂茶园新排全部文明新戏〈玫瑰花〉出现》,《新闻报》1904年10月3日,第5版。
⑦ 《天仙茶园新排连台全本应时新样新戏〈两国议和〉》,《新闻报》1904年5月26日,第6版。
⑧ 《第三本党人碑记略》,《同文消闲报》1901年7月12日。
⑨ 包天笑:《钏影楼回忆录》,第374页。

立于1904年,这应该是汪笑侬演《党人碑》声名鹊起之后的事情了。汪笑侬的成名让其他同行看到了通过改良戏曲提高社会影响力乃至身份地位的可能性,这或许是潘月樵积极排演新戏最大的动力。不只是他,汪笑侬搭班春仙的园主熊文通、同班伶人邱凤翔、周凤文、赵如泉等皆有新作。潘月樵后来改搭丹桂,又与夏月珊等伶人排演了《爱国青年》《潘烈士投海》《黄勋伯义勇无双》《上海林咸卿》等反映时事的新戏。① 1908年丹桂全班迁往南市新建的新舞台,潘月樵担任内台董事,戏曲改良被认为由此进入了高潮阶段。②

结　　语

以往谈及汪笑侬,论者多从他的作品出发,分析其中的政治态度与"进步"思想,以此反过来说明他编演新戏的目的和动机。这种依赖作品内容来解读其创作意图的研究路径忽略了作品生成的过程,同时也抹杀了作为"案头"和"场上"之曲的差异。③ 有鉴于此,本文不只是从作品内部,更多从作品的外部来还原汪笑侬投身戏曲改良,成为"第一戏曲改良家"的经过。通过上文的梳理可以看出,汪笑侬萌生出改良戏曲的意识,乃至后来成为改良家,主要与《党人碑》《瓜种兰因》等新戏的排演有关,但这些新戏的排演并

---

① 详见林秋云《戏曲行业的变革与边缘身份的演化:清代京沪男伶群体研究》,第189—190页。
② 北京市艺术研究所、上海艺术研究所组织编著:《中国京剧史》上卷,第340页。
③ 具体说来,那些由汪笑侬导演甚至主演的代表作,剧本并不一定是他本人的创作,而留存至今的剧本和最初舞台上搬演的情形也已经大不相同。夏晓虹便注意到收录在《汪笑侬戏曲集》中的《党人碑》与晚清戏台上实际搬演的不同,参见氏著《京剧〈党人碑〉编演考述——兼及汪笑侬早期戏曲活动》,《文艺研究》2022年第1期。

不只是出于其创新意识，或者是同情维新、革命的立场，需要更多提及的其实是汪笑侬的交游网络。

《党人碑》排演于改良戏曲舆论大量涌现之前，这部改编自明末同名传奇、在庚子事变发生后上演的皮黄戏，并不只是为影射戊戌政变而作。事实上，这部戏可能和庚子年间的勤王运动渊源更深，体现在戏中惨戮、哭狱、郭药师起义等为编者所加的情节中，以及第三本戏中穿插的保国劝饷演说。剧本的改编者指向了李伯元的老友连文澂。头三本《党人碑》即为此人所授，他和参加过自立军起义的沈荩、黄藻等过从甚密，早年也身体力行参与维新，庚子以后立场逐渐转向革命。而这部戏在演出前后得到的关注，诸如严复主持的名学会、孙宝瑄、汪康年、蒋智由、欧榘甲乃至梁启超等人，既是维新志士，同时也都以不同的方式参与了庚子年间的勤王运动。他们还是演说这一启蒙形式最早的提倡者和实践者。

汪笑侬之所以接受这个剧本，为这个剧本配腔、导演并担任主要角色，不排除有他的现实关怀，但更重要的可能是他和吴趼人等洋场才子的交谊。得益于洋场才子的书写和揄扬，他被塑造为遁于梨园的隐逸之士，并因此被拔擢为菊榜状元，在沪上剧坛站稳了脚跟。在推动《党人碑》演出的过程中，吴趼人、李伯元等洋场才子的身影再次出现。他们和连文澂、孙宝瑄、汪康年等趋新人士都存在不同程度的交往，庚子事变对他们造成的冲击以及由此发生的心理转向，包括改善提升自我文化形象的内在需要，促使他们积极协助将《党人碑》搬上舞台。此外，编演新戏也是沪上戏园行之已久的经营策略，同时还是汪笑侬针对自身嗓音缺陷的扬长避短，汪笑侬演《党人碑》不排除存在商业方面的考量。

排演《党人碑》让汪笑侬扩大了自己的交游圈，结识了不少新党中人。而早期提倡戏曲、号召改良的言论，包括被视为揭开了改良运动序幕的梁启超的文章和作品，几乎都是在头三本《党人碑》

演毕之后才出现的。这些言论的作者本身就是新党中人,或与新党往来密切,在他们的改良述论中,汪笑侬与《党人碑》成为最早的改良戏曲的范例,虽然汪笑侬在排演《党人碑》时并没有多少自觉改良戏曲的意识在其中。汪笑侬排演《党人碑》获得的声名,以及在演戏过程中认识的连文澂、蒋智由等人,为他后来与陈去病等革命党人的合作提供了契机。连文澂、蒋智由都曾在不同的场合与陈去病共事过。拒俄运动失败后,一直在寻找新革命方案的陈去病也将目光瞄准了戏曲。试图通过戏曲动员更多民众参与政治变革的他急需汪笑侬这样思想开通且具有一定名气的伶人支持。而他和同道陈独秀等人对戏曲改良、破除对伶人的歧视等不遗余力的倡导也赢得了汪笑侬的好感,尽管他们的改良论述中充斥着"排满"色彩,这一点不一定是身为旗人的汪笑侬所认同的。

在陈去病的影响下,汪笑侬先后排演了鼓吹以暗杀等暴力手段反抗政府、借波兰亡国故事写照中国内政外交的《瓜种兰因》,以及讲述明亡故事暗中排满的《桃花扇》《缕金箱》等戏。戏曲推出过程中得到了陈去病担任编辑的《警钟日报》的大力报道,并引起《大陆报》《安徽俗话报》等立场较为激进的报刊之关注。正是在排演《瓜种兰因》等新戏的过程中,汪笑侬第一次使用了改良戏曲的话语,而他也被陈去病引为知己,赞誉为戏曲改良主义的开山,在陈去病、柳亚子等人发起创办的《二十世纪大舞台》中被标举为"中国第一戏剧改良家"。

郭安瑞(Andrea S. Goldman)在有关清代北京梨园文化的考察中揭示了戏曲作为文化场域充满竞争和权力博弈的一面,[①]魏兵兵据此认为,戏曲史发展演进的根本动力并非审美观念的转变或

[①] Andrea S. Goldman, *Opera and the City: the Politics of Culture in Beijing, 1770-1900*, Stanford: Stanford University Press, 2012. 中译本:郭安瑞著,郭安瑞、朱星威译:《文化中的政治:戏曲表演与清都社会》,社会科学文献出版社,2018年。

戏剧艺术的进化,而是参与戏曲活动的不同群体之间多元互动的文化政治。① 他在有关民国上海京剧活动的研究中也指出,民国京剧的雅化、京派—海派审美分野的出现,以及京角的明星化,都与文人学士、地方精英的参与和改造有关,旨在藉此获得文化、社会甚至政治资本。② 尽管他们都强调"不同群体",但更为关注的还是清廷、文人、地方精英等伶人以外的社群,似更在意"外行"对于推动戏曲发展的力量,否认存在所谓的"艺术自觉"。

就汪笑侬个案所呈现的情况来看,晚清戏曲改良的发生同样不是基于伶界自发改良剧本、唱词、唱腔或者表演程式,而是当时的洋场报人、趋新势力、革命党人等为了各自诉求参与其中的结果。但同样不能忽视的是,不同声腔剧种之间相互移植等梨园传统行为模式在"改良"发生过程中的作用,以及身为演员的汪笑侬所具有的职业敏感性。正是在这种多方的互动中,处于时代巨变中的知识人关于改良戏曲的想法逐渐清晰,而汪笑侬基于原初的梨园经验而排演的新戏也出现了与以往不同的特点,诸如在戏中穿插演说,以中国戏演外国故事等,这也影响了后来戏曲改良的舞台潮流。③ 有意思的是,有关汪笑侬下海的言说也在这样的互动中一次次被改写,随着他改良家身份的确立,业伶也变成了他志于戏曲改良的主动选择,因奸案被革迫于生计之说反而湮没在了历史深处。

---

① 魏兵兵:《"声音之道,与政通矣"——评郭安瑞著〈文化中的政治:戏曲表演与清都社会〉》,《史林》2018 年第 6 期。
② 魏兵兵:《娱乐政治:京剧与民国前期上海精英阶层的形塑》,《近代史研究》2018 年第 5 期。
③ 清末民初的戏曲演出中经常出现穿插演说的现象,详见袁国兴《清末民初新潮演剧中的"演说"问题》,《学术研究》2010 年第 3 期。取材于外国故事的戏曲在清末民初涌现了不少,以致于这一类戏曲被学者称之为"洋装新戏"。详见北京市艺术研究所、上海艺术研究所组编著《中国京剧史》上卷,第 346 页。

最后,如果要检讨汪笑侬及其同人共同促成的这些实践活动对清末戏曲改良运动的意义,最重要的莫过于其贡献了"时事新戏"。无论是《党人碑》借古代故事写照时事,还是《瓜种兰因》通过演外国故事讲述时势,强调的都是戏曲与时局的紧密结合。虽然在此之前,上海的租界戏园早已出现过取材于本地实事、本朝时事的新戏,但那更多是戏园为了迎合市场,将其作为新戏的一种类型招揽顾客的商业之作,注重的是戏曲的娱乐性。① 汪笑侬等人不仅接续了"时事新戏"的演剧传统,还赋予了"时事新戏"新的内涵,亦即注重戏曲对现实的批判功能。② 所以戏曲改良运动发展到后期涌现出不少直接以时事入戏的新作。③ 从清末戏园子排演的改良剧目来看,戏曲改良最大的成就或许正体现于此。④

---

① 这股风潮后来还因触犯案例禁消歇了,详见林幸慧《〈申报〉戏曲广告所反映的上海京剧发展脉络:1872 至 1899》,第 141—152、209—223 页。
② 事实上,通过编演戏曲影射时事、批评时政,乃至直接以时事入戏的做法由来已久。明代中后期至清初,编演时事剧更是盛极一时,直至在政府的干预之下销声匿迹。巫仁恕在考察明清之际江南的时事剧时也指出,直到清末戏曲改良运动时,以当代政治时事为题材的时事剧才又再度兴起,其中不少用来宣传革命思想,或抨击揭露清政府腐败的。详见巫仁恕《明清之际江南时事剧的发展及其所反映的社会心态》,《"中研院"近代史研究所集刊》1999 年总第 31 期。
③ 有关清末上海戏园排演的改良新戏剧目,参见林秋云《戏曲行业的变革与边缘身份的演化:清代京沪男伶群体研究》,第 254—274 页。正如李孝悌揭示的,贯穿整个 20 世纪 30—70 年代最主要的戏曲议题就是"政治化"(politicization),亦即戏曲与社会问题、政治问题紧密结合在一起。而这种趋势其实在清末上海的戏曲改良就已经开始了,其中尤以上海"新舞台"为最。Hsiao-t'i Li, *Opera, Society, and Politics in Modern China*, Cambridge, MA: Harvard University Press, 2019.
④ 有学者认为,清末戏曲改良的最大成就就在于"时装新戏"。"时装新戏"以穿戴当时而非古代的装束而得名,形式上分为外国题材的"洋装新戏"、取材于时事新闻的"时事新戏",以及采用清代服饰的"清装戏"。详见张福海《中国近代戏剧改良运动研究:1902—1919》,第 103 页;北京市艺术研究所、上海艺术研究所组织编著:《中国京剧史》上卷,第 364 页。不过如林幸慧指出的,取材于时事新闻的戏也可能同时采用外国题材,而清装就是当时人的时装,这样的分类方式存在很大的问题(林幸慧:《〈申报〉戏曲广告所反映的上海京剧发展脉络:1872 至 1899》,第 403—404 页)。从本质上来说,这三种"时装新戏"的内核其实都是"时事新戏"。

东方的虚镜:《对西夷文明的一些观察》一书中的"东方主义"解构

摘要: 本文介绍了一本名为《对西夷文明的一些观察,尤以英国为例》的史料。这本伪托中国人之名,实际上是美国人撰写的旅英游记,借"中国之眼"对英国社会中的宗教迷信、崇尚暴力、司法不公和贫富分化等问题大加挞伐。此书在写作中有意识地戏仿"东方主义"的写作模式,并倒错其主客体以达到讽刺效果。尽管这样的表达在形式上是对欧美中心主义的反叛,但其对中国的描绘却依旧充满欧美优越论者的一厢情愿,系脱离中国历史语境的"东方的虚镜"。《对西夷文明的一些观察》一书既是18世纪"中国热潮"的一次回声,又预言了20世纪欧美在经历世界大战后对自身文明的省思。并且书中看似解构了"东方主义"话语但实际上并未摆脱刻板印象的现象也预示着20世纪批判"东方主义"时面临的困境,展现出"后殖民"研究解构的局限性。

关键词:《对西夷文明的一些观察,尤以英国为例》,东方主义,大英帝国

作者简介: 张翼,复旦大学历史系博士研究生

一、引　　言

　　自从 1978 年爱德华·萨义德(Edward Said)出版了《东方主义》一书以来,人们似乎才发现了东西方文明交汇后,尤其是 18 世纪末以降欧洲人在描绘东方文字中潜藏的"元话语"(Metanarrative)。在这一被命名为"东方主义"的"元话语"中,东方不再拥有黑格尔式的"大写历史",并且还成为欧洲与美国用以自我界定的"异己"。因此,由这套"元话语"所衍生出的文献也就自然而然地与殖民主义压迫性的制度相结合,换句话说,权力与知识的共谋把"东方变成一项事业"。[①]

　　萨义德提出的研究范式激起了"后殖民"研究的热潮。大量批判性的研究以文学文本为基础,描绘了欧洲的文化霸权如何将"东方"变成学术研究的客体与需要规训的对象。然而,萨义德的"东方主义"话语呈现的是欧洲与美国在意识形态领域支配"东方"的单向权力关系,这使后殖民研究者为了找到在意识形态领域去殖民化的可能,而试图从"东方"的角度寻找抵抗这种支配的线索。文化挪用是抵抗方法的一种,阿里夫·德里克(Arif Dirlik)指出,"东方"社会并非对欧洲与美国的"东方主义"话语缄默不言,而是将其挪用并内化为自我认同,并试图从中寻找或激发出复兴自身文化的可能性。德里克将其称之为"东方人的东方主义",或者"自我东方化"。[②] 另一种路径是发掘受支配民族作者"顶撞"宗主国权威的文学,并用以说明他们对于欧美话语霸权,乃至现代性

[①]　Edward Said, *Orientalism*, New York: Pantheon Book, 1978, pp. 1–28.
[②]　阿里夫·德里克:《后革命氛围》,中国社会科学出版社,1999 年,第 273—304 页。相关研究的具体案例,见杨瑞松《病夫、黄祸与睡狮:"西方"视野的中国形象与近代中国国族论述想象》,(台北)政大出版社,2016 年。

整体的反抗。① 这两种抵抗手段是从"东方主义"话语之客体的角度出发,对于霸权性意识形态中所呈现的权力关系的修正。那么作为"东方主义"话语的主体,也就是欧美思想界,在19世纪是否仅仅将"东方主义"话语作为一种理所当然的"元话语"而无意识地使用?19世纪的欧美是否存在着对于这种话语的自知,甚至蓄意解构这种话语的文本?

《对西夷文明的一些观察,尤以英国为例》(Some Observations upon the Civilization of the Western Barbarians, Particularly of the English)就是19世纪从"元话语"的层面解构东方主义的内容与写作风格的独特文本。② 《对西夷文明的一些观察,尤以英国为例》(以下简称《观察》)假托一位虚构的中国人在英国游历时的所见所闻,来描绘一个东方人视角下维多利亚时代的英国社会面貌。然而《观察》并无意于歌颂19世纪英国社会的伟大,而是从英国社会的各个方面找出值得批判的阴暗面大加挞伐。《观察》在批判这些阴暗面时有意识地采取了当时许多"东方主义式"游记中惯用的写法模式,例如编写一段"访客"与"当地人"的对话,聪明的"访客"借对话诱使"当地人"说出某种自相矛盾的荒谬现象,进而达到讽刺的效果。这种带有文化成见与文明自负的游记书写模式广泛地存在于当时人游历中国之后所撰写的文献之中。而《观察》一书对这种写作风格的戏仿(Parody)意味着在萨义德提

---

① Ashis Nandy, *The Illegitimacy of Nationalism: Rabindranath Tagore and the Politics of Self*, Oxford: Oxford University Pres, 1994. 然而就算是这种"顶撞",从某种程度上说,也只是加强了"中心"与"边缘"的传统关系,因为把这些带有"争议性"的文字选取出来的主体依旧是宗主国的知识分子,而真正独立于宗主国影响力的作品则遭到了忽视。Bart Moore-Gilbert, *Postcolonial Theory: Contexts, Practices, Politics*, London & New York: Verso, 1997, p.18.

② Ah-Chin-Le, John Yester Smythe, *Some Observations upon the Civilization of the Western Barbarians Particularly of the English; Made During a Residence of Some Years in Those Parts*, Boston: Lee and Shepard, 1876.

出"东方主义"之前,一些敏锐的欧美思想家就已经察觉到了他们在书写"他者"时惯用的风格中潜藏的话语逻辑,并且通过有意识地倒错这种风格中的主客体,达成一种出色的讽刺效果。这种独特的解构性是《观察》这本书最具价值之处。

可惜的是,《观察》这本书自出版以来就乏人问津,几乎湮没在浩渺如烟的文献大海之中。不仅对于《观察》文本与作者本身的研究付之阙如,甚至提及这本书的研究都极为少见。就笔者所见,只有文化比较研究者吉瑞德(Girardot)在其关于传教士理雅各的著作《朝觐东方》中,将《观察》作为欧美"同情地理解东方"的证据稍加提及。① 尽管吉瑞德的看法确实是诠释《观察》的一种面向,但是单纯将话语的主客体颠倒过来并不意味着权力关系的本质发生了改变。笔者认为,《观察》虽然将批判的矛头指向了处在"文明阶梯"最顶层的英国社会,然而书中用以映照英国社会弊端的"东方镜鉴"却依旧充满了欧美式的想象,投射的是欧美人理想中的价值观。例如将启蒙主义的光环任意地加诸孔孟头上赋予儒家其本身并不具有的特征。这种做法本质上和"东方主义"风格是一体两面的,只不过"东方"在此是以正面的形象出现罢了。因此《观察》虽然在形式上是对"东方主义"有意识的戏仿乃至反叛,但其呈现"东方"的方式却依旧是非历史的、脱离语境的,使其成为某种带有欧美理想主义的"东方的虚镜"。

无论如何,《观察》一书还是为我们提供了既不同于纯粹"东方主义"叙述,亦不同于真正的中国人旅西游记的独特文本。它借"东方"之眼反衬"西方"社会中存在的弊病,这对于正处于自信顶

---

① Norman J. Girardot, *The Victorian Translation of China: James Legge's Oriental Pilgrimage*, Berkeley and Los Angeles: University of California Press, 2002, pp. 208-210. 笔者曾致信吉瑞德询问关于《观察》的信息,但是他说因为年代久远,关于这本书的信息息早就不知下落,无从查证了。

峰的19世纪欧美文明而言,不得不说是一种难能可贵自省精神。本文将对这本尚缺充分研究的文献进行初步的整理与分析,希望能为后来的研究起到抛砖引玉的效果。

二、《观察》的作者与文本概述

1876年,《观察》一书由李与谢菲尔德出版社于波士顿和纽约出版,①这是没有什么疑问的。但是《观察》的"作者"与"译者"却令人困惑。根据《观察》的前言,这本书原本是以一位叫"Ah-Chin-Le"的中国官员用中文撰写的旅英回忆录,之后再由约翰·叶斯特·斯迈斯(John Yester Smythe)翻译成英文供欧美读者阅读。②但是"Ah-Chin-Le"和斯迈斯都几乎无案可查,笔者遍寻当时在华西文报刊,也未见此二人名字的踪迹。因此,关于这两位"作者"的信息仅有"译者前言"和"作者前言"短短几页而已。

在"作者前言"中,"Ah-Chin-Le"自称是官员,但是从这个名字本身来看,这一宣称相当可疑。Le应该是姓,推测为"李"这个常见姓氏大概不会有太大的问题,方便叙述起见,或许可以称呼他为"老李"。"Ah-Chin"这个名字由于不知道"Chin"是否是"Ch'in"省去了送气符号的写法,所以无法确定这个龈腭音到底是不送气的"阿金"还是送气的"阿琴"。但无论如何,"阿"这个字都不大可能

---

① 后来这本书一直未得再版,直到版权过期后基辛格出版社(Kessinger Publishing)在2008年出版了精装和平装本。2016年,利奥波德古典图书馆(Leopold Classic Library)收录此书,出版了平装本,2017年再版。2020年印度的帕拉哈特·帕拉卡萨出版社(Prabhat Prakashan)出版了此书的kindle版。

② 斯迈斯在"译者"前言中很谦虚地说,自己"翻译"此书时从这位中国人的叙述中得到了很多乐趣,并且认为即使这些中国人的观点不算什么智慧的话,那至少也能给西方的读者带来新奇感。"Translator's Preface", Ah-Chin-Le, John Yester Smythe, *Some Observations upon the Civilization of the Western Barbarians*.

出现在一个汉族官员的名字中,因为这是闽、越地区中下层甚至是苦力阶层取名时常用的口语字。老李自述的教育经历进一步印证了他名字中的地域色彩。老李说,他小时候在福建的洋学堂(school of the Foreigners [Fo-kien])中学会了一些西夷的语言,尤其是英语。之后在口岸城市上海,老李的语言水平愈发纯熟,因此得到了一位名叫"Wo-Sung"的官员的私人委托,让老李随朝廷的使团前往欧洲,考察这些夷人的国家与人民。老李希望自己写下的这些文字能够帮助"Wo-Sung"大人在朝堂上启发我们的天子,让中华(Flowery Kingdom)更好地了解过去知之甚少的西方蛮夷,并最终有助于保卫圣教和天朝庇佑下和平而勤勉的人民。①

那么这位"Wo-Sung"又是谁? 老李在提到"Wo-Sung"的时候,在这个名字后面加上了四个头衔:"First Class""President of the most Serene""the grand Council"和"Calao"。② "First Class"指正一品大概没有什么争议,但是剩下的三个称呼都令人费解。"President of the most Serene"中的"most Serene"常用来指代欧洲历史上类似威尼斯这样的共和国的主权者,③但是放在中国则似乎完全无法找到任何可能的对应物。"the grand Council"或许可以理解为内阁或者军机处,④然而遍查咸、同两朝及光绪初年的内

---

① "Author's Preface", Ah-Chin-Le, John Yester Smythe, *Some Observations upon the Civilization of the Western Barbarians*.
② Ibid..
③ Geoffrey Parker, *Sovereign City: The City-State through History*, London: Reaktion Books Ltd., 2004, p. 88.
④ 即使是当时对中国非常熟悉的外国人也常常搞不清这两个机构之间的联系,例如1857年威妥玛(Thomas Wade)在写给额尔金(Earl of Elgin)的备忘录中,就错把当时的首席大学士裕诚当作军机大臣,裕诚当时并未入值军机。Ian Nish ed., *British Documents on Foreign Affairs Reports and Paper from the Foreign Office Confidential Series E Asia, 1860–1914 Volume 17 Anglo-French Expedition to China, 1856–1858*, Frederick, Md.: University Publications of America, 1994, pp. 72–73.

阁大学士及军机大臣表,也没有发现任何近似的人名。① 最后是"Calao",这个词发音近似内阁大学士的尊称"阁老",老李也自称是一位"Calao"。但是正如上文所言,清季的内阁或军机处都没有类似名字之人。而且作者自己在《观察》这本书的其他地方也用到了"Calao",但却指代完全不同的意义。书中第二章在讨论英国的长子继承制时提到,这种制度将导致血腥的继承斗争,而在中华,"伟大的 Calao 的明智传统避免了这种危险"。② 这里的 Calao 显然很难解释为"阁老"。③ 因此,笔者认为 Calao 应该并非官名,而只是通称的"长老"之意。

结合上述分析,笔者认为无论是 Ah-Chin-Le 还是 Wo-Sung,都并非真实存在的人物,这个名字要么是作者窃用在中国时遇到的通事或苦力的名字,要么干脆就是凭空捏造。他们的头衔也是随意编造出来的,用来给不熟悉中国制度的西方读者营造某种"真实感"。至于在前言中没有任何自我介绍的斯迈斯,就更是连分析的线索都付之阙如。所以这本书的作者应该另有其人。

那么这本书的作者究竟是谁?书籍的版权页提供了最后的线索。版权页中说这本书的版权属于约翰·斯旺西(John B. Swasey),④ 而这位斯旺西应是一位确实存在的人物,因为他还有其他作品留存于世。首先,斯旺西曾在1863年5月4日受佛罗里达州墨尔本市的"上帝一位论派"教会(the Unitarian Christian

---

① 钱实甫:《清季重要职官年表》,中华书局,1959年,第12—29、45—48页。

② Ah-Chin-Le, John Yester Smythe, *Some Observations upon the Civilization of the Western Barbarians*, p. 60.

③ 德庇时在他的《中华帝国及其居民概述》中提到"Calao"这个词是耶稣会士对"阁老"一词的拼写。John Francis Davis, *A General Description of the Empire of China and Its Inhabitants Volume 1*, New York: Harper & Brothers, 1836, p. 209.

④ 斯旺西在版权页署上自己的名字应该是为了使这本书享受版权法的保护。Thorvald Solberg, *Copyright Enactments of the United States, 1783 – 1906*, Washington: Government Printing Office, 1906, p. 38.

church)之邀,在该市的圣乔治大厅发表过一场为美国联邦政府辩护的演讲。此时美国内战正酣,斯旺西面对着冷漠甚至带着敌意的听众,逐条驳斥当时流行的许多支持南方脱离联邦正义性的理由,并为联邦解放黑奴的自由事业而摇旗呐喊。① 出于对此事的纪念,斯旺西后来将这份演讲稿付梓出版,因此得以留存至今。斯旺西还有另一本著作《论人新议与杂诗集》(A New Essay on Man and Miscellaneous Poems)存世。② 这本书集结了斯旺西在青年时代游历世界各地时写下的思考人类和世界之间关系的散文与诗歌。在这些纯粹的文学抒情作品中,斯旺西抒发了他强烈的普世主义和希望各文明平等对话的思想。③ 这与他支持废奴与自由主义的政治立场是协调一致的。而且斯旺西诗集中一些关于美国乡镇风情的描写也进一步增加了他是美国人的可能性。根据这两个证据,笔者推断斯旺西应该是一位思想自由开明的美国人。

斯旺西的普世主义以及对于理性和启蒙思想的服膺,是贯穿《观察》全书用以批判英国社会的基本价值立足点。但是斯旺西

---

① J. B. Swasey, *A Lecture, the American War: The Action of the American Government Vindicated Delivered at St. George's Hall, Melbourne, on 4th May, 1863*, Melbourne: R. M. Abbott & CO., 1864.

② J. B. Swasey, *A New Essay on Man and Miscellaneous Poems*, Boston: Lee and Shepard, 1886.

③ 例如他其中的一首诗写到:
Truth is not cultured by the axe and stone/Religion rises, till its Fane shall be/As broad, as catholic, as Humanity/And Conscience, joining Social Law and Right/Shall in one Code, the Human Race unite! /To this, Confucius by the Yellow sea/And Numa, sitting with Ægeria/And Moses thundering by the awful hill/And Jesus dying, whilst the world stood still!
(译文:真相并非斧与石所造;宗教兴起,直到其神殿容纳人类全体;良知、法律与权利融入一部法典,人类由此得以联合;为此,黄海的孔子、埃及的努玛、雷霆万钧之丘上的摩西与垂死的基督,整个世界为他们停下脚步。)
这几句诗表达的情感显然超越了狭隘的亚伯拉罕系宗教的一神传统,而寻求一种融合了各地文化,并奠基于普遍良知与人权基础上的新的综摄(syncretism)思想。这与《观察》中对宗教的批判性见解是一致的。Swasey, *A New Essay on Man and Miscellaneous Poems*, pp. 33 - 34.

为什么要假托中国人的视角去批判英国,甚至斯旺西到底是否曾到访过中国,都缺少实质性的证据。第一次鸦片战争之后,外国人便可自由到访开放的五个口岸,《天津条约》更是允许持护照的外国人游历中国内陆。或许斯旺西确实曾游历中国,并且在此过程中萌生了创作《观察》这本书的最初想法。也有可能的是,他在阅读了许多享受着条约特权的外国游客用居高临下的口吻,借游记肆意描绘着这个"偶像崇拜"国度的"邪恶"与"肮脏"后心生不满,于是就模仿《格列佛游记》或是《波斯人信札》的方式,假托老李这个"中国人之眼",将自诩为当时人类文明顶点的维多利亚时代英国社会的弊病讽刺一番,提醒欧洲人在海外耀武扬威时,别忘了自己社会中仍存在的愚昧与落后。

《观察》全书共分为12章,分别是《英国人的宗教与迷信》《英国的历史与地理》《一些内政的细节》《论教育:一些反思》《文学与英语语言》《他们的贸易及其从中征收的税赋》《关于婚姻与生老病死的评论》《艺术、建筑与科学》《娱乐、游戏与盛会》《一般人的工作与生活细节》《上流社会:一些关于他们家内生活与社会习俗的细节》《风光、气候与其他》《伦敦》《一些总体评论》。这些标题下的内容仅是随性而至的散漫罗列,并无特定的主线,前后文亦缺乏严谨关联。再加上"译者"约翰·斯迈斯在前言中说为了保留"原作者"的精神而不得不牺牲语法的准确性与叙述的通顺性,[1]使这本书语言生硬,阅读困难。

除了在语言风格上戏仿"英译中"的翻译腔,《观察》还使用诸多小技巧来营造一种真实感。例如斯旺西大概是想模仿欧洲人的中国游记中,用拉丁字母拼写某些中国概念读音的做法,让老李用

---

[1] "Translator's Preface", Ah-Chin-Le, John Yester Smythe, *Some Observations upon the Civilization of the Western Barbarians*.

汉字去模拟英国概念的发音,最后在"翻译"的时候再将其罗马化。比如说"2000 years"这个词后面跟着"[met-li-ze]"。这可能是单词"millennium"用汉字拼写为"米-里-泽"后再转写为拉丁字母的结果。但这只是笔者的猜测,因为《观察》中绝大多数的注音都是无法理解的,如天子"Son of Heaven [Bang-ztse]"、鸦片"Opium [Zle-psi]"、地狱"Hell [Tha-dee]"或盐"Salt [pho-zi]"。这些虚构的"注音转写"和上文提到给老李等人编造的头衔,都是给不谙中文的外国读者制造虚假"真实感"的把戏,亦可视作对东方主义游记要素的模拟。因此,《观察》这本书从"作者""译者"到内容中描述的中国,都披上了一层虚幻的外衣,进而构成了"虚构的东方立场"。尽管这种虚构并不影响《观察》批判英国社会的力度与真实性,但是斯旺西笔下的中国,就成了其本身的历史与真实被悬置起来的"东方的虚镜"了。

无论如何,对于英国社会的批判才是《观察》的核心,笔者在下文将从两个方面分别概述《观察》中对英国社会的批判,并从中分析其借用"中国之眼"时的虚与实。

三、迷信与嗜血的英夷

《观察》笔下的英国人最突出的特点便是迷信与暴戾,老李说:"暴力依旧是夷人的上帝,耶和华的崇拜因此才适合他们。只有当在暴力有可能得到改进并发挥到其效用的极致的地方,夷人的智识才会得到改良。"①

《观察》对宗教迷信的批判并未上升到否定一神教的无神论

---

① Ah-Chin-Le, John Yester Smythe, *Some Observations upon the Civilization of the Western Barbarians*, p. 103.

程度，倒不如说《观察》仍旧认为对于上帝的崇拜乃是包括中国人在内全人类所共享的信仰，只不过这种信仰在夷人那里堕落成了许多迷信的形式。① 这种迷信首先是犹太教遗留下的糟粕，上古犹太民族的祭司们总是口含天宪，把自己说的一切都披上神圣的光环再记录下来并小心翼翼地保存。这些充满无知与愚昧的文献哪怕在耶稣出现之后也没有得到改革，反而被基督徒们照单全收，使犹太教中残忍与野蛮的因素遗存下来，成为基督教中迷信的来源之一。后世的教士们也就被困在《圣经》的文字中，用汗牛充栋的文献为这些迷信添砖加瓦。②

这种迷信到19世纪仍旧存续不绝，甚至随着福音运动和海外宣教的热潮而有再度兴盛之势。《观察》认为这是因为教士们相信迷信有助于拯救人们的道德。这里《观察》特意设置了一段老李与某位有些犬儒的教士的一段对话。老李对教士们总是宣扬诸如恶魔附体这样连他们自己都不信的东西感到愤愤不平，那位被质问的教士只是淡淡地说："我们需要一个恶魔给妇女、儿童和一般人……迷信只是形式而已，你可以称其为'恐怖'，但是我认为这是必要的，因为它们的作用胜过警察。"③ 老李对这个答案很是不满，他后来在伦敦的经历也印证了这位教士言论的荒谬。有一次老李走在伦敦街头，一位身着华丽的女士向他询问时间，他掏出

---

① 这里《观察》描述"上帝"用的词是"supreme Lord of Heaven［Chang-ti］"，直译过来应是"至高天主"，但注音却近似"上帝"。看起来作者对这些概念在中译时，在传教士群体中引发的长久争论可能并未耳闻，或者干脆因其普世主义的信仰而对此嗤之以鼻。Ah-Chin-Le, John Yester Smythe, *Some Observations upon the Civilization of the Western Barbarians*, p. 1.

② 《观察》认为圣餐礼用酒与饼寓意耶稣的血与肉，正是犹太人用活祭甚至是人祭来安抚易怒的耶和华这种残忍而原始习俗的遗存。Ah-Chin-Le, John Yester Smythe, *Some Observations upon the Civilization of the Western Barbarians*, pp. 11 - 16, 38.

③ Ah-Chin-Le, John Yester Smythe, *Some Observations upon the Civilization of the Western Barbarians*, pp. 22 - 23.

怀表,准备借着燃气灯的光线看清表盘时,一个扒手瞬时就从他手中将怀表夺去,不见踪影。那位女士只是说了一句"真遗憾"后,就消失在伦敦的浓雾中了。①

　　除了迷信之外,基督教的另一个问题就是无休无止的教派斗争。这一点很大程度上可以看作是迷信问题的衍生,因为教派之间的斗争在《观察》看来尽是围绕着最无聊的礼仪细节进行的。例如洗礼到底是要全部浸入水中,还是把水撒到脸上就好,抑或是圣水和神父均非圣灵降临的必要之物？蜡烛还是熏香更能使上帝欣悦,祷告要站着念还是跪着念,是否要念出声等。天主教中的迷信在英国得以完全保留,因为英国的宗教改革不过是把罗马教宗这个最大的偶像崇拜对象替换成了女王而已,然而正是上述这些细枝末节的争论引发了宗教改革时代最为血腥残酷的可怖屠杀。②《观察》对宗教改革的看法显然是过于简单,但作者的意图是破除《圣经》的绝对权威,从而去除基督教的迷信因素,进而得到一种理性的道德信条。《观察》非常直接地指出《圣经》中充满了自相矛盾与无聊琐碎之事,而且在不同时代不同民族用各自的语言传抄的过程中,原本的意思早就面目全非,因此把《圣经》中的字句绝对化乃是最难以置信的愚信。③ 这些观点很可能受到了19世纪基督教研究最新进展的影响。勒南出版于1863年的《耶稣传》指出"耶稣的门徒无法理解老师的真正伟大之处,便寻求与

---

① Ah-Chin-Le, John Yester Smythe, *Some Observations upon the Civilization of the Western Barbarians*, p. 266.
② 描述祷告的时候,《观察》说:"Priest must offer proper 'Incantations', and generally in the Temples before the Idol."这里的"Idol"可以视作对基督教偶像崇拜残留的讽刺。Ah-Chin-Le, John Yester Smythe, *Some Observations upon the Civilization of the Western Barbarians*, pp. 7 – 17.
③ Ibid., pp. 10, 30 – 31.

他本不相称的法术去抬高他",①这与《观察》所言如出一辙。

在《观察》看来,任何崇拜的目的仅仅是把人类从无知带入启蒙,进而认识到至高的存在(The Supreme Lord),甚至走向大同。因此,崇拜仅是为了表达自己的感激,以及继续在智慧与道德上精进的努力而已。②从这一点出发,《观察》将中国这个"东方的虚镜"引入进来。《观察》将去除了迷信因素的宗教看作是一种理性的崇拜(rational worship),而孔子的智慧正是这种冷静、容忍与善良的理性信仰的体现。而且早在希腊罗马之前,中国的信仰就达到了纯质的境界,甚至希腊和罗马的文明都从中国那里受益匪浅。③

用欧洲理性主义来概括儒学显然有时空错置的嫌疑,而且《观察》的行文中从未真正拿出任何一条儒家思想的具体内容与基督教对比。换句话说,儒学,或者说孔子这个人在《观察》中同样成为一种代表了理性主义的"偶像",被从儒学自身的语境中抽离出来,嫁接到启蒙主义的理性传统中去。深受儒家传统浸染的士绅大概很难接受这种挪用,志刚在《初使泰西记》中评论说,来华的洋人传教士只是因为中国人尚儒而以"西儒"自称,耶稣"舍身救世,以兼爱为教,又实近乎墨氏"。墨家学说在孟子看来完全是"无父"之言,基督教认为万物皆上帝所生,则不仅是"无父",更是"无君"了,"则墨而兼杨矣,果乎儒哉"?④

无怪乎基督教在中国士人眼中如此臭名昭著了,但更重要的

---

① 勒南:《耶稣传》,商务印书馆,2010年,第217页。
② Ah-Chin-Le, John Yester Smythe, *Some Observations upon the Civilization of the Western Barbarians*, p. 25.
③ Ibid., pp. 19, 33.
④ 志刚:《初使泰西记》,钟叔河编:《走向世界丛书·第一辑(一)》,岳麓书社,2008年,第281页。

是,基督教从来都不单纯是一种信仰,而是与暴力以及英国的海外扩张并行的意识形态。他们相信他们有天赋的权力,以上帝的名义去夺占这些盘踞着异教徒的土地,同时用"自由贸易"和"福音书"把这些异教徒从可悲的"地狱"中拯救出来。贸易被视作救赎的载体,而传教士是其中常用的一种(the general cargo of means of conversion),他们和商船一同出发,带着几卷《圣经》、劣质的朗姆酒、粗制滥造的毛瑟枪和一些不堪交易的商品,与那些堕落的水手一起去远方把他们的上帝介绍给异教徒们。①

贸易和传教热情并非解释英帝国扩张的全部动因,但也在相当程度上足以解释为何这种扩张会牢牢地与所谓的"文明使命"紧密地联系在一起。巴麦尊在1848年大言不惭地宣称:"我们的责任与使命不是去奴役,而是去解放……我们站在道德、社会和政治文明的顶点。我们的任务就是提供示范,并指导其他民族前进。"②然而《观察》敏锐地发现英国的所作所为似乎并不相符。英国人的殖民战争不过是将其"顽固而残忍的对劫掠的爱好"发挥得淋漓尽致罢了。他们在印度依靠欺骗与武力建立统治后,在敲骨吸髓的同时却对这些异教徒臣民的痛苦视而不见;他们为了倾销鸦片而两次发动战争,用坚船利炮在广州制造屠杀,劫掠中国的沿海省份;邻近英国本土的爱尔兰也因为饥荒而损失大量人口,人们为了生存不得不远走海外。③

尽管19世纪中叶并非英帝国海外扩张的高峰期,甚至有被称为"小英格兰人"(Little Englanders)派的一群自由贸易论者坚定地

---

① Ah-Chin-Le, John Yester Smythe, *Some Observations upon the Civilization of the Western Barbarians*, pp. 131 – 136.
② W. Baring Pemberton, *Lord Palmerston*, London: Batchworth, 1954, p. 141.
③ Ah-Chin-Le, John Yester Smythe, *Some Observations upon the Civilization of the Western Barbarians*, pp. 56 – 58, 131, 257.

反对帝国的领土扩张,要求让加拿大等已有的殖民地独立以节省不必要的开支。① 但事实上这一时期的英帝国从未真正停止自己扩张的步伐,只不过从纯粹的领土攫取变成了建立以最小的代价就能保护其商业利益的"非正式帝国"。②

《观察》自然不会用严密的论证去证明上述观点,它更多的是从道义上谴责英帝国打着自由贸易旗号的干涉战争亦非正义。比如为了保护在土耳其的利益而与另一个基督教国家(这里显然是指俄国)大打出手,费尽人力、金钱却毫无所得。在美国内战中又公开地站在蓄奴洲一边,只因为英国人害怕一个强大的美国崛起。③ 殖民地、殖民战争让英国的社会上层赚得盆满钵满,也给社会下层以逃避压迫的出路,他们要么加入军队,随着英帝国的扩张分享劫掠而来的果实,要么到殖民地去开拓新的土地,这在某种程度上成为社会的"减压阀"。暴力给社会带来的巨大利益使反对的声音软弱无力。女王本人尽管在道德上受人赞誉,但她从未利用自己的影响力阻止这些暴行的发生。④ 议会成员的个人财富仰赖英国的海外贸易,政府也需要贸易带来的税收运行。因此,正如宗教改革受到既得利益者教士阶层的阻碍一样,殖民与战争给英国社会带来的好处也使消灭这种暴行不再可能。

《观察》对于英帝国恃强凌弱的批评也与当时许多士人的观感相符,即使承认英帝国在技术上占优,却不认为这必然意味着更优越的道德。志刚在出使欧洲时就有一段和传教士的对话。志刚

---

① 张本英:《自由帝国的建立:1815—1870 年英帝国研究》,安徽大学出版社,2009 年,第 176—181 页。

② John Gallagher, Ronald Robinson, "The Imperial of Free Trade", *The Economic History Review*, New Series, Vol. 6, No. 1 (1953), pp. 1–15.

③ Ah-Chin-Le, John Yester Smythe, *Some Observations upon the Civilization of the Western Barbarians*, pp. 69–70.

④ Ibid., p. 74.

问:"既爱上帝以爱人,又奈何终岁以坚船利炮到处战争杀人乎?"教士说:"彼不爱人者,非能爱上帝者也。"志刚追问:"习教者,西人也。传教者,神甫也。既有神甫以教人,何以不教以爱人之道,而听其嗜杀争利,所贵乎神甫者何在乎?"教士无话可说,默默离开。志刚于是评论说:"夫洋人之谆谆讲爱上帝,以行其教者,有牢不可破之势。至于以坚船利炮,以力服人之凶焰,犹不若鸦片毒害之深。而究其实,不过取其利厚而售速耳。然爱上帝者,固远不若其孳孳为利之心。与夫周孔之口,而跖跖其行者,有同轨也。"①

当然,作为"东方的虚镜"的《观察》大概是想不到用"周孔之口"和"盗跖之行"这样中国传统经典中的贴切比喻吧。

四、维多利亚时代英国社会的明与暗

维多利亚时代几乎可以看作是英国黄金时代的同义词,不列颠在19世纪犹如世界灯塔一样在人类文明的"最高处"展示着进步的实态,维系着"不列颠治下的和平"。当时大部分有过海外经历的中国士人即使看不上英国人的道德,却也有意无意地在记叙中流露出对于英国社会富足的赞叹。无法留下文字的底层则"用脚投票",大规模地移民到英帝国治下的殖民地谋生。然而那些出使者浮光掠影般的匆匆一瞥终究难以洞察英国社会表面浮华下的暗蚀,真正遭受压迫的底层亦无从留下文字控诉他们的遭遇。因此《观察》切中英国社会内部肯綮的批判就显得相当独特。

---

① 志刚:《初使泰西记》,钟叔河编:《走向世界丛书·第一辑(一)》,第317—318、347—348页。

《观察》花费最多笔墨控诉的社会问题是英国的司法不公。英国历来以自己的法治传统为荣,蔑视东方国家"腐败而不公正"的法律系统,进而将其视作为"治外法权"辩护的理由。从著名的"休斯夫人"号事件到马嘎尔尼使团访华后流传于英国社会的关于中国刑罚残酷性的生动铜版画,都使英国人不断加深着东方国家的司法缺乏程序正义,主要靠刑讯逼供破案的刻板印象。① 然而《观察》却指出英国司法的问题恰恰就在于过分关注程序正义而导致的形式主义。② 《观察》花了极大的篇幅详呈英国司法极为繁琐的诉讼程序,同时还指出那些头戴滑稽假发的法官因为过于依赖过去的判例,以致于丧失了自己的判断力。过去的判例绝非至正无误,迷信判例只会让法官任凭律师的摆布,使熟悉各种自相矛盾判例的律师成为法庭的主宰。这些律师秉持着蛮夷善于劫掠的本性,工于利用法律漏洞和恐吓的方式从诉讼的各方获取好处,不断拖延诉讼进程,以便收取高昂的律师费。许多人为了胜诉而不得不支付比自己声索金额还要高的律师费,甚至因此破产抵押资产者也不鲜见。这种荒谬的现象对于相信自己的司法制度优于一切民族的英国人而言,无疑是巨大的反讽。③

司法如此,立法也没好到哪去,因为他们的立法思想常基于不诚实的原则。《观察》说,英国人用"买者当心原则"(Caveat Emptor)去制定法律,也就是说,卖者骗人乃是再正常不过的行为,买者受骗只能抱怨自己的愚蠢,用这样的原则去制定法律怎么能

---

① George Henry Mason and J. Dadley, *The Punishments of China*, *Illustrated by Twenty-two Engravings: with Explanations in English and French*, London: W. Bulmer and Co. Cleveland·Row, 1801.

② 《观察》也指出英国绝非酷刑绝迹之地,像九尾鞭刑这样残酷的体罚和叛国罪将殃及罪犯后代的做法同样令人咋舌。Ah-Chin-Le, John Yester Smythe, *Some Observations upon the Civilization of the Western Barbarians*, pp. 81–82.

③ Ibid., pp. 85–97.

指望人们比法律做得更好？于是乎英国的商业遍地都是无耻的欺诈，人人都想着以次充好，也习惯于被骗，以致于偶尔一次被诚实相待反而成了令人惊讶之事。《观察》感叹连异教的罗马人都知道不能把利益放在正义之上，但基督徒们却毫无顾忌地与他们的信仰背道而驰。①

法律的不义是经济层面上的社会不公的间接反映。19世纪英国社会财富在巨额增长的同时也带来了极为严重的贫富分化。那些身处社会最底层的劳工在极为恶劣的条件下，用最艰苦的劳动换取最微薄的工资。无论是父母还是子女都不得不进入工厂赚工资才能勉强维持生存，因此通过教育翻身也几乎难以实现。一到休息日，这些劳工就钻进酒吧酗酒，②或干脆躺在公园的草坪上晒太阳，这是它们少有的放松手段。马克思称这些英国工人虽然已经不再是中世纪的农奴，却也"自由地一无所有"。《观察》也相当讽刺地指出英国社会对于劳动阶级的剥削甚至比罗马时代的奴隶制还要残忍，因为当奴隶制合法时，这些奴隶尚能得到主人的某种保护，主奴彼此之间也存在着某种纽带。但是到了现在，主人仍旧拥有一切，但是却不再有保护劳工的义务。因此，这就是"英国的自由"的真相。英国人常吹嘘奴隶无法在英国存在（"A slave cannot breathe in England."），这大概是因为这片土地的工作条件已经恶劣到连奴隶都无法生存的境地。③

---

① Ah-Chin-Le, John Yester Smythe, *Some Observations upon the Civilization of the Western Barbarians*, pp. 132 – 134.

② 《观察》对酗酒持有相当强烈的批判态度，作者称朗姆酒为毒液（poisonous liquor），英国人酗酒总是过量。Ah-Chin-Le, John Yester Smythe, *Some Observations upon the Civilization of the Western Barbarians*, p. 74, 104.

③ Ah-Chin-Le, John Yester Smythe, *Some Observations upon the Civilization of the Western Barbarians*, pp. 218 – 219. 很有趣的是，斯旺西在他留下的演讲中，为了批驳南方州在为独立辩护时丝毫未考虑到受压迫的黑奴的意见时引用了相同的句子。J. B. Swasey, *A Lecture, the American War*, p. 24.

社会上层并非不了解事实,只是选择视而不见,他们把自己和穷人隔绝起来,除非有什么不可告人的自私目的,否则绝不会和下层人接触。他们一方面靠战争和移民转移社会矛盾,另一方面用名不副实的济贫院和军警镇压反抗的声音。有一次,老李去一个华丽而雄伟的教堂拜访了一位高级神职人员。这位主教满口都是基督的救赎,但却对周遭低级教士的悲惨生活视而不见,还恬不知耻地把《马太福音》中的"因为常有穷人和你们在一起,只是你们不常有我"改成"穷人常与你们在一起,而我们无法改变这一点"。① 而且,主教还补充到,社会已经通过税收取走了我能提供的一切用以帮助穷人。老李追问说,难道不应该把上帝摆在社会之上吗?那位主教显然有些不耐烦,奉劝老李不要再亵渎他们的宗教,老李这才知难而退。在《观察》看来,英国国教会已经完全沦为教士维护特权利益的工具,而底层人民被地狱的恐惧支配的同时,他们之中的贫穷、暴力与酗酒等问题也泛滥成灾。就算如此,在中国的传教士们还是把异教徒这个代表着一切堕落的词汇加诸中国人身上,而对自己国内的惨状视而不见。②《观察》感叹说,类似爱尔兰饥荒那样的惨剧几乎每日都在英国上演,在没有战争的时代让人们单纯因为贫穷而死。英国人越是吹嘘自己的慷慨,他们的暴行就越是世间罕有。如果再这样下去,英国的人口就会不断减少,并最终损害高层的财富,英国的整体力量也将就此衰落!③

对于改良社会无动于衷的上层完全沉浸在自己的世界中。这

---

① 原本圣经的原文是:"For ye have the poor always with you; but me ye have not always."(King James Version, Matthew 26∶11),而主教说的是"the poor ye will always have with ye, and we cannot alter it"。Ah-Chin-Le, John Yester Smythe, *Some Observations upon the Civilization of the Western Barbarians*, p. 27.

② Ibid., pp. 5, 25 - 27, 39 - 40.

③ Ibid., p. 249.

首先与他们受到的教育有密切关系。贵族阶层单凭自己的身份就足以从政,并不像中国那样需要参加科举,因此他们在大学中沉湎于学习对社会治理毫无意义的拉丁语、希腊语,玩弄着高深莫测的专业术语(jargon),以及享受霸凌低年级学生的快感。① 教士阶层的选拔虽然不那么强调血统,但是却充满了基督教的迷信与不宽容,任何敢于质疑圣经绝对性的尝试都将导致绝罚。② 这样的教育只会导致道德屈服于狂热、贪婪和残忍。他们创作的文学作品大多是混杂着古代神话的垃圾,他们对于伦理的讨论无法支撑起真正的道德,他们喜爱的哥特风格建筑对于高度的追求超过了最疯狂的幻想,他们欣赏的音乐粗鲁而吵闹,甚至要用加农炮来伴奏(这显然是指《1812序曲》)。③ 这些上层集中于伦敦这个汇集了英国一切繁荣象征的地方,但就算是富裕阶层,伦敦也不见得是宜居的地方,因为伦敦不仅生活成本高昂,而且"如此的阴暗、沉闷,既高调地向你推销一切,又排斥你融入其中。伦敦的巨大正如英国人强大的权力一般,但是却充满了不协、不学无术,令人嫌恶之事,缺乏美与高雅"。④

《观察》中的一些批判有时走到了相当极端的程度。比如对于皇室,《观察》认为最好把昏君赶出国外,因为他们的一举一动都将造成危害。⑤ 把这种美式共和主义思想套在一个19世纪中叶的中国人头上无疑是一种时空错置。另外特别值得一提的是,《观察》还提到了在西方引起了巨大争议的《物种起源》和达尔文主

---

① 很有趣的是,当时也有不少欧洲人指责中国人的科举考的都是对社会治理毫无益处的诗词歌赋。Ah-Chin-Le, John Yester Smythe, *Some Observations upon the Civilization of the Western Barbarians*, pp. 98-100.
② Ibid., p. 29.
③ Ibid., pp. 109-130, 170-194.
④ Ibid., pp. 264-265.
⑤ Ibid., pp. 67-68.

义。达尔文的学说让教士阶层十分恐慌,认为这个学说将把上帝落下宝座。不过《观察》则模仿"中国人"的口吻采取了折中的立场,说达尔文的理论在中国早已有之。达尔文的说法,即高级的物种形式总是从较低级的形式进化而来,向上追溯的话,就会找到一个包含一切的原初形式,只是一种拙劣的表达。本质上这个原初的形式,就是上帝本身。① 不过当达尔文主义真正被引介到中国时,中国学人的思考方式却完全不同于《观察》所模仿的那样。②

《观察》这种对"中国"立场模仿的失真还表现在涉及女性问题的叙述中。斯旺西或许在中国的时候了解到中国妇女地位低下以及"男女授受不亲"的传统。因此在行文中每当涉及西方女性相对而言开放的私生活时,就要模仿中国卫道士的语气批判一番。比如谈到西方绘画中的裸体时,谴责男男女女毫无顾忌地混杂在一起观赏这些风姿绰约的胴体。③ 但实际上,中国人可能并非都作如是想。比如张德彝在《航海述奇》中就提到他参观画廊时见到"或坐或卧"的赤身像,"男女阴处,伸缩开闭,咸露于外,皆泰西古时故事。盖欧罗巴各国,当开创之时,不知有衣服房屋,如太古然"。④ 甚至刘锡鸿这样因为保守立场而与郭嵩焘龃龉不断的顽固分子,在日记中记录自己见到"琢白石为裸女子立于前庭,街道旁亦间有之"时,不过是淡淡地表示"想由国主为之倡也",甚至感

---

① Ah-Chin-Le, John Yester Smythe, *Some Observations upon the Civilization of the Western Barbarians*, pp. 116 – 117.
② James Reeve Pusey, *China and Charles Darwin* (Cambridge: the Council on East Asian Studies Harvard University, 1983).
③ Ah-Chin-Le, John Yester Smythe, *Some Observations upon the Civilization of the Western Barbarians*, pp. 176 – 177.
④ 张德彝:《航海述奇》,钟叔河编:《走向世界丛书·第一辑(一)》,第 544 页。

觉"置身其中,惟觉金光灿烂,极人间之奢丽也"。①

《观察》中还有许多类似这样营造自己"东方立场"的努力。比如对英国人司空见惯的股票市场、货币制度以及保险业花费大量的笔墨描述,或是对欧美男女青年娱乐时不知廉耻的行为,或是高层家庭名存实亡的夫妻伦理的批判,大概都是作者在有意模仿在"东方立场"下对英国社会可能产生的观感。然而如果从当时中国旅西者的文献来看,这些"东方立场"的准确性显然是有疑问的。倒不如说,《观察》中所建构的"东方立场"本质上依旧是西方对于东方的某种刻板印象,尽管这种建构的目的乃是谴责西方本身的傲慢与自负,但如果想要达成基于理解的同情,那这种做法显然是和此目的背道而驰的。

五、作为"回声"与"预言"的《观察》

《观察》并非一本孤立的作品,它在创作的技法上与前辈和同时代的作品相呼应,在欧美思想脉络中有其自身的定位。就呈现主题的技法而言,借"局外人"的视角反观自身的前例可以在《格列佛游记》《乌托邦》这种纯粹虚构的"他者"视角或《波斯人信札》这些虚实相间的例子中寻见。身处斯旺西同一世纪稍早年代的郭实猎(Gützlaff)为了更好地向中国人介绍英国的历史,在创作《大英国统志》时也假托叶棱花这位出洋游历伦敦的中国人之口,用对话的方式向中国人介绍英国的历史与社会现状。② 不过二者

---

① 刘锡鸿:《英轺私记》,钟叔河编:《走向世界丛书·英轺私记 随使英俄记》,岳麓书社,1986年,第101页。
② 庄钦永:《"无上"文明古国:郭实猎笔下的大英》,(新加坡)新跃大学新跃中华学术中心,2015年,第20页。另外,庄钦永提到郭实猎这本书曾作为礼物于1844年赠与美国第六任总统昆西·亚当斯的夫人,至于斯旺西是否接触过这本书,就不得而知了。

的戏仿对象和受众目标显然有差异。《大英国统志》挪用的是中国传统文献中的故事与表达,以求适应中国读者的阅读习惯,展现的是一个比天朝上国更为文明强盛的英国。《观察》则戏仿的是欧美人描写"东方"时的刻板印象,再倒错论述的主客体,揭露英国社会的黑暗与虚伪。二者形似而神异,但都可以视作是文化挪用的有趣案例。

如果从思想的脉络考察,《观察》中所呈现的对中国的描述,可以看作是 18 世纪启蒙时代在欧美一度出现的"中国风"(Chinoiserie)热潮在 19 世纪中叶的一次"回声"。这种热潮不仅表现在对东方艺术风格的欣赏,还进一步延伸到诸如莱布尼茨这样的思想家对于中国玄思的赞赏,[①]以及伏尔泰借译著《赵氏孤儿》表达出的对中国政治制度与道德的积极评价。[②] 17—18 世纪的欧洲人和美国人相信人类的同质性不会因为肤色或其他特征而被改变,不仅对"高贵的野蛮人"抱有浪漫主义的看法,也对非欧洲地区的尤其是印度和中国文明抱有尊敬。[③] 启蒙主义者仅凭着传教士传回欧洲的只言片语,就把中国高度世俗化的宗教与高度成熟的官僚系统视为批判教士与贵族特权的绝好榜样。

然而随着中西交往的加深,以及欧美国家和清朝间力量的此

[①] 例如莱布尼茨与在华传教士白晋(Joachim Bouvet)的通信中就发现自己发明的二进制与《易经》中的卦象有异曲同工之妙,二进制和阴、阳是等同的,阳爻代表完整,是上帝和完满的道,而阴爻则代表不完整,是"无"。莱布尼茨的想法给了当时的"索隐派"传教士们相当的鼓舞,使他们更加相信从中国古典文献中找寻和《圣经》同源的"线索"乃是导向中西文明同出一元的结论的正确道路。这种思想可以看作是 17—18 世纪的普世主义的一种反映。柯兰霓:《耶稣会士白晋的生平与著作》,大象出版社,2009 年,第 36—40 页。

[②] 伏尔泰对《赵氏孤儿》进行的符合欧洲口味和思想背景的改写也和《观察》的写法有相似之处。Liu Wu-chi, "The Original Orphan of China", *Comparative Literature*, 1953, Vol. 5, No. 3, pp. 193-212.

[③] Ronald Hyam, *Britain's Imperial Century, 1815-1914: a Study of Empire and Expansion*, New York: Palgrave Macmillan, 2002, p. 74.

消彼长,对于中国文明的评价在世纪之交发生了由崇敬走向贬斥的巨大转变。欧洲人和美国人自负于已经站在了"文明阶梯"的顶端,用"以欧美的优越为原则前提的排他性欧美中心论"代替了"欧洲的优越感当成一种推论假设,可依据个案修正的综合性欧洲中心论"。① 《观察》一书正是对于这种自负心态的正面回应,其警告欧洲国家,尤其是英国在趾高气扬地书写着他们眼中的"半开化"或"野蛮"文明的同时,别忘了自己社会中仍存在的黑暗。

《观察》对于这种自负的警告在帝国主义的"前线"与"核心"都得到了一些共鸣。例如当 1870 年"天津教案"发生时,面对欧美侨民对于中国人的迷信与愚昧进行铺天盖地的指责时,英国署理公使威妥玛表示,别忘了我们现在看来愚蠢而偏执的巫术,在欧洲也不过是一个世纪之前的事。② 1869 年皈依伊斯兰教的英国上议院议员埃迪斯伯里男爵亨利·斯坦利(Henry Stanley, the 2nd Baron Eddisbury)也强调:"拥有文明并不能颠倒是非,撇清责任或减轻与非文明国家交往时遵守善意的必要性。"③ 与《观察》或旺西本人的理念最为相近的可能是同时代的赫伯特·斯宾塞,他的《社会静力学》一书中对英国司法体制、教育和殖民战争的批判性立场与《观察》可谓异曲同工。④ 然而在英帝国正处于顶点的 1870 年代,这些声音都难以称得上是主流,《观察》一书无论在当时还是在后世似乎都没有留下讨论的印迹,就像在"正午烈日"般的帝国光辉

---

① 于尔根、奥斯特哈默:《亚洲的去魔化:十八世纪的欧洲与亚洲帝国》,台北:左岸文化,2007 年,第 418 页。
② Mr. Wade to Acting Consul Lay, July 2, 1870. House of Parliament, *Papers relating to the Massacre of Europeans at Tientsin on the 21st June 1870*, London: Harrison and Sons, 1871, p. 45.
③ Henry Stanley, *The East and the West: Our Dealings with Neighbours*, London: Hatchard and Co., 1865, p. 115.
④ 赫伯特·斯宾塞著,张雄武译:《社会静力学》,商务印书馆,1996 年,第 106、174、190 页。

下蒸发得无影无踪的水滴一样。不仅欧洲国家19世纪末走上了无可救药的帝国主义扩张狂潮之路,甚至斯旺西自己生活的美国,也开始走上帝国主义国家之路,用文明开化的话语在太平洋建立自己的霸权。因此,《观察》一书尽管是托名中国人对英国进行批判,但这些批判中的许多内容对于美国而言也同样适用。

当历史进入20世纪,第一次世界大战的爆发摧毁了西方社会的无限乐观与自信。现代化战争将工具理性,或是《观察》中所指出的,对于暴力的最大限度的使用,造成了疯狂与恐怖的破坏,以致于许多欧美思想家开始宣告西方文明的沉沦,甚至试图再度从亚洲文明中寻求欧洲文明"癌症"的解药。[①] 梁启超、泰戈尔或冈仓天心成为欧洲思想界炙手可热的人物,他们对于德性本身的"再发现"就是试图将膨胀到"喧宾夺主"的工具理性拉回价值理性所施加的限制之中,以免技术的进步最终引发的无意义与无价值。在《观察》之中,这种对于工具理性的无节制和漠视道德的批判,从某种程度上说,是20世纪反思现代化思潮的先声。

结　　论

本文大致概括出了《观察》一书的轮廓:对该书的作者与成书提出了可能的猜测,从两个方面总结该书对英国社会的批判,并在欧美思想史脉络中寻找其所处的位置。

尽管《观察》是托名的虚构作品,但其对英国社会阴暗现实的讽刺却足够辛辣,展现出一个有良知的灵魂对文明自负的省思之意。无论斯旺西对于英国的攻击是否夹杂着民族主义情绪,他对

---

① 例如罗素著名的《中国问题》一书就鲜明地赞颂中国文明中超越工具理性的人道主义价值观值得欧美学习。Bertrand Russell, *The Problem of China*, London and New York: Routledge, 2021.

假借文明之名对内保守、对外侵略的欧美国家之虚伪予以的无情揭露，就足以让他区别于帝国主义的叫嚣者。尤其是斯旺西对于"东方主义"式话语的戏仿，使人们意识到在萨义德提出这个概念之前，欧美思想界已经有人意识到了他们在书写"他者"时所采取的某些固定的模式，以及这种模式背后带有的意识形态话语霸权色彩。《观察》将此话语挪用并反转为对自身文明的省思，进而形成有意识的解构，因此在19世纪"东方主义"文本生产的高峰阶段成为一份相当独特的"反东方主义"文本。

然而《观察》本身却并未真正摆脱"东方主义"的阴影，换句话说，"东方主义"的话语霸权还体现在你的作品要么是"东方主义"式的，要么是"反东方主义"的，但却很难做到"非东方主义"的。当斯旺西让"东方"拿起笔来批判"西方"的傲慢时，成为主体的"东方"却依旧充满了欧美社会对中国固有的刻板印象、成见以及非历史的文化挪用。如上文提到的，把理性主义的帽子强加在儒家学说之上，或是对中国卫道士看到西方女性开放生活时批判的模仿，都证明了很大程度上这只是作者自己的一厢情愿。在中国生活了数十年的传教士写出来的东西尚且无法真正如实地刻画中国文明，更何况作者可能并无太多的中国经验。因此，尽管《观察》具有鲜明地反对欧洲中心论的普世主义观点，但其文本本身却未能逃脱"东方主义"的窠臼，这也从侧面反映出这种话语体系的强大与普遍。

事实上，《观察》在批判时的矛盾与20世纪后殖民研究所面临的困境如出一辙。在批判"欧洲中心论"的同时却无法忽视以欧美为核心建立的近现代世界秩序。于是看似反霸权，致力于"发现"第三世界国家的反抗行动的后殖民论述，反而强化了一种水火不容的"二元对抗"话语，而这种与永恒不变的"他者"的持续对抗，正是"东方主义"所要构建的话语。萨义德本人也在后来的

1994年的再版后记中指出了这种危险。① 更为讽刺的是,这些第三世界国家"反抗文本"的发现权、提名权与诠释权都牢牢地掌握在欧美学术殿堂中的少数精英手中,对于"欧洲中心论"的批判权也因此被欧美牢牢地掌握在自己手中。于是自我批判本身也就不再真正具有颠覆性的力量,而成为被意识形态霸权收编了的"忠诚的反对派"。

归根结底,这一困境是由于缺少真正能够对抗"欧洲中心论"与欧美现实政治秩序的替代性话语。东亚价值观的复兴,例如日本或新加坡的经验似乎给欧美社会带来了冲击,但正如阿里夫所言:"并不是它(儒学)为人们提供了源自欧美之外的另一种价值观,而是由于它将一种本土文化清晰地融入了资本主义的叙事之中。"②今日的"东方镜鉴"依旧不能摆脱资本主义全球化的影子。

从这个意义上来说,《观察》既是19世纪正在迅速成型的"东方主义"话语带有戏谑性嘲讽的回声,也是20世纪后殖民研究困境的某种预言。斯旺西本人当然不知道什么"东方主义"与后殖民研究,但是他试图寻找一种不同文明间得以最终和解并融为一体的愿望却是真诚的。正如斯旺西自己的诗作所言的那样:

With conscious soul, informed of Rule and Right,
To lift the Race to harmony and Light;
Till all the Earth on commonwealth shall be
With common speech, and God, and Liberty. ③

---

① 爱德华·W. 萨义德著,王宇根译:《东方学》,生活·读书·新知三联书店,2019年,第440—472页。
② 阿里夫·德里克著,王宁译:《跨国资本时代的后殖民批评》,北京大学出版社,2004年,第152页。
③ J. B. Swasey, *A New Essay on Man: and Miscellaneous Poems*, p. 18.

"跨年"的逻辑:沈敦和生年问题考*

摘要:以往研究者在讨论人物生卒年问题时,较少处理生辰位于中历年末者,从而不免忽视其中陷阱。本文选择从沈敦和生年问题切入,认为对此类人群的考察既需考虑中西历转换后的"跨年"现象,也需兼顾年龄计算原则的变化。问题的厘清可纠正当下错讹百出的记录,考证本身也凸显了生卒年考证涉及的因素、意义和价值。

关键词:沈敦和,生卒年,"跨年",中西历

作者简介:王思雨,复旦大学历史学系研究生

有研究者在考证明代某位作家的生卒年时写道:"作家的生卒年,无非有四种情况,一是早已定论,无可怀疑;二是无从考证,生卒年不详;三是多种结论并存,目前尚无定论;四是多种结论曾经并存,经考证有了定论,然而有的研究者或者局限于自己的视野,仍持早先错误的结论,以讹传讹。"①就事实来看,此总结确有见的。且不限于作家群体,其他人物的生卒年情况亦可纳入四种分

---

* 本文启发自复旦大学历史学系戴海斌教授于2020年秋季开设的"中国近代史史料学"课程,并在撰写、修改的过程中得到了戴海斌教授、王鑫磊副研究员、顾嘉琪、游静、吴雨箫等师友的指点提示,获益良多,特此致谢。
① 陈庆元:《明代作家徐𤊰生卒年详考——兼谈作家生卒年考证方法》,《文学遗产》2011年第2期,第108页。

类之中。

就一、二分类来说，或因目前已有定论，或受文献"不足征"的限制，研究价值和进一步研究的空间并无多少。[①] 相反，因尚有"争鸣"余地，学界针对第三种情况的个案探讨成果层出不穷。[②] 一方面，这得益于所见材料范围的扩大，使得校对不同说法成为可能；另一方面，研究者在考证过程中注意到的考证方法和原则，如优先使用一次文献（按，即一手文献）、参考亲友生卒年、使用排除法等，[③] 对厘清前人错误从而得出新的认识大有裨益。本文对沈敦和生年的探讨，即是基于材料拓展和方法转换两方面进行的个案分析，并希望借此讨论生卒年考证的意义，以就正于方家。

一、研究现状辨析

沈敦和，字仲礼，浙江鄞县人。早年曾任江南水师学堂提督、吴淞口自强军营务总办，协助张之洞、刘坤一等人办理洋务事业。1899年，因受到刚毅弹劾，遭朝廷革职并被遣戍军台，旋因庚子期间用计退敌，又免罪候差遣委用。此后，他担任过山西洋务局总办、山西大学堂监督、矿路总局提调、沪宁铁路总办等职；除与人合

---

① 只针对一般情况而言。因新材料的发现，定论或可推翻，不详者反可作出定论，研究的价值和空间自不待言。
② 关于人物生卒年的考证，不仅以初探、再探、小考、补遗、商榷等为名的专题论文为显例，其他成果如年谱等，对此问题亦有探讨。
③ 鲁小俊：《也谈生卒年的误记原因和考证方法——以清代书院人物为中心》，《新世纪图书馆》2015年第1期，第83页。前引陈庆元亦提到，除采用作家儿子的记述外，还应当结合作家本人、友朋、作品版本、"正史"及其他材料等证据，综合考证其人的生卒年。（陈庆元：《明代作家徐𤊹生卒年详考——兼谈作家生卒年考证方法》，《文学遗产》2011年第2期，第114—115页）

办公司外,还创办了中国红十字会,并成为宁波旅沪同乡会会长。①

从上述概括来看,沈敦和一生履历丰富且享有大名。只是当目光聚焦于其"盛名"之上时,生平细节在各方论述中往往变得扑朔迷离。如就笔者目前所见,沈敦和的生卒年便存在多种记载且互有出入。细细梳理,可见 1855—1927/8、1856—1920、1857—1920、1865—1920、1866—1920、1875—1925 等说法,分别出自学校官网、词/辞典、报章、书画集、画家传、个人著作、年谱等类资料。同时不难发现,以上说法所记沈氏前两类(50 年代及 60 年代)生年,内部相比或早一二年,或晚一二年;卒年则集中于 1920、1925、1927/8 等年。可进一步追问的是,以上说法到底何种为确,又何以出现如此现象? 换句话说,沈敦和生卒年问题尚有进一步厘清的空间。

此前已有研究者专门讨论过沈敦和的生卒年时间。该文先对前人关于沈敦和生卒年的记载进行了梳理,其次借助《申报》《上海新报》《广州时报》等报的报道及 Twentieth Century Impressions of Hongkong, Shanghai, and Other Treaty Ports of China: Their History, People, Commerce, Industries, and Resources(《香港、上海及中国其他地方商埠二十世纪印象记》,以下简称《印象记》)一书的论述,分别考证和转述了沈敦和的卒年和生年,最后得出他生于 1857 年,卒于 1920 年 7 月 5 日的结论。② 虽考证过程略显繁琐,但资料搜罗之广值得效仿。文中提及的卒年代表说法如下:

---

① 此处论述参考孙善根编著《中国红十字运动奠基人沈敦和年谱长编》,浙江大学出版社,2014 年,《前言》第 1—2 页。
② 蒋昌辉:《山西大学堂督办沈敦和生卒考略》,《珞珈史苑》,2018 年,第 217—224 页。

沈敦和(1875—1925)字仲礼。鄞县人。①

沈敦和(1855—1927)字仲礼。浙江鄞县人。②

沈敦和(1855—1928),1902年5月至1906年7月出任山西大学堂督办。③

而其"反证"的资料主要为沈敦和去世后不久出现的报刊报道。其时《申报》《华安》等报记载道:

公讳敦和,字仲礼,晚年别署塞翁……若公逝,中外悼惜。时民国九年七月五日也。呜呼,公年止六十四。④

沈仲礼大人于民国九年夏历五月二十日寿终白克里寓所,择于念一日申时大殓,特此报闻。沈公馆家人叩禀。

前红十字会副会长沈仲礼患病多日,于昨日下午五时在白克路退思里寓所逝世。闻沈君享年六十四岁云。⑤

考虑到记录时间先后和史源问题,报章说法的可信度当胜于地方词典、近代人物辞典及学校官网等。由此可明确的是,沈敦和卒年月日为1920年7月5日无疑。

至于生年问题,蒋文以所见最早的记载《印象记》一书的说

---

① 《宁波词典》编委会编:《宁波词典》,复旦大学出版社,1992年,第331页。
② 周川主编:《中国近现代高等教育人物辞典》,福建教育出版社,2012年,第302页。
③ 山西大学官网学校概况历任校长一栏,网址见 https://www.sxu.edu.cn/xxgk/lrxz/index.html。
④ 《本公司创办人董事会主席沈公敦和略历》,《华安》1920年第10期,页码不详。
⑤ 《申报》1920年7月6日,第1、11版。

法为凭,并通过卒年和一般的虚岁计算法(详后)进行了反向验证,认为1857年的结果无误。是否真无误,此处先按下不表。

探讨生年问题绕不开的前人研究还有由孙善根编著的《中国红十字运动奠基人沈敦和年谱长编》一书。作为研究沈敦和生平的专书,该书内容起自1857年,止于1920年,在时间维度上对谱主一生进行了充分的勾勒。只是其中依然存在问题。如,若以作者认定的1857年作为沈敦和的生年,并以此为计算基点,同谱中引用的履历档中的年岁记载进行加减,可见年龄与年份之间始终存在一个"差值",这无疑是编者忽视不见或尚未解释的问题之一。此问题也延续到了作者于近来出版的《中国红十字会第一人——沈敦和史事编年》一书上。[①]

由此看来,就沈敦和的生年问题而言,在专书存在错误的情况下,不免也让人怀疑专文和基于年谱看法或者未知史源的其他说法的可信度。因后者中记载的生年时间最早者为1855年,最晚者为1875年,各类记载并有互相转引的嫌疑。这表明从文献到文献的随机性引证,经再次乃至多次"加工"后,往往成为新一轮书写的证据之一。20年的巨大差值也意味着,生年问题尚有深入探讨的价值和空间。

二、说法探源和算法推断

当下,关于沈敦和生年的主要说法可见下表:[②]

---

① 孙善根编著:《中国红十字会第一人——沈敦和史事编年》,浙江大学出版社,2021年。
② 以下仅列出了持某说法的代表性记载。

1855 年说	1)"沈敦和(1855—1928)字仲礼。浙江鄞县人"(周川主编:《中国近现代高等教育人物辞典》,2012 年,第 302 页)。 2)"沈敦和(1855—1928),1902 年 5 月至 1906 年 7 月出任山西大学堂督办"山西大学官网学校概况历任校长一栏,https://www.sxu.edu.cn/xxgk/lrxz/index.html。
1856 年说	1)"沈敦和(1856—1920),字仲礼,以字行"(金普森、孙善根主编:《宁波帮大辞典》,宁波:宁波出版社,2001 年,第 143 页)。 2)"沈敦和(1856—1920)字仲礼,出身于鄞县茶商世家"(陈守义主编,宁波市政协文史委、政协鄞州区委员会编:《鄞县籍宁波帮人士》,北京:中国文史出版社,2006 年,第 178 页)。 3)"沈敦和(1856—1920)字仲礼,宁波人"(石人和主编:《宁波历代书画集》,宁波:宁波出版社,2006 年,第 94 页)。
1857 年说	1) Mr. Shen Tun-ho was born in 1857. (Wright, Arnold and H. A. Cartwright, eds. *Twentieth Century Impressions of Hongkong, Shanghai, and Other Treaty Ports of China: Their History, People, Commerce, Industries, and Resources*, London: Lloyds Greater Britain Publishing Company, 1908, P. 528.)① 2)"1857(咸丰七年)1 岁"(孙善根编著:《中国红十字运动奠基人沈敦和年谱长编》,杭州:浙江大学出版社,2014 年,第 1 页)。 3)"沈敦和的生年当为 1857 年"(蒋昌辉:《山西大学堂督办沈敦和生卒考略》,《珞珈史苑》,2018 年,第 224 页)。 4)"沈敦和(字仲礼,1857—1920)就是其中一位,也是最早在上海设立时疫医院的重要历史人物"(李强:《"海上第一之善举":沈敦和与近代上海时疫医院的建立》,《澎湃新闻·私家历史》,2020 年 3 月 11 日)。 5)"沈敦和(1857—1920)"(孙善根编著:《中国红十字会第一人——沈敦和史事编年》,杭州:浙江大学出版社,2021 年,前言第 1 页)。

---

① 同时可参见该书编译本,其中写道:"沈敦和是宁波茶商之子,生于 1857 年。"(夏伯铭编译:《上海 1908》,复旦大学出版社,2011 年,第 187 页)

(续表)

1865年说	1)"沈敦和(1865—1920)浙江鄞县(今宁波)人。一作四明人。字仲礼。"(陈玉堂编著：《中国近现代人物名号大辞典续编》,杭州：浙江古籍出版社,2001年,第139页)。 2)"沈敦和(1865—1920)生于清同治四年,卒于民国九年。字仲礼。鄞县人"(洪可尧主编：《四明书画家传》,宁波：宁波出版社,2005年,第136页)。
1866年说	1)"沈敦和,字仲礼,1866年生,浙江宁波人"(中国红十字总会编：《中国红十字会历史资料选编(1904—1949)》,南京：南京大学出版社,1993年,第555页)。 2)"沈敦和(1866—1920),字仲礼,1866年生于浙江宁波"(池子华：《红十字与近代中国》,合肥：安徽人民出版社,2004年,第20页)。 3)"沈敦和(1866—1920),字仲礼,浙江宁波人,'世业茶商'"(周秋光、曾桂林：《沈敦和与中国十字会》,《史林》2008年第6期,第51页)。 4)"沈敦和(1866—1920),字仲礼,浙江宁波人,出身于商人之家,'世业茶商',祖上靠经营茶叶致富,家境殷实"(马强、池子华主编,上海市红十字会、红十字运动研究中心编：《红十字在上海(1904—1949)》,上海：东方出版中心,2014年,第22页)。
1875年说	"沈敦和(1875—1925),字仲礼。鄞县人"(《宁波词典》编委会编：《宁波词典》,上海：复旦大学出版社,1992年,第331页)。

从上表来看,各类词/辞典、人物传记、年谱、研究成果关于沈敦和生年的记载可分为六类：1855年说、1856年说、1857年说、1865年说、1866年说、1875年说,并以1857年说和1866年说为代表。为使行文脉络清晰,以下分为两小节,分别对代表说法和计算方法进行分析,以厘清说法的形成和认识可能的推断。

1) 1857年说、1866年说探源

以文献形成先后时间来看,二说当分别本自前述的《印象记》

与《中国红十字会历史资料选编(1904—1949)》(以下简称《资料选编》)。

首先谈《印象记》一书。它为英国伦敦皇家出版公司于1908年出版的关于香港、上海等通商口岸的介绍性书籍,内容涉及各地司法、教育、汉字、邮政、海军、医疗、天文等。若以是否有署名进行划分,其中文章大致可分为三类:由政府人员和个人撰写的署名文章,以及其余未具名的文章。介绍沈敦和的部分属于第三类。值得一提的是,在本书结语部分,编者除感谢署名者、参考书目的作者外,还着重感谢了三份报刊的编者们,他们分别来自:The China Mail(香港《德臣西报》)、The North-China Daily News(上海《字林西报》)、The China Times(天津《益闻西报》)。① 据此推测,《印象记》一书的编者 H. A. Cartwright(卡特·莱特)在编辑、整理未具名文章时,很可能得到了上述编辑们的帮助,或是对三份报刊以往的报道有所参考。

与沈敦和密切相关的报刊当是《字林西报》。作为19世纪英商在华最大报业印刷出版集团——字林洋行旗下的英文报纸,该刊继承自 The North-China Herald(《北华捷报》),不仅创办时间长,内容丰富,还有专业化的作者和通讯员队伍。② 就目前所见,沈敦和的名字于1895年首次出现在该报上,与他当时负责视察上海和苏州之间的铁路建设任务有关。③ 对1899年前后沈敦和遭到刚毅弹劾一事及他在义和团运动期间和其后的活动轨迹,

---

① Arnold Wright and H. A. Cartwright, eds. *Twentieth Century Impressions of Hongkong, Shanghai, and Other Treaty Ports of China: Their History, People, Commerce, Industries, and Resources*, London: Lloyds Greater Britain Publishing Company, 1908, p. 842.

② 韩春磊:《〈北华捷报/字林西报〉的历史沿革及其特点价值》,《兰台世界》2013年第4期,第117页。

③ *The North-China Daily News*, November 23, 1895, p. 3.

该报亦十分关注。① 在沈敦和去世后,该报还推出了两篇专文进行纪念。②

具体说来,《印象记》一书中关于沈敦和的部分,同样以时间为线索,对他为官经历和致仕后创办红十字会,建立防疫医院,提倡天足等事进行了介绍,时间止于1906年,③且继承了报中的赞扬风格。不过,其中亦有不见于报章的细节。这表明编者在撰写沈氏小传时,还采用了其他资料。

《资料选编》一书是由中国红十字总会利用总会档案室档案、中国第二历史档案馆档案、红十字会所办刊物、④纪念册、《申报》等材料编成的,主要讨论中国红十字会在清末和民国时期发展情况的重要书目。该书共分为三编:第一编晚清时期(1904—1911),第二编民国时期(1911—1949),第三编则为综合资料,共计50余万字。作为中国红十字会前四届副会长,沈敦和的生平事略收在第三编"总会部分正副会长生平与简介"栏目,前后分别为吕海寰、盛宣怀、蒋梦麟、杜月笙等人。据文末小字记载,事略小传实际是由何克明选自《博爱》杂志1993年第1期。

《博爱》杂志前身为1913年5月创刊的《中国红十字会杂志》,并与同年3月出版的《人道指南》颇有渊源。在某种程度上,

---

① "The Imperial Edicts and Taotai Shen Tun-ho", *The North-China Daily News*, October 3, 1899, p. 3; "The Fall of Shen Tun-ho", *The North-China Daily News*, January 23, 1900, p. 4; "Shen Tun-ho", *The North-China Daily News*, September 13, 1901, p. 4; "Shen Tun-ho Promoted", *The North-China Daily News*, March 28, 1902, p. 4; "H. E. Shen Tun-ho", *The North-China Daily News*, April 4, 1902, p. 4; "Taotai Shun Tun-ho", *The North-China Daily News*, June 16, 1902, p. 4.

② "Death of Mr. Shen Tun-ho", *The North-China Daily News*, July 6, 1920, p. 5; "The Late Mr. Shen Tun-ho", *The North-China Daily News*, July 9, 1920, p. 8.

③ Arnold Wright and H. A. Cartwright, eds. *Twentieth Century Impressions of Hongkong, Shanghai, and Other Treaty ports of China: Their History, People, Commerce, Industries, and Resources*, p. 530.

④ 如《人道指南》《中国红十字会杂志》《红十字月刊》《会务通讯》等。

沈敦和与三份杂志均有关系。因他不仅为中国红十字会的创始人之一，还曾为《人道指南》撰写了发刊词，并在其中提出了"博爱恤兵"的宗旨。① 基于他在中国红十字会发展过程中做出的贡献，他得以与吕、盛、蒋等人享有同样的盛名。不过仅就该书将沈敦和的卒年及日期写为1920年7月9日这一细节来看，②难免让读者怀疑其他内容的准确性。

虽然受材料所限，无法对以上两书中1857年说、1866年说的史源作进一步追溯。但毫无疑问的是，或出于对时人记载的信任，或因选编资料的权威性，1857年说和1866年说逐渐成为沈敦和生年的流行论点并在后续文献中体现出来。如孙善根在此前主编的《宁波帮大辞典》中所持为1856年说，而后在做年谱时已然以《印象记》中"君生于1857年，在学龄期内，获得所有有钱人家能给予之教育"一句为准，作为沈敦和生年的依据。蒋昌辉亦如此。至于红十字会的后续研究成果，则大多沿袭1866年的说法。

2）虚、实计算法推断

有研究者提到，我国古代计岁有两种方法，一是"过年增岁"，一是"周年增岁"。③ 后一种稍好理解，以过生日增岁，俗称实岁。前一种在将出生年计入的同时，还以春节（农历新年）为节点，每每过此，便增龄一岁，以记录正在经历的年份次序，④俗称虚岁。⑤

---

① 池子华：《〈博爱〉杂志的前世今生——纪念〈博爱〉杂志创刊一百周年》，收入氏著《红十字运动：历史回顾与现实关怀》，合肥工业大学出版社，2015年，第32—33页。
② 中国红十字总会编：《中国红十字会历史资料选编（1904—1949）》，第555页。
③ 张培瑜：《关于历史年代计数的规范化问题》，《历史研究》1991年第4期，第151页。
④ 据研究者考证，官方计龄方式最初与民间有所不同，"最迟从汉武帝时代开始，民间形成了以岁首元日即农历春节为节点的增年方式……至迟从唐代起，官方年龄已经变成了岁初增年"，见张荣强《从"岁尽增年"到"岁初增年"——中国中古官方计龄方式的演变》，《历史研究》2015年第2期，第51页。
⑤ 虚岁本身为后起的概念，见冯少波《中国人为何说"虚岁"》，《寻根》2009年第1期。因计算方式的不同，除虚岁外，当下还有实岁、足岁的说法。

一般说来二者的计算公式一为：年龄＝现有年份－生年，一为年龄＝现有年份－生年＋1。

因此，在处理既附相关年份又带具体年龄的材料时，我们恰可利用上述公式反向求得生年。具体到沈敦和身上，因不知他和旁人采取何种方式计岁，以下即分两种情况对其生年进行初步推断。

首先来看第一种情况：虚岁计岁。前已提及沈敦和卒于1920年已无疑义，同时《华安》《申报》还提到了其享年六十四岁。按公式计算，可得出沈敦和生于1857年的结果。其次覆按《清代官员履历档案全编》第30册的人名索引可知，①沈敦和见于履历档第7册，有且仅有一条记录。年谱整理者也多次分散引用此条材料以达到连贯行文的目的。② 该记录涉及的时间和对他年龄问题的介绍如下：

> 沈敦和，现年四十四岁，系浙江鄞县人，由出洋英文学生肄业回华，议叙从九品选用……（省略为官经历）二十八年正月委署山西冀宁道，四月经督办矿路大臣王文韶等奏调随办矿路事宜，交卸来京。现充矿路总局提调差使。③

可见沈敦和在1902年接受引见时，正值44岁。根据一手材料优先的原则并以此为基准，不仅可以纠正年谱中谓同年沈敦和46岁的不自洽逻辑，还可得出他生于1859年的结论。同时该结果又与第1种情况相矛盾。需要进一步纳入考察范围的，是研究者早已注意到的官方档案中存在的"官年"问题。

---

① 秦国经、唐益年、叶秀云编著：《清代官员履历档案全编》第30册，华东师范大学出版社，1997年，第179页。
② 孙善根编著：《中国红十字运动奠基人沈敦和年谱长编》，第1、8、15、34、38、39—40、44、48页。
③ 秦国经、唐益年、叶秀云编著：《清代官员履历档案全编》第7册，第87—88页。

"官年"实际就是虚报年龄的现象,其历史至少可上溯至北宋时期。具体而言,即是指科举士子通过减岁或增岁的操作以达到为仕途争取更多机会的目的。官方对于此种做法,基本采取默认的态度。① 通过对《清代朱卷集成》《清代人物生卒年表》和《清代官员履历档案全编》的仔细比对,有研究者还总结出了"官年现象,以减岁为主导趋向,追求'年轻化'"的若干结论,并从此出发认为生年著录应当遵循"传记优先"和"早岁优先"的原则。② 这为后续研究者辨证使用相关材料提供了指南。

因沈敦和并未参与过科举考试,所以不存在以朱卷与履历档进行比对的可能。在此情况下,以履历档为准与以报章为准的不同推算结果,只能暂时纳入"官年"现象中进行解释:沈敦和在上报履历时,或有减两岁的举动。

履历档外,《中国实业杂志》1914年5月1日发行的一期中也收录了沈敦和的小传,其中写道:"沈敦和……现年五十六岁。"③据此推算,亦可得出沈敦和生于1859年的结论。

再来看第二种情况:实岁计岁。若以实岁原则对上述材料进行计算,可分别得出沈敦和生于1856、1858年的结论,与1857年说略有出入。或许可推测的是,孙善根最先持的1856年说,采用的即是此计算方式。又因未有人用履历档和杂志对沈氏年龄进行实岁推算,所以1858年说并不在前六类说法中。

那么,该如何解决被研究者有意或无意忽视的各说之间的矛盾以及各自存在的问题?看来还需挖掘新的证据。

---

① 郗志群:《封建科举、职官中的"官年"——从杨守敬的乡试硃卷谈起》,《历史研究》2003年第4期,第155页。
② 鲁小俊:《清代官年问题再检讨——以多份朱卷所记生年不同为中心》,《清史研究》2015年第1期,第101页。
③ 《沈仲礼传》,《中国实业杂志》1914年第5期,第479页。

三、生辰出现与"跨年"现象

从前述所引材料来看,无论是可供推断的中文记载,还是作为旁证的西文记录,有一个明显的缺憾是:其中并未出现沈敦和的出生月日。《申报》材料的发现,为我们解决了此问题。

光绪三十二年十二月十七日(1907年1月30日),《申报》发文称:

> 敬启者,**本月廿五日为沈仲礼观察五秩大庆**,同人等或与观察为知交或慕观察之德望,咸欲以一觞为寿,以尽悃忱。①

该信息并出现在十九号、二十号的报道中。② 根据文字可知,沈敦和生日在本月廿五日,即十二月廿五日。此时间的特殊性恰为生年记载和计算带来了"陷阱":"跨年"(也可称为"进年")问题。

具体说来,中国古代历法采取的是阴阳合历,即以太阳的运动周期作为年,以月亮圆缺周期作为月,以闰月来协调年和月的关系。这种特点也造成了历法的不精确性,在相对比较长的时间中,年相对比较准确,而日则不便于一一对应。③ 与之相反,西历不考虑月相,以太阳运动周期为准记录时间,并通过格里高利的历法改革进一步缩小了误差。同时因中历、西历岁首的不同,④ 通常"中

---

① 《沈仲礼观察寿仪助帐广告》,《申报》1907年1月30日,第1版。
② 《沈仲礼观察寿仪助帐广告》,《申报》1907年1月30日、2月1日、2月2日,第1版。
③ 冯少波:《中国人为何说"虚岁"》,《寻根》2009年第1期,第111页。
④ 夏、商、周、秦四朝,岁首各不相同。汉代前期延续秦制,自汉武帝时开始改革,固定以正月为岁首。此后二千年历法虽一再被修订,但与立春相配合的正月岁首没有改变。见萧放《岁时——传统中国民众的时间生活》,中华书局,2002年,第66页。"中

历的正月初一约当现行公历(格历)的 1 月 20 日至 2 月 20 日之间"。① 也就是说中历年末月份如十一月(中下旬)、十二月在转换成公历时,常常面临"跨年"现象。

又因中历常与年号纪年相联系,相同问题也出现在后者的转换中,以下即以光绪三十一年、三十二年为例。在未过春节(十二月初七日)前,前者对应的西历时间为 1905 年 2 月 4 日—1905 年 12 月 31 日;跨过春节后,对应的西历时间来到了 1906 年 1 月 1 日—1906 年 1 月 24 日。后者在未过春节(十一月十七日)前,对应的西历时间为 1906 年 1 月 25 日—1906 年 12 月 31 日;跨过春节后,西历时间变成了 1907 年 1 月 1 日—1907 年 2 月 12 日。② 其他年份的转换情况大致亦是如此。不难发现,在将年号纪年转换为次第延加的公历时间时,前者的时间范围与同年的西历时间大部分重合,但又有缺失和溢出的部分。换而言之,年号某年实际包含了西历相邻的两个年份。

回到《申报》的记载。生于中历十二月廿五的沈敦和,毫无疑问也遇上了"跨年"现象。这不仅导致其实岁和虚岁之间的差值最多可达到 2 岁,也使得前述虚岁计算方式无法真实地计算出其生年。因虚岁计算原则是基于整数进行加减,再加上出生年 1。通常,现年、卒年、生年所表示的年份与中历年份一一对应。而当生辰碰上"跨年"时,原来公式中的生年实际增大了 1,得出的年龄数字,显然也会相应地减小 1。还需注意的是,当沈敦和于廿五日度过"五秩大庆"后,再过 5 天就来到了春节。按"过年增岁"的原则,那时他的虚岁会变成 51 岁。这导致同是在 1907 年,现实中的

---

① 张培瑜:《关于历史年代计数的规范化问题》,《历史研究》1991 年第 4 期,第 155 页。

② 本文的时间转换均来自"历史车轮",网址见:https://www.lishichelun.com/calendar/switch。

数天之差在观念上却有一岁之别。各处记载计算出的相异又相邻的生年,或即受此影响。

因此在综合考虑"跨年"现象和"过年增岁"原则的情况下,此时的虚岁计算公式应当调整为:生年=现年-年龄+2,并且其中的年龄以跨过是年春节的数字为准。① 据此推算,沈敦和当生于:1907-51+2=1858年。结合生日日期,最终可知其生辰为咸丰七年十二月二十五日(1858年2月8日)。

尽管在现有材料中,无论是沈敦和还是同时期的旁人,对生辰跨(进)年现象并未额外指明(或认为无需说明),对其他线索的分析仍有益于我们进一步理解此问题。以下再对沈敦和的自述和他述进行考察。

翻检《华安》杂志1917年第2期可以看到,李右之曾以《祝沈仲礼先生花甲初度》为题祝贺沈敦和60岁寿辰。② 至第3期,则刊登了沈敦和如下自述:

> 曩见赵松雪垂钓图小影,布景清幽,写真潇洒,辄悠然神往不置。闲中无俚,爱倩熊君声远模仿斯图,而嘱李剑丞世弟补写余影,盖景则犹是而人已非矣。昔圣尝谓窃老□,余□松雪,不亦之然耶?图成赋诗四绝并记其缘起如右。③

诗作首句为"夕阳虽好近黄昏,草草浮生六十春。"而后公司同人也谓此为"六十述怀"。④

---

① 按,当人物卒年碰上"跨年"现象时,年龄=卒年-现年。而当生卒年均碰上"跨年"现象时,对年龄的计算使用一般计算原则即可。
② 李右之:《祝沈仲礼先生花甲初度》,《华安》1917年第2期,第10页。
③ 《华安》1917年第3期,页码不详。
④ 《本公司创办人董事会主席沈公敦和略历》,《华安》1920年第10期,页码不详。

在题诗同期中,还收录了易顺鼎的(补)祝寿诗。他于1917年春在京与沈敦和相会,因此写道:"纵横才气九万里,磊落声名三十年。放逐总持苏武节,放捐犹著祖生鞭。画收唐宋元明妙,瓷夺官哥汝定妍。等是承平旧年少,恒河照影未华颠(余与君年皆六十,君略长余,然发皆未白)。丁巳春日余客京师,喜晤仲礼老长兄,赋赠一章,即题其垂钓图玉照。弟易顺鼎并识。"①

几则材料的时间和数字分别指向1917、60,不应忽略的是背后暗含的"过年增岁"的原则,在计算时当以1917和61两数字为基准。同时易顺鼎"余与君年皆六十,君略长余"一句半假半真,因从严格意义上来看,生于咸丰八年九月初五日(1858年10月11日)的他与生于咸丰七年的沈敦和并不同岁。② 而"君略长余"四字为真,它指向沈、樊二人生日(十二月廿五日和九月初五日)之间的差值。

《沈仲礼君垂钓图》,《华安》,1917年第3期,页码不详。

---

① 易顺鼎:《仲礼仁兄属题垂钓图并祝长寿》,《华安》1917年第3期,第6—7页。该诗亦收入陈松青《易佩绅易顺鼎父子年谱合编》(下),湖南师范大学出版社,2018年,第841页。
② 范志鹏:《易顺鼎年谱长编》,华东师范大学博士学位论文,2013年,《绪言》第1页。

在由石人和主编的《宁波历代书画集》中,也曾收录一幅沈敦和所藏的《桃坞春晴图轴》,其中款识为:"丁巳六月五日为棣三仁兄之太夫人六秩大庆,谨以仿赵千里桃坞春晴图为寿,盖取绥山桃熟宴启西池献寿……愚侄沈敦和谨识,时年六十有一。"①而通过检索可知,荣宝斋在 2012 年于上海拍卖的中国书画中,有一幅名为《山水》的画作,沈敦和于此亦有款识。他写道:"临清廷乾清宫所藏夏珪真迹,以赠鸿声仁兄雅鉴,塞翁沈敦和作于退思斋,时丁巳秋九月年六十有一。"②种种记载与前述推断结果若合符节。

行文至此,沈敦和生年问题的答案已然明了,或许还当对第二节中的不同说法进行反思。可以推测的是,《印象记》一书本意是以年号(咸丰七年)记载沈敦和生年,但在书写时或是因文化背景问题忽视了"跨年"现象,从而直接落笔为 1857 年,由此也形成了在后世被不断转引的 1857 年说。1902 年,即沈敦和接受引见时的年份,是年他应为 46 岁而履历档中却为 44 岁,证实了有虚报的推断。至于 1920 年他去世时应为 64 岁,而各处记载享年 64 岁,信息并无错误。只是后人在计算时,尚未注意到其中涉及的"跨年"现象以及一般虚岁计算法的缺陷,导致推出了错误的生年。《中国实业杂志》、年谱整理、史事编年者和蒋文亦犯了此种错误。

由此牵涉出的还有如何著录的问题。在史事编年一书的凡例中作者写道:"正文顺序按公元纪年年月日编列,民国元年以前附列农历纪年。传主年龄以传统虚岁计算方式记述。"③呈现给读者的形式则是"1857 年(咸丰七年)1 岁""1876 年(光绪二年)20 岁"等。根据前述内容可知,1857 年是错误的生年时间,应当修

---

① 石人和主编:《宁波历代书画集》,宁波出版社,2006 年,第 94 页。
② 荣宝斋(上海)四季拍卖会·2012 之夏"中国书画(三)·山水",网址见 http://www.art139.com/index.php?s=/Lot/71472。
③ 孙善根编著:《中国红十字会第一人——沈敦和史事编年》,凡例第 1 页。

正。同时全书或许可采取"各年冠以清代年号及干支,附注公历纪年于后"以及出生年额外加注的形式解决"跨年"问题。① 此外我们还应明确,1876 年沈敦和或是 19 岁或是 20 岁的事实,他年则以此类推。这些都是阅读、使用材料时需要留意的地方。

余　　论

当用于记录时间本身的"时间"成为一种问题时,它实际有了属于自己的诸多面相和探讨空间。而在以阿拉伯数字记录时间的习惯成为现代社会的常态后,除偶尔的法定节日让人想起中历日期外,这套时间系统似乎已经逐渐淡出了人们的视野。不过对日常接触并处理古代和部分近代材料的研究者来说,两套时间系统的转换是常有的操作,遇上的"陷阱"亦不少。近来学者针对钱锺书《石语》中"二十一年阴历除夕"一句,有 1933 年 1 月 25 日和 1932 年 2 月 5 日的不同理解。② 其中关键在于,钱锺书此时是以阳历而非阴历计时,仅因除夕这一日子过于特殊而额外添上了一笔。

此种新旧历混用现象的出现,实际又与民国年间的改历政策息息相关,并影响到人物生卒年的表述。若不了解其中区别而下意识以两头为统一表述,便闹了笑话。本文着重讨论的、具有相当迷惑性又极其被人忽视的"跨年"现象,也是问题之一。为避免出现进一步的讹误,研究者对于上述情况已有额外标注、统一著录的

---

① 参见张桂丽编《李慈铭年谱长编》,复旦大学博士学位论文,2009 年,凡例第 1 页、第 69 页。
② 窦瑞敏:《1934 年除夕钱锺书是和陈衍在苏州度岁的吗?》,《上海书评》2021 年 6 月 11 日;范旭仑:《"民国二十一年阴历除夕"是公元 1932 年 2 月 5 日》,《上海书评》2021 年 8 月 11 日。

呼吁和提醒。①

　　生卒年虽小,但它既是逝者人生长度的记录,也是书写者时间观念的反映。作为历史痕迹的一种,当其被研究者用作问题切入口时,又被赋予了"史料"层面的意义。吴士鉴曾致缪荃孙一长函商量《清史稿》纂修的相关问题,末书五月二十一日,并附"如晤晦老,乞以此函示之"诸句。② 晦老即于式枚(字晦若),殁于 1915 年 8 月 5 日。结合此信息,能快速得出此函写于 1915 年 7 月 3 日的结论。此外如已为学界广泛引证的、1895 年闰五月初九日《翁同龢日记》中一条访客的记录,虽经翁同龢挖补并被转写为李慈铭,但明确李氏于 1894 年逝世这一事实,便可知此条材料的虚假性和修改背后的深意。③

　　生卒年考订本身即有"文献学"意义。④ 与卒年考证相比,生年信息的考证往往更为棘手。因其人成名后所处的交游圈与事功方面的成就及记载渠道的多元化,往往能在唱和诗文集、他人日记中乃至报刊上获取相互印证的卒年时间。而生年(早年)事迹不显(自身未留意且不为人所注意),加之材料遗失或记载付之阙如等,一旦老成凋谢,获取原始信息的机会随即渺茫。且能用来进行考证的个案,也仅限于留下了一定材料的人物。在种种限制下,研究者在遵循前人研究思路、利用研究成果的同时,谨慎做出反思亦是题中应有之义。

　　就本文的考证而言,尽管暂未得见沈敦和本人的行状(略)、墓

---

① 张培瑜:《关于历史年代计数的规范化问题》,《历史研究》1991 年第 4 期,第 151 页;江庆柏:《关于辞典中人物生卒年著录的统一问题》,《辞书研究》2004 年第 1 期。
② 《吴士鉴函十五》,钱伯城、郭群一整理,顾廷龙校阅:《艺风堂友朋书札》,上海人民出版社,2018 年,第 565—567 页。
③ 孔祥吉、村田雄二郎:《〈翁文恭公日记〉稿本与刊本之比较——兼论翁同龢对日记的删改》,《历史研究》2004 年第 3 期,第 185—187 页。
④ 江庆柏:《清代人物生卒年表》,人民文学出版社,2005 年,前言第 1—4 页。年龄在当下还具有现实意义,见薛夷风《论中国近代"周岁"计龄方式的法律意义》,《南京大学法律评论》2017 年第 1 期。

志铭、讣闻和他早年留学国外的相关资料,幸而关于其年龄记载的文献颇多,使得他校、理校乃至本校等方法的使用成为可能。尤其是《申报》材料的发现,为我们提供了解决问题的关键切入口。而为处理"跨年"现象调整的虚岁计算原则,也是重要方法之一。对此,沈敦和并不是个例,因它还可用于计算他人生年。如生于腊月初四日的恩光,其生年当在咸丰元年腊月初四日(1852年1月24日),并非整理者推算的道光三十年腊月初四日(1851年1月5日)。①

回到开篇所言,定论因信息搜罗不全或是释读时"考虑不周"而被"新"材料修正甚至推翻,沈敦和无疑是明例之一。只是除专门考释某人生卒年的研究成果外,为使行文简便通畅,加之材料、精力等因素所限,难以要求作者在进行其他专题研究时,对文中所引人物的生卒年一一考证。行文中以括号注明人物生卒年的书写方式在帮助读者较为快速地建立起"时间感"时,也需要作者确保数字本身的准确性。否则记录本身即是在为一次次的失焦和遗忘"添砖加瓦"。从而是选择偷懒减少"麻烦"不标注还是甘愿冒误引而被批评的风险,恐怕也因人而异。但毋庸置疑的是,只有当基础性信息准确无误时,后续研究才能以此为准进一步推进。本文所做的工作,既是争取沈敦和其人的生卒年从第三类转化成第一类的一次尝试,也可算是对生卒年考证意义问题的一种回答。

注:本文完成后,又得复旦大学曾煜同学提示沈敦和独子沈厚生曾于《申报》发布讣告,明确沈敦和生于清咸丰七年丁巳十二月二十五日辰时(《恕讣不周》,《申报》1920年8月21日,第1张第3版)。复核可知,同月14—22日,报中均刊有此条信息,实为关键材料,亦印证了本文的推断,特补充于此,并致谢忱!

---

① 恩光著,许庆江、董婧宸整理:《恩光日记》,凤凰出版社,2020年,前言第1页。

《君宪救国论》如何出炉？
杨度研究三题

摘要：今人论述杨度与袁世凯帝制关系时，常有"杨度1915年写作《君宪救国论》""杨度因《君宪救国论》被袁世凯赐匾额'旷代逸才'""袁世凯将《君宪救国论》交段芝贵在湖北印刷"等说法。经本文考证，这几个说法皆不准确：一是杨度被称"旷代逸才"的时间在1914年，与1915年的《君宪救国论》无关；二是《君宪救国论》存在数个可能的写作时间，有一个相对确定的发表时间；三是在《君宪救国论》公之于世的时段，段芝贵不具备在湖北印刷此文的条件。

关键词：杨度，旷代逸才，君宪救国论，袁世凯，段芝贵

作者简介：代维，中国社会科学院近代史所2020级研究生

《杨度集》收录《君宪救国论》一文时附脚注："文成后，由内史夏寿田转呈袁世凯。袁很赞赏，亲题'旷代逸才'四个大字，由政事堂制成匾额，赠与杨度，并嘱段芝贵秘密付印，广事传播。"①此句中存在两个要点：一个是《君宪救国论》写成后，由夏寿田转呈袁世凯，袁因之赐给杨度"旷代逸才"的匾额；一个是袁世凯将《君宪救国论》交给段芝贵印刷，进行传播。

---

① 刘晴波主编：《杨度集》，湖南人民出版社，2008年，第563页。

后一点,常又增加陶菊隐《政海轶闻》的信息,称:"是年夏,杨撰《君宪救国论》,命总统府内史夏寿田密呈袁氏。袁省览至再,语夏曰:'姑秘之。然所论列,灼见时弊,可寄湖北段芝贵精印数千册,以备参考。'自是春光泄露,国人有以窥袁隐矣。"①变成袁世凯将《君宪救国论》寄给段芝贵在湖北印刷。

学界在讨论杨度与袁世凯帝制关系时,常常沿用类似的说法,用以暗示杨度在帝制运动中的活动受袁世凯背后指使。②然笔者查阅核对相关资料,发现这两个说法不够准确。本文不揣浅陋,自白考证过程,以求教于方家。

一、杨度称"旷代逸才"考

第一个说法称《君宪救国论》写成后,由夏寿田转呈袁世凯,袁因之赐给杨度"旷代逸才"的匾额。对这个说法的考证,有直接的证明材料,可从时间的前后矛盾上入手。

(一)杨度谢恩呈文时间之考证

杨度"旷代逸才"之称源自杨答谢袁世凯的呈文:

> 为恭达谢忱事:五月三十一日奉大总统策令:杨度给予

---

① 陶菊隐:《政海轶闻》,上海书店出版社,1998年,第2页。
② 如:贾熟村:《袁世凯与杨度的恩怨》,《衡阳师范学院学报》2008年第5期;左玉河:《杨度与袁世凯》,《中国社会科学论坛文集——政治精英与近代中国》,中国社会科学出版社,2012年;陈先初、刘峰:《杨度宪政主张的正途与歧变》,《湖南师范大学社会科学学报》2012年第3期;董舜尧:《杨度政治思想探析》,南开大学博士学位论文,2013年;邹小站:《民国初年共和派与帝制派的论争》,《安徽史学》2017年第5期;胡晓:《洪宪帝制时期的御用机构》,《安徽史学》2020年第5期等。这些文章都或多或少采用了先杨度写成《君宪救国论》、再受袁世凯"旷代逸才"匾额的说法。

匾额一方，此令等因奉此。旋由政事堂颁到匾额，赐题"旷世逸才"四字，当即敬谨领受。伏念度猥以微材，谬参众议，方惭溺职，忽荷品题，惟被饰之逾恒，实悚惶之无地。幸值大总统独膺艰巨，奋扫危疑，度得以忧患之余生，际开明之佳会。声华谬窃，反躬之疚弥多；皮骨仅存，报国之心未已。所有度感谢下忱，理合恭呈大总统钧鉴。①

笔者所引用文字，出自刘晴波主编的《杨度集》，这是目前学界使用最多的文献来源，此部分内容有注释"据陶菊隐《筹安会"六君子"传》"，标注时间为1915年6月1日。

查陶菊隐《筹安会"六君子"传》，相关叙述为：

  一九一五年一月，梁启超应袁克定之邀，到北京郊外汤山去赴春宴……杨度见袁氏父子非常重视文字鼓吹，便于三月间写了一篇《君宪救国论》，托公府内史夏寿田转呈。袁看了这篇文章，频频点头称善，便将此文寄给了湖北彰武上将军段芝贵，叫他秘密付印，并分发各省文武长官参考。为了奖励杨度，袁于三月十八日授以勋四位，并亲笔写"旷代逸才"四个大字，制成匾额送给了他。杨度上了一道咬文嚼字的呈文，表示感激之情，其文如下："为恭达谢忱事：五月三十一日奉大总统策令，杨度给予匾额一方，此令。等因奉此。旋由政事堂颁到匾额，赐题'旷代逸才'四字，当即敬谨领受。伏念度猥以微材，谬参众议，方惭溺职，忽荷品题。维被饰之逾恒，实悚惶之无地。幸值大总统独膺艰巨，奋扫危疑，度得以忧患之余生，际开明之佳会，声华谬窃，返躬之疚弥多；皮骨仅存，报国之心未已。所有度感谢下忱，理合恭呈大总统钧鉴。"是年八

---

① 刘晴波主编：《杨度集》，第581—582页。

月,公府顾问古德诺在启程回美前,写了一篇《共和与君主论》,作为临去秋波,上呈袁氏。袁命法制局参事林步随译成中文,交上海《亚细亚报》发表。①

《杨度集》称杨度呈文为1915年6月1日,但《筹安会"六君子"传》并未点明具体时间,时间似乎是文集的整理者推理加入的。

然对照北洋《政府公报》,杨度获匾额一事在1914年而非1915年。中华民国三年六月二十一日有"督办汉口建筑商场事宜政治会议委员杨度呈奉给匾额恭达谢忱请钧鉴文并批令",全文如下:

> 为恭达谢忱事五月三十一日奉大总统策令杨度给予匾额一方此令等因,奉此旋由政治会议颁到匾额赐题旷代逸才四字,当即敬谨领受。伏念度猥以微材妄参众议,方惭溺职,忽荷品题,维被饰之逾恒,实悚惶之无地。幸值大总统独膺艰巨,奋扫危疑,度得以忧患之余生,际开明之嘉会,声华谬窃,返躬之疚弥多,皮骨仅存,报国之心未已。所有度感谢下忱,理合恭呈,大总统钧鉴　呈
> 批令据呈已悉,此批
> 大总统印
> 中华民国三年六月二十一日
> 国务卿徐世昌②

---

① 陶菊隐:《筹安会"六君子"传》,中华书局,1981年,第95—96页。
② 《督办汉口建筑商场事宜政治会议委员杨度呈奉给匾额恭达谢忱请钧鉴文并批令》,《政府公报》1914年6月25日,第七百六十七号。所引为呈文原文,载于公报"呈"部分。另有1914年6月22日《政府公报》"命令"部分提及此事:"大总统批令。督办汉口商场事宜政治会议委员杨度呈奉给匾额恭达谢忱请钧鉴由。据呈已悉,此批。大总统印。中华民国三年六月二十一日。国务卿徐世昌。"(《大总统批令》,《政府公报》1914年6月22日,第七百六十四号)

从文字来看，《杨度集》及《筹安会"六君子"传》中的杨度呈文当源于此，确切的时间为 1914 年 6 月 21 日，这个时间是呈文已经得到批复的时间。两相比照，《杨度集》中的 1915 年可以确定不符事实，至于 6 月 1 日这一时间，出处不明，不太可信。

又查得袁世凯此次赐匾额的策令，中华民国三年五月三十一日：

> 阿穆尔灵圭、贡桑诺尔布、那彦图、塔旺布里甲拉、杨度、赵惟熙、杨士琦、饶汉祥、刘若曾、张国淦、孙毓筠、龙建章各给予匾额一方此令①

命令的发布日期是五月三十一日，与杨度呈文内言"五月三十一日奉大总统策令"一语相符。

杨度对袁世凯赐匾额一事上呈谢恩，并非孤例，目前笔者所能查到的类似杨度上谢恩呈文的还有贡桑诺尔布。"蒙藏院总裁喀喇沁扎隆克都楞亲王贡桑诺尔布呈奉给匾额谨陈感激下忱文并批令"：

> 为恭谢事窃于五月三十一日奉大总统策令贡桑诺尔布给予匾额一方此令等因。奉此恭读之下，感激莫名，贡桑诺尔布猥以非材，仰承知遇，方愧涓埃之未报，复蒙纶綍之荣颁，阀阅增辉，训箴时懔。所有区区感激下忱，理合恭呈陈谢，伏乞钧鉴。谨　呈
>
> 批令据呈已悉，此批

---

① 《大总统策令》，《政府公报》，1914 年登载，日期不详，第七百四十三号。亦见之于《大总统令》，《大公报》1914 年 6 月 2 日，第 2 版；《命令》，《申报》1914 年 6 月 2 日，第 2 版。

大总统印
中华民国三年六月五日
国务卿徐世昌①

此文与杨度呈文的时间、内容均类似。可以推测,杨度、贡桑诺尔布外的其余十人应该也上有谢恩折。另杨度既然能称为"旷代逸才",那么同一批颁到匾额的其他人所得名称应该不至于相差太大。换言之,拥有"旷代逸才"同级别称号的人除杨度外还有十一个,杨度"旷代逸才"称号的含金量,远不及后世所认为的那般高。

至此,可确定给予匾额的命令是在 1914 年 5 月 31 日,杨度呈文得到批复的时间为 1914 年 6 月 21 日,杨度呈文的时间虽不能确定,也应该在此段之间。

有趣的是,《筹安会"六君子"传》的原型,陶菊隐本人民国期间写成的《六君子传》,描写此段历史时有:"过了三月,杨撰《君宪救国论》,交夏内史转呈,袁看了又看,不禁击节称赏道:'真旷代逸才也!'命寄段芝贵秘密付印,这是段后来劝进最力的一种因素。'旷代逸才'是有所本的。三年五月,袁亲题这四个字,制成匾送给杨,杨有谢恩折如下……"②陶菊隐民国写《六君子传》时,还注明杨度称号的时间在"三年五月"。建国后将《六君子传》补充为《筹安会"六君子"传》的时候,却将这个称号放在了 1915 年,不可解也。

(二) 呈中"谬参众议,方惭溺职"等内容考证

关于呈文的内容,以往研究者多未明确解释,何谓"谬参众议,

---

① 《蒙藏院总裁喀喇沁扎隆克都楞亲王贡桑诺尔布呈奉给匾额谨陈感激下忱文并批令》,《政府公报》1914 年 6 月 11 日,第七百五十三号。
② 陶菊隐:《六君子传》,沈云龙主编:《近代中国史料丛刊续编》第八十辑,文海出版社,出版日期不详,第 229 页。

方惭溺职"、"声华谬窃,返躬之疚弥多,皮骨仅存,报国之心未已"等等。笔者认为这两句在呈文中有重要含义,意即杨度此前曾有溺职之事,袁世凯赐匾额后,杨氏借谢恩呈表达继续报效的意愿。

笔者最初注意到呈文中的这层意思,实与徐世昌后来之回忆杨度有关,徐称:"杨度素主君宪,曾为项城奔走,后因事有进谗于项城者,项城亦疏远之。然彼不甘寂寞,在京任参政。与其谓为接近项城,毋宁谓为接近克定。"①夏寿田的回忆更加具体:

> 至民国初季,杨曾面向项城要求交通部(熊希龄组阁,曾表示非交通不就),自为交通系所忌。梁士诒为府秘书长,日在项城左右,对于杨安有好语?交通部不得,项城不得已,予以同成铁路督办。彼等乃思一中伤之计,即以国事匡救会一百万元经过,由庆邸托孙宝琦致意于项城,极言杨操守太不可靠。交通系方面当然落井下石,于是怂恿解去其同成督办,不令插入交通之门。项城亦不直其所为,为敷衍面子,任为汉口商场督办。在此期内,杨住青岛,有时往来北京,项城亦疏远之。②

材料所述杨度要求交通部任职、"非交通不就"之事,可得报刊印证,1913年9月6日《大公报》:

> 又一消息,熊总理所希望之人才内阁,其中如张謇、梁启超、杨度等,为现时不在官僚中,最难捉摸,既而杨自行表示其政见,教育非目前之至急,有不愿备位阁员之意,因拟以汪大燮代之。③

---

① 张国淦:《北洋述闻》,上海书店出版社,1998年,第78页。
② 同上书,第200页。
③ 《关于组织新内阁之种种》,《大公报》1913年9月6日,第3版。

夏寿田称杨度因梁士诒忌讳而不得交通部任职,转同成铁路督办,又被交通系针对,后再转汉口商场督办。此事也有报刊可以印证,1913年12月25日《申报》北京专电:"同成铁路督办本属杨度,有人反对,现拟任黄开文,而以汉口筑埠酬杨。"①同一时期,又有杨度运动浦信铁路督办的报道:"浦信铁道借款业由熊、周两总长于十三日签字,其合同全文已经大总统封交印铸局日内刊登公报宣布,并闻不惟签字前毋庸国会通过,嗣后亦勿须交国会追认以符修订约法之条文。其浦信铁路督办一缺,杨度运动甚力,不知将来如何结果也。"②后浦信铁路督办由沈云沛担任,杨度运动失败,袁世凯命令"任命沈云沛督办浦信铁路事宜,此令。"③

作为不得交通部职位的补偿,杨度被委任督办汉口商场。④至此,前引《政府公报》中有关杨度呈文所称杨度为"督办汉口建

---

① 《专电》,《申报》1913年12月25日,第2版。《时报》专电"杨度归成铁路督办之说作罢,今将任汉口建筑商场督办"(《专电》,《时报》1913年11月25日,第2版)。
② 《浦信借款合同日内宣布》,《大公报》1913年11月24日,第5版。
③ 《大总统令》,《大公报》1913年11月27日,第2版。
④ 袁世凯在1913年12月24日任命杨度:"任命杨度督办汉口建筑商场事宜,此令。"(《命令》,《申报》1913年12月27日,第2版;《大总统命令》,《大公报》1913年12月27日,第2版)

杨度启用关防,正式行使职权的时间在1914年1月16日,《政府公报》"督办汉口建筑商场事宜杨度呈大总统报明开用关防日期文并批"有:"为呈报事,民国二年十二月二十四日奉大总统令任命杨度督办汉口建筑商场事宜此令。旋于三年一月十一日奉到国务院颁发铜质关防一颗,文曰:督办汉口建筑商场事宜关防,已于一月十六日敬谨开用。除呈国务院外,理合呈报,伏乞大总统鉴核,谨呈。"(《督办汉口建筑商场事宜杨度呈大总统报明开用关防日期文并批》,《政府公报》1914年登载,日期不详,第六百二十一号)

杨度本计划1914年1月中赴汉口,"闻杨督办准定本月中旬来汉,现已派有刘某等前来布置一切"(《杨度建筑汉口之计划》,《大公报》1914年1月11日,第6版)。但直到1914年2月末,杨度还未到任,当月杨度请派卫队的上呈中有"度未曾赴汉电令移驻以前"一句(《汉口商城督办杨度呈大总统拟将现驻湖北新堤之卫队第三营调汉充卫队并恳转饬该营营长郭人瀚听候调用等情请鉴核施行文并批》,《政府公报》1914年2月27日,第六百四十九号)。

筑商场事宜政治会议委员"之"督办汉口建筑商场事宜"便能明了。① 杨度上谢恩呈时,正在商场督办任上,呈文中的内容,或许与之有关。目前学界对杨度所任汉口商场督办之事已有讨论,惟未将此事与杨度称"旷代逸才"联系起来。②

杨度接手督办汉口建筑商场后,诸事不顺,大抵有湖北地方势力阻挠、交通系攻讦、对外借款失败、白朗起义四端。1914年1月11日《大公报》载:

> 汉口建筑新市原拟由鄂省自行借款,以汉口地方税作抵押品。迭经黎副总统主持派员与大赉洋行、钮孟银行、中国兴业公司等资本家草订合同,俱为鄂省议会所掣肘,致不能成立。现黎公在京与袁总统熊总理议定以政府名义向法国实业银行贷款三百万磅,专以建造汉口新市,日内即签约交款,其建筑督办一职,黎公意欲授与哈汉章,乃杨度以熊总理之力得充。是差袁总统遂拟畀哈以会办,哈辞不就,故未发表。闻杨督办准定本月中旬来汉,现已派有刘某等前来布置一切,拟在租界觅极大房屋为督办公所,并于其内设三大局,须用员司数

---

① 杨度"政治会议委员"的头衔,报载:"关于政治会议事件,日昨已经大总统明发命令,并将总统所特派人同时发表。兹闻政府因筹备此事,日来甚为忙迫,约于初十左右即可开始会议……袁总统所派之代表八人已经发表。兹闻此八人中,原有徐世昌、李家驹、王家襄、汤化龙,嗣因王、汤两议长惮于清议,力辞不就,徐亦因不欲加入政治潮流,李因病势未愈,皆力为推谢。总统始改派梁敦彦、杨度、蔡锷、赵惟熙四人以补其额。其余李经羲、宝熙、樊增祥、马良四人皆第一次所派定云。"(《中央政治会议之最近消息》,《申报》1913年12月2日,第2版)杨度任"政治会议委员",一是发生在杨氏运动交通部不得的时段,二是作为徐世昌等人的替代而被袁世凯特派。窃以为,杨度"政治会议委员"与"汉口商场督办"性质一致,都是袁世凯给杨度的补偿。

② 参见方芃《民初汉口重建借款问题研究》,《江汉论坛》2010年第12期;商盛阳:《汉口重建与袁世凯的长江布局——兼论洪宪帝制前后的中、英、日关系》,《理论月刊》2021年第2期;涂文学:《武昌起义后汉口重建中的国家与社会》,《史林》2021年第6期。

百人，规模极为阔大，且拟聘用外人为总工程师。鄂官界之惧饭碗莫保者，现均极力设法运动，其差若不能遂所愿，将来难免不攻讦纷起也。又闻杨已电段督、吕省长请转饬现设马路工程局人员仍照旧供职，惟停工事进行以俟其接收重新筹划，又请吕省长检取前汉口建筑筹办处所测绘新旧街道图及工程计划意见书暨公文图表之重要者，克日送京，以凭与银行代表商议。①

由此则报道可知，汉口建筑商场一事原被地方议会牵制不能如愿，后由中央出面促成；杨度此中借熊希龄之力得以任职，黎元洪及所拟定的哈汉章不能遂愿；杨氏计划铺张，规模宏大；已经引起湖北官界恐慌，《大公报》甚至推测可能出现攻讦。

同时，湖北受白朗起义影响，形势不稳。② 杨度请调卫队保护：

为呈请事，窃度前奉大总统任命督办汉口建筑商场事宜，遵即筹画进行，查汉口五方杂处、奸宄潜滋，不可不有卫队以供弹压、保护之用。前湖南查办使郭人漳所募卫队第三营现驻湖北新堤，归第三师师长曹锟节制，拟即将该营调汉藉充卫队，如蒙允准，拟请电令曹锟转饬该营营长郭人瀚遵照听候调用，但度未曾赴汉电令移驻以前，仍著驻扎新堤，暂归曹锟节

---

① 《杨度建筑汉口之计划》，《大公报》1914 年 1 月 11 日，第 6 版。此条消息在《时报》《新闻报》有载，皆名为《杨度建筑汉口之硕画》，三处文字相同，详见《杨度建筑汉口之硕画》，《时报》1914 年 1 月 6 日，第 6 版；《杨度建筑汉口之硕画》，《新闻报》1914 年 1 月 6 日，第 5 版。另《时报》《新闻报》具载之《汉口官商借款之波澜》一则新闻内容大体相同，此不赘列，详见《汉口官商借款之波澜》，《时报》1914 年 2 月 26 日，第 7 版；《汉口官商借款之波澜》，《新闻报》1914 年 2 页 26 日，第 5 版。

② 参见《鄂豫交界之白狼为患》，《申报》1914 年 1 月 7 日，第 6 版。

制,以免贻误。是否有当,伏乞大总统鉴核施行,谨呈。
　　批据呈已悉,交陆军部、财政部查核办理,此批
　　大总统印
　　中华民国三年二月二十四日
　　国务总理孙宝琦
　　财政总长、陆军总长周自齐
　　农商总长张謇①

杨度自报尚未赴汉口,其请求卫队虽有白朗起义的因素,亦与前论杨度计划铺张、寻求规模相照应。当然此事并未得到政府承认,杨度呈文交给陆军部、财政部后,被缴还原呈:"陆军部函核复督办汉口建筑商场事宜杨度请调拨卫队一事并缴还原呈,请转行知照。"②

又,与杨度关系亲密的熊希龄内阁倒台,继任的财政总长周自齐厌恶杨度,有所牵制,杨度对外借款遇阻:

　　汉口建筑马路督办杨晳子原拟于为母祝寿后即行来汉视事,实行开工,不料借款之法国实业银行因汉口租界推广问题忽起异言,弗肯交款。杨犹拟废约,另向他国筹借,孰知熊内阁又倒,政局为之一变。继任之财政总长周自齐氏对于杨感情殊恶,已将熊前总理所畀予建筑借款特权取消,须候部中商借。杨君不甘受其束缚,业已具呈总统,自请辞职,并电汉口

---

① 《汉口商城督办杨度呈大总统拟将现驻湖北新堤之卫队第三营调汉充卫队并恳转饬该营营长郭人瀚听候调用等情请鉴核施行文并批》,《政府公报》1914年2月27日,第六百四十九号。此件亦可见于《杨度请调卫队之呈批》,《新闻报》1914年3月4日,第1版。

② 《国务院二月五日纪事》,《大公报》1914年3月7日,第5版。

建筑办公处人员一概回京,即将办公处取消云。又闻鄂京官之有力者亦多反对杨,近日汉口业主会开会反对建筑借款条件即京官某某等为主动也。①

周自齐取消袁世凯给予杨度的借款特权,与前引周氏不允许杨度调用卫队一事类似。材料中提到鄂京官多反对杨度、汉口业主开会反对借款等等,可证湖北地方势力对杨度的阻挠。

再,之前与杨度有过矛盾的梁士诒等人仍不愿放过,于1914年3月中下旬在报刊诋毁杨氏,"公民党报开始攻击杨度"。②1914年3月19日《申报》载:

> 最近政界暗潮之激,得未曾有。自《亚细亚报》连登梁士诒权大,等于二总统,指杨士琦、李经羲为失败后,公民党报暗中为梁辨护。一报谓彼且以秘书长地位与袁接近,自不免有势力家之称,但交通、财政实与彼无关。一报谓此等皆野心家之杨度所捏造,彼既失意,乃借物望稍崇之李杨等为傀儡而挑拨之。③

外部借款困难,内有官僚倾轧,杨度受阻如此,故萌生退志。后经袁世凯挽留并承诺财政部不干预杨度部分职权,杨氏退意稍减:"现闻总统再四挽留,且派农商张总长劝谕以借款固财政部职权,建筑一切彼断不能干预,勿庸虑其束缚。杨君深感总统,不能固辞,因复派办事员方表、测绘员邹任方金涛等来汉测勘地势,布

---

① 《江汉近闻记》,《时报》1914年3月9日,第4版。
② 《专电》,《申报》1914年3月20日,第2版。
③ 《专电》,《申报》1914年3月19日,第2版。

置开办。"①然不久即又有辞职消息流出,1914年4月11日《时报》专电称"杨度因汉埠建筑借款久无成议有辞督办说"。②

前后结合,可知1914年5月31日袁世凯赐杨度匾额的背景为:杨度任职不顺,想要辞职,袁世凯意欲挽留。故杨度谢恩呈文中"谬参众议,方惭溺职"一句,"方惭溺职"的"方"指1914年上半年,"溺职"指督办汉口商场不顺,"谬参众议"则指梁士诒、周自齐、湖北地方势力等方面对杨氏的不满。袁世凯赐匾杨度,有劝慰、挽留之意,杨呈中"声华谬窃,返躬之疚弥多,皮骨仅存,报国之心未已"一句,正是对袁世凯的回应。③

最后,笔者拟就《杨度集》《筹安会"六君子"传》、原呈三者的

---

① 《汉市最近闻见录》,《新闻报》1914年3月27日,第1版。
② 《专电》,《时报》1914年4月11日,第2版。杨度汉口借款一事直至1914年下半年才有眉目,《时报》1914年11月18日提到:"汉口商场建筑事宜政府久任杨度氏为督办,杨氏受事以后一面派员赴汉测绘工程以立计画,一面着手借款谈判以求进行,至前月前借款合同始得成立。"(《汉口商场借款之始末》,《时报》1914年11月18日,第2版)
③ 杨度在获得"旷代逸才"称号后,处境并未好转。一是督办依然无果,1914年10月15日《时事新报》:"汉口后湖业主刘人祥等前曾情愿中央在后湖疏河筑路、开辟商埠,经大总统发交财政部会同商场督办杨度核办,至今毫无眉目。"(《后湖开辟商场之困难》,《时事新报》1914年10月15日,第3版)对外借款一项,后来接替杨度的张国淦称"当时政府派杨度督办其事,该款仅交三万元,而洪宪帝制事起,遂停顿至今"(《张国淦关于汉口商场之谈话》,《申报》1920年3月13日,第7版)。
一是在杨度个人仕途,始终没有进入政治核心圈子。1915年1月9日杨度被任命为国史馆副馆长,"任命杨度为国史馆副馆长"(《命令》,《申报》1915年1月11日,第2版)。此项任命,原因是王闿运回湖南,杨度以师徒身份代王氏担任馆事:"政府于壬秋始终优礼不衰,而杨氏尤属其高足弟子,故以副馆长之职,在史馆既可望其代馆长担职任馆事,可以直接进行。于馆长方面虽行年已高,不耐劳苦,不能常川驻馆,即有杨氏在馆,馆长可以少北顾之忧,有杨氏副馆长之任命则王馆长一席去来自由,政府可遂其优礼之心。"(《国史馆最近之一夕话》,《申报》1915年1月16日,第6版)之前杨度自称"帮忙不帮闲",意图竞争交通一席。(徐一士著,刘悦斌、韩策校订:《凌霄一士随笔》,中华书局,2018年,第81页)几番运动下来,却去了国史馆。杨度"旷代逸才"这个称号中的"逸"字或有不入世的含义,就事实来看,不幸应验。
夏寿田称杨度"在此期内,杨住青岛,有时往来北京,项城亦疏远之"(张国淦:《北洋述闻》,第200页),正表明杨度这段时间的闲散状态。

一两处细节差异作简要说明。

1. 虽后来解读者常说袁世凯亲笔题字,然查呈文原本,只能确认袁世凯有此命令,是否亲笔,尚存疑问。

2. 据原呈,颁到匾额的应该是政治会议,《杨度集》《筹安会"六君子"传》皆误作政事堂,两者性质不同,政事堂与政府更为密切,误让人加深袁世凯亲自操刀的印象,与事实不符。

3. 匾额命令,与杨度同时受匾额的还有"阿穆尔灵圭、贡桑诺尔布、那彦图、塔旺布里甲拉、赵惟熙、杨士琦、饶汉祥、刘若曾、张国淦、孙毓筠、龙建章"诸人,共12人。查1913年12月18日《大公报》《政治会议委员报道名单》政治会议共六十九人,以上12人均在此中。① 忽视这一重要史实,亦易固化杨度、袁世凯、筹安会等之成见。

4. 《杨度集》中"声华谬窃,反躬自疾弥多"原为"声华谬窃,返躬之疚弥多",《筹安会六君子传》中"声华谬窃,返躬之咎弥多"接近,《杨度集》中此句几不可读。

5. 《筹安会"六君子"传》论述此事时所谓"袁于三月十八日授以勋四位""八月……交上海《亚细亚报》发表"皆有明显时间错误,1914年10月10日《大公报》有"特授杨度以勋四位,此令"。② 上海《亚细亚报》则1915年9月10日才发刊,何以能8月即登载文章。

6. 张国淦《北洋述闻》:"杨静极思动,拟一《君宪救国论》,署名虎公,由余呈项城。阅后交梁士诒,越数日又交徐国务卿,此二人皆不慊于杨,不赞一词,而项城颇心许之(此件后由段芝贵在湖北付印)。"③ 此处括号内的内容为记述者张国淦对夏寿田回忆的

---

① 详见《政治会议委员报到名单》,《大公报》1913年12月18日,第3版。
② 《大总统令》,《大公报》1914年10月10日,第2版。
③ 张国淦:《北洋述闻》,第201页。

补充,"项城颇心许之"与"付印"两事相互独立、括号内容应为补充说明《君宪救国论》,不能直接解释为袁世凯把文章交给段芝贵。

二、《君宪救国论》写作时间与发表时间

第二个说法称袁世凯将《君宪救国论》寄给段芝贵在湖北印刷,进行传播。对这个说法的考证,没有直接的证误材料,需要将时间与空间结合,以层层推理间接证明。首先,需要明确《君宪救国论》得到传播、为人所知的时间范围。

(一)《君宪救国论》的写作时间

一般而言,研究者讨论筹安会自杨度《君宪救国论》始,并引用刘晴波编《杨度集》所厘定的1915年4月。笔者认为这个时间有尚可探讨之处。

其一,《杨度集》收录《君宪救国论》的来源为"据《君宪纪实》第一册,第7—25页"。① 查全国请愿联合会印行的《君宪纪实》第一册所收《君宪救国论》为该书中最后一部分"论说",《君宪救国论》被放在古德诺《共和与君主论》之后,且《君宪纪实》中并未附加文章日期。② 1915年4月这个时间,不来自《君宪纪实》。

其二,《杨度集》在正文收录《君宪救国论》时为"1915年4月",③然《杨度集》所附《杨度生平年表》1915年却有"3月,撰成

---

① 刘晴波主编:《杨度集》,第581页。
② 详见全国请愿联合会《君宪纪实》第一册,北京法轮印字局,1915年,第7—25页。
③ 刘晴波主编:《杨度集》,第563页。

《君宪救国论》,托公府内史夏寿田转呈袁世凯"。①《杨度集》一书之中就有两个相互矛盾的时间。

其三,《杨度集》收录《君宪救国论》时附脚注:"文成后,由内史夏寿田转呈袁世凯。袁很赞赏,亲题'旷代逸才'四个大字,由政事堂制成匾额,赠与杨度,并嘱段芝贵秘密付印,广事传播。"②这句话与陶菊隐《政海轶闻》文字类似:"是年夏,杨撰《君宪救国论》,命总统府内史夏寿田密呈袁氏。袁省览至再,语夏曰:'姑秘之。然所论列,灼见时弊,可寄湖北段芝贵精印数千册,以备参考。'自是春光泄露,国人有以窥袁隐矣。"③《政海轶闻》初由上海文明书局于1934年印行,笔者核对出版文字与后来重版文字相同,此处称"是年夏"。而陶菊隐《筹安会"六君子"传》:"杨度见袁氏父子非常重视文字鼓吹,便于三月间写了一篇《君宪救国论》,托公府内史夏寿田转呈。袁看了这篇文章,频频点头称善,便将此文寄给了湖北彰武上将军段芝贵,叫他秘密付印,并分发各省文武长官参考。"④又称"三月间"。是陶菊隐方面的说法前面称"夏",后称"三月",自我矛盾。

又张国淦记述夏寿田回忆有:"在此期内,杨甚无聊,我辈与杨姻亲,又同学至交,常往还,有时以帝制内幕择其可告者告之。杨静极思动,拟一《君宪救国论》,署名虎公,由余呈项城。阅后交梁士诒,越数日又交徐国务卿,此二人皆不慊于杨,不赞一词,而项城颇心许之(此件后由段芝贵在湖北付印)。"⑤此段文字被放在了叙述5月21日二十一条签字之后,8月10日杨度谒见袁世凯之前,

---

① 刘晴波主编:《杨度集》,第1096页。
② 同上书,第563页。
③ 陶菊隐:《政海轶闻》,第2页。
④ 陶菊隐:《筹安会六君子传》,第95页。
⑤ 张国淦:《北洋述闻》,第201页。

"在此期内"一词所指代得具体时间不明。括号内"此件后由段芝贵在湖北付印"是张国淦的补充而非夏寿田原本回忆。夏寿田方面的资料未点明具体时间,只有一个模糊的"在此期间"。

以上几则材料的相似之处在于叙述模式上都是"杨度著《君宪救国论》—夏寿田将文章交给袁世凯—袁世凯赞赏—后续",这个"后续"有的是赐匾额,有的是段芝贵在湖北付印。除张国淦《北洋述闻》阐明所录文字是夏寿田的回忆外,其余几则材料在采用这个叙述模式时都没有注明来源,故目前尚不能知道几处材料是否有过相互参考。

当时报刊方面所报道《君宪救国论》的写作时间,又有所不同。

1915年8月18日《申报》专电"杨有旧著一大册专讲国体,将分刊为该会会报",①电文中"旧著"一词为笔者所见报刊方面较早可能指代《君宪救国论》的描述。又1916年4月18日,帝制已经失败后,《申报》转引《民强报》对帝制内幕的报道有:"去年六月中杨度即著有《君宪救国论》,因内史夏寿田及想做内务府大臣之袁乃宽默议未妥。"②称《君宪救国论》的写作时间在"六月中"。

与杨度关系密切的北京《亚细亚报》在1915年8月23日介绍该文称:"顷闻其当发起筹安会之际,著有《君宪救国论》一书以发挥其平日之主张。"③将时间限定在了筹安会发起之际,即8月13日左右。

几处关于《君宪救国论》写作时间的记载,相互矛盾。一是1915年3月或4月说,这个是《杨度集》和《筹安会"六君子"传》中的时间,但都未能注明更原始的出处,且《杨度集》中本就存在3

---

① 《专电》,《申报》1915年8月18日,第2版。
② 《帝制内幕之个中人语》,《申报》1916年4月18日,第3版。
③ 《杨晳子之君宪救国论》,南华居士编:《国体问题》上册,第44页。

月和 4 月两个前后不一的时间,论者引用《杨度集》的一个时间便难以处理另一个时间。二是 1915 年 6 月中说,这个说法源自 1916 年 4 月 18 日《申报》报道,也比较符合夏寿田回忆中"在此期间"的大致范围。三是筹安会发起之际说,这个说法源自北京《亚细亚报》的实时报道。

(二)《君宪救国论》的发表时间

《君宪救国论》的写作时间虽不能确定,但是有一个能够大致确定范围的发表日期。查对当时报刊,诸报的普遍反应是,筹安会成立后一段时间内还没有看到《君宪救国论》。

如 8 月 17 日《大公报》:"日前开茶话会时,有某某委员质询杨度严复发起筹安会之宗旨。据杨、严答称,此会乃研究国家百年根本大计,根据于古德诺博士之议论,此时尚无确定宗旨,须俟将来会员众多,由公共详细讨论始能确定趋向,目下决无何成见。"①此处杨度自称既无宗旨,也无成见,可能是应付其他宪法起草委员,但至少说明其他宪法委员这时也没看到《君宪救国论》一文。

8 月 23 日《国华报》:"筹安会发起后,其对外发表者只一发起词宣布宗旨,一通告书严定范围而已。"②筹安会通告在 8 月 20 日,即《国华报》方面直到此时还没能看到《君宪救国论》。8 月 23 日《黄钟报》"该会对此问题未有具体的宣言,无从赞否"。③ 8 月 24 日《群强报》也称:"筹安会发起后,其对外发表者只一发起词宣布宗旨,一通告书严定范围而已。"④以上材料虽不能证明杨度何时

---

① 《关于宪法委员会之各项消息》,《大公报》1915 年 8 月 17 日,第 2 版。
② 《筹安会近闻》,南华居士编:《国体问题》上册,直隶书局,1915 年,第 53 页。
③ 《国体问题发生后之各方面舆论》,南华居士编:《国体问题》上册,第 49 页。
④ 《筹安会之近闻》,《群强报》1915 年 8 月 24 日,第 2 版。

写成《君宪救国论》，却可以证明，杨度直到八月二十几号还没有将《君宪救国论》公布于众。

此外，诸报在描述《君宪救国论》的出现时大都称"近著"。如与筹安会最有关系之北京《亚细亚报》8月23日称：

> 筹安会理事长杨皙子参政素为君主立宪党之领袖，当辛亥革命之际，虽迫于当日大势，亦尝赞助大总统肇建共和，然实非其本怀也。顷闻其当发起筹安会之际，著有《君宪救国论》一书以发挥其平日之主张。全书共分上、中、下三篇，痛言中国非行君主立宪不能救亡之理，纯从事实上立论，语语颠扑不破，实为杨君金铁主义后最大之著作。①

报道中"顷闻"一词说明北京《亚细亚报》方面也刚得知杨度大作的消息。

事实上，目前所能找到的报纸刊登《君宪救国论》的日期，大抵就在8月23日后。惟某些重要日报如《亚细亚报》等不易看到，笔者只能以常见的报刊举例，还望谅之。② 《群强报》8月26日"论

---

① 《杨皙子之君宪救国论》，南华居士编：《国体问题》上册，第44页。
　后《时报》载24日德文报电："《亚细亚日报》云杨度拟著一书，名曰《立宪君主可救中国》。"（《译电》，《时报》1915年8月25日，第3版）此电《新闻报》亦载，前称"拟著"，此称"现著"："《亚细亚日报》载称，恢复帝制之发起人杨度现著一书，名曰惟君主立宪可救中国。"（《德文报电》，《新闻报》1915年8月25日，第2版）
　又8月27日之《时报》原文转录北京《亚细亚报》此则报道，惟新增一句："闻其书已由筹安会付刊，二三日内即可出版。该会会员及会外诸君皆可藉此以为讨论之资矣。"（《筹安会纪闻》，《时报》1915年8月27日，第4版）综合北京《亚细亚报》与《时报》消息，可大致推断《君宪救国论》的出版过程，一是杨度在发起筹安会之际著《君宪救国论》，二是后由筹安会付刊出版。
② 目前各大数据库所收北京《亚细亚报》，未包含有1915年。南华居士编《国体问题》书中收录了部分北京《亚细亚报》的报道，可供利用。

说"一栏有《君宪救国论》的"来稿"。①《顺天时报》开始刊登《君宪救国论》的时间是 8 月 27 日。②《国体问题》篇丁"论辩"一部分也转有《君宪救国论》,可惜未附上具体日期。然《国体问题》此部分转录诸论辩文章时皆按照时间顺序,先后排列,《君宪救国论》上、中、下一起在此部分的位置,在 8 月 26 日上海《新闻报》的《国体问题》和 8 月 27 日上海《文汇西报》的《中国宜宁静无扰说》之间,可以推测《国体问题》所转录《君宪救国论》的来源时间应该在 8 月 26 日至 8 月 27 日间。③

北京外的报刊则更加迟缓。如《大公报》开始登载《君宪救国论》的时间在 9 月 2 日;④上海一些大报甚至未能及时刊载此文,如《申报》8 月 20 日至 9 月 20 日未转引此文;《时报》8 月 20 日至 9 月 20 日也未转引此文;《新闻报》8 月 20 日至 9 月 20 日未转引此文。

至此,虽然不能确定《君宪救国论》的写作时间,但是可以确定此文开始公开传播的时间,即要到八月二十几号,外界才能看到文章。

三、段芝贵湖北印刷《君宪救国论》一事证伪

(一)段芝贵是否具备在湖北印刷《君宪救国论》的条件

再讨论段芝贵的行踪。

---

① 详见《君宪救国论》,《群强报》1915 年 8 月 26 日,第 1 版。按说《群强报》作为北京白话小报,报道一般会稍有迟缓一两天,故在 8 月 26 日这个比较确定的时间外,猜测前一日有其他北京报刊刊登《君宪救国论》也是合乎情理的。

② 详见《君宪救国论》,《顺天时报》1915 年 8 月 27 日,第 3 版。

③ 详见《君宪救国论》,南华居士编:《国体问题》下册,直隶书局,1915 年,第 297—318 页。之所以《国体问题》不附具体日期,笔者推测可能是因为《君宪救国论》前后三部分非一日在某报登载完毕,也可能是因为来源直接就是筹安会已经印刷出来的本子,不便标明具体日期,只以文章位置来显示大致的时间范围。

④ 详见《君宪救国论》,《大公报》1915 年 9 月 2 日,第 9 版。

1915年7月30日《大公报》："彰武上将军段芝贵于二十七日夜内一时乘京汉路专车来京。是日京中军警两界要人及拱卫军队皆到站相迎,次日上午十时即谒见大总统云。"①《顺天时报》"冠盖往来"一栏记述每日进出北京的要员,"七月二十八日西站来京"有"湖北将军段芝贵",②结合两则报道来看,段芝贵于1915年7月28日凌晨一点到京。

　　8月2日《大公报》："前闻湖北彰武上将军段芝贵上将此次来京,不再返任。兹复闻继其任者业经大总统循段将军之密保确定,特任帮办该省军务陆军第一师长王占元中将署其遗席,一俟段上将军转任确定后,即行正式任命云。"③段芝贵7月27日来京后打算留在北京。8月12日《申报》："段芝贵寓京已阅数星期,不日将回鄂原任。"④可知7月27日至8月12日段芝贵寓京。

　　然至1915年8月18日,《大公报》又载:"湖北段彰武上将军段芝贵于十六日上午曾奉大总统谕召晋见一次。据闻为促该上将军暂回武昌本任,该上将军已允于日内出京赴鄂。"⑤可知8月12日至8月16日段芝贵仍在京,16日上午被袁世凯要求回湖北。同时8月16日《申报》专电:"段芝贵定调奉天,兼管军民两政,惟先发表将军。"⑥按照计划,段芝贵应该先回湖北,后调任奉天。

　　但段芝贵并未按照允诺数日内出京,8月21日的东方通信社电称:"日置公使昨设盛筵,招待湖北将军段芝贵及外交总长陆征

---

①　《湖北段上将军来京》,《大公报》1915年7月30日,第5版。
②　《冠盖往来》,《顺天时报》1915年7月29日,第7版。
③　《王子春中将署督湖北军务》,《大公报》1915年8月2日,第3版。
④　《译电》,《申报》1915年8月12日,第3版。
⑤　《面谕段上将军仍返武昌本任》,《大公报》1915年8月18日,第5版。
⑥　《专电》,《申报》1915年8月16日,第2版。

祥、内务总长朱启钤诸氏。"①由此可知段芝贵8月20日左右仍在北京，而16—20日这之间三四日的时间是不能往返北京、湖北一趟。又8月22日袁世凯策令有："特任段芝贵为镇安上将军，督理奉天军务兼节制吉林、黑龙江军务。此令。"②8月24日段芝贵又组织召开军警大会一次："念四日午后四时，由段上将军香岩、袁督办绍明发起关于筹安事宜，特开军警大会一次。"③可知直到8月24日，段芝贵还是没有离开北京。

再，《时报》所载9月3日北京专电有"冯国璋前日（一日）到京，段芝贵昨日（二日）出京，张勋亦有来京之说"。④《顺天时报》"冠盖往来"一栏"九月二号东站出京"有"镇安上将军段芝贵"。⑤而8月25日至9月1日这段时间似乎也不够段芝贵往返京、鄂两地，《顺天时报》也没有段芝贵出京的记录，可知这段时间内，段芝贵仍在京内。

9月3日《盛京时报》"冠盖往来"一栏载："马龙潭氏（东边镇守使）二日晚由奉赴山海关迎接段上将军，吴俊陞氏（洮辽镇守使）同上。"⑥后又有："段芝贵氏（新任镇安上将军）四日正午偕同参谋长宋玉峰氏、以下幕僚数名，由京奉专车抵奉履新。吴俊陞氏（洮辽镇守使）与段上将军一同坐火车回奉。马龙潭氏（东边镇守使）同上。"⑦9月4日段芝贵到达奉天。

---

① 《东方通信社电》，《申报》1915年8月22日，第3版。
② 《命令》，《申报》1915年8月24日，第2版。
③ 《王廷桢函》，《大树堂来鸿集》，近代史资料编辑组编：《近代史资料》总50号，中国社会科学出版社，1983年，第190页。
④ 《国内专电》，《时报》1915年9月4日，第2版。
⑤ 《冠盖往来》，《顺天时报》1915年9月3日，第7版。
⑥ 《冠盖往来》，《盛京时报》1915年9月3日，第6版。
⑦ 同上。9月12日有大总统批令："镇安上将军督理奉天军务段芝贵呈恭报到任日期并感激下忱由。呈悉，此批。"（《大总统批令》，《政府公报》1915年9月13日，第一千二百四号）

如是可知，自 7 月 27 日段芝贵来京后，一直待在北京，后面直接调任奉天，中间没有空档时间能回湖北。

（二）对段芝贵在湖北印刷《君宪救国论》一说的判定

经以上几个小节的讨论，可以确定，一是《君宪救国论》的传播是要到八月二十几号后。二是这段时间段芝贵在北京，不在湖北。

陶菊隐《政海轶闻》："是年夏，杨撰《君宪救国论》，命总统府内史夏寿田密呈袁氏。袁省览至再，语夏曰：'姑秘之。然所论列，灼见时弊，可寄湖北段芝贵精印数千册，以备参考。'自是春光泄露，国人有以窥袁隐矣。"①张国淦也说"此件后由段芝贵在湖北付印"。② 陶菊隐自言"春光泄露"，表明外界已经得知《君宪救国论》的内容。且若真如陶菊隐所言，段芝贵这种大规模的印刷活动也不太可能能对报界保密。而前面已经考证外界要到八月二十几号才能对《君宪救国论》有所了解，则段芝贵印刷《君宪救国论》不应在这个时间点前。

段芝贵自 7 月末来京后，一直滞留，9 月初径直赴任奉天。故"段芝贵在湖北印刷《君宪救国论》"的说法有误。

种种繁琐的考证，最终只能推断"湖北"二字不确。那么，段芝贵有没有可能是在北京参与印刷《君宪救国论》？笔者尚未见到相关材料，无法判断。不过，当日的报刊报道却提到了《君宪救国论》的印刷和传播情况，试列举如下。

8 月 27 日《申报》专电有："杨度之《君宪救国论》上、中、下三篇已以该会名义印一小册颁送。上论谓国体不变则富国强国及立

---

① 陶菊隐：《政海轶闻》，第 2 页。
② 张国淦：《北洋述闻》，第 201 页。

宪均无望,综之以欲求立宪先求君主。中论极言竞争大总统之祸,而谓君主继位时即有祸乱必稍杀。下论立宪之利,归本于正当与诚实。"①提到《君宪救国论》是以筹安会的名义进行印刷,再颁送各处。上海大报如《申报》《时报》等的专电一栏具有很强的时效性,登载的内容,多是前一两天刚发生的事。此处8月27日《申报》登载专电,则此事应在25日或26日,这个时间点刚好早《群强报》和《顺天时报》登载杨度文章的时间一两天。这种时间上的巧合暗示了《君宪救国论》一种可能的出版路径:先由筹安会方面印行颁送,再由报刊从这个颁送的小册子上转载。

上海图书馆藏《君宪救国论》一册,封面署"湘潭杨度著 君宪救国论 筹安会刊行",左右双边,有界,共二十三页,每半页11行,每行24字,小黑口,版心有文章题目和页码,"全国报刊索引"数据库收录此书影印件。二档《北洋政府档案》第56国务院第二册收录有杨度著《君宪救国论》,时间称为1915年。经对比,两书各方面一致。② 两件或许正是当年印行的小册子之一。值得注意的是,《顺天时报》的"国体问题丛集"一栏和《大公报》的"来件"一栏登载《君宪救国论》的时候,作者一项特别标有"湘潭杨度著",③而这两个栏目登载文章作者时,通常不会带有作者籍贯。笔者怀疑,《顺天时报》和《大公报》应该从筹安会印行的小册子上引用,顺便按照册子封面对杨度的表述,称"湘潭杨度著"。

---

① 《专电》,《申报》1915年8月27日,第2版。8月27日《时事新报》"杨度发起筹安会之际,著有《君宪救国论》一书,以发挥其平日之主张。全书共分上中下三篇,痛言中国非行君主立宪不能救亡,纯从事实上立论。闻其书已由筹安会付刊,日内即可出版云。"(《筹安会纪闻》,《时事新报》1915年8月27日,第2版)称杨度写作《君宪救国论》的时间是"发起筹安会之际",该书由筹安会付刊,出版时间在"日内"。

② 中国第二历史档案馆编:《北洋政府档案》056,中国档案出版社,2010年,第170—214页。

③ 详见《君宪救国论》,《顺天时报》1915年8月27日,第3版;《君宪救国论》,《大公报》1915年9月2日,第9版。

筹安会颁送《君宪救国论》的对象，除报刊外，还有各官署和各省。9月7日《申报》："筹安会成立以后，已将古德诺所著《君主与民主》一论分寄各官署人员收阅。兹闻日昨财政等部又接得该会所寄杨度氏近著之《君宪救国论》，自总次长以至办事员每人均有一册，想其余京外各官署不日亦将人手一编矣。"①9月20日《顺天时报》："筹安会理事长杨度君所著之《君宪救国论》分寄各省，总计寄出者达一千五百份以上，得其电覆者现仅三百余处，或云陆续当可一律接到回音云。"②

　　《君宪救国论》寄到各省后，有的地方再加刊印：

前次筹安会寄来《君宪救国论》一册，齐巡按使以此种议论足为讨论之资料，即饬南洋印刷官厂刊印数十册。印成后，齐巡按使饬交金陵道尹分送各行政机关以资浏览，并于每册之上加盖学理研究四字，至于行政机关对于此种著作有无意

---

①　《筹安会之进行谈》，《申报》1915年9月7日，第6版。同日《时事新报》："筹安会成立以来，已将古德诺所著《君主与民主》一论分寄各省官署人员收阅。兹闻日昨财政等部又接得该会所寄杨度氏近著之《君宪救国论》，自总次长以至办事员，每人均有一册，想其余京外各官署不日亦将人手一编矣。"（《国体问题纪闻》，《时事新报》1915年9月7日，第2版）

又，8月31日《国民公报》："筹安会直接通函各部院，询取各员赞成与否。兹闻该会所寄之印刷品，第一次系古氏《共和论》一册，第二次则除入会愿书外，尚有投票式两纸，令各员就其上书赞成非赞成。现惟某要部全体赞成，其余尚无所闻。"（《筹安会要闻》，南华居士编：《国体问题》上册，第118页）此则报道9月3日《申报》有转载。（《筹安会之最近消息》，《申报》1915年9月3日，第6版）

前后结合，可知筹安会给各部院的寄件顺序，先为古德诺《共和与君主论》，再入会愿书和投票纸，后为杨度《君宪救国论》。

②　《君宪救国论分寄各省》，《顺天时报》1915年9月21日，第2版。

全国请愿联合会印行的《君宪纪实》收录热河教育会致筹安会电，中称："筹安会钧鉴，前接贵会寄到君宪救国论，捧读一过……"（全国请愿联合会印行：《君宪纪实》第一册，北京法轮印字局，1915年，第52页）可推测筹安会的一千多份《君宪救国论》，应该有不少是寄给热河教育会这样的地方团体。

见,则未可知。①

这个是地方印刷《君宪救国论》的例子,可以看到印刷数量较小。北京一地的印刷,9月17日《申报》:

> 自总统派杨士琦至参政院发表意见后,舆论皆以筹安会受此打击,必暂卷旗息鼓以静待时机。乃昨有某政客由京回鄂者云,筹安会对于国体问题仍采急进主义,现以各省支分部报告成立者尚属寥寥,势力未免单薄,既欲借重于民人请愿,则各省支分部万不可视为无关轻重。刻已筹有款项,议定由京派员出为组织,闻鄂省即以第一赞成人梅宝玑担任此事,并派鲁某赴皖,倪某赴赣。现正由财政部印刷局赶印杨度之《君宪救国论》及本会规约、支分会简章,交给该承组支会人,携以出京,分途筹画进行。②

袁世凯派杨士琦赴参政院发言一事,时间为9月6日,杨士琦称筹安会鼓动的国体请愿"不合事宜",故当时舆论普遍认为筹安会受挫。③ 筹安会在此事后,仍准备在地方成立分会,派人携带相关材料赴各省组织。材料中提到此次带到各省的《君宪救国论》,由财政部印刷局赶印。似可以推测,北京一地《君宪救国论》的印刷,可能是由财政部印刷局进行的。

以上所列材料,表明《君宪救国论》印刷和传播的大致过程为:筹安会在北京刊印,颁送给报社、官署和各省,报社接到寄

---

① 《冯上将对于筹安会之态度》,《时事新报》1915年9月13日,第2版。
② 《筹安会与革命党》,《申报》1915年9月17日,第6版。
③ 参见《请愿声中之参政谈话会》,《申报》1915年9月10日,第6版;《国内专电》,《时报》1915年9月8日,第3版。

件后刊登在报刊上,有的省份接到寄件后再次印刷,如此《君宪救国论》得以广泛传播。在这个过程中,段芝贵扮演了什么角色,笔者目前尚没有看到直接的证明材料。但是可以肯定地说,段芝贵在湖北印刷《君宪救国论》,这个说法是有问题的。

余　论

综上所述,杨度得到"旷代逸才"称号的时间在1914年而非1915年,杨氏所上谢恩折内容涉及督办汉口建筑商场一事,与后来学者引以说明的"洪宪帝制"无直接关系。目前尚不能完全确定《君宪救国论》的实际写作日期,但可以大致认为此文为外界所知是要到八月二十几号。而段芝贵来京后,并未返回,不太可能在湖北印刷《君宪救国论》。

以往对筹安会和洪宪帝制的研究,很多研究者遵守某种固定的叙述逻辑,即杨度写作《君宪救国论》——袁世凯赞赏并赐匾"旷代逸才"——杨度发起筹安会鼓吹帝制。这种叙述加上流传甚广的袁氏临终所言"杨度误我",袁世凯与杨度被描述成一种政治野心家同文人才子相互勾连的密切关系。但此中多有误会,或由不熟悉北洋政权结构或袁世凯人际关系所致。从政权来看,袁世凯周围是副总统、国务卿、左右丞、各部总长、税务督办、平政院长、审计院长及军方等高官,此外还有张一麐、夏寿田这样的幕僚,杨度在1915年的职位有汉口商场督办、国史馆副馆长、参政院参政、宪法起草委员等,两相对比,杨度同前面诸人还是有不小差距;从私交来看,杨度之前也有严修、王锡彤、周馥等人。

杨度同袁世凯的关系,恐怕远不如后来研究者所认为的那般亲密。徐世昌称,有人向袁世凯进谗言,杨度因此被袁世凯疏远。① 夏寿田称，袁世凯鄙视杨度的作为，为了敷衍面子，任命为汉口商场督办，后渐渐疏远。② 张国淦称："人视杨尚不如林长民，尤其杨士琦。"③当时报刊称："总统尤恶其多事。故晳子信用大不如前，凡重要问题皆不得与闻。"④这点在袁世凯9月6日宣言一事上体现得非常明显，杨度竟事先不知道袁世凯的意向，等到9月6日下午在代行立法院听完宣言后，匆忙找到张一麐，自称与袁世凯的交情不够，询问张氏"究竟总统性情何如"。⑤ 此外，杨度和部分北洋当局高官关系也不太融洽，前面引用的材料便提及徐世昌、梁士诒、周自齐等人与杨度不和。⑥ 徐世昌是反对帝制官员的领袖，梁士诒则为支持帝制官员的领袖，杨度夹在二人中间而又两边交恶，加之同袁世凯关系也较疏远，杨氏在洪宪帝制运动中究竟角色如何，也是一个有趣的问题。

又本文回避了正面讨论《君宪救国论》的真正写作日期，乃因关于写作日期的材料相互独立，无法用一个写作日期去否认另一个可能。而且不能切实地反驳这样一种可能：杨度早已写好文章迟迟未发表而已（尽管笔者认为这与杨度张扬的性格不合，然缺乏实际证据），或者杨度对外透露的写作日期本就同实际日期不符，在没有新材料的支持下，这些疑问无法得到令人信服的答案。不过就目前掌握的史实来看，似乎又能寻得蛛丝马迹，一是《君宪救

---

① "杨度素主君宪，曾为项城奔走，后因事有进谗于项城者，项城亦疏远之。然彼不甘寂寞，在京任参政。与其谓为接近项城，毋宁谓为接近克定"（张国淦：《北洋述闻》，第78页）。
② "项城亦不其所为，为敷衍面子，任为汉口商场督办。在此期内，杨住青岛，有时往来北京，项城亦疏远之"（张国淦：《北洋述闻》，第200页）。
③ 张国淦：《北洋述闻》，第202页。
④ 《新闻屑中之国体谭》，《时事新报》1915年9月27日，第4版。
⑤ 白蕉：《袁世凯与中华民国》，中华书局，2007年，第224页。
⑥ "杨静极思动，拟一《君宪救国论》，署名虎公，由余呈项城。阅后交梁士诒，越数日又交徐国务卿，此二人皆不慊于杨，不赞一词"（张国淦：《北洋述闻》，第201页）。"周自齐氏对于杨感情殊恶"（《江汉近闻记》，《时报》1914年3月9日，第4版）。

国论》的公布日期是八月二十几号,二是 8 月 17 日《大公报》载杨度表态"根据于古德诺博士之议论,此时尚无确定宗旨",①三是筹安会给各部院的寄件顺序:先为古德诺《共和与君主论》,再入会愿书和投票纸,后为杨度《君宪救国论》。这些史实暗示文章写成可能是相当晚的,故笔者大胆推测,《君宪救国论》的实际写作日期,可能是 8 月 16 日杨度由天津返京后数日内写作而成,②一经写成,马上付印并对外公布。

当然以上仅仅是一家之言,笔者局限于个人能力且掌握史料有限,无法对此作进一步论证,只能敬待高明解疑。

---

① 《关于宪法委员会之各项消息》,《大公报》1915 年 8 月 17 日,第 2 版。
② 8 月 18 日《申报》专电有"杨度特往津约梁启超入会,梁尚未来"(《专电》,《申报》1915 年 8 月 18 日,第 2 版)。据《大公报》"车站纪事",8 月 14 日"杨度、李达三均由京来津"(《车站纪事》,《大公报》1915 年 8 月 15 日,第 5 版)。"十六日麦信坚、杨度、陈荫南、柏斌均由津晋京"(《车站纪事》,《大公报》1915 年 8 月 17 日,第 5 版)。可知杨度在 14 日筹安会宣言公布同日,专门赴天津约梁启超入会,无果后 16 日由天津返京。

·新史料·

胡 祥 翰 日 记

整理者简介：曾煜，复旦大学历史学系2022级硕士研究生

胡祥翰，字寄凡，安徽绩溪人，1874年出生于上海，[①]卒年不详，据推断当在1942—1948年间去世。[②] 胡祥翰是胡适的族叔，早年任梅溪学堂教师，曾一度离开上海寄寓杭州十年，后又回到上海。[③] 胡祥翰一生编著有多种方志，并以此闻名于世，就笔者所见，其编著作品有：《西湖新志》十四卷(1921年初版)、《西湖新志

[①] 《胡祥翰日记》壬申年农历八月二十六日(1932年9月26日)条记"今日为余五十九岁生辰"，由此可知胡祥翰出生于同治甲戌年农历八月二十六日，即1874年10月6日。

[②] 据郑逸梅《记鸣社》一文，到1948年时，参与发起鸣社的十人中，除杨吟庐、方骏乎和郑质庵外，皆已去世。由此可推断胡祥翰卒于1948年之前。见郑逸梅《记鸣社》，《申报》1948年6月28日，第8版。胡祥翰受诸青来嘱托搜集瞻园故实编纂成《瞻园志》，1942年《瞻园志》出版时诸青来在卷首的序言并无提及胡祥翰去世的消息，据常理推断，直到1942年《瞻园志》出版时，胡祥翰仍当健在。

[③] 《申报》1922年推销《西湖新志》的广告提到："名儒胡寄凡先生，寓杭十载，关于湖山之著述，不惮广事搜罗探讨。"见《西湖新志广告》，《申报》1922年4月2日，第17版。

补遗》六卷(1926年初版,附考证一卷)、《金陵胜迹志》十卷(1926年初版,1928年再版)、《上海小志》(1930年传经堂书店初版)和《瞻园志》一卷(1942年初版)。除此之外,胡祥翰曾参与编纂民国《上海县志》,分任工程科编纂员。①

　　该日记起自1931年11月29日,讫于1935年11月21日,除1932年1月1日至2月5日一度因病中断外,其他时间都连续记录,没有遗漏。日记原稿藏于上海图书馆古籍部,共三册,封面有"观海楼"三字钤印。上图的整理者在编目时将之标注为"观海楼日记不分卷",索书号为817683-85,但误将日记撰写者认定为唐绍仪。日记中曾记述"寄去《西湖》《金陵》二书送内政部审核注册",②两度提到寄信"北京适之侄",③由此推断,日记主人为胡适的族叔、《西湖新志》和《金陵胜迹志》的作者胡祥翰。除胡祥翰1931—1935年日记外,上海图书馆另藏有《西湖新志补遗》六卷稿本,从字迹和修改痕迹来看,当为胡祥翰原稿。

　　该日记主要记述胡祥翰日常的读书和交游活动。从日记内容来看,胡祥翰热衷于参加各类文人结社,日常交游也多围绕这些结社而展开,民国时期上海知名的诗文社鸣社在1916年创社时胡祥翰即是十名发起人之一。除鸣社外,胡祥翰还参加了同庚社和鸿社等结社。④值得指出的是,胡祥翰在日记中留下了参加鸣社、同庚社和鸿社等文人结社集会活动的详细记录,有助于我们了解近

---

　　① 上海书店出版社编:《上海府县志辑》4《民国上海县志·光绪重修华亭县志·重修华亭县志拾补校讹(影印本)》,上海书店出版社,2010年,第2页。
　　② 见《胡祥翰日记》甲戌年三月廿五日条。
　　③ 见《胡祥翰日记》甲戌年元月廿二日和甲戌年二月二十日两条。
　　④ 鸿社创始于1919年11月,集光绪己亥年(1899)江苏科试同案诸人而发起,因当年江苏学政为瞿鸿禨而命名为鸿社,最初发起时只有12人,后逐渐扩大入社范围,《申报》总经理史量才亦为鸿社社员。见四声译馆主《鸿社记》,《申报》1929年3月13日,第9版。

代上海文人的结社活动和日常生活。

第一册
辛未(1931)

小春月(农历十月)①

二十日(1931年11月29日) 四时赴商务印书馆定购《词源续编》,警顽君坚请小坐,以诸多志稿相示,回七时。《韩非子》阅竟。致杭骏乎君书。晴。

二十一日 四时访镇禾君不在,途遇,订后日往叙。旋来青阁一行即回。《墨子》阅竟,又温《列子》一过。

二十二日 上午十一时赴莫府行礼,子经丈明日安葬,二时回。四时至得意。旋又往北一行,即回。阅《老子》。东儿与媳今日回,闻因悍姑之故,故又偕外出,可恨。

二十三日 阴。四时因雨即回。阅《从先维俗议》《老子》。东儿午前曾回。

二十四日 上午十时赴商务取书,四时即回。阅《郁氏日记》《维俗议》。

二十五日 晴,寒。易鼠裘。四时往北购物即回。阅《郁氏日记》《从先维俗议》。

二十六日 四时往来青阁。旋赴致美楼鸣社之宴,回九时。阅《庄子》。匡甫君来,骏乎君来书。

二十七日 阴,晴煊,夜雨。上午赴铎庵居府吊。谷声君之文孙二时至。东儿之张戚家谈事回。三时后又往中国书店与颂清君畅谈,回七时。

---

① 该日记中纪年纪日仍沿用农历,若无特别说明,日记中的日期均为农历。

二十八日　雨。四时诣载如君谈,回七时缮同庚社请柬。阅《老子集解》。

二十九日　四时往北购物即回。阅《于陵子注》《老子》。南洋卫庆同君来书托撰文。

十一月

初一日　阴。四时诣镇禾君谈,回七时。阅《老子》。尧卿君来。

初二日　上午曾至张戚家谈事。夜赴致美楼宴同庚社员,回九时。旧疾作。

初三日　夜风作。有腹疾未出。夜诣葆青君乔梓谈,回九时。

初四日　寒,见冰。日悫出。夜赴方二房,回十时。媳自张戚家回。

初五日　晴。一时赴谢府吊淡如君母即回。夜又赴秦府贺颂尧君取侄媳,旋往北购物回。曾诣葆青君谈。小侯君来。

初六日　起已十二时,后四时往得意,旋往北进奶点。八时毛府一行即回。

初七日　起已午四时,陪刘子明君至方二房介任护卫,旋往北购物即回。

初八日　午赴黄府贺秋塘君嫁女,回二时。四时至得意。夜赴高府喜宴,研芸君取媳,回八时。阅《列子》。朱松溪君来。骏乎君来书。

初九日　四时赴方府。张润声君来,为刘子明君作保。撰鸿社祭谢景涵君太夫人文。

初十日　申雨。四时往北购物,回八时。阅《孙子》。

十一日　午赴张府贺尧卿君取媳即回。夜往谢府预鸿社公祭景涵君太夫人,明日开吊。路远,附子坚君汽车回。

十二日　腹疾未愈,未出。阅《洪北江文集》。晴。

十三日　未出。雪渔君来畅谈。王培孙君来书。

十四日　四时往北购物,回八时。骏乎君邀晚膳未去。致王培孙君书。阅《列子》。
十五日　晚出购补丸即回。
十六日　未出。
十七日　未出。
十八日　未出。病至今日始痊,计十七日。雨。阅《郁氏日记》。
十九日　晴。下午五时赴新世界方府喜宴,诗群女士出阁,回十时。王小侯君来。阅《郁公日记》。
二十日　未出。夜诣葆青君乔梓谈。阅《郁公日记》。补《上海小志》。
廿一日　雨。午赴曹府吊颖亭君,回一时。四时赴方二房,旋至大房,回近十时。阅《郁公日记》。
廿二日　未出。晚往北一行即回。阅《郁公日记》。张尧卿君来。微雪。
廿三日　晴。上午曾至书画会小坐。晚往北一行即返。阅《郁公日记》。潘书卿君来。

　　病中未记。廿五张府延余题主,翌日即卧床不起,至十二月十五始可勉强起坐。友好来问病者甚多,不胜书,识于心而已。始终由严二陵君诊视。廿一日。日军犯沪。

壬申(1932)

正月
元日(1932年2月6日)　未出。
二日　赴毛府。阅《仁学》。雪。
三日　雨。未出。
四日　阴,寒。未出,阅杜诗。

五日　　晴。上午十时赴陈府候青峰君。后又往北购物,回二时半。阅杜诗。

六日　　未出。

七日　　上午赴方府,二时返。因日军有侵犯南市之信,遂率家人往北暂避,内人及媳寓瑞弟处,余与东儿寓清虚观。

八日　　雪。余亦迁往瑞弟寓,因适有空屋也。

九日　　晴。上午回家取物,下午至谢家一坐。

十日　　雨。至谢家一坐。南市裕和一行。

十一日　上午回家取物。艺圃侄来此。

十二日　上午赴方二房,回三时。阅《方虚谷诗选》。

十三日　午前到家中取物,旋赴方大房午宴,回三时。阅昨书。

十四日　午后往北购物即回。阅《方氏诗选》《梦蕉亭杂记》。

元夕　　上午偕东儿往购元宵以应外祸中之佳节。阅《方氏诗选》。艺圃侄来。

十六　　未出,以《诗选》自遣。

十七　　有雨。出外购物即回。阅《章氏遗书》。

十八　　阴。上午八时往北购物,旋一大银公司一行。又诣载如君谈,回近午。阅《诗选》。

十九　　晨雨有雪。上午回家取件即出,阅《孙子》。

　　区师长云,日军于溃败后能于最短时间约二十分钟左右集合一处,仍组成军队作战云云。此则训练纯熟尚可办到。又云,日军尤有一佳点,为欧美各国军队所难能者,即不易为人缴械,盖必被杀而后可夺其枪械,非若欧战时常有缴械之事可比也云云。此则关于国民,惟愿我国民借以自励。

二十　　晴。晨赴关庙,回十时。午后曾出外散步,东儿偕。阅

《孙子》。

廿一　上午九时回家一行，旋赴毛府，正午返此。三时偕艺圃侄往晤秀岩君谈事即回。录《越缦堂日记》。

廿二　上午赴方府，二时回。录《李氏日记》。阅《南华经解》《徐氏日记》。

廿三　录《越缦堂日记》，阅《庄子因》。

廿四　午前回家一行即出。阅《庄子因》。

廿五　上午往北购物，下午四时移寓菜市路南。骏乎君来书，同庚社来请柬。

廿六　下午回家一行即出。今日我师总退却。

廿七　午前往北购物即回。夜录《越缦堂日记》。

廿八　录《越缦堂日记》，阅《舒艺室滕稿》。

廿九　上午回家取物即出。录《越缦堂日记》。

三十　赴绮城、景福二君同庚宴，二时散即出。阅《制艺丛话》。

二月

初一日　午后偕东儿往南协大昌一行。阅《制艺丛话》。

初二日　上午往文古书店即回。下午答候珍甫君，未晤，东儿随。阅《制艺丛话》。

初三日　雨。午后往晤鸿生君，小坐即回。阅昨书，录《朱九江集》。

初四日　晴。上午出外购物。晚往谢府，东儿皆随去。阅昨书。

初五日　夜雨。上午赴方府，回一时。阅昨书。骏乎君来书。

初六日　上午回家一行。阅昨书及黄小松《秋庵遗草》。

初七日　雪。上午录《朱九江集》。四时往北，因雪即返。夜阅昨书。

初八日　晴阴，有飞雪。下午与东儿往萝春阁茗点即回。阅昨书。

初九日　晴。上午回家一行即出。录《九江集》，阅《鼠壤余蔬》

《古松楼稿》。

初十日	午后至方二房清谈,六时回。录九江集,阅《读杜心解》。
十一	晨出进点即回。午后往取蒸糕。旋偕东儿西郊散步,回七时。阅《制义丛话》,录《朱九江集》。
十二	上午十时赴方大房,座有魏君,畅谈至三时始回。阅《庄子因》。
十三	上午往北市各书店。录《朱九江集》,阅《曝书亭集》。
十四	上午十时回家。适云门丈来,畅谈至十二时始出。阅《六朝文》《絜心园丛刻》。
十五	下午四时至得意,与子坚、伯伟诸君茗谈,回六时。阅《庄子》。
十六	旧疾复作,未起。
十七	阅《四书释地》《杜诗》。骏乎君来书。
十八	午后赴骏乎君府。渠叔邀夜宴,座有二陵君,烦开一方。回十时。
十九	上午赴裕和。三时艺侄来,同往晤秀岩君。五时与东儿往公园一带散步,回已上灯矣。录《九江集》,阅《庄子》。
二十	上午往大方,旋又回家。子甘君来谈。四时又往大方。阅《道古堂集》。
廿一	上午九时往裕和,旋赴书画会,与仲山诸君畅谈。十二时赴民立中学同庚宴,出已三时。阅《茅山志》《道古堂集》。
廿二	上午九时往侯秀岩君,旋往北市购书。十一时至方大房,二时返。六时往晤珍甫君,东儿随。阅《崔东壁遗书》。
廿三	上午九时往培本女校,候培孙君。赴方大房午膳。五时诣葆青君乔梓谈。阅《崔书》。
廿四	阴,有雨。上午回家一行。阅崔著《樵歌》。载如君

	来书。
廿五	晴。上午诣载如君谈，夜赴方二房节膳。阅《崔集》。
廿六	上午回家一行。午后往北，萝春茗点。阅《崔书》《俞文》《旅行杂志》。
廿七	上午往游半淞园。晚诣谢府谈。阅《崔集》。
廿八	疾作未出。午前雨，骏乎君来书。
廿九	阴，晴。上午往旅行社结账。往访子甘君，有宋明版及精抄本书托觅主。后往取糕。又家中一行午后往中国书店、来青阁。金、杨二君均未晤。阅《俞文》《崔集》。
三十	寒。上午率东儿赴殡舍皇考妣灵柩前行礼。下午至方二房。阅《癸巳类稿》。

三月

一日	晴。取物运往城内三次，为之愤然，此亦家人之赐。午后往北访书。旋至谢府小坐。阅《庄子》。
二日	上午诣载如君谈。午后六时出外散步。阅《渔通集》《名山集》。艺圃侄来。
三日	上午往来青阁，往中国书店二次。午赴方府约应重三节也。阅《名山集》。
四日	上午诣子甘君谈，旋往晤颂清君。下午又往阅《名山集》。媳赴亭林。
五日	赴蔡府暗景逢君丧母。旋至得意，回七时。阅《名山集》。
六日	雨。午后三时赴颂清君约。阅《崔东壁遗书》《名山集》《闲居录》。
七日	晴。上午诣子甘君谈。旋丽云阁书画会一行即出。四时偕东儿往北购物。阅《宝山县志》、《博物续志》校本、《姬侍类偶》校本。
八日	上午诣颂清君谈。旋至新新购物即回。四时赴方二房。

夜九时又赴颂清君约。阅《名山集》。

九日　　上午八时诣颂清君谈,承赠《摄山志》一部。午后先后往博古斋、来青阁。阅《名山集》。

十日　　上午赴裕和号,旋诣子甘君谈。六时往中国书店畅谈。杨寿祺君、沈继馨君来。

十一日　上午赴蔡府之招,出已三时。六时往北购物即回。阅《潜研堂诗》。

十二日　上午诣载如君谈。下午回家一行。

十三日　上午至振昌结账。下午率东儿往朱寓请荣锦君治疾,余旋往方府。五时又诣仲明君谈。夜赴东亚黄府喜宴。涵之君令郎续取。

十四日　晨诣尧卿君谈。因头疼,回即卧。

十五日　上午赴蔡府行礼,景逢君母煞期。行已三时,六时又回南。曾至景炎君府小坐。

十六　　上午装铁床、木件回家。赴姚府贺金鋐之君嫁女。四时往方二房,六时即回。

十七　　雷雨。上午阅《潜研堂集》。三时往三星观剧,回十二时。

十八　　阴。上午回家一行。五时往北候颂清、葆青君,均未晤。阅《水经注》。

十九　　上午运书籍回家。三时候葆青君未晤即回。夜偕东儿往上海舞台观"清代第三□"。下午三时雨。

二十　　晴。上午回家一行。四时往方二房,旋诣葆青乔梓谈,七时回。

二十一　今日迁回。张钧丞君来。

廿二　　雨。午后四时往北站观战事遗迹,旋诣颂清君畅谈。夜阅《竹汀先生文集》。徐敬轩先生来久谈。

廿三　晴。上午诣子甘君谈。四时往北闲游,在再春阁茗点,东随。阅《过墟志感》。

廿四　雨。上午九时同东儿往北购西药即回,旋又至关庙许府吊赞臣君夫人。四时又诣颂清君谈。阅尹戒平《会心偶笔》(评注《渔洋精华录》)。

廿五　晴。赴葆青君宴,为讨论鸣社事,回已四时。阅《寄蜗残赘》《海角见闻录》。

廿六　上午赴朱府行礼,松溪君今日火殓,旋王府吊慕诘君夫人,小灵山徐府吊松乔君。午赴钧丞君同庚社社宴。夜代景逢君撰哀启。

廿七　午诣景逢君谭。四时往得意,旋至精益修理眼镜即回。阅《海角见闻录》。敬轩君来。

廿八　上午诣颂清君,赠余《渔洋精华录》一部。旋至方大房,回二时。四时又至蔡府。阅《吴兴合璧》《潜研文》《维摩诘经》。

廿九　雷雨。疾作未起,连日可衣单衫。

三十　天气转寒,又可衣棉。上午诣子甘君谈。阅《维摩诘经》《渔洋精华录》。阴。

四月

一日　晴。上午赴三昧庵李府吊绮城君之令郎。旋往精益取镜。二时至无蟾观剧,回六时。阅《维摩诃经》。敬轩君来。

初二　上午赴蔡府行礼,景逢君母五七。下午往北购物即回。阅《潜研堂集》。尧卿君又来。雨。

初三　沪阴杭雨。午赴顾府吊益之君。三时十分,同东儿南站附车来杭,抵此八时,寓湖滨旅馆七十七、七十八两号。

初四　阴,晴。上午在西泠印社,玉泉午睡,云林略游即回。阅

《澹生堂藏书约》《德门随意录》。

初五　　晴。上午往张府候榕荪君，旋至各书店翻阅书籍，回四时。上吴山夜观剧。阅《藤香馆诗》。

初六　　雨。上午诣汪庄惕予君畅谈。三时又赴高庄坐雨，回五时。阅《桑根山人诗》。

初七　　晴。上午花坞探幽。午后诣黄龙洞，与陈复初道人畅谈，回五时。旋又至经训堂、抱经堂两书店。夜阅《德门随意录》。榕荪君伉俪来。

初八　　雨。上午赴玉泉，经琴侣斋，入而一观。因雨，二时即回。阅《藏书约》《随意录》。瑶峰上人来。

初九　　阴。上午至湖上图书馆，旋放鹤亭茗，坐西园午点。三时命舟往三潭印月、湖心亭，后至公园小憩，回七时。

初十　　赴十时二十五分急行车回沪。头疾旁晚愈。

十一　　雨。上午往北至精益即回，夜赴蔡宴。阅《潜研堂集》。

十二　　上午诣子甘君谈，三时至一大候质庵君。五时又诣颂清君畅谈。阅《嘉庆上海志修例》。

十三　　雷雨。上午诣景炎君谈，五时往得意，代敬轩君撰祭外姑文。阅《瓯北诗钞》。杨寿生君来。

十四　　雨。热。衣单衣，上午诣颂清君谈，旋至蔡府，二时回。下午往得意，曾书画会一行。阅《瓯北诗钞》《野菜谱》。

十五　　雨。上午赴蔡府襄理丧务，曾中国书店一行。尧卿君来。

十六　　蔡府今日开丧，晨七时往，夜九时回。曾往晤颂清君。

十七　　衣棉。上午赴大富贵胡府吊吉之丈。四时赴方二房。张府赠礼品四色，阅《曝书亭集》。

十八　　夜往北一行。阅《曝书亭集》《汪王庙志》《长江图》《瓯北诗钞》。

十九　　风雨。上午往传经堂书店，下午往一大及中国书店。旋

	赴方大房,回九时。阅《瓯北诗钞》。
二十	晴。上午诣子甘、颂清二君谈。下午至中国书店及一大,旋赴再春阁茗点。阅《泛槎图》,价四十四元。
廿一	上午诣子甘君谈。四时往得意。夜在毛府。阅《渔洋精华录》。
廿二	雨。下午诣颂清君谈,旋至再春茗点,回七时。阅《泛槎图》《渔洋诗》。购《峨眉山图说》。稽铁梅君来。
廿三	阴晴。上午赴鸣社社宴。阅《泛槎图》。
廿四	晴日。往新鸿楼主理堂侄洪桂婚事。晨疾作,夜八时始愈。
廿五	雨。上午诣子甘君谈。四时赴陈府与雪渔、蒙庵二君一叙。景炎君来。
廿六	阴晴。午后三时往中国书店,旋诣载如君谈。五时候仲明君,未晤,至北京观影剧。阅《曝书亭集》。
廿七	上午诣子甘君谈。十一时半赴朱府松溪君,旋往北冠生进午点。一时往三星观剧,回七时。阅《谐铎》。
廿八	雨。旁晚中国书店一行。赴方府喜宴。仲明君来。阅《山东通志》。
廿九	晴。上午阅《山东通志》《竹垞文》。五时诣伯岸君谈,并阅《江西考古录》。旋至老胡开文支店小坐,又往剃发,回近十一时。夜阅《潭滨杂志》。
五月	
初一	上午往吊杨春绿君,下午齐天观剧,七时回。疾作即回,曾呕吐一次。
初二	雨。下午晴。上午质庵君来畅谈,头疾遂愈。夜赴马府同庚宴。阅《浙路辁轩表》《新世说》。
初三	晴。上午往候子甘、敬轩二君,均未晤。夜赴同文、来青、

	富晋诸书店,购有《木渎小志》《中国地方志目》,稍有不适。
初四	上午子甘、景炎二君来谈。四时诣仲明君取画件回,又诣颂清君谈。阅《木渎小志》。
初五	上午诣子甘君谈。四时往得意。七时往候小侯君。阅《木渎志》《新世说》。赠二陵君文拟就别录。
初六	上午景炎君来畅谈。四时赴方府。阅《曝书亭集》。
初七	上午赴景炎君府读画,座有伯岸君。二时又同来此翻阅书籍。五时往候荣锦君,未晤即回。阅《台山志》《邵弘毅弘简录》。东儿腹疾。初六晚起。
初八	雨。上午往延荣锦君医治东儿疾。四时往方二房,旋往北购物即回。阅《锡山景物略》。夜未安眠,起视东儿疾二次。
初九	阴。四时往得意,旋往北购书即回。阅《泰山道里记》。
初十	雨。上午诣子甘君谈。五时又诣颂清君畅谈,出又来青阁、博古斋一行始回。阅《艺林剩语》。叶友琴君来。
十一	下午四时往博古斋,旋至再春茗点。伯岸君连候二次未晤。阅《艺林剩语》。杨寿祺君来。杭州西泠印社来书催寄《西湖新志》。
十二	阴,晴。上午诣子甘君谈。四时往中国书店,旋至再春茗点。伯岸君又候二次未晤。鸿生君来。
十三	上午赴毛府关会拈香,二时回。夜又往饮福。阅《九九消夏录》。中国商会联合会来书,骏乎君来书。
十四	雨。上午科学仪器馆候修闇君,实学通艺馆候伯岸君。夜赴郁府公宴,贺葆青君得孙。阅《河套志》《长安志》。伯岸君来书。
十五	晴。四时赴方大房,赠二陵君画一幅、文一篇,均装就托

	骏乎君代致。阅《销夏录》。致惕予君书。
十六	雨。上午诣载如君谈,下午天蟾观剧。夜阅《艺林剩语》。
十七	疾作,晚六时始起。
十八	晴。上午诣子甘君谈,座有桐叔君。四时又诣诵清君畅谈,旋至再春茗点,回八时。阅胡寿芝《东目馆诗见》、江瑔《读子卮言》。
十九	四时,往二酉书店,旋至再春小坐。阅《子言》。仲明君来,尧卿君来。
二十	四时往书画会,旋至得意。七时往候仲廉君,未晤。回诣元英君谈。阅《读子卮言》。
廿一	四时往中国书店,旋又至千顷堂,回八时。阅《圣王庙志辑要》《子言》。
廿二	四时往文古书店,旋至谢府,与寄儿一杰,寄儿畅谈。《读子卮言》阅竟,阅《南雁荡山志》。匡甫君来。
廿三	雨。往方二房,旋至大房,回七时。阅《圣王庙志》《清代野史》。
廿四	晴。四时往各书店。阅《圣王庙志》《艺林剩语》。
廿五	四时诣载如君谈,旋至同乐茗点。回八时,阅《名山集》《圣庙志》。
廿六	上午往候子甘君。四时至得意。六时往北一行,旋诣葆青君谈。阅《困学纪闻》。匡甫君来。
廿七	四时往北诣颂清君谈,旋又往候元英君。上午曾诣景逢君谈。阅《困学纪闻》《高歌集》。
廿八	上午诣秀岩君谈。四时往中国书店,回八时。景炎君来。阅《旅行志》六卷六号。
廿九	上午编山水志目录。夜赴觉林鸣社之宴,回十时。

三十	四时往得意,旋诣伯岸君谈。阅《黄山志》《三雁纪游》《全谢山集》《瀛奎律髓》。

六月

初一	卧病。
初二	诣葆青君谈,即回。洪清道人来,久谈。金颂清君来书。
初三	四时诣中国书店颂清君畅谈。
初四	雨。四时至得意即回。阅《五家评本杜工部集》。化成学校来书,晨报社来报。尧卿君来。
初五	上午先后诣敬轩君、子甘君谈。三时澡身。四时赴方府,回十时。阅《律髓》。至杭州西泠印社书。慕郭君来。
初六	晴。出霉。午后诣景炎君谈,往北回。又至郁府。庄敬亭君来。阅《方诗选》《袁太史稿》。
初七	雷雨。上午诣景炎君,府座有鸿年、浴尘、樵孙三君,在此午餐。四时往裕和小坐,即往北,在景春茗点。五时诣载如君畅谈。回八时。阅袁稿。
初八	晴。上午赴蔡府行礼(太夫人百日),二时回。五时往来青阁。夜又在蔡府,艺圃侄、尧卿君、强公弟来。阅《艺林剩语》。
初九	四时赴毛府听李伯康弹词。往北购物,九时回。阅《享帚录》《邓尉山志》。洪清道人来。
初十	疾作,起已二时。小侯君来畅谈。骏乎君来书。
十一	上午往候景炎君未晤。五时往毛府。七时往北晤仲明君小坐即回。《邓尉山志》阅竟,阅《洞庭湖志》《艺林剩语》。
十二	五时赴毛府,七时至郁府,回九时。录《剩语》。淞隐来书。
十三	上午八时诣颂清君谈。五时往毛府。七时又往清虚观即

	回。录《剩语》。景逢君来。
十四	上午丽云阁一行。四时往北,先后诣载如君、仲廉君谈,旋至景春茗点,回八时。阅《阳明与禅》。录《剩语》。
十五	上午赴白云观叩祝鉴人君太夫人寿,回近三时。五时往毛府,七时往千顷堂,回九时半。阅《阳明与禅》。徐卫之君来。
十六	下午四时往毛府,七时往北,回九时。录《剩语》,阅《阳明与禅》。购《泰山小史》。
十七	四时往毛府,七时往外滩公园,回九时。午睡后又疾作,至翌日九时始痊。阅《船山四书说》。
十八	五时往毛府,旋至北一行即回。阅《四书说》。
十九	上午八时诣颂清君谈,即回。五时赴毛府,旋往北一行始返。阅《船山遗书》《阳明与禅》。
二十	五时往毛府,夜西郊一行始回。稽铁梅君,艺圃侄来。阅《船山遗书》。
廿一	上午诣执之君谈即回。五时往毛府,七时往候仲明君,旋至菜根香进膳,回十时半。阅《船山遗书》。郁燕生君、林善初君来。
廿二	上午率东儿往候文绮君即返。五时赴毛府,旋至传经堂书店,九时返。阅《船山遗书》《五家评本杜诗》。
廿三	感凉未出。
廿四	上午赴毛府关会拈香,二时返,五时又往,旋即至来青阁,未饮福。阅《天下名山记》。
廿五	上午赴小灵山夏府吊小云君之太令郎即回。因疾未出。岐山君来。
廿六	疾似稍痊。五时赴毛府,旋候颂清君未晤。至传经书店阅《罗浮野乘》,回八时。阅《乾隆青浦县志》。

| 廿七 | 上午诣颂清君畅谈。三时又往中国书店借《名山胜概记》,旋至来青阁阅《万山纲目》,五时回。至毛府。七时又往粤酒肆进膳,回十时。郁子甘君来。 |

| 廿八 | 午后五时赴毛府,旋至郁府,值鸣社之宴散已,十时遂回。阅《缪氏日游编》。尧卿君、善初君、铁梅君来。道教公会来书。 |

| 廿九 | 上午诣颂清君谈,旋宏道小学一谈始回。五时赴毛府。七时又往方府,回十时。阅《船山四书说》。隽操君来。 |

七月

| 初一 | 五时赴毛府即回。阅《船山遗书》。 |

| 初二 | 上午至宏道小学给凭。五时赴毛府,旋至传经购书即返。阅《潜研堂集》《荆园语录》。志甘君、强公君来。 |

| 初三 | 五时赴毛府,七时至郁府,旋又至来青阁。夜饭于菜根香,回近十时。阅《潜研堂集》。 |

| 初四 | 疾小作。五时赴毛府即回。阅《困学纪闻》。 |

| 初五 | 疾近午始痊。五时往毛府,七时往晤尧卿君,旋至来青阁,回近十时。阅《劳山志》,致载如君书。 |

| 初六 | 上午八时往居士林进点,旋诣景炎君谈即回。五时往毛府,旋又北至来青阁、佩文斋取《南通五山志》。 |

| 初七 | 五时赴毛府,因寒疾即回。致元英君书。 |

| 初八 | 疾愈,疲困未出。 |

| 初九 | 五时往毛府,七时又至来青阁即返。阅《五山志》。慕郭君来。 |

| 初十 | 夜雷雨。上午诣颂清君畅谈。午强公弟来。五时赴毛府,旋至传经堂阅《杭州府志》即回。致丁仲祐书。 |

| 十一 | 晴。夜雷,有雨即止。上午往候志甘君未晤即返。五时赴毛府,七时往北粤肆晚饭。后二酉购书,来青阁还书, |

	回十时。日阅《輶轩语艺概》。夜阅《余杭县志》。
十二	上午大雨,庭宇又积水矣。五时赴毛府,七时往晤执之弟,旋又至传经堂还书。阅《静庵文集》。群学会、鸣社、丁仲祜君来书。
十三	上午往晤匡甫君即返。五时赴毛府,七时往北候载如君,回十时。阅《观堂文集》。杭州经训堂来书,质庵君来。
十四	五时赴毛府,七时往来青阁候寿祺君未晤即回。阅《天放楼文集》《余杭县志》。
十五	上午先后诣颂清君、景炎君谈。五时往毛府,九时往郁府,主人已睡,遂返。阅《潜研堂文集》。周浴尘君来。
十六	上午诣金府、郁府。五时赴毛府,七时文古书店一行即回。阅《崔东壁遗书》《潜研堂文集》《吉堂文稿》。东白今日就国民自救会事。
十七	五时赴毛府,旋至文古、传经二书店即回。阅《崔东壁遗书》《四书释地》。致载如君书。
十八	上午诣志甘君谈即回。七时往二酉书店,回九时。下午四时三刻雷雨。
十九	下午五时赴毛府,旋诣葆青君谈,后又往北购物,回九时,阅《蜀游记》《闲家编》。
二十	下午往毛府,旋至传经堂翻阅书籍即回。阅《太白楼记》《崔东壁遗书》。
廿一	上午往传经取书即回。五时赴毛府,七时往北,饭于粤肆。旋至佩文斋购《羊城古钞》。阅《崔氏遗书》《粤东笔记》。尧卿君来谈,颂清君来未晤。
廿二	上午八时诣颂清君谈,十时至留云孙府吊守伯君之妹(贞女),旋赴王府贺季林君嫁女,二时返。五时往毛府,回七时。阅《崔氏遗书》。

廿三	有雨。午后五时赴毛府,七时赴郁府鸣社社宴,回十时。阅《羊城古钞》。
廿四	上午诣颂清君谈即回。五时往毛府,七时往二酉书店,回十时。阅《北湖小志》。苏颖杰君来书。
廿五	上午往候志甘君未晤即返。五时赴毛府,后载如君来谈,至九时始返。阅《北湖小志》。
廿六	阴,晴。下午五时赴毛府,旋传经堂一行即回。阅《困学纪闻》。
廿七	晴。上午赴大富贵谢府吊秋丞君,旋又往沈府吊莲锷丈,回二时。五时赴毛府,七时往北,回十时。阅《困学纪闻》《澳门纪略》。
廿八	上午八时候景炎君,旋诣颂清君谈,回又晤慕郭君。五时赴毛府,回八时。阅《困学纪闻》。志甘君来。
廿九	申雷雨。时在毛府,回九时。录《金陵琐事》。致颂清君便条。
三十	雨。上午八时诣元英君谈。旋至中国书店,出又仲廉君事务所一行始回。五时赴毛府即返。阅《农政全书》。子封君来。

八月

一日	雨。凉可衣夹。上午赴张府行礼,笠樵君夫人周忌,二时返。五时赴方府。榕荪君适自杭至,畅叙至九时半始回。阅《困学纪闻》。子封君又来,未晤。
二日	雨。上午诣元英、颂清二君谈。下午又往中国书店阅《黄山续志》定本,旋至一乐茗点,回七时。阅《农政全书》。
三日	有阵雨。午赴大吉祥梅府喜宴,季康君嫁侄女,回二时。夜至传经取书,旋往西门冠生园进膳即回。阅《困学纪闻》。子封君来。

四日	晴。上午赴凌府吊颂侯君夫人。旋至毛府行礼,子坚君生母三十周忌,回二时。六时往北即回。阅崔书、《困学》。尧卿君来。小侯君来畅谈。
五日	下午赴毛府,旋至传经堂,遇孟绿君畅谈。阅《读风偶识》《窗下随笔》。
六日	上午同东儿出门,往东儿办事处一观始至陈府吊辂青君。旋又至关庙吴府吊叔田君弟媳,回二时。四时赴毛府,十时返。
七日	微雨数阵。五时赴毛府即回。阅《崔氏遗书》。艺圃侄来。
八日	上午往候秀岩君,旋赴朱府吊子经丈,回二时。五时往毛府,七时往北购物即回。阅昨书。
九日	旧疾复作。起已下午三时、四时。至裕和,旋往毛府即返。铁梅君由太仓来书。
十日	上午九时往教立消防社,候沈君国梁,旋至朱府晤有良君,回近十一时。三时诣载如君谈,五时赴毛府,后又往晤尧卿君始返。阅崔书、《困学纪闻》。
十一	雨。五时赴毛府,七时赴修志局夜宴,回已十时半。研畦先生赠《享帚录》一部,《补晋书艺文志》一部,后附尊翁年谱。阅《崔氏遗书》。
十二	申雨。四时半赴毛府,旋往北购物,回九时。家中不和,又因悍姑而起。
十三	晴。上午诣景涵君谈,四时半往毛府,夜又往北。阅《曹娥江志》。景涵君下午又来畅谈。
十四	夜雨一阵。上午小东门购物即回。五时赴毛府,七时赴元英君鸣社之宴,回十时。
十五	晴。下午四时赴毛府,旋传经堂一行,绕道西门而回。阅

《国粹学报汇编》。

十六　阵雨。下午赴毛府。夜诣元英君谈。阅《崔氏遗书》。

十七　雨。五时赴毛府，七时赴一家春葆青君宴。阅《诸子通谊》。

十八　晴。上午赴姚府吊景高君，旋往晤有文君、慕郭君即回。四时半赴毛府，七时往传经堂，回九时。阅《正史约》。致载如君书。

十九　五时赴毛府，旋候元英君未晤，遂往方府，因来书询渠戚徐姓主丧事，回十时。阅崔书。

二十　下午四时往北购物。经豫园高晓山君邀，入渠之古玩肆小坐，座有唐君吉生曾作畅谈。阅《崔氏遗书》。

廿一　四时赴毛府，七时诣元英弟谈。录《四书正事括略》。朱春生君来。遇米骗。

廿二　疾作。下午四时起，遂往毛府，早回。骏乎君来书。

廿三　上午诣景炎君谈，旋往北科学仪器馆晤修闇君，新月书店购书而归。四时半往毛府，七时至传经堂翻阅书籍，回八时。阅《淮南王书》，适之侄著。郁元英君来书。郁志甘君来。

廿四　下午四时往毛府，七时诣元英君谈即回。阅《淮南书》。质庵君来。

廿五　上午赴关庙周府吊斌之君、殷府寿田君之丧，嘱东儿吊。五时往毛府，七时至郁府、传经二处一行即返。阅《丧礼稿》《正史约》。

廿六　五时至毛府，夜饭后回。今日为余五十九岁生辰，承邻居致祝。致载如君、元英君书。骏乎君夜专人来书。

廿七　上午诣方府，二时回。四时往毛府，七时赴新半斋同庚宴，回十时。艺侄来，昨亦来。阅《正史约》。

廿八	午后四时赴毛府,七时诣强公君谈即回。阅《粤东笔记》。质庵君来。艺侄来。
廿九	下午四时赴毛府,回九时。杨乃武书今日完。阅《崔氏遗书》《潜研堂集》。

九月

初一	疾作未起,夜十时始痊。匡甫君来。
初二	下午三时,诣半淞园霭山君谈,旋往北购物即回。阅《正史约》。
初三	五时诣蒙庵君畅谈,回八时。阅《潜研堂集》。
初四	四时诣骏乎君畅谈,回已十时。阅《东壁遗书》。
初五	四时赴得意,后往毛府,旋又传经一行始回。阅《史约》《潜研堂集》。
初六	晚游西郊。阅《唐虞考信录》《东塾读书记》。
初七	上午汉学斋取书。四时往北曾至一林茗点,回八时,收得残志四种。阅《庄子哲学》。
初八	上午汉学斋一行即回,夜至博古斋购书二种。阅《庄子》《五湖图记》。南京冯培基君来信。
初九	阅《考信录》。午后四时践方约,座有岐山丈、二陵君,畅叙至十时始回。强公君来。
初十	午赴梅溪学校,居府贺谷声君取媳。饭后又至黄府贺耕馀君取侄媳即回。夜赴新新丁府君达君喜宴,回近十时。阅《嘉定县志》。
十一	疾作未起。
十二	下午三时赴一大银公司候质庵君未晤,旋至各书肆购书即回。阅《论语注》。嵇铁梅君、姚义门君来。
十三	上午九时诣方府,旋赴毛府关会拈香,二时返。四时往受古取书,夜又往毛府饮福,十时回。阅《尚书今古文注》。

十四　上午九时诣颂清君畅谈,四时至得意谈事,旋往北一行即回。阅《困学纪闻》。

十五　上午诣骏乎君畅谈,二时回。四时至得意,旋往博古斋购书即返。阅《困学纪闻》。

十六　夜赴方府西宴,叶府汤饼命东儿去。录《困学纪闻》。阅《西湖手镜》。袁仲廉君来。

十七　四时至得意,旋往蟫隐庐取书即回。阅《崔氏遗书》《戴注论语》。质厂君来。

十八　五时赴得意,因雨即回。疾小作。阅古本《大学》。卫庆同君来。

十九　雨,衣棉。上午诣骏乎君畅谈。四时至得意。夜往郁府借书即回。阅《孙渊如文集》《述学》。骏乎君来书。

二十　晴。上午赴铎庵夏府吊稚谷君弟之妇,回已二时。四时往得意。夜赴郁府鸣社社宴,并祭先社友,十一时返。骏乎君来书。匡甫君来。

廿一　上午诣骏乎君畅谈,二时回。五时至得意,旋往北购书即返。阅《戴东原集》。

廿二　上午践景炎君约,座有春澍、鸿年、澹然、浴尘四君,回已二时。夜赴菜根香同庚社社宴。阅《戴东原集》。

廿三　疾作未起。骏乎君来书。南京冯培基君来书。

廿四　上午九时往金府吊幼梅君夫人,旋赴太和园孙府祝漱石丈并代招待,二时回。四时又往,夜回已十时半。

廿五　五时赴得意,旋至传经堂取《小方壶斋舆地丛钞》而归。阅《东原集》。

廿六　上午候裕尘君未晤即回。四时诣骏乎君谈,六时往传经又取一部《小方》而回。质庵君、庆同君来。

廿七　午赴郭府贺醉六君嫁妹,回二时。四时诣颂清君畅谈,载

	如君亦在,回八时。阅《论语通释》《华山志》。桑仲明君来。
廿八	上午往中国书店。四时往方府,回十时。阅《孟子绪言》。
廿九	下午四时往候载如君,旋诣颂清君谈,后又桑府一行始回。阅《孟子字义疏证》《蜀中名胜记》。

十月

初一	雨。午赴沉香阁林府善初君,假此寿母,回近三时。五时又出外茗点即返。阅《颜氏学记》。鸿年君、景炎君来。
初二	晴。六时方府践浣青君约,回近十时。阅《颜氏学记》、适之侄《四十自述》。景逢君来。
初三	下午五时赴得意,旋毛府一行,往传经取书而回。疾小作。阅《颜氏学记》。清理书籍。
初四	阅《颜氏学记》。夜诣元英弟谈。稽君来。
初五	上午诣中国书店颂清君谈即回。下午家祭。夜往晤元英弟。阅《郑注论语》。
初六	上午诣骏乎君谈。四时往得意即回。周籀廎君来。
初七	上午诣幼文君谈即回。四时率东儿诣皇考妣灵柩前行礼,因下元节未往,补行也。旋至茶肆小坐,回七时。阅《东塾读书记》。
初八	上午赴一品香沈府贺桐叔君取媳。四时至得意。夜往文古书店阅《四书大全》,回八时。阅《湖隐禅院纪事》。
初九	上午赴博古斋翻阅书籍,旋赴复兴园周府祝炳生君周甲,回已三时。夜出外散步即返。铁梅君送书来。
初十	上午候云门丈未晤即回。五时往得意,旋往北购书而返。阅《论语要略》。庆同君、景逢君来。
十一	四时诣骏乎君畅谈,回十时。阅《颜氏学记》。
十二	四时往得意,旋诣郁府,回又入关庙小坐。阅《颜氏

学记》。

十三　雨。上午诣载如君谈，旋赴报本堂戴府吊伯寅君夫人。一时偕景涵君，重至严府，畅谈至四时始返。夜又往景春茗点即回，曾往两处书画会参观。阅《颜氏学记》。骏乎君来书。

十四　晴。五时赴得意，敬轩君昨由虞至，回八时。阅《颜学》。

十五　夜赴善初君鸿社社宴，回十时半。景炎君来。阅《颜学》。

十六　上午先后吊沈君国梁、张君麟书。午赴乐俊宝君鸣社社宴。夜诣强公君谈。致冯培基君书。

十七　下午诣方二房畅谈，回近十一时。阅《船山年谱》。

十八　上午元英弟来畅谈。四时赴方大房，回十时。阅《东塾读书记》。

十九　四时往北购物，旋诣元英弟谈即回。阅《礼记义疏》。强弟来。

二十　上午赴方大房，二时回。五时至景春茗点，旋至来青、二酉二书店即返。阅《礼记义疏》《张太岳书札》。

廿一　上午往二酉取书。午赴钱府吊绅斋君。夜诣强公君谈。

廿二　有雨。上午赴候府贺康伯君嫁女，旋至冯府贺焕新君取媳，回二时。夜赴夏府喜宴，国梁君令郎文定。阅《礼记义疏》。

廿三　晴。上午诣仲良君谈即回。四时赴得意，夜往谢府小坐即回。下午疾作，回即睡。阅《礼记义疏》。

廿四　下午诣方府即回。阅《礼疏》《尚书大传》。

廿五　四时至得意，旋往北一行，又诣郁府。阅《大传》《礼疏》。骏乎君来书，强公君来。

廿六　夜雨。下午四时赴方府候二陵君，行已十时。后又谢府一行始回。阅《礼疏》。景福君来。稍感风热。

廿七	夜雨。四时往北,旋景春茗坐即回。阅《礼疏》《国风》。强公君来,仲明君来。传经堂来书。
廿八	阴。五时往景春茗点,旋诣元英弟谈。阅《礼疏》《国风》。致南京冯君书。
廿九	晴。上午贺许乐公君嫁妹即回。四时往景春茗点,旋至传经堂小坐而返。阅《礼疏》《国风》。志甘君来。
三十	午赴留云礼杨柳亭君,回二时。四时至得意,旋毛府一行始返。阅《国风》《礼疏》《章氏丛书》。仲明君来书。

十一月

朔	上午诣载如君谈,旋桑府一行始返。四时赴方府,回九时。
初二	夜赴又陵君悬壶宴。松山君、启明君来。阅《礼疏》。
初三	上午谒文绮君,适赴宁,旋往晤伯平君而返。三时往上海银行,后至得意。夜往郁府取书。阅《礼疏》。方府来信。
初四	上午往请李医针治。夜赴方府畅谈。阅《礼疏》。
初五	有雨。上午往候春生君未晤即回。四时往北,曾在北苑小坐。阅《太炎文录》。蔡景逢君、杨寿生君来。
初六	阴,晴。四时赴北苑茗点,经张府,益甫君邀入小坐。旋至郁府,回八时。阅《太炎文录》。
初七	上午景炎君府一行,即至中国书店,回一时。四时赴得意,旋至毛府小坐而回。阅《礼疏》《论语正义》。
初八	雨。午赴张府喜宴,惕铭君取媳。四时往中国书店,旋往北苑小坐即回。阅《丧礼草案》《礼疏》。
初九	晴。上午赴方大房,回已三时。六时又往佩文斋购书即回。阅《吴穀人书札》《礼疏》。秋水君、骏乎君来书。
初十	上午践秋塘君约,旋诣秋水君谈。四时又往中国书店,后

	至北苑茗点即返。阅《丧礼草案》《礼疏》《论语正义》。
十一	上午出外即返。四时往得意，旋又至北苑回，曾郁府一行。《礼疏》阅竟，阅《礼经通论》《论丛》。强公君来，骏乎君来书。
十二	疾作未起。
十三	上午候春生君未晤即回。三时往中国书店，旋至方府泉林邀晚膳。阅《丧草》。强公君来未遇。
十四	下午赴春澍君作品展览会，旋北苑小坐，又诣元英君谈。阅《颜李二先生年谱》《论语正义》。
十五	寒。四时赴得意，回七时。阅《丧草》《莉汉微言》《有正味斋书札》。春生君、景炎君、仲明君、铁梅君来。
十六	午赴莫府贺实甫君取，四时诣载兄谈，旋往汪府贺菊舲君嫁女，回曾郁府一行。强公君、尧卿君来。
十七	上午诣秀岩君谈，四时至得意，未他往。阅《丧草》。致菊斋君书。
十八	上午率东儿往候文绮君，夜在方府。阅《东塾读书记》。菊斋君来书。
十九	下午四时往晤仲廉君，旋至北苑茗点，回又郁府一行。阅《论义》《东塾记》《读杜心解》。尧卿君来。
二十	夜赴鸣社社宴。阅《日知录》。仲明君来。
廿一	上午赴钱府吊绅斋君，旋诣景炎君谈。午往朱府贺薪之君嫁妹。夜代菊斋君宴同庚诸友，曾往桑府。
廿二	四时诣颂清君谈，座有俞君剑华。旋赴一家春葆青君宴，代邀教育局诸职员。阅《日知录》《书疑》。
廿三	夜赴方二房畅叙，回曾谢府一行。阅《书疑》《思问录》。
廿四	夜赴方府节宴。阅《越缦堂日记》《日知录》。
廿五	四时往得意，旋毛府一行，赴关庙蔡府行礼，景逢君祖母

	冥诞。阅《日知录》《越缦日记》。
廿六	午赴陈府吊奎棠君丧子，四时至得意，夜又践奎棠君约。艺圃侄来。骏乎君来书。
廿七	疾作未出。
廿八	上午赴王府寿锦岩丈，旋先后往沈府吊丹忱君母、杨府吊寿生君三媳。四时往北诣颂清君谈。阅《越缦日记》。
廿九	上午赴姚府吊伯鸿君三媳，旋诣秀岩君谈即回。四时往方府，主人往宁未晤。又赴郁府晤元英君而返。

十二月

初一	上午偕景炎君赴杭。下午西泠印社一行即回。许奏云君赠《西湖百绝》一本留在社中，许君日前病故宝石山寓，悼之。
初二	终日在汪庄。
初三	下午诣黄龙洞陈复初君畅谈。
初四	连日雨，今日始放晴。午后抱经堂小坐即附车回。
初五	阅《舜水遗书》。夜往北即回。秋塘君来书，培孙君前日来书。
初六	晡后四时赴方府，榕荪君在沪，回十时。阅《舜水遗书》。马寿山君来书。艺圃侄来。
初七	上午赴辅元候研眭先生，旋诣秋塘君谈。夜诣元英弟畅谈。阅《越缦日记》。景亭君来。
初八	雨。晚赴一林茗点即回。阅《越缦日记》。
初九	日代中国通艺馆撰文件二。五时赴中国书店，回八时。阅《越缦日记》。颂清君来。
初十	阴。夜诣颂清君谈即回。阅《越缦日记》。强公君来。
十一	下午诣颂清君谈，回又传经堂一行。阅《琉璃厂书肆记》《越缦日记》。

十二	晴。同居曾府汤饼，仅午膳。夜赴一家春公祝鸣社社友。阅《越缦日记》。
十三	晨疾又作。下午勉诣载如君谈，回即卧养。
十四	起已正午，遂往候秀岩君。夜往北，入茶肆小坐，遇胡厚安君、僧仰西，旋又诣元英弟谈。阅《越缦日记》。
十五	阴，晴。上午诣景炎君谈，旋汤府一行即回。五时出候雪渔君未晤，往通艺馆晤颂清君。尧卿君来。阅《越缦日记》。
十六	雨。夜诣真空僧谈即回。录《越缦日记》。
十七	雪。夜践方府雪约。致惕予君书。景炎君来。
十八	雪。出步二次。阅《清代学术概论》。景炎君来。
十九	雪。为鸿生兄事奔波终日。尧卿君来，景炎君来。
二十	晴。上午诣景炎君谈，旋赴关庙祝真空住持，夜亦在。雪渔君率生焕龙来。
廿一	雨。疾作未起。骏乎君、颂清君来书。
廿二	阴。上午赴方府，三时先后诣仲明君、颂清君谈，仍回方府。仲明君来书。
廿三	大雪。上午诣景炎君谈，旋至方府。夜赴中央西菜社同庚宴，闻菊斋君凶耗，为之伤悼不置。
廿四	阴，晴。上午陶府吊菊斋君，旋赴姚府贺幼安君嫁女，又至方府主司昏仪，回十一时。
廿五	雨。上午诣景炎君谈，四时往候载如君，夜赴方府公宴。阅《勿药须知》。
廿六	午诣鸿生君谈。夜先后往诣颂清君、元英君，曾在茶肆小憩。仲明君、景逢君来。
廿七	晴。上午诣颂清君谈，旋民立女中学一行，又先后至汤府、蔡府，夜赴方府，回已十一时。景逢君来。阅《嘉靖上

海县志》。

廿八　　上午景炎君府一行,即赴鸿生君德隆西餐约。夜往北即返。阅《越缦堂日记》。

廿九　　上午往稽府付书账即回。夜赴方二房吃年夜饭。阅《清代学术概论》。

除夕　　上午游半淞园,旋往北午膳,天蟾小憩,又诣颂清君谈。五时赴方府,回十一时。年债半未了,口占一律别录。①

第二册
癸酉日记(1933)

书有所为暮则书之,若不可,书即不敢为。
右纯元先生之言,书于卷首,用以自勉。

元日(1933年1月26日)　阴,有微雪。午后赴留云观僧众礼佛,东儿随。夜录《嘉靖上海县志》。阅《述学》。

客岁除夕自述录左:

年来无计可抒忧,转瞬明朝一周甲。世乱已非我辈事,时艰忍见庶民流众生愁。②

道心六十知何在,书卷八千未肯投。放眼竟无干净土,湖山何处足句留。

二日　　上午赴毛府午膳后回,夜往北一行即返,曾晤尧卿君。阅《清代学术概论》。孙莲孙君命渠孙来贺年。

三日　　上午诣鸿生君谈,旋又赴严府,回已四时。夜行城濠路一周。阅《述学》。晴。

---

① 口占指不起草而随口吟诗。
② 带删除线的部分为原稿中胡祥翰划去的字迹。

四日	上午往候秀岩丈、研畦丈,均未晤。四时赴方府,行已十时半,又往晤尧卿君始返。阅《清代学术概论》。
五日	午出,次第诣秀岩君、景逢君,均晤。五时践鸿生君约,旋文古取书,回九时。又往晤尧卿君。景逢君来。阅《述学》。
六日	午后四时赴方二房,回十时。阅《越缦堂日记》《松江府志》《象山县志》。
七日	午后四时得一女孙。夜出即返。阅《松江府志》。葛良卿君来。
八日	午赴方府,回已五时,大奶奶赠糕糖。夜又出外闲步。阅《越缦堂日记》。女孙命名为恩诗,题字梅初,别署人日生人。
九日	午谒子让师,旋又至郁府。午后往一大银公司。夜至博古斋购书二种。阅《吕氏春秋》。严载如君来,陈松山丈来。
十日	午问质庵君疾未晤。夜往北一行即回。阅《吕览》。景逢君来。
十一日	疾作,终日和衣而睡。
十二日	近午始痊。四时诣今垫、蒙庵二君畅谈。阅《吕氏春秋》。
十三日	雨。午前赴关会拈香,二时回。夜又饮福。良卿君来,醉六君来,阅《吕氏春秋》。
十四日	往候慕韩君未晤,旋诣颖杰君谈。夜赴关庙议立义务学校事。阅《日知录》。
元夕	午后诣周府俊卿君谈,夜往候叔田君晤,仲廉未晤。经通艺馆、裕新三号均小坐。质庵君来畅谈。阅《日知录》。雪。

十六	雪。晚诣方府，回十一时。阅《日知录》。李爱春君来。
十七	阴。上午良卿君、松山丈来，午诣景炎君谈。五时往候载如君，旋又诣仲濂君谈始回。阅《吕氏春秋》。
十八	晴。午诣景炎君谈，五时往北一行。阅《吕览》。纪兰君伉俪来请柬。
十九	上午赴关庙。二时赴郁府，送子甘君太夫人殓。夜赴郭府春宴，座多书画家，回近十二时。
二十	午后诣俊卿君谈，四时赴青年会，旋往一大晤质庵君，回七时。阅《吕氏春秋》。质厂君来。
廿一	雨。午后四时赴方府即回。阅《越缦堂日记》。关庙来书推余为校董。
廿二	午后五时出，购物即回。录《越缦日记》。
廿三	晴。晡后五时赴关庙，约二孙君畅谈。录《越缦日记》。张钧丞君来书，闻张少堂君逝世，为之伤悼不置。
廿四	上午赴关庙预开学典礼，夜诣元英弟谈。阅《后汉书》。
廿五	晡后雨。三时赴方府，上午曾诣景炎君谈。阅李氏《日记》。
廿六	阴，晴。夜赴鸣社社宴。景炎君来。
廿七	午赴张府贺祝荪君取媳。四时诣载如君谈。夜志甘君来。关庙来书。
廿八	疾作，戌痊。景逢君、尧卿君、慕韩君、景福君来，骏乎君来书即复。百寿君赠《韩诗外传》。
廿九	夜雨。上午候育人君，旋诣景逢君谈，在午膳后出，又至郁府行礼始回。五时赴关庙校董会，座有圆瑛和尚、一亭居士等，谈颇畅。朱兰生君来，景逢君来。
二月	
初一日	晴。录《越缦堂日记》。夜在梁园主同庚宴。今夕鸿运楼神州校友会，东儿赴。致函翰香君。

二日　上午赴陶府礼菊斋君即回。五时往西寺，约二孙君在此。真空僧兄今晨圆寂，代拟挽词，旋又诣葆青君谈。录《越缦堂日记》。居谷生君来。

三日　雨。上午候谷生君未晤。三时赴朱祠建四祠筹备会，五时返。录《越缦日记》。

四日　午诣景炎君谈，五时赴方府，约岐山丈在此，回十一时。阅《越缦日记》。

五日　上午诣云门丈谈。四时往北，仲明君晤，琴木君未晤即回。阅李氏《日记》。志甘君来。

初六　晴。午诣秀岩君谈。四时约二孙君在关庙，未来，往北一行即回。尧卿君、强公弟、汉爵弟来。阅李氏《日记》。

初七　夜雨。四时往北即回。《越缦日记》六函阅竟。志甘君来。

初八　晴。午后五时诣僧院二孙君畅谈。阅《韩诗外传》。云门丈来。

初九　雨日夜。在方府。

初十　晴。上午吴府来汽车迎往开课，承荫弟陪。生名祖荫，字瑞生，年十九。午往晤琴木君，旋又诣景逢君府。五时先后往丽云阁、文古书店付帐款，曾面覆葆青君所托事。夜又至清心校晤一吟君即回。卧室中失去大宗书籍。小侯君来，醉六君来。吴凤如君来聘书，生之叔父。

十一　雪。早赴吴府。晚至得意，旋往北购书即回。

十二　午后有雪。早吴。四时诣载兄畅谈，旋杨府一行始回。阅《中国文化史》。雨臣来。

十三　晴。早吴。旋诣鸿生君谈，四时诣仲明君取画件。阅李氏《日记》。祥芝君来书。

十四　雨。早吴即回。午赴董府贺伯伟君取媳，遇杍斋君谈诗。

	五时往晤尧卿君。强公君、鸿生君来。覆祥芝君。
十五	早吴。午赴方府。四时出外购物即返。阅《中国文化史》。
十六	晴。早吴。夜赴博古斋翻阅书籍即回。阅《越缦日记》。
十七	上午诣景炎君谈,旋同赴关庙吊蔡君俊卿,遂在僧房进午点,回一时。晚出茗点即返。小侯君来。阅《李公日记》。
十八	疾作未起。鸣社社集。
十九	早吴。十一时诣质厂君畅谈。夜赴博古斋阅《郑都官集》。姚劲秋君、顾景炎君来。唐吉生君来,以画寿予。
二十	早吴。午诣景福君谈。四时至得意。夜郁府一行始回。阅李氏《日记》。
廿一	早吴。晚关庙一行,旋至德隆进西餐即返。强公来。阅《越缦日记》。
廿二	早吴。午赴方二房节宴。夜马永清君答席。阅《中国文化史》。
廿三	夜雨。早吴。旋赴张府行礼,少堂君明日启灵,因明日须往嘉兴,故先行致吊也。夜赴庆禾君喜宴。阅《越缦日记》。
廿四	晴。九时赴嘉兴,在烟雨楼祝杼斋君周甲,回沪已十二时半。
廿五	早吴。午饭于方府。晚出茗点即返。阅李氏《日记》。江一南君来书。
廿六	疾作未起。骏乎君来书。
廿七	早吴。晚出茗点即回。阅《潜书》。
廿八	雷雨。早吴。午赴蔡府行礼,景逢君母周忌。五时诣汉爵君谈,夜又往蔡府夜膳。阅李氏《日记》。

廿九	早吴。午赴黄府行礼,涵之君太夫人今日大殓。四时往北购书,诣颂清君,赴鲁未晤。旋往关庙,因真空主持有事相邀也,回近十一时。王引才君来书。
三十	早吴。午饭于方府。四时至得意,回七时。阅《中国文化史》《开沙志》。

三月

初一	上午诣真空僧、景炎君谈,四时诣载如兄畅谈,夜赴梁园公宴赞侯君。二陵君邀大东酒楼,未克赴。松山丈来。
初二	晴,寒。早吴。午赴灵山朱府吊友耕君尊人。晚出茗点即回。松山丈来书。阅《独立评论》。
上巳	辰早吴。旋至方府,主人今日赴杭,诣景炎君又未晤,遂回。晚出茗点,嗣于梦吟君处小坐。阅《潜书》《李氏日记》。
初四	早吴。午诣景炎君未晤,五时出茗点即回。阅《中国文化史》。杭州西泠印社来书。铁梅君留书而去。
初五	早吴,旋诣载兄谈。四时赴科学仪器馆,遇鼎梅君、修闇君。旋至商务印书馆,筱芳君未晤,与曹君冰严略叙。回至得意茗点,又往晤尧卿君。醉六君来。阅《中国文化史》。
初六	疾作未起。赞侯君来书。
初七	早吴。五时出茗点,旋诣引才君未晤即回。
初八	下午雨。上午偕友琴君诣景炎君未晤,余旋视春生君疾。下午游半淞园。友琴君、祥芝君、松山丈来。阅《青浦县志》(王修)。
初九	阴。早吴。午饭于方府。晚出即回。尧卿君来。颖杰君来书。
初十	早吴。诣颂清君未晤,诣景炎君畅谈。晚出一林茗点。

	琴木君来。阅《乾隆青浦县志》。
十一	早四时率东白赴殡宫皇考妣灵柩前行礼,旋往茗点始回。阅《中国文化史》。醉六君来。致颖杰君书,言不克践游苏约。
十二	早吴。四时至得意,旋毛府一行始回。阅《中国文化史》。
十三	早吴。夜往北一行即回。今日午后疾小作,想天气闷热之故。夜风。
十四	雨又转寒,似冬季。早吴,晚出茗点。阅《文化史》《锡山景物略》。尧卿君来。庚社同人明日作苏游,余未与。
十五	阴。午后四时赴半淞园,杏花盛放,旋法租界一行即回。阅《文化史》《景物略》。尧卿、维镛二君来。
十六	早吴。旋赴方府,二时返,晚出茗点。阅《开沙志》。
十七	早吴。旋诣鸿生君谈,四时往商余小坐即登楼茗点,夜往北一行始回。阅《文化史》。
十八	疾作。
十九	终日在方府裏理喜务,庆龢君续取。
二十	雨。早吴。夜赴方府公宴。杭西泠印社来书。
廿一	雨。早吴。午赴关庙吊真实上人,护国义务校董会公祭,余忝主祭。四时践鸿生君约,旋又诣载如君谈,夜赴功德林祝仲廉君。回又关庙践二孙君约,畅谈至十时半始行。子甘君来。
廿二	雨。上午赴淞溪草堂鸣社社集,并祭已故社员,余任赞礼。嗣附载如君汽车往徐府,送蔚伯君殓。五时赴一品香朱府贺薪之君取媳,十时回。景炎君昨、今二日来均未晤。
廿三	晴,寒,仍衣鼠裘。早吴。晚诣颂清君谈。子甘君来。阅

《崇德老人年谱》。

廿四　雨。早吴。午赴夏府道贺国梁君取媳,夜往北一行即回。阅《清代殿试考略》。景逢君来。

廿五　早吴。五时视薪之谱弟疾,夜在传经堂小坐。阅《殿试考略》。

廿六　阴。早吴。旋赴方府,夜出即回。杂阅。鸿生君来。

廿七　早吴。午饭于景炎君府,四时至得意,后又往北。尧卿君来。阅《榆关揽胜》《劳山》。

廿八　早吴。四时至得意,旋往北一行即回。阅《旅行志》。尧卿、维镛二君来,姚幼莲君来。

廿九　晴热,衣夹。上午往胡府吊继兴君夫人。三时赴漕泾谒墓,旋往晤曹让卿君,又托致信沈根兴,顺道一游黄氏园,回已八时。琴木君来书。杂阅。

三十　午后雨。早吴。五时至得意即回。阅《种树说》。午饭于关庙。

四月

初一　人觉疲倦,晚出即返。阅《潜书》。

初二　早吴。六时西郊一行即回。阅《关圣图志全集》。

初三　早吴。午诣景炎君谈,四时往得意,旋毛府小坐即回。阅《东塾读书记》。

初四　早吴。午诣景逢君谈。四时至得意,旋北一行即回。阅《东塾读书记》。黄翰香君来书。

初五　早吴。午在方府。夜赴黄府吃斋,涵之君太夫人明日开丧。阅《陈氏读书记》。

初六　早赴黄府并代款待宾客,回二时。晚出茗点即回。阅《嘉善县志》。

初七　早吴。晚关庙一行即回。杂阅。鸿生君来。

初八	早吴。四时诣载如君,已赴杭。拟往仲明君府,适途遇,遂同往通艺馆访颂清君,未晤,遇沈君,先为之介余。又往就近各书店阅书。鸿生兄来。阅《越缦堂日记》《孤屿志》《邵二云年谱》。
初九	寒,可拥重棉。早吴。午诣质庵君谈,诣景炎君未晤。五时出外散步即返。阅《邵氏谱》《江心寺志》。
初十	早吴。午诣骏乎君谈。夜膳在外。景亭君来。
十一	早附七时五十分车来杭,抵此一时十分,寓湖滨旅馆。三时诣西泠印社叶秋生君谈,旋在平湖秋月小坐,夜天真进西餐。
十二	上午八时拟诣惕予君,适入城途遇,约后日,遂返。四时往各书店,无所得,旋登吴山,夜鹤拿、辩西二君邀中央西餐社一叙。阅《邵氏年谱》。
十三	早八时诣瑶峰上人谈,旋赴春润庐鸣社社集,夜又在此。
十四	未出游。附午后二时十分车旋沪。晚稍有头疾。
十五	四时往北购桂林名山图,旋诣载如君谈,一林茗点后即回。阅《邵二云先生年谱》。志甘君来。
十六	早吴。午诣景炎君未晤。五时赴纪府看书。陈君、梁生来邀,旋诣颂清君谈后即回。鸿生君来。
十七	早吴。旋至方府,座有鸿生、榕荪二君。晚往茗肆小坐。
十八	早吴。夜往传经堂阅书。旋进西餐即回。代花神会撰祭郁太夫人文。
十九	夜雨。早吴。午赴魏府吊也堂君夫人。四时往关庙,旋诣梁生君谈。夜赴郁府知宾宴,志甘君太夫人明日开丧。上午曾至通艺馆。
二十	热。衣单。上午赴郁府襄理丧务。花神会祭延予读祝。四时诣载如君谈,旋至通艺馆晤颂清君。夜在方府。

廿一	疾作。梁生君来。雷雨。
廿二	早吴。四时游半淞园,晚即回。鸿生君来。
廿三	晴。早吴。午诣鸿源君谈。晚传经堂一行即回。撰鸿社祭徐君蔚伯文。
廿四	雷雨。早吴。晚出即返。敬亭君来。
廿五	雷雨。早吴。旋赴崇法寺徐府礼蔚伯君灵座,并主鸿社公祭。夜诣关庙,遇张君竹霖,畅谈至十时始回。
廿六	雨。早吴。午诣方府。晚往通艺馆及各书店购书多种。梁生君来。
廿七	晴。五时往北一游即回。阅《集山续志》。铁梅君来。骏乎君来书。
廿八	早吴。午至东儿校中即回。晚往西一行绕道北市而回。景亭君来。
廿九	早吴。午诣方府。晚往北即回。颂清君来书。
五月	
初一日	早吴。旋赴严府送味莲丈夫人殓。四时往中国书店,同郭君若麒至纪府看书。夜诣葆青君谈。
初二	早吴。五时诣颂清君未晤,回八时。阅《方志月刊》。
初三	早吴。晚出即回。阅《越缦堂日记》。翰香君来。
初四	晚雨。上午诣南洋中学培孙君畅谈。阅《潼关志》。
初五日	晴。下午四时往北站一观,绕道虹口而回。阅《越缦堂日记》。骏乎君来诗筒。
初六	早吴。晚出拟不回西门,适遇东儿,遂于十一时返。方府午膳。
初七	早吴。晚诣景炎君谈,旋至茗肆小坐。阅《越缦堂日记》。志甘君来。
初八	早吴。五时赴商务取书,旋至一林茗点即回。阅《越缦日

记》。鸿生君来。

初九	夜雨。早吴。晚至西门茗点即回。阅李氏《日记》。鸿生君来。南京陈述庐君来书。
初十	晴。早吴。旋赴方府,晚茗肆小坐。
十一	早吴。晚赴关庙遇二孙君畅谈,《玉泉筑路缘起》撰就付真空僧。
十二	雨。晚出茗点,旋至传经堂小坐。阅李氏《日记》。鸿生君来。
十三	早吴。今日关会,日夜在毛府。致书南京陈述庐君。
十四	阴。早吴。午赴关庙,今日真空僧及二孙君等寿,余并诵经。一永日事早定,难谢却。午后疾小作,夜十一时始痊。曾方府一行。
十五	晴。早吴。即行至萝春茗坐,旋诣景炎君谈。五时往北经文华,遇步洲君略叙。夜郁府值鸣社社宴。
十六	上午偕景炎君赴严府致吊,今日俗称煞期,回二时。晚至关庙请禅慧僧书联,旋又往北一行始回。志甘君来。
十七	雨。早吴。晚出购物即回。疾小动。入霉。鸿生君来。
十八	早吴。午后清理书件。晚传经堂一行。阅《越缦日记》《石钟山志》。
十九	阴,晴。上午赴关庙谢府吊王如君之子,下午徘徊于半淞公园,夜未出。松夫君、翕周君来。述庐君来书。
二十	早吴。六时诣景炎君一谈,往圣庙小坐。述庐君赠《新京备乘》。
廿一	午雷雨。早吴。午在方府,雨止,回已四时。晚在华园小坐。尧卿君来。
廿二	阴。早吴。夜往北一行,又诣尧卿君谈。阅《越缦日记》。

廿三	早吴。夜北往又诣尧卿君谈,阅李氏《日记》。志甘君、鸿生君来。
廿四	早吴。旋知仁勇女校一行即回。疾作,遂未出。
廿五	雨。早吴。旋往晤颂清君。夜在方府书来约。
廿六	阴。上午诣超然君谈,座有藕初君。旋赴方府,并约鸿生君在此。夜往北市书店。马骥良君来书。
廿七	雨。早吴。午中国书店一行。晚赴西门茗点。阅《越缦日记》。
廿八	早吴。五时往得意,旋赴严府喑载如君即回。录《越缦日记》。
廿九	早吴。晚出即回。杂阅。志甘君、翕周君来。
三十	早吴。旋方二房一行即回。夜赴晋隆榕荪君西宴,座多法界人员。阅李氏《日记》。

闰五月

初一	疾小动,旁晚始痊。翕周君来。仲明君托张君振声来取《韩氏书目》。
初二	早吴。五时赴关庙,约二孙君在此。本托顾君转约,岂知该君善忘,致余空待,怅怅而出,就近闲步即返。阅李氏《日记》。
初三	晴。上午诣景炎君谈,旋同赴居府吊谷声君。夜赴方府西宴。阅李氏《日记》。志甘君来。
初四	早吴。生侍母赴甬郡天童,余遂至萝春,约景炎君在此。午偕往严府,今日王夫人五七,回已三时。夜出澡洗即回。阅《安徽大学月刊》。
初五	晚赴功德林同庚宴,回十一时。阅李氏《日记》。松山丈来。
初六	早吴。晚约二孙君在关庙,回已十时。阅李氏《日记》。

初七	午前雷雨。早吴。五时往北购物即回,七时赴小世界祥芝君约,未晤。阅李氏《日记》。
初八	阴。早吴。夜赴博古斋阅书。阅李氏《日记》。许生来。
初九	雨。早吴。晚西门一行即回。孙女病,延二陵君诊治。下午热退,渐痊。松山丈来,志甘君来。
初十	晴。上午西门一行,又往晤松山丈。晚至蔡府乞药茶即回。未有孙,余本不望,既有孙,余又痛爱甚,昨日孙病,致余不安寝食。岂余之痴迷,抑余之性情较笃厚耶?
十一	早吴。旋诣质庵君谈。夜在方府。郁元英君来。
十二	早吴。夜诣葆青君谈。阅李氏《日记》。
十三	雨,旋晴。早吴。午在方府,座有榕荪君。夜又往北一行。阅李氏《日记》《云台编》。杭州智果寺僧圣裔来书请撰《莲居志序》。
十四	晴。早吴。五时豫园一行,又往北购表即返。阅李氏《日记》。志甘君来。
十五	早吴。午赴方府。夜又往北茶饭。阅李氏《日记》。复西湖智果寺住持僧圣裔。
十六	早吴即回。夜赴郁府鸣社社宴,余兴联句,回已近十二时。阅李氏《日记》。
十七	热。午后五时赴毛府,听梅花梦弹词即返。
十八	雷雨。早吴。午赴关庙护国学校,今日暑假。晚在毛府。阅《云台编》、李氏《日记》。
十九	晴,雷。早吴。晚在毛府,旋诣伯岸君未晤(《劳山志》交馆员)即回。阅李氏《日记》。
二十	早吴。午赴方府。晚毛府。阅《礼记义疏》。
廿一	上午阅李氏《日记》。午疾作,翌晨始痊,兼患足疾。
廿二	有阵雨,雷。晚在毛府。

廿三	早吴。晚往北购物即回。杭州智果寺僧寄来《莲居庵志》样本二册。
廿四	午赴袁祠关会午膳,韵孙君邀。晚毛府即回。
廿五	早吴。夜在方府。阅李氏《日记》。
廿六	早吴。晚毛府即回。阅李氏《日记》。真空僧来书。
廿七	足疾未出。晚毛府雇车往返。阅《君平诗集》。
廿八	晚毛府,旋赴关庙校董会。阅李氏《日记》。
廿九	阴,有雨。上午赴沉香阁黄府吊翰香君太夫人,旋诣二孙君谈,后又小灵山朱府吊意明君。晚在毛府。寿生君赠折扇一柄。

六月

初一	晚在毛府,旋诣大明僧谈。阅李氏《日记》。
初二	上午诣清节堂栗香君未晤,遇砚樵君略叙。下午五时赴毛府,旋诣二孙君未晤,足已可行,绕道西门,始雇车返。鸿生兄来。阅李氏《日记》《六朝文》。
初三	早吴。夜在方府,延二陵君诊内子。鸿生兄来。廿九迄今连日有阵雨。
初四	微雨。早吴。五时赴毛府。夜赴功德林同庚宴,曾中国书店一行。阅李氏《日记》。
初五	辰雨。早吴。晚诣真空僧谈,旋又诣海川学校二孙君谈。二陵君来。阅李氏《日记》。
初六	晴。疾作未出,入夜始痊。景炎君来。
初七	早吴。旋中国书店一行即回。五时赴毛府,又诣真空僧谈。九时又赴昆剧场祥芝君约。二陵君来,义门君来。
初八	早吴。五时至毛府,旋赴护国校董会。义门君来。阅《洞庭湖棹歌》。
初九	午前诣景炎君谈。夜诣真空僧话。质庵君来,二陵君来。

	阅《越记》。
初十	早吴未授,诣景炎君谈。五时赴毛府。夜在方府。阅李氏《日记》。
十一	午前诣沈生家驹谈,旋赴张府行礼,笠樵君今日煞期。五时至毛府。夜出即回。二陵君来,育人君来。阅《人范》。
十二	早吴。晚毛府,诣二孙君未晤。诣葆青君真空僧均略谈。阅李氏《日记》。
十三	早吴。晚毛府。夜又往北一行。阅李氏《日记》。
十四	早吴。晚毛府。夜往北市各旧书店一行即回。阅李氏《日记》。
十五	早吴。晚毛府,旋寅记板水行一行,绕道西门而回。阅李氏《日记》。
十六	上午书画会一行。夜赴鸣社社宴。阅《六如居士全集》。
十七	早吴。旋诣中国旅行社,司寄售书籍孔君已易叶君。晡诣毛府。阅李氏《日记》。
十八	早吴。午疾作。晡诣毛府即回。
十九	早吴。晡诣载如君畅谈。翰香君来书。二陵君来。
二十	上午赴书画会,旋诣景炎君、琴木君谈。午偕景炎至严府,贺春和君嫁女。晡诣方府,真空僧邀午餐未去。
廿一	夜雨。早吴。晡诣关庙,德浩僧在座。阅《庸庵别集》《左文襄家书》。
廿二	早吴。五时往北购物,曾在一林茗点。阅《淡灾蠹述》。
廿三	午前诣留云德浩僧谈。晡赴毛府。夜又往北一行。阅《图民录》。质厂君、维庸君、志甘君来。
廿四	今日关会,日夜皆在毛府。
廿五	夜雨。早吴。晡往毛府。夜诣载如君谈、二孙君谈。松山丈来。二孙君来。

廿六	疾作未出。
廿七	早吴,未授课,诣质厂君谈。晡诣毛府。夜诣真空僧谈即回。护国校董会来书,延余为常务校董,勉允之。右之君来片借书。琴木君来。
廿八	早吴。晡诣毛府,旋诣尧卿君谈、葆青君谈。阅李氏《日记》。
廿九	早吴。午赴法藏寺黄府行礼,春甫公百岁追庆。旋又应护国学校之请。晡诣毛府,夜视谢公疾。阅《人范》。
三十	上午诣云门丈未晤。夜赴功德林同庚宴。千顷堂遇丁仲祜君,别久略叙。阅《越缦日记》。诸文绮君来,嵇铁梅君来,胡教员来,郁志甘君来,郑质庵君来。

七月

初一	夜阵雨。早吴。晡往毛府。夜郁府一行。阅李氏《日记》。
初二	早吴。晡诣毛府。夜在方府。《越缦日记》阅竟。
初三	早吴。五时往毛府,旋往北一行。疾小作。骏乎君来书。
初四	晡。诣毛府。诣岐山丈未晤。维镛君来。晏澜君来。阅《日知录》。
初五	晚雷雨。上午诣真空僧谈,诣颂清君谈。晡赴毛府。阅《日知录》。洪清道人来,强公君来书。
初六	晡至毛府。夜在方府。阅《日知录》。代春和君撰挽姑母联二。诣秋塘君未晤。
初七	晚雨。晡诣毛府。夜诣强公君谈。阅《高台县志》。
初八	早吴。吴宅移海格路。晡诣毛府,旋往北购物即回。阅《论语正义》。
初九	早吴。晚毛府。夜往北市各书肆一行。阅《中国文化史》。骏乎君来书。
初十	疾作。晚毛府。夜诣二孙君谈。嘉禾方君来书。

十一　早吴。晚毛府。夜诣真空僧谈,旋传经堂小坐。阅《学风杂志》。柬约鸿生君,已赴宁。

十二　早吴。晚毛府,旋往北,曾诣伯岸君。阅《文化史》。雨数阵。

十三　风有雨。早吴。晚毛府。夜拟赴嘉禾君约,因风折回。阅《文化史》、柳子《社会志稿》。①

十四　雨。上午赴严府致吊,并任接待,回已三时。五时毛府,夜赴鸣社社宴。

十五　上午十时赴殡宫,门外阻水不得入,皇考妣灵柩前致未行礼,抱痛而归。五时践餐霞之约,先至一大雇汽车二,同往味园玩月,九时回,共十人。田佣回。铁梅君来。

十六　晴,凉。早吴。晡毛府。夜方府。阅《文化史》。

十七　疾作未出。

十八　早吴。旋诣超然君谈(介请教授孙女士琼华,定二十六日开课),藕初君在座。晡在毛府。夜诣真空僧谈。阅《文化史》。撰寿序。

十九　早吴。晡毛府。夜赴方府节宴。阅《文化史》。

二十　早吴。五时往北购书即回。阅《静庵文集》。

廿一　上午八时偕楚琴君、藻庭君乔梓赴郭氏祠园,至渡船(董家渡),杏南君已先在,登岸(周家渡),由火车而小车始抵园地,属杨思乡。少文君乔梓及稚耕君亦先后至,四时始行。夜雨。质庵君来。

廿二　早吴。晡毛府。夜在关庙。阅《文化史》。

廿三　巳雨。早吴。晡毛府即回。阅《远生遗著》。

廿四　午大雨。早吴。晡毛府。育人君来书。铁梅君来。南京

---

① 即柳诒徵《江苏社会志初稿》。

	文海山房来书。阅《文化史》。
廿五	早吴。晡毛府。夜往北购物。诣质庵君未晤即回。阅《文化史》。琴木君、景廷君同来。
廿六	早吴。五时赴模范村教授琼华女士,今日始。薪之盟弟今日丑时逝世,悼之。阅《文化史》。
廿七	早吴。午赴朱府送薪之弟殓。晚往北,先后至一大、方府。阅《文化史》。绩溪县修志局又来目录。
廿八	上午赴张府吊笠樵君。晡毛府。午后四时疾作。
廿九	风雨。疾至午始痊。晡毛府。刘生来谈。
三十	上午因风雨未出。三时往北,五时至模范村,七时赴功德林祝钧臣君。

八月

初一	早吴。晡毛府。夜往北购月饼,并在扫叶买书二种。阅《文化史》《嵩岳纪胜》。琴木君、骏乎君来书。质庵君来。仰西僧来。
初二	早吴。晡毛府即回。阅《嵩胜》《齐东野语》。
初三	早吴。三时赴潘公展君府,渠夫人唐女士冠玉亦欲受业,琼华女士则亦来此。夜方府一行始回。阅《文化史》。
初四	雨。早吴。晡毛府。夜赴方二房宴。阅《文化史》。
初五	午后五时诣载如君畅谈。阅《齐东野语》。质庵君来。
初六	早吴。晡毛府。夜来青阁一行,回南又先后诣质庵君、琴木君。阅《文化史》。
七日	早吴。四时往授唐、孙二女弟课。夜诣道一中学安钦君谈。阅《中庸义疏》《昭代丛书别集》。
八日	晴。疾作未出。质庵弟率其二令郎来。秋塘君来书。
九日	晴,凉。早吴。晡毛府。夜诣载如君谈,诣质庵君谈。阅《晋人尘》。骏乎君连日书来。

十日	早吴。晡往潘府授唐、孙二女士课。夜在方府。阅《五石瓠》《东塾读书记》。
十一	早吴。晡毛府。夜先后诣质庵君、载如兄、葆青君乔梓谈。阅《昭代丛书》。洪清道人来。
十二	阴,夜雨。上午赴林府吊稚周君夫人,旋诣南洋中学培孙君谈,座有汤君济沧。午又赴曾府吊丽园君太夫人。晡毛府。阅《招宝山志》。洪道人来。
十三	晴。早吴。晡毛府。夜博古斋书店一行。阅《学风》。
十四	午前诣志甘君谈。四时往潘府谈,家事未授课。午前录《昭代丛书别集》《越缦堂日记》。
十五	雨。晡往毛府。夜往北一行即回。阅《学风》。汪惕予君来书。
十六	辰诣景炎君谈,晡毛府,夜诣关庙即回。阅《学风》。
十七	上午往丽云阁付账。四时诣潘府授课,旋至泰丰买月饼而回。
十八	五时往北诣载如君谈。阅《老子新注》。
十九	上午赴湖社姚府吊戟仲君,夜诣关庙谈事。钧丞君来。
二十	晴。早吴。四时往授孙女弟课,唐赴宁,故又至模范村,孙因余周甲赠袍料,受之。阅《老子》。
廿一	早吴。晡毛府,蒋书今日止。夜疾小作。
廿二	疾,至午正始痊。卫庆同君来。志甘君来书。
廿三	早吴。四时往授孙生课。未阅书。
廿四	早吴。晚约二孙君在关庙畅谈,至九时半始回。志甘君来。松山丈来,寿余画。阅《吴虞文录》。
廿五	早吴。晚赴海京伯兽苑参观。
廿六	上午八时赴朱祠吊薪之盟弟,旋往徐汇,绕道法华东镇而至郁氏山庄,预鸣社社集,附润生君车回。今日生辰,松

山同门丈来致祝,唤菜一席款之。
廿七　早吴。晚往北一行即回,旋又往延推拿家吴子泉君,因孙女梅儿病热兼患泻也。
廿八　早吴。四时赴潘府,六时至方府,旋又往候二陵君。质庵君来。
廿九　早吴,旋又往兽苑看喂食。夜往北至新旧各书肆购书。阅《中国文化史》。松山丈来。

九月
一日　早吴。晚诣载如君畅谈。阅《文化史》。松山丈。
二日　早吴。午关庙摄影。晚潘府授课。阅《文化史》。
三日　早吴。四时往得意茗话久之。阅《文化史》。
四日　上午诣秋塘君谈,旋往毛府吊伯如君夫人。晚出散步。二孙君来,小侯君来。
五日　早吴。晚约二孙君在关庙畅谈至九时。阅《文化史》《揅经室集》。
六日　早吴。晚至潘府,未授课,又诣方府。阅《文化史》。景炎君来。
七日　早吴。晚往北购物,曾诣质庵君谈。阅《文化史》。强公君来。
八日　早吴,未授课。中国书店一行,四时往半淞园,遇伯鸿君畅谈。夜又往谢府。阅《文化史》。
九日　早吴。四时往方府,作重九。
十日　赴苏。午后游狮子林、拙政园。
十一日　卧病。
十二日　上午吴苑茗点,后偕漱石丈诣劲秋君,旋先后至沧浪亭、拙政园,五时回,至新苏饭店。偕漱石丈出城,进晚膳后即旋沪。

十三	夜雨。上午十时赴毛府关会拈香即回。四时往潘府,有客未授课。阅《拙政园记》。
十四	早吴。晚同东儿至丽云换呢帽,曾至一大小坐始回。阅《文化史》。
十五	晴。早吴。夜赴功德林庚社同人寿余。阅《文化史》。致骏乎君片。
十六	夜雨。早吴。一时往大公学校晤校长许君,四时赴潘府授课。夜在方府。阅《文化史》。
十七	晴。早吴。夜往北购物即回。阅《文化史》。李兄杏生来。
十八	雨。午赴陆府贺介孙君嫁女即回,遂未出。骏乎君来书。
十九	晴。早吴。午赴陈府吊镜鸥君继母。四时同东儿往观海京伯兽戏。阅《文化史》。松山丈来书。
二十	疾作未起。
廿一	早吴。四时赴潘府补课即回。阅《文化史》。
廿二	早吴。四时至得意,旋又来青阁一行始回。阅《文化史》。
廿三	早吴。三时往潘宅。夜诣骏乎君未晤即回。阅《文化史》《西山日记》。
廿四	早吴。午赴毛府,又在毛府补关会饮福。阅《文化史》。
廿五	午赴留云凌府吊仲侯君令郎。晚诣载如兄谈。阅《涵芬楼秘籍》《武备志》。
廿六	夜有雨。早吴。晚月华茗点。夜诣元英弟谈。阅《文化史》《识小录》。
廿七	晴。早吴。晚潘府未授课。夜在方二房。阅《文化史》。
廿八	早吴。午赴瞿府贺伯申君取媳。夜赴功德林公祝一南君。《文化史》阅竟。

廿九	早吴。四时往看殡宫,恐有积水,旋至关庙小坐。夜诣郁氏乔梓谈。阅《识小录》。
三十	早吴。晚潘宅授课。阅《徐文定公集》。

十月

一日	上午诣荣锦君谈。四时赴殡宫皇考妣灵柩前行礼即回。阅《识小录》。
二日	上午陪孙梅儿往朱医师府种痘。旋至莫府,吊朱太夫人。夜往北购物即回。郑质庵君、叶友琴君、陆安钦君来。
三日	早吴。四时往得意,旋往北购物即回。阅《识小录》。
四日	早吴。晚往北购物即回。阅《识小录》。
五日	早吴。晚往北购物即回。阅《识小录》。
六日	早吴。四时往北购物,一林茗点。阅《识小录》。
七日	早吴。四时赴潘宅,琼华生亦至。阅《日知录》。
八日	早吴。夜赴方府霖生君宴。阅《日知录》。
九日	上午赴张府问霭山君疾。晚往北一行。阅《识小录》《辍耕录》。叶友琴君来。余芷江君来书。
十日	早吴。夜功德林公祝慕郭君。阅《日知录》《辍耕录》。
十一	不适,上午未出。四时赴潘府,小坐即回。骏乎君来书。
十二	早吴。四时诣一南君谈,旋至一林茗点而回。阅《辍耕录》。竹甫君来。
十三	早吴。夜赴方宴。阅《日知录》《辍耕录》。市教育局来书。
十四	早吴。夜赴鸣社社宴。小不快,未读书。潘公展君、陆天放君来书。
十五	早车阻未往吴。午赴余府贺芷江君嫁女。夜赴方府,知宾宴会,全馥君尊人明日开吊。致安钦君书。
十六	上午诣景炎君谈,旋赴方府致吊,三时回,感不快。

十七	起已十时,四时至得意。夜往北购物即回。阅《河海昆仑录》。漱石丈来畅谈。
十八	早吴。晚授孙课即回。阅《日知录》。
十九	早吴。晚出茗点即回。阅《陶录》《裴录》。
二十	雨。早吴(后至不录)。夜来青阁取《黄山志》,一林茗点。阅《陶录》《裴录》。安钦君来书。
廿一	晚往模范村授孙生琼华课即回。阅《裴录》。
廿二	午后五时至得意,旋往北先后诣实学通艺馆伯岸君、文华步洲君谈,步洲君赠《上海市大观》一册。阅《裴录》。义门君来。
廿三	上午诣叶友琴君谈,旋赴方府即回。阅《裴录》。安钦君来。杭州智果寺住持圣裔僧来书。
廿四	晴。晚诣载如君畅谈。志甘君来。
廿五	晚赴模范村,旋践方府约。阅《辍耕录》。
廿六	午赴金府贺幼梅君取媳,旋又往孙府贺莲孙君嫁孙女。夜谢府一行。强公君来,友琴君来。
廿七	下午四时诣漱石丈谈,旋又诣方府。阅《河海昆仑录》。杏生兄来。
廿八	雨。午后一时往潘府,三时回。夜稚眉君假南京饭店寿余,亲往辞谢,旋赴功德林公宴景福君。志甘君来。
廿九	疾作未起。
十一月	
一日	上午诣景炎君谈。四时往视奎生疾,旋往北购药,回传经堂一行,取《康熙黄山志》而归。质厂君来。骏乎君来书。
二日	吴生赴苏。四时往得意,旋诣小侯君未晤即回。骏乎君来书。

三日	下午往潘府。撰《李丈逖仙寿启》。
四日	下午约杏生君在得意，面奉李丈寿启稿，旋关庙一行即回。阅《河海昆仑录》。仲明君来。
五日	夜赴方府之招。景福君、鸿生兄来。阅《河海昆仑录》。
六日	吴假。上午九时赴苏府致祝（颖杰君生日）。四时赴潘宅。夜又赴苏府寿宴。阅《昆仑录》。
七日	午后四时赴模范村孙寓。阅《裴录》。
八日	午赴李府吊新卿君令郎即回。晡往北购物。阅《昆仑录》。致辅元堂书，代乞寒衣。
九日	下午四时赴鸿生君约。夜应韵笙君之邀。阅《河海昆仑录》。
十日	下午四时赴潘宅未授课，诣质厂、蒙厂昆仲谈。阅《昆仑录》。
十一	下午四时诣秋塘君，旋赴鸿生君约一林鸣点，后又诣步洲君谈，回又郁府一行。阅《裴录》。 子让师昨日（即初十日）亥时逝世。痛哉！上海从此无人矣！
十二	终日在姚府襄理丧务，并款待吊客。安钦君来书。
十三	雨。晡赴潘府。夜诣鸿生君谈。致安钦君书。
十四	疾作，夜八时始起。维镛君来。
十五	上午赴思敬园沈府吊葵若丈并预洒扫局公祭。晡至东楼晤张、赵二君，旋中国书店一行始返。略阅《昆仑录》。鸿生君来。致仲明君书。洒扫局知余补葵丈缺。
十六	上午诣南洋中学培孙君畅谈，旋赴龙华张府新居落成宴。夜往北购暖鞋。鸿生君来。吴假。
十七	潘假。晚先后诣钧人君、鸿生君谈。《河海昆仑录》阅竟。

十八	午赴觉林丹忱君宴。晚四时赴钧人君约,未至,旋往晤鸿生君。夜诣葆青君谈。阅康熙《黄山志》暨《续志》。
十九	未往吴。上午诣汉航弟谈,诣润生君未晤。四时诣钧人君谈,二时漱石丈邀至景炎君府一叙。夜往北购药即回。钧人君、文渊君、鸿生君来。
二十	下午陪漱石丈至潘宅。钧人、鸿生诸君来。阅《剑南诗草》。
廿一	下午赴孙生琼华。夜诣骏乎君未晤。钧人君、鸿生君来。
廿二	上午赴觉园郭府吊楚琴君夫人,旋诣大中华金府,贺幼梅君嫁女即回。四时至得意。夜雪。钧人君、鸿生君来。
廿三	哺诣严府载如君昆仲畅谈,座有杏生君,旋至冠生园进点即回。致朱少屏君书。苏颖杰君来书。
廿四	雨。下午三时赴潘宅,琼华亦在。夜在方府。阅《放翁诗》。
廿五	晚漱石丈约在景炎君府,迨去已行。阅《论语正义》。
廿六	下午诣漱石丈即回。阅《论语正义》《张君实集》。
廿七	下午赴潘府,未课,诣方二房。阅《论语正义》。秋塘君来条。
廿八	下午四时赴模范村。夜赴鸣社社宴。阅《史记》《论语正义》。姚子让先生追悼会筹备处来函。骏乎君来书。
廿九	雨。午赴洒扫局值宴。晚出茗点即回。质庵君来。阅《三丰集》。
十二月	
初一	上午九时赴洒扫局,命局役取香烛,先后诣大成殿、节孝祠、昭忠祠拈香。夜在方府。阅《论语正义》。微雪。吴未往。
初二	阴。上午先后诣景炎君、质庵君,同赴严府送殡。夜又往

	北购物。吴未往。
初三	晴。晚诣钧丞君未晤。阅《论语正义》，翻阅《望溪文集》。
初四	雪。夜在方二房。阅《论语正义》。
初五	晴。午赴郭府贺荫葵君取媳即回。晚诣潘府，未授课，旋至茶座小憩。阅《论语正义》。
初六	四时赴模范村。夜承鸣社诸公假座郁府宴余。阅《论语正义》。
初七	上午赴吴府吊芹甫君即回。夜往博古斋取书。阅《天下名山记》。子坚君来请片。起后似疾作，四时后始愈。
初八	午赴毛府宴余者，主人暨郑丈子钧，方君友琴、叔平昆仲，杨君寿生，徐君敬轩，严君春和，蔡君景逢，补祝贱长也。夜往北一行。阅《论语正义》《天下名山记》。
初九	上午九时半赴姚府，子让先生今日举殡，午刻发引，余仅送至斜桥，因潘宅有课，回恐不及，歉然也。潘宅课毕即回。尧卿君来。
十日	夜在方二房，座有万青君，畅谈颇快。阅《论语正义》《天下名山记》。赵二孙君来。
十一	夜关庙，延往办理公安局登记文件。阅《论语正义》。曾往中国书店取明板《游名山一览记》。
十二	四时赴潘府，漱石丈来此。阅《论语正义》《名山一览记》。叶友琴君来。
十三	下午四时赴模范村，旋至方二房进年膳。曾至乔滨郁府，为紫荆路郁敦惠公栗主误送在此，托余转致迎回。
十四	上午诣颂清君谈，诣二孙君未晤，视超然君疾，睡未醒，未坐即行。夜在方大房吃午夜饭。质厂君来。
十五	下午四时至得意，旋诣一大，晤质厂君、元英君，出又至博

	古斋检书。阅《论语正义》《名山记》《青藤书屋集》。筱侯君来。
十六	申诣潘府。阅《正义》五页、《剑南诗》、《名山记》。夜筱侯君来。
十七	午后四时诣质厂君,诣载如君,子坚君在座。阅《论语正义》《诗总闻》。
十八	夜雨。夜赴积福里严府斋食,应载如兄之招也。阅《论语正义》。
十九	阴。四时赴潘府,未授,赠余年礼二色。夜又往关庙商公安局登记事。阅《论语正义》。博古斋书店来书。
二十	晴。四时赴模范村,旋先后至各书店,七时诣元英弟畅谈。阅《论语正义》。
廿一	上午诣志甘君、润生君均未晤,旋至博古斋阅《慎氏名山记》。五时赴斜桥,看殡舍与失火处尚远,心尚安。
廿二	四时往黄长兴号,又关庙一行。下午疾又作。
廿三	上午抱病至吴府,明日起年假。下午诣朱府润生君谈即回。疾至下午四时始愈。潘府今日未往。
廿四	下午四时往北购物,旋至关庙拟件。阅《论语正义》。朱瑞轩君来,赠《周秦诸子校注》。
廿五	上午先后至清虚观、方府。午诣志甘君谈。晡往来青阁付书款。夜在关庙拟安国寺登记文件。阅《慈溪县志》。
廿六	上午诣志甘君。四时赴潘府课诗。阅《论语正义》。
廿七	上午送香匣至方府。四时赴模范村。琼华女弟送年品,关庙、清虚观皆送年礼。阅《孟子正义》。 眉注:家祭未与。
廿八	夜诣博古斋取明版残本《名山志》。
廿九	辰诣镇禾君谈。阅《韬厂蹈海录》。

除夕　　下午四时赴潘府,旋诣方府,疾动即回。

甲戌(1934)

元日(1934年2月14日)　上午诣云门丈畅谈。晚出散步一周。阅《读杜心解》。

初二　　疾作,抱疾往毛府即回。夜七时愈。

初三　　头疾虽痊而胸腹不舒又呕吐,后始渐平复。抱疾赴方二房、大房,因余所约,故须一往。

初四　　下午雨。上午就近散步,下午往北购物。

初五　　晴。上午赴传经堂取书,旋诣惕铭君畅谈。晚赴方二房宴。孙丈漱石来,孙生雨臣来。

初六　　酉雨。上午十时诣漱石丈。午关庙请余决事。惕铭君来书并寿诗。孙琼华女弟来。

初七　　阴晴。上午诣景炎君谈。四时赴潘府,冠玉女弟已出外,惟约漱石丈在此,故又诣漱石丈,亦未晤,曾至方二房小坐。孙女人日生,命名恩诗。今日人日为晬盘之辰。张君惕铭一再送诗至,寿余不如寿孙女一笑。

初八　　上午诣景逢君未晤,下午来。夜在方府,旋因咳呛,请二陵君拟方服之。

初九　　今日甲子金奎,午赴洒扫局致敬,因嗽疾未饮福。夜赴方宴,另备素馔。

初十　　雨。下午四时赴潘府,授唐人咏梅诗。潘公展君、唐夫人见余跪贺,此出余不意,然在今之世能如此尽礼,亦不易及也。

十一　　上午至丽云阁结账,旋汉学斋取《唐诗鼓吹》而回。晡诣漱石丈谈,曾至博古斋小坐。芑生甥、艺圃侄来。

十二　　上午赴郭府贺杏南君取媳。四时诣载如君畅谈。夜赴关庙校董会。

十三	晴。辰赴吴府开课。午赴毛府开会,行礼。五时志甘君约在得意,未来,旋诣葆青君谈。阅《康居笔记》。景炎君来,志甘君来。
十四	申赴潘府授杜诗。夜约二孙君在关庙。午赴洒扫局宴。阅《康居笔记》。
元夕	申赴方府。阅《康居笔记》。
十六	午赴北购物。申至得意茗点,旋博古斋一行始回。阅《康居笔记》。
十七	疾小动。申赴潘府。阅《康居笔记》。
十八	申赴中央旅社见沈府,贺秋屏君嫁女,旋至博古斋小坐。阅《云雨编》。陈鉴臣君来。
十九	上午诣颂良君谈,又以宏道学校教员谈。夜赴鸣社社宴。阅《唐诗鼓吹》。
二十	午诣景炎君谈。夜至传经堂小坐。阅《日损斋杂记》。
廿一	四时赴潘府,未授课。阅《樵香小纪》。
廿二	卧病。志甘君来。
廿三	未往吴。午后关庙一行。留云寺德浩和尚送《洛阳县志》来。
廿四	晚赴潘府。鉴臣君来。致适之侄书。
廿五	雨。午后五时至得意,夜即回。阅《康居笔记》《西湖百绝》《洛阳志》。
廿六	上午次第赴林府(禹川君母)、杨府(聘渔君)致吊。晚出茗点。阅《退庐随笔》《唐诗》。质庵君来,粲章君来,均未晤。
廿七	阴。申至得意,旋又至城外茗点。阅《唐诗鼓吹》《日损斋笔记》《洛阳志》。
廿八	晴。申赴潘府,旋博古斋小坐。阅《日损斋笔记》《洛阳

	志》。金颂清君来书。
廿八	午赴洒扫局,未预宴。四时赴子让先生追悼会筹备会议。夜在方府。阅《樵香小记》。陈鉴臣君来。
二月	
初一	午后四时诣钧人君谈,旋至博古斋阅书。午阅《论语正义》。鉴人君来。杭州西泠印社来书。
初二	晚往北即回。阅《销夏闲记》。致吴修闇君书。
初三	上午七时赴洒扫局集合,同往孔庙致祭孔圣及先贤、先儒,事毕即回。吴又赴局饮福。晚疾作。
初四	卧病未起。今日追悼姚子让先生,该会来函延余招待,以书辞之。小儿东白赴会。郁乃卿丈开丧亦命东往。质厂君、鸿生君、景炎君来。
初五	申往购物即回。鉴人君来。
初六	风雨。申往潘府,冠玉女弟赴宁未回,旋往博古斋翻阅书籍,夜赴禅悦斋子峰君宴。阅《消夏闲记》。
初七	晴。夜至博古斋,搜书三种。《消夏闲记》阅竟。
初八	午后五时赴豫园,夜赴顾府喜宴,景炎君令嫒受聘。阅《北京风土志》。
初九	申潘府一行,至方二房小坐,又往博古斋阅《镇海县志》。李达夫君来,鸿生君来。
初十	午后五时至得意。阅《辨惑篇》。
十一	上午九时诣颂清君谈。午赴吴府贺琴木君嫁女。夜应韵笙君之招。质庵君来,达孚君来,均未晤。漱石丈来,筱侯君来。张筱园君双庆,命东儿往。
十二	雨。夜赴公众菜社同庚宴(补祝起瓮僧、颖杰君)。致李达孚君书。阅康熙《黄山志》。
十三	申赴潘府,冠玉女弟行作故京之游,告假四星期。旋至方

	府小坐。补录《黄山志》。
十四	风雨。夜往北即回。录《黄山志》。王培孙君来书。钧丞君来,不晤。
十五	晴。申往晤钧丞君。《黄山志》录竟。景逢君、鸿生君来。
十六	下午三时疾作。
十七	未起。
十八	上午诣清凉寺王府悼亨君,岂知记迟一日。寺系辛园旧地,西部尚留亭台,亦已失修,此行可作吊园也。夜往北购食物即回。
十九	申往北购物即回。阅《黄山志辑略》。
二十	晚往西城散步。阅《方志月刊》《浪迹丛谈》。致北京适之侄书。
廿一	雨。晚往茶社小坐。阅《浪迹丛谈》。
廿二	吴假。午后四时赴皇考妣殡宫,水阻不能入,为之感痛。旋往茗点。阅张燧《千百年眼》。
廿三	晴。申出茗点。阅《千百年眼》。洪清道人来。
廿四	申至商务印书馆,旋往茗点。夜又往来青阁。阅黄韩钦《知止庵笔记》。景逢君来。
廿五	上午往同文书店嘱补《五山志》,晚往取。夜因疾作即睡。
廿六	下午往得意听评话。夜又疾作。
廿七	雨。午诣蓉镜君谈。申往北购物,至一大小坐。鸣社社集此月在杭,质庵君今日返,余未赴。梅孙女昨晚亦病,今日推拿师来,幸已愈。吴未往。
廿八	四时往北购书,旋往茗点。夜城隍神回庙,经此曾出一观,如睹昔日之太平景象。阅《南通五山志》。志甘

	君来。
廿九	下午四时诣载如君畅谈,近七时又往博古斋翻阅书籍始回。阅《中国庭院概观》。鸿生君来。
三十	晴,寒,昨夜十时雪。下午四时先后至有正书局、博古斋。阅《缘督庐日记抄》。

三月

一日	五时赴东楼尧卿君约,旋往关庙姚府预洒扫局公祭子让先生。阅叶氏《日记》。鸿生君、莪士君、尧卿君来。
二日	子让先生今日开丧,赴行礼,并代款待宾客。晚往北一行。夜质庵君来畅谈,并赠船券一纸,因鸣社本月在南通举行社集也。
三日	上午诣景炎君谈。今日洒扫局致祭本学土神并先董,旋往行礼,并饮福。四时往得意,又毛府一行始返。景逢君来。未往吴。
四日	午后五时往半淞园。夜赴景炎君宴,席散,主人同漱石丈等上船。此月鸣社社集定六日在狼山,余恐疾作未行。阅叶氏《日记》。
五日	申往北购物,旋至方大房,回近十时。致留云德浩上人书。
六日	午后四时往有正数局,旋往茗点即回。阅《缘督庐日记》。骏乎君、礼贤君来书。
七日	晚往毛府,取茶剂,旋至茶社小坐。阅《缘督日记》《燕京琐录》。
八日	午疾作。上午阅《缘督日记》。
九日	雨。疾似痊。夜在方府。
十日	申往同文购《五亩园志》,旋往茗点。阅《缘督日记》。
十一	申出茗点,旋传经堂一行始回。阅叶氏《日记》。

十二	下午四时往方府,爱周君在座,畅谈甚快。阅叶氏《日记》。午诣蓉镜君谈。
十三	晚传经堂一行,诣景炎君未晤。录《缘督日记》。函约强公君来。
十四	阴。申诣载如君谈。
十五	疾作未起。
十六	午前赴报本堂严府行礼(畹滋君今日开丧)即回。夜诣景炎君畅谈。
十七	吴生病,停课三天。申诣载如君谈。阅《缘督日记》。
十八	上午诣文绮君二次,均未晤。申至得意、月华。早晚二次阅《缘督日记》。
十九	辰至得意茗点,旋赴惠中贺皇甫日新君嫁女,小坐又西泠印社一行始回。晡至月华茗点,回又传经堂一行。阅叶氏《日记》、《雁荡一览》。庆同君来。
二十	雨。晡出茗点。午前整理书籍,阅叶氏《日记》、《雁山一览》。
廿一	吴生展假二天。晡诣方府谈。阅叶氏《日记》。尧卿君来。
廿二	晨诣景炎君谈。五时往来青阁取《雁山志》,月华小憩。阅叶氏《日记》、《月蝉笔露》。畯乎君来书。
廿三	疾作未起。子峰君、志甘君来。立夏。
廿四	吴又展至星期五上课。午诣景炎君谈。申诣秀岩君未晤,至博古斋得《蓬窗类记》。阅《论语正义》。
廿五	酉雷雨。上午赴湖社张府贺钧丞君取媳。申至得意,因雨即返。阅《山水纯全集》《蓬窗类记》。西湖、金陵二书今日送请内政部审查注册,迫于部令也。
廿六	上午整理书籍。申往月华,旋又传经堂一行。

廿七	晴。上午先后诣达孚君、景炎君谈。申诣书画会仲山君谈,旋又至月华小坐。
廿八	吴开课。午赴黄山影片展览会参观。晚往定制书版即回。阅《隐书》《剑南诗》。
廿九	夜在家宴同庚社诸君。人君来,赞臣君来,未晤。

四月

一日	疾作未起。志甘君来,赞臣君来。
二日	午前诣沈生家驹府。午赴关庙张府(尧卿君媳开丧)。申赴湖社郭府贺楚琴君嫁女即回。孙女病,延吴子泉君推拿。未往吴。
三日	午后四时往得意。阅《天下名山记》。臣君来。阅《圣果寺志》。
四日	未往吴。上午出为夹板事。四时赴汉学斋,旋至月华茗点。阅叶氏《日记》。
五日	雨。洒扫局来公呈二件请盖章,一改组尊孔会,一将局之款产移缴尊孔会。晚出茗点即回。阅《梵天庐丛录》。庆同君来。
六日	申赴得意。阅《梵天录》。
七日	夜雷雨。申赴方二房。阅《梵天录》《渔洋精华录》。
八日	诣达孚君未晤。疾小作。
九日	申往北一行即回。疾又作,午后三时起。达孚君来。阅《渔洋精华录》。
十日	吴未往。晚西门一行即回。
十一	有雨。申诣方二房、大房。阅沈归愚《原批精华录》。景炎君来未晤。
十二	晴。夜赴郭府喜宴,醉六君明日取媳。阅《缘督庐日记》。
十三	吴告假。午前八时诣颂清君未晤,旋赴郭府道贺即回。

	四时往来青阁取《抱朴子》,诣载如君谈。六时至一林茗点,回八时。阅《抱朴子》。
十四	余今年头疾时作,今请朱少鸿君立方治之。申赴新亚沈府贺桐叔君嫁女即回。阅《抱朴子》。景炎君来。
十五	辰诣颂清君谈。夜诣景炎君谈。阅《抱朴子》。质庵君来。杭州西泠印社来书。
十六	午后四时赴科学仪器馆晤修闇君,并与鼎梅君订游黄山。旋诣一大质庵君谈,诣仲明君未晤即回。
十七	卧疾。夜质庵君来。
十八	吴往,未授。旋诣朱君诊疾。六时赴关庙校董会。臣君来,达孚君来。

第三册
甲戌

四月

十九日	辰往授吴生课,午回。申往北购物,旋诣方府谈。拟《读书吟十七韵》。李达孚君送《黄山整理计划书》来,邵君禹襄拟。
二十日	申诣一大质庵君谈,元英弟亦在座。扫叶购《冷庐杂识》,桐乡陆以湉著。
廿一日	夜先后赴梁园鸿社、郁府鸣社宴。午诣景炎君谈。阅《青鹤》。
廿二日	午前往请曾立群君治疾。曾至方府小坐。
廿三日	申往得意。夜诣黄山慈光寺僧定慧谈。阅《先秦经籍考》。疾小作。
廿四日	吴生请假。夜诣二陵君未晤,旋至清虚观致吊。

廿五日　申诣骏乎君谈。鸿生君连日来。
廿六日　申至得意，旋诣叔田君谈。阅《冷庐杂识》。
廿七日　酉传经堂一行即回。阅《冷庐杂识》。鸿生君、强公君来。
廿八日　疾小作。夜仍赴同庚宴。方杨夫人来，陪往葆青君府。
廿九日　卧疾。
三十日　未出。夜佩章君来。乐民君送纸板来。
五月
初一日　申诣得意，旋诣叔田君未晤。祥芝君来，方使来。
初二日　申诣方大房、二房，旋至博古斋取明刻《庄子》。在北晚饭。又后往请二陵君立方，当晚即服。阅《缘督庐日记》。清虚观送节礼。
初三日　申诣葆青君谈，旋至方府。夜来青阁一行始回。阅《庄子》。关庙送节物。
初四日　今日起吴假三天。辰出，先后诣尧卿君、颂清君谈。午诣惕铭君谈。夜在方府久谈，鸿生君亦在座。又往请二陵君转方。
初五日　上午质庵君、达孚君、云卿君、燕生君令郎来，下午仲明君来。申诣骏乎君谈。夜赴鸿社公宴。潘公展君来书。
初六日　午诣蔡府行礼，景逢君除服。四时应梅溪旧生之请，先摄影，夜宴余于金陵春酒楼话旧，致足乐也。余忝讲席未有所益，而诸生能不忘旧，仍敬礼有加，处此末俗可以风矣。
初七日　午诣孙医润生君未晤。申诣载如兄谈，旋来青阁、博古斋一行始回。校《庄子》。
初八日　疾作未起。
初九日　上午诣孙君针治。申赴方府。夜又请二陵君转方。鸿生君来。

初十日	汪君惕予来,未晤。晡答诣惕予君久谈,又传经堂一行始回。校《庄子》。阅《鄱阳湖棹歌》。鸿生君来,强公君来。
十一日	晡赴方府。夜诣二陵君诊治。阅《庄子》。
十二日	午诣孙君针治。晡赴方府大、二房,均未晤。阅钱尚濠《买愁集》。鸿生君来。
十三日	午赴关会拈香,夜饮福。
十四日	腹疾未出。
十五日	吴仍未往。上午传经堂取大字本《庄子》。申又赴博古斋还闽刻本《庄子》,来青阁取《庄子集解》(原有失去)即回。
十六日	午赴王府行礼,育群世侄今日大殓。晚答诣蔼山君夫妇。夜往博古斋取《老子》二种。阅《庄子》。今日沈生家驹自牯岭来书并送影片。
十七	吴未往。辰诣孙君针治。申赴李府送颂唐君殓即回。
十八	晚博古斋一行即回。阅《庄子》。
十九	卧病。关庙、鸣社均来通启。
二十	申赴方府。夜诣二陵君未晤即回。郁纯一君来。中国旅行社来书。
廿一	午赴关庙暑假宴。夜诣二陵君请改方案。致方府书。阅《庄子》。
廿二	午诣孙君针治。晚传经一行,取书二种。阅《庄子》。天气骤热,至今日已九天,常在百度外。五月中如此,六十年来所未有也。
廿三	晚诣景炎君谈。阅《庄子》《老子》。
廿四	午赴诸府行礼,祥芝君太夫人今日大殓。夜约二孙君关庙畅谈。阅《庄子》。

廿五	酉诣叔田君谈。阅《庄子》。
廿六	辰。诣孙君针治，旋至中国旅行社结账。午后东儿腹作剧痛，诣荣锦君，有病未晤，即以行军散治之。夜往北购物即回。阅《庄子》。
廿七	疾作减轻，午后渐痊。鸿年君邀午膳，在虹口公寓。未赴夜鸣社社宴，□可得预。
廿八	午诣颖杰君谈。夜受古阅世德堂本《庄子》。阅《庄子》。
廿九	吴未往。辰诣孙君针治。夜往北曾购得闽刻残本《庄子》。阅《庄子山木》。
三十	午赴洒扫局宴。晚传经一行即回。阅《庄子》。

六月

一日	上午九时诣刘府吊生镛丁外艰，其尊人显文君上月二十八日逝世。旋又诣景炎君谈。晚至月华茗点即回。阅《三事遡真》《庄子》。吴因天热暂停。
二日	晚五时后诣刘生镛，赠丧礼草案，可酌行之。阅《庄子》。
三日	疾小作，曾往针治，回即未出。
四日	疾又小作，午后始痊。
五日	午赴黄府，秋塘君昨日逝世，今日大殓。六时诣真空僧未晤，在后院纳凉久坐。阅《庄子》。
初六	诣真空僧二次，晚至得意畅谈。阅《庄子》《瓯北诗钞》。
初七	雨，热稍退。今日往吴，晚往二酉，购《庄雪》一部。阅《庄子》。人君来。
初八	六时往北购一通草冠，旋传经堂一行始回。九时又诣二陵君诊治。阅《庄子雪》。
初九	连日有阵雨。景炎君来，夜又邀往俄菜馆进膳。阅《庄子雪》。
初十	酉诣蔼山君谈。阅《庄子》。

十一	辰诣景炎君府,取印泥。夜往北市各书店访《龙溪语录》。阅《庄子》《老子》。
十二	晚赴受古取《龙溪语录》即回。阅《老子》。
十三	疾作未往吴。
十四	午赴洒扫局宴,申往北购小时计。阅《龙溪语录》。小侯君来。今日始无雨。
十五	申赴得意,旋又坐月社。看《龙溪语录》。
十六	申出购物即回,阅《语录》。
十七	夜赴俄菜馆,遇景炎、琴木诸君。阅《语录》《庄子》《龙庄遗书》。
十八	辰出诣颂清君谈。景炎君府识孙君粹存。回后载如君到顾府,又邀叙。阅《语录》《老子》。质庵君、松山丈、小侯君来。内政部来批示。
十九	申赴得意。夜在毛府。阅《语录》《老子》。护国陆校长来书。
二十	疾作未出。
廿一	晡往北购物即回。阅《语录》。
廿二	夜约二孙君僧院清话。阅《语录》。
廿三	晡赴月华。夜观灯半淞园。阅《语录》《龙庄遗书》《金山寺续志》。
廿四	未往吴。上午诣关会拈香,夜又赴饮福。阅《语录》。
廿五	日未出,晚赴毛府听李柏泉、秦纪文两君《华丽缘》。夜赴鸣社月会。阅《语录》。叶友琴君来久谈。
廿六	酉赴毛府。吴未往。阅《语录》。
廿七	疾作,午后三时愈。晡赴毛府。
廿八	风雨,未往吴。日昳赴毛府。阅《语录》《老子》。
廿九	未往吴。上午介景炎君诣南洋培孙君畅谈。五时至毛

府,旋又月华茗坐。阅《语录》《管登之遗书》。

七月

一日　午后五时诣吴府吊琴木君悼亡,旋至毛府。夜诣二陵君转方。阅《庄子》、管氏《遗书》。

二日　晚在毛府,旋往北购物即回。阅《庄子》。郑仲三君来。

三日　右目不快,适感干枯,午后始愈。晚赴毛府,旋传经一行始回。

四日　晚赴毛府,旋往月华。阅《庄子》。

五日　晚赴毛府,夜饭后始回。阅《庄子》。

六日　疾作,幸病势渐减,为时亦短。未出。

七日　今日为次儿明远逝世之日,迄今已二十一周矣,书以志痛。晚赴毛府,旋月华一行始回。阅《庄子》。

八日　夜致美楼同庚宴。阅《庄子》。鸿生君来。

九日　午赴毛府行礼,子坚君尊人百龄,夜亦在此。阅《管登之遗书》。

十日　上午九时赴朱府悼蓉镜君,十一时诣韵孙君未晤,旋往关庙华府礼琴珊丈并预洒扫局公祭。夜应毛府之宴。阅管氏《遗书》。

十一日　上午八时诣超然君未起,三时又往谈,颇畅。旋往毛府。夜又诣元英弟谈。阅《名山集》。

十二　晡往毛府,旋传经堂一行始回。阅《庄子哲学》。隽超君来。

十三　吴未往。午前赴关庙,为开学事。晚坐月华。阅《庄子学》《东塾读书记》。

十四　午赴洒扫局宴、毛府即回。阅《庄子学》。

十五　辰赴殡宫皇考妣灵柩前行礼,并定奉移。晚往毛府。夜看城隍神会始回。阅《阳明与禅》。

十六	疾作仍往吴,夜九时始痊。
十七	上午九时诣云门丈谈,旋赴修志局会议。晚在毛府。
十八	上午诣洒扫局礼孔圣并饮福。晚在毛府。阅《龙溪语录》《阳明与禅》。桑伯尹君来。
十九	下午五时诣载如君畅谈。阅《阳明与禅》。
二十	吴府明日起停课,因生瑞生行将完姻。景炎君来。阅《庄子》《龙溪语录》。
廿一	雨。午诣二陵君诊疾。晚在毛府。阅《龙溪语录》。
廿二	二十下午肠疾又作,幸今晨即痊。晚在毛府。阅《龙溪语录》。
廿三	下午五时赴毛府,七时往北购物即回。阅《庄子》《龙溪语录》。
廿四	上午往汪府吊菊舲君即回。晚毛府,出又诣元英弟谈。阅《苏谈》《庄子》。
廿五	上午汉学斋一行即回。三时先后至中国书店、来青阁,回至毛府。阅《庄子》《语录》。
廿六	雷雨。夜赴鸣社社宴。阅《庄子》。
廿七	上午诣景炎君谈,晚毛府,夜赴伯岸君宴。阅《名山小言》。
廿八	益君兄来诊同居曾府桂儿,略叙后往毛府即回。阅《语录》。时菊君来。
廿九	雨。下午四时诣载如君谈,旋来青阁一行。阅《明人说部》。
三十	午赴洒扫局宴。申来青阁一行。阅《列子》。
八月	
初一	上午九时赴黄府吊秋塘君。午诣关庙苏府吊颖杰君令郎。申往来青阁取明版套印《列子》,中国书店取《庄子

发覆》。郁子峰君、葛良卿君来。

初二　晚在毛府。午后四时目感干枯,进点后胸又不舒,夜呕吐后始安,幸头未作痛。

初三　午后三时先后至来青阁、中国书店,回至毛府,听毕即回。沈韵笙君来。

初四　雨。午赴广福寺吴府吊琴木君夫人。申在毛府。夜约子峰君在关庙,赵朴人君来。阅《列子》《颜习斋哲学思想述》。

初五　午赴洒扫局礼孔并饮福,四时诣载如君畅谈。在二酉得明板《列子》。阅《颜氏思想述》。

初六　凉可衣夹。晚毛府,旋诣元英弟谈。阅《颜氏思想述》。

初七　下午五时半天又大雨,至夜十二时始止。门内外又积水成渠。上午九时诣良卿君未晤,旋往北至来青阁还《秦刻卢释列子》。晚毛府。小有不适,未进午食。曹百清君偕族侄来。

初八　水未退。上午诣关庙,旋借茶座看《颜氏思想述》。冠生进午点即回。晚毛府。夜饭于冠生。志甘君来。

初九　晚毛府。夜又往永安购月饼,曾至博古斋小坐。阅《颜氏思想述》。

初十　上午诣志甘君、景炎君谈。晚毛府。疾似小动。清虚观送节礼。

十一　上午九时赴大东吴府贺生瑞生取,渠叔凤如君今日方初面。旋又至博古斋看秦刻《扬子》。晚毛府。阅《龙溪语录》。

十二　晚毛府。夜赴孙府榖人君宴。今日未读书,因恐疾作。

十三　下午四时诣超然君谈,女生冠玉亦在座。旋至博古斋取《扬子》即回。义门君来。

十四	下午五时赴孙府为穀人君太夫人襄题。今日又疾作,幸此时已渐痊可。
十五	晨赴孙府致吊。晚毛府。夜来青阁一行。
十六	申往博古斋即回。
十七	下午雨。晚毛府。阅《扬子》《法言》。
十八	上午汉学斋取《避暑录话》,下午诣载如君畅谈,旋至博古斋翻阅书籍。阅《法言》五卷。
十九	雨。上午赴汉学斋,下午往北,先后至来青阁、中国书店。
二十	疾作。午后二时渐痊,遂未出。
廿一	午后五时诣载如君畅谈。阅《老子本义》。修志局来人物表,请表决。
廿三	今日开丧,来讣者有四。上午先后至朱府礼镜蓉君、王府育群君、朱府晓初君、李府颂唐君,李府预洒扫局公祭。晚毛府。阅《嗇庵随笔》。
廿四	晨汉学斋一行。晚毛府。阅书同上。
廿五	上午诣张府礼益三君夫人即回。晚毛府。阅《遵生八笺》。义门君来。
廿六	上午汉学斋一行。夜值鸣社社宴。阅《三余杂识》《卧游录》。尧卿君来。潘公展君来书,
廿七	上午赴洒扫局礼圣并饮福。四时赴福兴园韵孙君之招。旋诣严府行礼,味莲丈尊人百龄冥诞,回已夜十一时。阅《三余杂识》。
廿八	晴。上午九时诣景炎君,下午疾作,中国书店一行即回。
廿九	疾未平复。晚毛府即回。鉴人君来。
九月	
初一	晚老北门一行即返。
初二	晨诣景炎君谈,晚东楼约尧卿君。义门君来。

初三	上午诣二陵君诊疾。阅《遵生八笺》。朴人君来。
初四	诣岐山丈未晤,汉学斋取《七子诗选》而归。夜赴关庙商九月十三关庙开光典礼,天童无相僧在座。阅《八笺》。
初五	上午赴传经堂阅《安徽丛书》。五时诣载如君谈。
初六	晚关庙一行,率洪兴侄赴袁祠候朴人君。
初七	上午赴法藏寺刘府礼五庵君尊人,旋至关庙主持钦明族兄丧务。
初八	疾小作,晨始服药。兴侄及其姊来。夜钧丞君陪鹤夫君来。
初九	雨。上午诣景炎君谈,旋至传经堂取《俞理初年谱》而归。四时往半淞园即回。夜又至景炎君府公宴,漱石丈外客有周君仲华、沈君仲钧。
初十	夜为钦明族弟遗产分析事议至十时,尚无办法,遂散。由耀庭族弟及百清君陪余至牡丹亭进点,并送余回,小坐始去。
十一	晚毛府即回。
十二	疾作未出。兴侄来。
十三	上午赴毛府关会拈香即回。三时诣载如兄谈,旋至关庙行礼(今日开光)。夜赴毛府饮福。
十四	上午八时率男赴诸府行礼,并代款待吊客,鸿社公祭,余主之(清来君太夫人开丧)。夜传经堂一行即回。鸣社虞山之举未赴。二孙君、兴侄来。
十五	今日朱文公生辰,午赴洒扫局拈香并饮福,晚北市购物即回,曾诣二孙君谈。
十六	晨诣颂清君未晤,夜诣云门丈未晤,与其令孙承荫弟略叙。
十七	夜诣耀庭弟未晤,兴侄偕。阅《庄子》。衣棉袍。

十八	上午诣云门丈谈。阅《西湖志纂》。二孙君来书。
十九	晚诣酒楼晤云门丈。阅《八笺》。
二十	晚博古斋一行,旋践关庙二孙君约。佩章君来。
廿一	夜偕兴侄赴耀庭族弟家。
廿二	下午三时诣载如君谈,旋中国书店取《罗浮山志》而归。
廿三	疾作,午即痊。致吴生瑞生书。
廿四	午诣留云孙府吊小亭君即回。延二陵君治孙女红痰。
廿五	申赴中国、受古二书店翻阅书籍。夜诣二孙君谈。阅《八笺》。
廿六	夜诣酒家云门丈谈。佩章君来书。
廿七	辰刻赴殡舍,奉移皇考妣灵柩及次男明远柩于别一殡宫,迄今尚未安葬,罪甚罪甚。夜往北并在受古取明刻大字《列子》而归。
廿八	上午偕鸣社诸君子践漱丈江湾陈园新居之约,午后又往小观园看菊,并游虞园,回已上灯矣。
廿九	未他往。
三十	午赴洒扫局宴。博古斋取《枫江语录》《论语何注辩伪》二书。

十月

初一	疾作未出。
初二	上午诣颂清君、景炎君谈。
初三	内人、小儿均先后患喉疾,延徐时极君诊治。夜诣二孙君、元英君谈。
初四	家人病,又延二陵君诊治。上午曾诣颂清君谈。阅《传家宝》。
初五	上午质庵君来畅谈。阅《程子遗书》。延二陵君。夜韵笙兄邀吃夜饭。

初六	延二陵君。阅《二程全集》。
初七	午诣惕铭君谈。夜博古斋一行。
初八	疾作。
初九	上午韵笙君来，旋往汉学斋取《花甲闲谈》。四时诣载如君谈。
初十	晨豫园一行。五时赴得意。夜又往北购食品。阅《二程全书》。强公君来。
十一	晚就近一行。阅《二程全书》。又温书。
十二	上午赴王府行礼，仲川君祖父合作冥诞。温书。下午三时半淞园一行。夜赴王喜宴。稚眉君取媳。温书。
十三	辰往王府道贺。午赴陈府喜宴。生孟辅取。温书。景炎君来，强公君来。
十四	上午赴陆府行礼，甸孙君夫人殁。午赴洒扫局宴。晚诣尧卿君谈，旋又郁府一行。温书。阅《集说诠真》。
十五	疾作。强公君来。
十六	上午往北购物。
十七	上午八时往北购物。夜韵孙君邀菊宴。温书。仲明君来。
十八	上午诣景炎君谈。温书。
十九	上午叶友琴君来。阅《洞宵图志》。温书。家祭命东儿始终其事，余仅行礼二次，心终歉然。
二十	雨。上午阅云台编《列子》。四时诣仲明君谈，旋往泰丰进点始回。
廿一	夜赴郑府喜宴，子钧丈明日取息。温书。
廿二	上午赴郑府道贺。四时诣载如君谈。夜赴二陵君宴，小坐即回。温书。
廿三	疾作。
廿四	下午往北即回。雪渔君来未晤。

廿五	夜赴鸣社社宴。朱次孙君父子来。
廿六	上午率东儿赴殡宫皇考妣灵柩前行礼，补下元也。旋往张府吊莘甫君夫人，李府兰卿君之丧则命东儿往也。四时诣载如君谈，践景炎、琴木二君约，旋来青、二酉一行始回。承荫君来。
廿七	上午阅《列子》。夜诣云门丈谈。
廿八	上午诣南洋中学培孙君畅谈。四时诣载如君谈。次孙君来。
廿九	上午九时诣颂清君谈。夜往北购物即回。次孙君来。阅《孟子正义》。
三十	上午诣景炎君谈。① 沈君仲均托叶友琴君相邀，遂于四时前往作畅谈。

十一月

初一	疾作未出。
初二	上午九时诣颂清君谈，出经关庙小坐，又赴西林庵查府吊听鸿君，回经传经堂取《庄子旁训》而归。夜又诣传经晤叶君友琴一叙。
初三	上午八时半先后诣友琴君、颂清君谈。午赴留云庄府吊景廷君太夫人，鸣社公祭并任赞礼。夜赴博古斋取书二种。
初四	夜往北购物即回。阅《孟子正义》《列子》。陈新之君来书。
初五	下午四时诣仲均君谈，回已十时。阅《列子》《孟子正义》。
初六	上午八时出，先后诣尧卿君、兆里君、颂清君。夜往晤叔

---

① 此句以后字迹遒劲有力，疑改用惯用手书写。

	田君。家耀廷弟来，次孙君偕渠令媳来。阅《庄子》《列子》。
初七	上午九时诣叔田君府，晤书记戴君。晚往北购书即回。阅《徽州府志》《列子》。家耀廷弟、洪兴侄来。
初八	夜诣元英弟谈。阅《列子》。
初九	疾作未出。百清君、鉴人君来，亭林张凤文君来。
初十	上午八时半先后诣友琴君、景炎君、佩章君谈。四时往北购物，并至受古书店阅《泰山志》，来青阁借《列子》。阅《徽州府志》。质庵君来畅谈。松山丈来。
十一	上午校《列子》，下午温书。五时往北诣载如君谈。致朱文龙君书。
十二	午后四时诣仲均君谈。校《列子》。
十三	午后四时诣得意，仅景逢君在座，旋诣海川学校二孙君谈。校《列子》。阅《国朝儒林正编》。
十四	上午往传经堂取书。午诣洒扫局，未预宴，因茹蔬也。四时诣载如君畅谈，又博古斋一行始回。校《列子》。
十五	上午传经堂一行。校《列子》。仲明君历来。阅《潜确居类书》。
十六	冬至。疾作，起已晚六时矣。
十七	午后四时诣载如君谈。
十八	午后五时往关庙小坐。
十九	上午汉学斋取《商文毅公集》。晚传经堂一行即回。阅《续弘简录》。
二十	午赴关庙姚府行礼，今日为子让先生第一周忌，回一时。公祭未预。阅《弘简录》《宋道学传》。
廿一	下午出外购物即回。阅《弘简录》、秋涛《列子》。
廿二	午后五时诣载如君谈。校《列子》。

廿三	上午九时诣金颂清君未晤,云赴日本未回。晚往传经堂算结书款。校《列子》。郁志甘君、曹百清君偕家洪兴侄均来。张鸿文君来书。
廿四	疾作未起。朱府奶奶来,侄女来,筱云君、鉴人君来,均不见。
廿五	鉴人君、筱云君、志甘君来,惟筱云君未见。仲明君来。晚出购物即回。
廿六	内子卧病已数天,今日延二陵君诊治。阅《通鉴纲目》,校《列子》。
廿七	午后四时诣载如君谈,旋又仲明寓一行始回。校《列子》,阅《庄子》《枫江语录》。① 陈述庵君购赠《新京备乘》。陈鉴人君来。洒扫局来通告。
廿八	午诣惕铭君畅谈。五时赴得意茗话。购入传经堂《通鉴纲目》。校《列子》,阅《珍珠船》《苋园杂记》。②
廿九	上午九时诣景炎君谈,下午六时先后赴鸣社暨洒扫局宴,并议应付教育当局事,回已十一时。校《列子》,阅《珍珠船》。
十二月	
初一	夜诣叔田君未晤。阅《苋园杂说》,校《列子》。
初二	疾作,起已晚六时。今日陆府甸孙君夫人开丧,命儿代往。
初三	夜诣叔田君谈。校《列子》杨朱篇。
初四	午诣关庙真孔僧谈。四时诣载如君谈,旋又往博古斋小坐。校《列子》。

---

① 《枫山语录》之误。
② 《苋园杂说》之误。

初五	上午阅《苋园杂说》，校《列子》。四时往北购物，旋传经堂取《赤雅》而归。
初六	晚四时往北购物，并来青阁一行。《列子》校竟。仲明君来。致吴生瑞生书。
初七	上午至来青阁，阅《吴县志》，苏谈。夜赴鸣社公祝鼎梅、慕诘、质庵三君寿宴。
初八	上午阅《苋园杂说》。三时诣载如君谈，旋往蟬隐庐购得《唐栖志略》《精刊唐人绝句选》《云台山志》三种，赠书获有《文山文集》。在此初识姚君石子。
初九	上午阅沈起潜《苋园杂说》，下午三时半往北先后至蟬隐庐、千顷堂、北国、博古斋，回六时。
初十	疾作。
十一	午赴关庙，今日为护国学校休业，预午宴。晚访筱侯君新寓，未得而回。仲明君来。次孙君来，作夜谈。
十二	上午阅《唐栖志略》。午赴传经堂取《文选集评》（不齐）。四时诣孙生琼华未晤，旋赴蟬隐庐取《云台山志》而归。今日始见冰。寓主之屋今日已售诸淮南矣。
十三	上午诣汪裕泰总号汉航弟谈。阅《居家必备》（古本）、《文选集评》。
十四	午赴洒扫局宴。五时往晤桑仲明君即回。阅《文选集评》《云台山志》。佩章君来。
十五	午后五时往传经堂。夜诣元英君谈。阅《云台山志》《文选集评》。
十六	上午九时赴陈府（辂青君夫人今日出殡）行礼，旋往蟬隐庐取《庐阳名胜便览》《岳阳风土记》两书。夜赴颂良君府鸣社社宴。阅《唐人集句》。鉴臣君来，洪兴侄送年礼，鸡二只，糕一匣，橘、蛋各一篓。

十七	上午阅《文选集评》《唐人集句》。五时赴蟫隐庐取卢注《列子》。鉴臣君来。
十八	上午阅卢注《列子》。夜赴传经堂取《藤圃杂著》《腐谈集》。次孙君文郎来。孙穀臣君送年礼,受金腿二只、大鱼二尾。在此初识姚君石子。
十九	上午阅《藤圃杂著》。五时赴传经堂取《考殷余事》即回。志甘君来,振新君来。
廿日	阅《藤圃杂著》。致吴生瑞生书。
二十一	上午诣景炎君谈,晤医师孙君粹存,谈及偏头痛疾,遂约四时至其诊所针治,得能痊愈,感激匪浅。阅卢注《列子》、《苋园杂说》。
二十二	上午阅《余年闲话》。四时往北针治,曾至蟫隐庐阅《列子卢斋口义》。
二十三	上午传经堂取《拙修集》。四时往蟫隐庐还卢注《列子》,又取林希逸《列子口义》,旋又往传经堂取叶子奇《草木子》。阅叶良仪《余年闲话》。清虚观送年礼来。
二十四	疾作。景逢君来二次,振新君来二次。
二十五	午后四时往针治即回。朱府二奶奶来,振新君来,李佑之君来,未晤。关帝庙送年礼来。
二十六	眼感干枯,午食未进,四时往针治,曾在冠生园进点。送徐时极医师火腿、茶叶二色。
二十七	上午诣景炎君谈,午赴洒扫局宴,假座清节堂。四时往北针治,冠生进点后始回。正新君来。郁元英君、博古斋来书。
二十八	午赴关庙陪宴教员,四时往北诊治,旋诣二孙君谈。今日家祭未与。
二十九	四时往北针治。阅《余年闲话》。振新君来二次。

大除夕　四时出付各项年账。夜诣景炎君府。黄培章君来书。阅《余年闲话》。

甲戌年终

乙亥年(1935)

正月

元日(1935年2月4日)　上午阅《鸥陂余话》《余年闲话》《列子鬳斋口义》。三时诣方二房、大房贺年。

初二　丑刻疾作,其时适值立春,想不无关系也。

初三　上午诣景逢君,诣子坚君未晤。四时诣景炎君畅谈,座有琴木君,进点三次,皆略尝之。质庵君上午来。下午降雪一时许。

初四　下午四时赴得意楼茗点。阅《鹤陂余话》《列子》。

初五　下午三时往北针治,旋往一大偕质庵君赴严府。阅《列子口义》。拟《三苦吟》。景逢君来。

初六　四时往北针治,冠生园进点后即回。阅《列子口义》。题《除夕祭诗图》。

初七　上午阅《列子口义》,夜阅《老子本义》。又偕东儿赴四美轩听评话。

初八　上午阅《檐曝日记》《列子口义》。下午三时往北针治,旋赴湖社殷府贺震一君嫁妹。夜赴王府叔炎君庶母寿宴,适装置汽油灯,光甚剧烈,予已不愤矣。

初九　上午阅《列子口义》,午传经堂一行,三时往北针治。

初十　疾似小坐,起已午矣。三时往北针治即回。孙生琼华来贺年。

十一　疾作。

十二　午诣元英君谈,四时往北针治,夜赴秦府鸿社社宴。

十三　上午赴毛府关会拈香,在此午膳。四时往北针治,旋诣载

	如君畅谈。夜饮福未去。
十四	上午阅《孟子正义》《草木志》。午赴清节堂洒扫局宴。四时诣超然君谈。夜诣强公君谈。
元宵	上午阅《孟子正义》,曾诣景炎君谈。四时往北针治即回。孙生雨臣来,未晤。
十六	上午阅《读书乐趣》。四时往北针治,诣关庙真空僧未晤。
十七	疾小作。午诣真空僧谈。三时往来青阁,旋诣载如君谈。四时半往针治。
十八	上午诣颂清君谈,下午往北针治。三时疾作,夜一时始愈。景炎君来。
十九	下午往北针治。夜诣二孙君谈。
二十	阅《读书乐趣》。午赴李府,贺柳溪君嫁女并预宴。四时往北针治。夜关庙一行。
二十一	上午阅《读书乐趣》。午时先后诣朗圃翁、云门丈谈。哲庵君来,景炎君伉俪来。
二十二	上午阅《孟子正义》。四时往北针治,旋诣载如君畅谈。朗圃翁来。
二十三	上午阅《列子》《庄子》。四时往北针治。夜诣葆青君谈。
二十四	阅《老子》《庄子》。四时往北针治即回。
二十五	阅《庄子》《闻墨》《文中子》。四时往北针治,三时疾作。
二十六	四时往北针治。
二十七	上午阅《庄子》。午赴方府行礼,霖生君太夫人开丧,三时回。四时又往北针治。夜至美楼同庚宴未赴,因不适也。
二十八	上午阅《唐人集句》《庄子》。午诣芝山君谈,并代借《云间诗草》。

| 二十九 | 上午诣景炎君未晤,旋往看郑姓房屋。午赴清节堂洒扫局宴。四时往北针治,回即未出。《列子》录要,阅《庄子》。 |

二月

初一	上午诣景炎君宴。阅《列子》《庄子》。二时半诣载如君谈,旋往针治即回。
初二	上午阅《老子本义》。午疾作,仍进膳。三时往北针治。夜服凡拉蒙后似渐痊。以上两日因有疾,初三日补记。东白又记。
初三	四时往北针治,医师未至。夜诣元英君未晤。陈松山丈来。
初四	上午阅《读书乐趣》。四时往北针治,医师仍未来。夜诣紫金路郁府畅谈。陈松山丈来,赠以《古事比》一部。
初五	上午阅《读书乐趣》《文选集评》。曾诣景炎君谈。四时往北针治,回至汉石斋取《文选集评》,旋至得意与诸老友茗话。
初六	上午阅《文选集评》。夜关庙请往商事。
初七	上午阅《文选集评》。四时往北针治,旋往来青阁取《吴县志》。夜践关庙约。
初八	上午阅《论语正义》《孟子正义》。《礼记义疏》《吴县志》二书命奎生送往严府。三十疾作,仍往北针治,回即安卧。
初九	下午三时半往北针治,疾至上午八时始痊。夜应关庙请商事。
初十	上午阅《孟子正义》。午诣铁民君谈。四时往北针治,回即未出。致汪伯奇君书。
十一	上午阅《读书乐趣》《文选》。四时往北针治,出诣载如君谈,旋来青阁取京陵局刻《文选》,回曾往关庙小坐。陈

迺勋君来书。

十二　上午阅《文选》。四时往北针治,旋赴博古斋取明刻六臣注《文选》而回。

十三　上午阅六注《文选》、《陶集》。午赴曹府吊颂孚君并预洒扫局公祭。夜关庙一行。

十四　上午往大南门相屋,午赴洒扫局宴。四时往北针治,旋往来青阁取《陶渊明集》,博古斋取六臣注《文选》下半部而回。代关庙拟致公安局呈文已取去。

十五　上午往定夹板。上午已觉欠安,下午睡后知疾作,惟不遍于头部,呕吐二次。维庸君来。

十六　上午往定住屋。阅《陶集》。四时往北针治。

十七　上午阅《陶渊明集》。四时往北针治,旋至来青阁取《庾开府全集》。回经关庙,入内小坐。张顺林君来。

十八　上午阅《庾开府集》。四时往北针治。博古斋与房主交涉,延往商讨,遂一行。夜又往传经堂。

十九　上午阅《庾开府集》。朱次孙君来。侯康伯君送药来。四时往北针治,旋博古斋一行即回。晚传经堂取《宋元明诗笺》。

二十　上午修六臣注《文选》。十时诣半淞园厚载君谈。夜出散步一周。

二十一　上午修六臣注《文选》。四时往北针治。夜赴马府同庚宴。

二十二　风雨。上午阅《庾开府集》。四时往北针治,回即未出。

二十三　上午阅《陶集》。午赴蔡府行礼(景逢君太夫人撤座)。四时往北针治即回。

二十四　上午阅《文选》。夜诣叔田君未晤,与戴君略叙。

二十五　上午阅《文选》。午赴蕴经里定住屋。夜赴蔡府宴。郁志甘君赠《郁氏家谱》。张尧卿君来。

二十六　上午阅《文选》。四时往北针治。夜传经堂阅《休宁县志》《鹤泉文集》。张顺林君来,为退屋事。

二十七　疾作未出,卧床终日。姚伯鸿君今日开丧,未克往吊。鸣社今日觞咏,亦未去。

二十八　上午赴凌府吊伯华君夫人,旋往蕴经里谈租屋事。四时往北针治。上午蒙郁元英来问疾,适出未晤,夜诣谈。

二十九　上午约元英君来家。午赴清节堂洒扫局宴。四时往北针治。夜诣二孙君谈。

三月

初一　上午诣景炎君谈,四时往北针治。阅《四梦汇谈》。强公君嫁女,命东白往贺。

初二　上午阅《文选》《寒枝集》。四时往北针治。《寒枝集》向传经堂取。

初三　上午阅《文选》。今日洒扫局祭先董,午赴行礼并饮福。四时往北针治。

初四　上午赴皇考妣殡宫行礼。四时往北针治,旋诣载如君谈。夜赴大观楼鸿社社宴。今日清明,邑庙举行神会。

初五　上午赴郁氏山庄鸣社社集,祭已故社员,余任通赞,回近四时。

初六　昨夜十二时疾动,今晚六时始痊。

初七　午诣法藏寺张府吊挹珊君。四时往北针治,又博古斋一行。夜诣紫金路郁府畅谈。

初八　上午诣景炎君谈。四时往北针治,旋诣质庵君谈。阅《庾开府集》《文选》。

初九　阅《文选》。四时往北针治,旋至得意。

初十　上午阅《塞夫集》《文选》。四时往北针治,曾至联合广告公司。

十一　上午阅《文选》。四时往北针治。夜赴夏府喜筵,生稚谷取媳。

十二　上午质庵君来畅谈,阅《文选》《陶渊明集》。夜就近一行即回。

十三　上午阅《文选》。下午四时往北针治,旋赴叶府行礼(醴文先生今日大殓)。夜诣元英君谈。

十四　上午阅《文选》。午赴清节堂洒扫局宴。四时往北针治,旋诣载如君畅谈,因雨即回。

十五　上午整理书架上之书籍。下午二时疾作。

十六　今日为甲子金奎。午诣洒扫局行礼,未饮福。四时诣浴尘君,请书岁寒堂藏书四纸。

十七　上午整理书籍。四时往北针治,旋博古斋一行。

十八　上午整理书籍,迁居一次必平添若干书籍,嘱木工新制巨箱二,恐当不能容也。三时诣载如君畅谈。近五时始往针治。夜诣紫金路郁府清谈,谈亦颇畅。

十九　上午分置书籍。午赴关庙苏府行礼,颖杰君子安葬在此,诵经,旋在库房进面膳。

二十　上午清理书籍。三时往北针治,旋至博古斋取书二种。

二十一　上午清理书籍。四时往北针治。

二十二　上午收拾书籍。三时往北针治。

二十三　病作。

二十四　上午收拾物件。四时往北针治即回。夜诣元英君谈。公展君夫人冠玉女士送礼物二色,受之。

二十五　今日依据蕴经里五号,拟有《移居启别录》。移居一切承曾珍甫君相助,感之。夜赴孙生午生喜宴。

二十六　上午张悬书画,旋诣景炎君谈。五时往西门,得书三种,

	又传经堂一行始回。质庵君来。
二十七	上午阅《昭代丛书》。三时往北针治,旋诣质庵君一谈即回。尧卿君来。振亚君来书。
二十八	上午阅《古文怡情》。三时往北针治,其时已疾作,回即安卧,至夜半始痊。子封君来。
二十九	上午静养。四时往得意晤毛、方、蔡三君畅谈。夜诣元英君谈。
三十	上午阅《古文怡情》。午赴洒扫局宴。四时往北针治。

四月

初一	上午阅《古文怡情》。四时往北针治。夜诣景炎君谈。真空僧送杭茶,受之。
初二	上午阅《诗古文辞》。下午五时赴周府襄题,题主为叔安君之母夫人,题主者为褚氏谊君。
初三	上午赴小灵山张府吊莘甫君。疾作。质庵君、械人君及王君来。
初四	夜诣元英君,赴杭未晤,与其尊人一叙。
初五	上午阅《古文》。三时诣新闻报馆铁民君谈,旋往诊治,又一大银公司一行始回。夜诣元英君谈。
初六	上午八时诣颂清君谈。晚五时诣方氏昆仲谈。子封君来,以《(京)[金]陵胜迹志》十本助之。
初七	上午元英君来畅谈。晚传经堂取《黄山志略》而回。夜中国书店送明版汲古阁本《剑南全集》来。少华君来。
初八	上午阅《冰言》。晚就近散步。鸣社、蔬月画社、群学会均来通告。
初九	上午阅《文选》《冰言》《赋》。叶友琴君来。下午三时疾作,夜九时后始痊。
初十	上午质庵君来畅谈,因余移居并赠余装成诗幅。下午五

	时赴灵山寺郁府行礼（振亚君母今日六秩帨辰）。下午郁子甘君来，以诗稿相商。谢景涵君来未晤，以留书托撰叶丈醴文诔辞。
十一	上午九时诣颂清君未晤。四时往北针治。阅《文选》《剑南诗稿》。顾景炎君来未晤。朱次孙君来畅谈。午诣铁民君谈。
十二	上午诣颂清君未晤。三时诣载如君谈，旋往诊治。夜诣关庙真空僧谈。阅《困学纪闻》。
十三	上午九时诣颂清君谈。晚诣葆青君谈。致景涵君书。
十四	上午阅《放翁诗稿》。午刻赴清节堂洒扫局宴。四时往北针治。下午三时疾作。刘葆君来书。夜九时愈。
十五	晨又疾作，晚六时始愈。
十六	上午陆菊初君视察宏道学校来谈。四时往北针治。夜赴鸣社社宴。王甫日新君来。
十七	上午诣景炎君畅谈，座上客满。夜在关庙。
十八	上午阅《唐人集句》。强公君来。四时往北针治。夜在关庙。
十九	上午阅《季氏遗书》。夜诣元英君，因病未晤。强公君来谈。
二十	上午阅《藏经宗门部》。尤浩钧君陪陈通宝君来诊治。晚诣陈府质庵、蒙庵昆仲谈。张尧卿君来。赵二孙君、戴君来未晤。郁葆青君来请柬。
二十一	上午诣叔田未晤，与戴君略叙即回。十一时漱石丈来，午刻同赴郁府陪宴陈石遗，词文并摄影。散后载如君偕同来家座，约一时许始去。
二十二	疾作，未呕吐。
二十三	金颂清君来未晤。夜诣元英君谈。

二十四　上午诣浴尘君谈。阅《庄子》。午时诣二孙君畅谈。下午雨。

二十五　上午阅《石遗诗话》《庄子》。四时往北针治。夜散步至东门路,金颂清来二次均晤。戴君来。诸青来君来书。即复上海县修志局来书。

二十六　上午先后诣景炎君、漱石丈谈。三时诣载如君谈,旋往针治。夜诣颂清君谈。诸青来君又来书。皇甫日新君来。

二十七　午疾小作。上午代撰祭文。致诸青来君书。

二十八　体惫,日间未出。夜诣右之君谈。诸青来君来,金颂清君来,谢强公君来。

二十九　午赴清节堂洒扫局宴。三时诣雪渔君谈,旋赴严府行礼(味莲丈夫人二周年),小坐即往针治。夜诣叔田君府。

五月

初一　疾作,夜七时始愈,未进食。

初二　午赴牯岭路净土禅院吴府吊叔田君夫人,并预鸿社公祭,回已三时。夜出购药,诣景炎君未晤。

初三　上午诣景炎君未晤。阅《庄子》。三时往一大银公司,旋往针治。夜往郁府葆青君谈,并取照片,旋诣尧卿君未晤。清虚观送节,受五色。

初四　上午九时诣尧卿君,已出。诣景炎君谈。四时赴商务书馆购《高僧山居诗》。经实学通艺馆遇伯岸君,邀入小坐。夜诣颂清君畅谈,又往晤尧卿君。颂清君上午来未晤,午后来坐颇久。关庙送节礼,受三色。

初五　上午传经堂一行,阅《高僧山居诗》。六时出外遇范君吉生,陪往范氏香山别业一游,主人香孙丈未晤,遇其令孙书玉君,惜回时已晚,匆匆即出,订星期日再往。庄敬亭君来,谢强公君来。

初六	上午阅《余年闲话》《藤圃杂著》。晚出散步即回。
初七	上午阅《文选》。四时往北针治。六时往文庙茶室小坐。
初八	上午阅《论语正义》。下午赵二孙君来,陈雪渔君来,均晤。邮政管理局来书。夜关庙一行。
初九	疾作未起。祁丈采侯今日开奠,命东儿往吊之。
初十	夜诣元英君谈。
十一	上午阅《曲园杂文》《老子》。夜往关庙,回诣颂清君未晤。午刻约吴允谦君谈校事。
十二	上午七时半诣颂清君谈,旋往北公展君伉俪谈,诣润生君未晤。晚六时诣二孙君谈,旋又诣葆青君乔梓畅谈。中国书店送来书三部,计《清骈文正宗》正、续各一,《骈文类编》一部。
十三	上午翻阅各种骈文,十一时赴毛府关会,四时诣载如君畅谈,夜赴传经堂得《列代赋汇补遗》。诣颂清君未晤。胡允谦君来商办识字学校事。金颂清君来未晤。
十四	上午翻阅赋汇,午赴清节堂洒扫局宴,夜诣颂清君未晤。
十五	上午阅《骈文正宗》《骈文类编》。晚六时诣范吉生君、香山丈,均未晤,曾往琴木君寓小坐。皇甫日新君来。
十六	上午阅《骈文类编》。下午二时半疾作,至晚九时始痊。
十七	上午阅《骈文正宗》续编,下午志甘君来畅谈,夜诣元英君畅谈。
十八	上午阅《骈文类编》。下午朱次孙君、谢强公君来,均晤。六时诣载如君畅谈,回又往晤颂清君。
十九	上午阅《赋汇》《骈文类编》。六时诣右邻杏生君,请为东儿拟方,旋至传经堂得明汲古阁本《放翁全集》。
二十	昨深晚又疾作,午后二时始痊。六时传经堂一行。
二十一	上午阅《戴南山集》。载如君来畅谈。夜诣颂清君未晤。

	下午李佑之君并景亭君来，未晤。
二十二	上午阅《瓯北诗钞》。颂清君来，托拟挽件。午时博古斋一行。夜赴鸣社社宴。贾叔香君来。
二十三	上午质庵君来畅谈。阅《瓯北诗钞》《方望溪集》。夜赴全家福鸿年君西宴。
二十四	上午阅《方望溪文集》，改《九峰旧庐藏书纪略》。五时赴博古斋，回又传经堂一行。郁元英君来书，朱传轩君来书。
二十五	上午传经堂一行。阅《老子》。四时往汉学斋取《老学庵笔记》一部，旋往得意茗话。
二十六	上午阅《老子》。颂清君君来。下午强公君来。五时往北，因雨折回。
二十七	上午阅《骈文类编》。皇甫日新君来。三时往永安购物即回。夜传经堂取《四六争奇》。
二十八	上午赴方府祝友琴君五十初度，礼璧。阅《骈文类编》。午后三时半疾作。强公君来。
二十九	上午赴慈林叶府礼文节公并预洒扫局公祭。下午六时又往北购物。强公君来。杭抱经堂送书目来。
三十	阅《骈文类编》。午赴清节堂洒扫局宴。晚六时往传经堂取《袁文笺》《唐试帖》二种。夜诣景炎君谈。
六月	
初一	上午阅《袁文笺正》。五时往北购物，旋至受古书店取骈文多种，得《师郑堂》二卷。景炎君来。
初二	上午阅《师郑堂骈文》。午赴护国学校吃斋并摄影。四时往汉文渊、受古书店取《有正味斋骈文》《王笺》，中国书店取《有正味斋骈文叶笺》。夜诣颂清君、景炎君，均未晤。邀允谦君谈校事。尧卿君来，维庸君来。

初三	上午阅《有正味斋文》。颂清君、强公君来。四时往里园茗点,东白随。旋在园后购一双峰石,而盆则承二孙君购赠也,置之书案,可日日看山也。
初四	上午载如在顾府,遂往一谈。六时往重庆路方府,旋赴中社青来君宴。今日小有不适,下午四时始愈。质庵君、颂青君、鸿生君来,均晤。
初五	上午约鸿生君谈,阅《有正味斋文》。下午三时半疾作,夜九时始痊。
初六	上午约鸿生君来家。下午二时半购物即回。夜诣葆青君乔梓谈。
初七	上午关庙一行,又诣景炎君谈,阅《有正味斋文》。籀农君、龚君、鸿生君来,均晤。五时出购物。夜诣颂青君未晤。
初八	上午阅《有正味斋集》《历代赋汇》。颂清君来。下午六时诣葆青君谈,旋往北购物即回。
初九	上午撰《高行胡氏碑记》,皇甫君来。六时赴文庙茶室小坐,旋又关庙一行。
初十	上午《高行胡氏碑记》撰竟,阅《有正味斋文》。子封君来。下午强公君来。五时诣仲明君谈,其兄伯尹君取出自己作品请观,旋诣载如君谈。
十一	疾作,至下午五时始痊。上午王宝时君、顾景炎君来。
十二	上午诣皇甫日新君谈。阅《读杜心解》。颂清君来。夜赴关庙有事相邀。
十三	上午阅《有正味斋文》。六时诣方二房。夜赴慈林仲廉君宴。
十四	上午诣浴尘君谈。阅《骈文类编》。午赴清节堂洒扫局宴。六时汉学斋得《袁文笺正》,旋先后诣二孙君、葆青

	君谈。颂清君、景亭君来,均未晤。
十五	上午传经堂一行,又诣景炎君略叙。阅《骈文类编》。颂清君来畅谈。夜西门一行。
十六	上午庄敬亭君来。阅《袁文笺正》。五时诣载如君谈,后又往晤颂清君。
十七	上午阅《唐宋人诗》。六时诣颂清君谈,旋又往晤元英君。
十八	疾作。
十九	上午阅《苏长公小品》。颂清君来书附书四种,传经堂来书托改登报文字。五时诣载如君谈。
二十	上午敬亭君来谈。先后诣景炎君、杏江君谈,又往视雨林君病。阅《苏长公小品》。六时往传经堂取《古文小品》,旋赴鸣社社宴。
廿一	上午阅《古文小品》。六时往北购物。庄敬亭君来。
廿二	上午阅《古文小品》。旋诣元英君府,适元英君来,两歧,在郁府稍候即回。敬亭君来未晤。陈鹤柴先生来书,并赠予《青鹤》杂志、《凤台山馆诗钞》。六时往北购物。夜诣景炎君谈。
廿三	上午阅《古文小品》。陈朗士君来。六时传经堂取《藤阴杂记》,旋往文庙藤阴下坐时许,又诣元英君谈。
廿四	上午阅《藤阴杂记》。十时半赴毛府关会拈香。四时往北先后诣仲明君、载如君谈。夜赴毛府饮福。
廿五	上午阅《藤阴杂记》。五时往谒陈丈子言晤。洪焕新君来。
廿六	疾作。颂清君来,未见。
廿七	上午颂清君来。放亭君来,赠立幅贺移居。五时往汉学斋取《六朝文》,旋往北购物。致汪汉航君书。

| 廿八 | 上午八时半质庵、浴尘、敬亭三君来谈，临行又约十时半在景炎君府再叙。届时往，座又有载如君，十二时始散，中间曾往探铁民君病。晚六时先后往晤颂清君、二孙君。阅《藤阴杂记》《六朝文》。|
| 廿九 | 上午阅《六朝文》。午赴清节堂洒扫局宴。四时诣雪渔君谈，旋往得意与诸友叙，又关庙一行始返。汉航君迄未有复。|

七月

初一	上午阅《六朝文》。五时诣载如君畅谈。金颂清君来书。
初二	上午阅《六朝文》。晚传经堂一行。颂清君来。
初三	上午阅"上海掌故丛书"。五时诣一大银公司元英君谈。
初四	阅《夷患备尝记》。晚出得《新燕语》《谈往》二书。
初五	上午阅"上海掌故丛书"。五时诣一大银公司元英君谈。
初六	上午阅《集说真铨提要》。方非平君、蔡景鸿君来。夜赴功德林同庚宴，徐执如君承值。
初七	疾作未出。庄敬亭君来。《上海小志》稿命东儿今日开抄。
初八	上午阅《集说提要》。五时往北购物，回曾关庙一行。
初九	上午阅《集说提要》。夜关庙一行。
初十	上午《集说提要》阅竟，阅《有正味斋文》。夜诣景炎君畅谈。终日雨。
十一	上午阅《有正味斋文》。六时诣载如君谈。
十二	上午传经堂一行。阅《袁中郎集》。晚往北购物。金颂清君来。李佑之君来书。
十三	疾作。
十四	上午阅《园冶》。午赴清节堂洒扫局宴。夜诣景炎君谈。
十五	疾作。午后六时能进点。夜进水饭半盂。

十六	上午阅《园冶》。五时赴一大银公司晤元英君,旋赴功德林鸿社社宴,凤石君值。梅新卿君夫人开吊,命东儿往吊。行至宁波路西渭水坊口,险遭车压。
十七	上午阅《放翁文集》。晚诣颂清君未晤,旋诣葆青君谈。曹瀚亭来。
十八	上午阅《放翁文集》。五时诣浴尘君谈,旋往购物即回。
十九	上午书画会遇吉生君畅谈。阅《渭南文集》。夜诣筱侯君谈。庄敬亭君来。
二十	上午质庵、浴尘、云峰三君来,旋同诣景炎君府。阅《渭南文集》。五时往得意。夜先后诣葆青君、二孙君,均晤。强公君来未晤。
二十一	上午诣景逢君谈。阅《渭南文集》。六时践景逢君得意约。雪渔君来。
二十二	疾作。王云峰君来未晤。
二十三	上午阅《渭南文集》。四时诣仲明君谈,回经香楼候尧卿君,未晤。吴允谦君来,王云峰君来赠自绘便面一。
二十四	上午阅《后七家诗》。午赴护国学校。五时诣载如君畅谈。
二十五	上午诣颂清君谈。午后六时往晤葆青君。因有书来,旋往北取《评选四六法海》《袁中郎集》二种而回。
二十六	上午往北一行。阅《有正味斋集》。夜赴鸣社社宴。
二十七	上午阅《有正味斋集》。质庵、浴尘、云峰、伯申诸君来。三时往北购物即回。夜传经堂一行。
二十八	疾作,下午三时后始痊。
二十九	上午阅《百子金丹》。三时往北购物即回,遂未出。吴勇谦君来。
三十	上午阅《百子金丹》。午赴清节堂洒扫局宴。夜诣葆青

君乔梓谈。王午亭君来。

八月

初一　上午校《上海小志》,阅《百子金丹》《袁中郎集》。六时诣载如君谈。王章甫君、周浴尘君来。

初二　疾小作。

初三　疾又小作,夜请杏荪君诊治服药一剂。又曾往冠南园购。

初四　疾作。王午亭君来未晤。

初五　上午校《上海小志》。四时诣骏父君畅谈。

初六　上午传经堂一行。阅《清后八家四六文》《袁中郎集》。五时诣仲明君谈。朱传轩君来,将《上海小志》稿交与。

初七　上午阅《袁中郎集》。六时诣葆青君谈,旋关庙一行即回。连夕雨。

初八　上午阅《袁中郎集》。陪梅儿往顾医生处诊治。四时诣载如君畅谈。致方骏父君书。王吟梅君送礼品二色,受其一。

初九　上午阅《百子金丹》。今日未出。

初十　上午疲困未阅书。四时出外购物即回。金颂清君、王松泉君来。

十一　上午质庵君、浴尘君来,作久谈。旋陪梅儿赴顾筱若处诊治,候颇久。午赴王氏宗祠集议节孝祠修祭事,因王章甫君亲自来邀,不得不往。今日天气炎热,在园林中消遣多时亦正大佳,回即未出。陈丈鹤柴来未晤,以高年人远道而来,有失款待,心甚不安,赠《皖雅》一部。金颂清君来晤。夜韵笙君抬汤饼宴,命东儿去。未看书。

十二　上午颂清君、午亭君来。四时赴得意茗谈。陈鹤柴丈来书,桑伯尹君来书。

十三　上午疾作,至夜始痊。

十四　　午赴清节堂洒扫局宴。五时里园候人未至。陆树帆君来。

十五　　上午阅《剑南诗稿》。下午四时答候陈鹤柴丈。陈哲庵君来。连日天气炎热，午后一雨，骤觉凉爽。

十六　　午前阅《剑南诗稿》。五时出门购物即回。朱瑞轩君来。

十七　　上午阅《剑南诗稿》。五时诣载如君畅谈。晨景炎君来，朱瑞轩君来。

十八　　上午阅《敬修堂诗赋钞》。五时诣琴木君谈。叶友琴君、陈雪渔君来。成《游世吟》一章。

十九　　上午张尧卿君来。午诣景炎君谈。四时往北购物。未阅书。今日来米五斗、糯五升。陈鹤柴丈来诣简。

二十　　上午阅《剑南诗稿》。敬亭君来。六时诣关庙真空僧，赴杭未晤。

二十一　上午撰文一则，补入《上海小志》。周朗圃君来。四时诣载如君畅谈。

二十二　上午阅《剑南诗稿》。四时诣骏父君畅谈。

二十三　上午阅《剑南诗稿》。下午坐睡方觉疾作，约二时半，夜近九时呕吐后始痊。

二十四　上午诣景炎君谈。夜主鸣社社宴，回近十一时。

二十五　上午诣景炎君府。夜赴沈府仲若君宴。漱石丈、景炎君来。

二十六　上午诣程裕新茶号。闻近仁弟、艺圃侄皆逝世，为之感悼不置。五时诣关庙真空僧谈。

二十七　今日孔圣诞辰，洒扫局同人设位清布堂行礼。五时往千顷堂取《王注苏诗》，旋诣载如君未晤。

二十八　上午阅《王注苏诗》。四时诣载如君谈，旋往老胡开文与祥钧从兄一叙。

二十九	上午八时呕吐后尚安,头未作痛。王午亭君、景炎君来。夜传经堂一行。
三十	上午阅《苏诗》。午赴清节堂洒扫局宴。五时诣玉林君谈。

九月

初一	上午诣浴尘君未晤,诣杏荪君问用药事。阅《苏诗》。夜诣云门丈畅谈。
初二	上午八时诣浴尘君取书件。尧卿君同沈君来,朗圃君午亭君来。阅《苏诗》。下午二时半似有疾作,夜七时始愈。
初三	浴尘君、景炎君来。阅《苏诗》。下午志甘君来。四时诣载如君未晤,旋往得意。六时后又至东楼晤尧卿君。陈鹤柴丈来诗简。
初四	上午诣景炎君谈,拟寿味莲丈文。晚出散步。夜八时进西药一次。
初五	上午九时诣景炎君谈。阅《苏诗》。夜传经堂一行,旋往郁府。瞿伯申君来,景炎君来。
初六	疾作,上午呕吐二次,头痛,晚始愈,后又大吐一次。浴尘君来。
初七	夜应葆青君邀宴。
初八	上午诣祥钧从兄谈,夜诣元英君谈。致千顷堂谢祖芳书,取施注《苏诗》。
初九	上午诣景炎君谈。阅《苏诗》。三时偕东儿往游虹口,至虬江路始折回。不登高而行远,亦可谓少酬佳节矣。朗圃君来。
初十	上午阅《苏诗》。十时诣祥钧从兄谈。午赴严府拜味莲丈寿,回诣伯琦君未晤。四时往皕云阁结账。鸿生君来

	二次,均未晤。
十一	上午诣汪府伯琦君未晤,旋往新闻报馆,遇柳溪君托转。五时诣质庵、蒙庵昆仲谈。
十二	今日似小有不适。四时赴新世界拜铁民君寿,(勿)[忽]有一人执予手,吾竟想不起是谁,孰知即二十四年前同事梅溪之张君叔勋也,神态宛然而苍老多矣。旧雨重逢,恍如隔世。①
十三	今晨四时疾作,午后三时始痊,未呕吐。质庵、浴尘、午亭三君来。李柳溪君送家乘来。今日关帝会未克,赴毛府行礼。
十四	午诣叔田君谈。四时往传经堂。夜赴景炎君宴,诣韵生君未晤。志甘君来。吊吾园一集。
十五	上午八时诣景炎君谈,十一时诣清节堂。今日朱文公诞辰,洒扫局即借此设位行礼,并祭本局及蕊珠书院先董,饮福后回。四时诣载如君谈。王玉麟君来,沈韵孙君来,夜姚孟埙君来畅谈。补辑《上海小志》。
十六	上午质庵、琴木、午亭三君来。阅《苏诗》。夜诣秋水君谈。
十七	上午九时同姚君孟勋诣载如君谈。阅《味无味斋骈文》。下午景炎君来谈鸣社事。晚出得书二种。
十八	上午往取明刻《杜诗》。阅《苏诗》。下午强公君来谈。
十九	上午阅《正信录》《味无味斋骈文》。夜诣筱侯君谈,回至经香楼取书四种。吴勇谦君来告今日叶光宗来视察。
二十	上午八时景炎君来。阅《正信录》《味无味斋文》。三时

---

① 旧雨,指旧相识,出自元代诗人刘将孙《养吾斋集·樵川再病》中"新知何脉脉,旧雨何悠悠"一句。

	诣载如君谈。夜又诣景炎君谈。
二十一	上午八时景炎君、韵生君来。阅《味无味斋文》。下午志甘君来。六时关庙一行,旋往经来楼翻阅诗文集。
二十二	疾作,夜七时始痊。景凤君来。
二十三	上午九时赴鸣社话旧集(假报关公所),来宾亦盛,并假梅溪学校摄影。此次一切供设悉由韵生谱兄惠借,并代为布置,深感之。苏州陈石遗丈、常州钱名山君皆因事未至。
二十四	上午唐湾学校一行。阅《正信录》。四时诣桑府昆仲,均赴松未晤,旋诣载如君畅谈。八时服药一次,十二时又服药一次。
二十五	上午《正信录》阅竟,阅《苏诗》。夜往传经堂取《骈体南针》,旋诣郁府乔梓谈。七时半服药一次,十二时又一次。
二十六	上午阅《上海竹枝词》《骈体南针》《苏诗》。三时诣骏乎君畅谈。夜七时服药一次。
二十七	上午阅《苏诗》。旁晚往经来楼得《井麋居集》《陔南池馆遗集》《双树生诗诗抄》《纪半樵诗》《仲瞿诗录》《烟霞万古楼诗选》六种。
二十八	上午阅《井麋居杂著》。三时诣载如君谈,旋往老胡开文小坐。五时后又往严府,约一刻许,载如君始回。
二十九	疾作,眼先干胀引起呕吐,旋及头部,夜七时始起。廿四年未见之老友张君叔勋邀余在大加利,遂不克赴。虽一饮一啄,莫非前定而遇此不凑巧之事,心中终不免有所闷闷也。
十月	
初一	上午九时诣林善初君交祠联,回适质庵、浴尘、午亭三君来谈,至十时始去。余又将仲明君寄来之中堂面交景逢

	君。夜诣葆青君乔梓谈,并送书四种与元英弟。仲明君松江来□件,系快邮。
初二	上午阅《王仲瞿诗》《井麋居杂著》。三时诣质庵君谈。夜往经来楼,得明本《柳文》。致张叔勋君书、桑仲明君书。移居启分致杭州西泠印社及汪惕予君。载如君来书。
初三	上午九时问景炎君病。阅《柳文》。下午孙琼华女士来,久谈。夜关庙一行,又诣佑之君谈。
初四	上午叶友琴君来,午亭君、敬亭君来。阅《柳文》。四时诣载如君,旋又一大银公司一行。回至经香楼,得《百孝图》《二程粹言》二种。
初五	上午八时顾府邀往谈景炎君病情。阅《陶诗》《二程粹言》。四时往传经堂。夜又关庙一行。
初六	上午九时午亭君来,同往问景炎君疾,旋又到午亭君府小坐。五时出购物即回。王彬彦君来通启征诗文。
初七	上午午亭君来,同往经香楼,得《瓜圃叙录》《韩昌黎集》,回至对门庄府新屋落成。午刻邀宴未赴。三时志甘君来。五时往得意。从弟妇冯太太送礼二色,受之。
初八	上午四时疾作,下午四时始愈,曾用咸鱼头熏头部,似有效。葆青君、韵生君及梅溪学校友会邀夜宴,均未赴。
初九	上午九时问景炎君病。阅《昌黎集》。夜诣郁氏乔梓谈。
初十	上午往传经堂,遇杭州育王山住持李紫东道人,略谈即别。阅《昌黎集》。夜经香楼一行即回。张廷贵君请赏菊,本定十二晚,恐余夜间不适,改在明午,由韵生兄来片知照,感之。李佑之君来书,为因县志筹款事。吴勇谦君来。
十一	上午阅《柳州文》《昌黎集》。午赴张廷桂君菊宴,座有夏

	剑丞、李拔可诸君,谈颇畅。
十二	上午整理书籍。夜育婴堂一行。旋赴丽云阁,嘱书挽联,洒扫局明日上午祭朱君子刚,通告夜六时始到此,联仅二分钟撰成,当觉切合自然,亦云速矣。
十三	上午整理书籍。午赴铎庵朱府与洒扫局公祭。夜赴经香楼得《桂之轩骈文》,遇汪君云孙,约至其寓,观所藏书。
十四	上午诣徐时极君,为孙女梅儿今日请种痘事。午赴清节堂洒扫局事。夜诣元英弟谈。
十五	晨疾作,午后四时始起。周浴尘君、郑质庵君来。
十六	上午稍理书籍。三时诣质庵君谈,诣载如君,赴苏未回,至开文小坐。夜赴明湖春江府喜筵,一南君取子妇。
十七	今日午前又感不适,至午始痊。曾传经堂一行。警士王君送烟照来。
十八	上午诣景炎君,已下楼略谈病状,旋赴经香楼一行。四时诣载如君,谈游吴郡诸山。回,毛子坚君来邀廿一午刻陪宴云门丈,并托转邀漱石丈。
十九	上午诣漱石丈谈,并代子坚君面致请柬。阅《问湘楼骈文》。三时赴张府尧卿君次子续娶,余司婚仪。夜诣元英君谈。
二十	上午阅《问湘楼文集》。郁葆青君来书。
廿一	上午阅《昌黎集》。午赴毛府陪宴云门丈,座有砚畦、心海、一亭诸丈,合摄一影。
廿二	上午诣浴尘君谈,座有质庵君,来取药茶四色。午时诣经香楼,有"逻学汇刊",择购六册。
廿三	上午阅《古文析义》、"逻学汇刊"。午膳后似疾作,夜九时始愈。
廿四	上午诣景炎君。阅《宝素斋金石书画录》。五时云峰、敬

亭两君来。夜诣二孙君谈。郁志甘君来。

廿五　　上午往经香楼阅《琅琊山志》,旋赴关庙一行。五时往传经堂取《齐云山志》。夜诣元英君谈。未阅书。

廿六(1935年11月21日)　疾作,夜六时始愈。雪峰君来。桑仲明君来书。

孙德谦友朋手札(一)

邹晓燕 整理　钟淇名 校对

致 金 武 祥

一

菽芗先生侍史：

  月初复白小笺，未得琼华之报，此心怅然，无以解其劳结也。今日往谒鞠裳叶公，知彼所著《藏书纪事诗》已行寄赠。惟言置邮以后，时逾两旬，不奉嗣音，殊为盼念，嘱谦询问，敢乞示知为幸。倘呲呲书空，渠以由局递呈，不难诘责也。此老撰述宏富，近又为《邠州大佛寺题名记》，已成四卷，中秋后闻又将所作诗篇付之杀青，里中勤于著书，足垂不朽者，可谓灵光岿然矣。不尽欲言，敬请道安。孙德谦启上。夏五廿有四日。

二

菽芗先生左右：

  一乍奉琼琚之报，知廿四日再肃小疏，均尘高览，幸甚幸甚。菊叟寄赠《藏书记事诗》，而公亦以旧刊酬答，谦已诒笺关白，并为访问,未得其嗣音,不识我公曾接复言否？俟晤,当更询之。冯中允《显志堂集》,其有诗词者,却未经睹。天气稍凉,定往金昌一行。代为购置吴梅庵所辑《国朝文征》,曾见谭仲修《日记》亟称之,以为在姚、李两《文录》上,但其书则传本绝稀,其它撰述,窃所未闻。惟冯、吴皆里中耆献,当此斯文将丧,人且弃之如遗,公乃殷殷访求,待秘中郎之枕。谦留情搜宋小岩屋壁,必物聚所好,而往往间出矣。拙著《金遗民录》,其人皆高尚不仕,贞松后凋,有夷叔西山之志。别钞一目奉呈,公博闻多识,倘有增益,不胜盼跂。谦去岁夏托鹤一顾子绘《南窗寄傲图》,自为文记之（鹤一为子山孙）,题咏者已得三家,缘裘而外,寓贤如朱古微、郑叔问,俱有诗文。我公誉馥区中,当今靖节,敢求宝墨以附青云之士,施诸后世,谅蒙印可焉？

　　垂询毛实老近状,谦以键户绝尘,久未往谒。闻其生理奇辣,每逢知契,必为痛哭,其抑郁无欢可知矣。贵体近当康胜,愿加意调摄,为道珍重。肃复,敬敏撰安。德谦谨启。

　　前示拙序并时贤题跋三篇,乞惠寄数分,以附手纂集中,盼盼。

三

粟香先生大人阁下：

　　前承枉顾,以未知寓斋何许未克趋诣为歉。刘葱石处与公邂逅相遇,诗人所谓"既见君子,我心则悦"者也。谦拟吴、长、元三县合志编纂条例,以纪传、图表、考略为纲,而以沿革诸门类归入其中,此本之章实斋先生,似合史体,奉上一册,乞教正。敬请道安。晚孙德谦顿首。

四

陶庐后忆叙

诗有之曰:"维桑与梓,必恭敬止。"是以孝侯诞志其风土,圈称录其耆旧。士女之赞造,尚乎常璩;草木之状极,命于嵇含。原其蔚然系辞,岂不以切情。邦献留思,物宜将使,生是乡者,闻风百世,怀而兴起也欤。乃后代方志冥昧,纂修瘦疏,艺文杂厕歌咏,史体有乖,识者察之。盖红休成例,览录知归,诗赋家言,无竢甄采焉。然而原本山川、芟刊月露,传陈留之风俗,记荆楚之岁时。童年钓游,俯仰其陈;茂宗轨范,扬挖其清芬。则三赋练都,足称外乘;九疑泳古,刻擅名家,亦云休矣。菽乡先生宏览多识,尤长舆地,往者宦辙所经,尝撰《赤溪》《漓江》二志。嗣以张翰远适,动寄归思;公谨博闻,广稽旧事,又成《陶庐杂忆》数卷,固已正四始于弦歌,垂一邦之文献。兹者在远不遗寄示《后忆》百首,虽其中西园揽胜,并缀前尘;南浦重来,兼叙高会。而春风啜茗,秋月鸣机,载录方言,都关故实。自序所云,感怀朋旧,洄溯游踪,敷陈乡土,尤为职志,可以观其意之所注矣。夫诗之为教,托始宋风,太师陈之,观民好恶,故三百篇者,皆闾巷讴谣之作,妇女劳怨之辞。揆诸史家,故与印朋、外传同为国别,而志地理者,于此备要删焉。先生《常故》一书,锐志鸠缉,斯事体大,矜缓杀青。于是出其余绪,抽此闳思,或故家挹其风流,或齐民著为月令,或述延年之雅浩,或法梁元之显忠。凡其谏古讽今,感物吟志,无不绍搜轶事,推本稗官。是知后之诗家与史区囿,陶写性情,不知方轨风雅,可谓沿流忘源,去古俞远者也。顾先生怀其旧俗,汜渚歌谕,此既然矣,请复详言。在昔典午末造,运值乱离,清节灭景,田园颐神,井田观其陈书缀卷,置酒弦琴,爱丛菊之犹存,抚孤松以寄傲高,蹈独善良为钦哉。

余每诵其诗辞,特惜皎洁。当年芳流歇绝。今先生敛策赋归,散襟取适,行乐氛埃以外,抗希怀葛之民则其以陶庐自命,讵非尚友柴桑者乎。谦摆脱衣冠,钻阅图史,握玩斯编,不仅嗣响棹歌,拾遗梼乘,知其卓然不朽,流声逯来。而于先生为人,盖尤所欣慕焉。辛亥春王正月,元和县孙德谦谨序。

"俯仰其陈"下脱"迹"字,"井里"二字误书作"田"。

五

读《粟香七龆自述诗》跋

江阴金粟香先生,今之闳览博物君子也。昔者蓣苫里闬,陪奉欢讌,尝出其《漓江杂记》属为序引,私窃忻幸。张华座上,仰齿盛游;《江总集》中,附传琐语,其为荣贶,固已多矣。亦越数年,复以所刊丛书并《随笔五种》见诒。谦受而读之,见其掯逸前尘,旁搜轶事,往往相如封禅,则征其坠简;襄阳耆旧,则拾其异闻,披览粲然,郁乎不朽。故知《笠泽》一编,尚遗先藻;《容斋四笔》,未诩奇观。盛业名山,洵足寿世垂远者焉。若夫先生之诗,升堂睹奥,海内交誉,蔚为辞宗。是以东莞知希,愿取车前之鉴;西昆酬唱,辄题汉上之襟。今者以七十揽揆,成《自述》六章,虽威凤足验其德,文豹未窥其全。而灵运述祖,泉明命子,臬括生平,于是乎在。则是马卿叙传,要删于史迁;白傅系年,无籍于德劭矣。谦之不文,何能式颂清风,属和阳雪?顾余与先生音问阻阔,俄焉两禩。乃在远不遗,猥承沾逮,重念情契,乌可无言?先生耽玩印索,寄傲琴书,作吏一行,旋寻初服。迄今杖履萧闲,主盟乎风雅;丝竹陶写,高卧于羲皇,如此者将二十载,盖无意于世久矣。乃望深微管叹甚,倚楹则是灵均赋骚,致慨其时命;仲宣伤乱,托兴乎篇章。彼不知者,妄谓陶令归来,甘自堙暧;杜陵讽怨,无埤兴衰,殆未识先生之心也。谦故寻绎诗恉，至于忧天一语，知其重有感矣。于时山桂招隐，微散幽芬；泉菊制铭，适开华宴。登其堂者，必有藻彦耆英裁霞缕月，振其雕龙之笔，持为俚咒之觥。谦素不工诗，僭跂数言，期得骥附之彰，用谱鹤飞之曲云尔。岁在庚戌，元和孙德谦谨识。

六

菽芗先生有道：

音敬旷疏，载离寒暑，愿言之怀，良不可任。尔来秋阳严烈，伏维撰述闳富，静动多福，甚休甚休。一昨不遗，猥承寄示新诗，循诵数四，亦欲横笛腰间，作李委故事。止以素不工吟，未敢属和，谨撰跋尾一篇，奉尘清览。倘敬礼小文，获蒙陈思为之删润，俾汗青时附骥而彰，何乐如之？旧刊顾高士《志道集》，此系吴都文献，今持赠四册，敬希检存。拙著《新学商兑》，专诘饮冰之说，有未是者，尚乞诲正。又，友人张子钝庵《史微·内篇》，一并呈览。张君为沚莼谱丈哲嗣，学术精博，又长于诗词。昨见谦跋文，渠亦愿赓续数章以为善颂，想不日当可邮寄上。闻艺风缪公近修《江南通志》，谦往读《章实斋书略》，明志乘之例，傥不弃庸薄，我公为之嘘植，使窃吹比郭，滥厕其间，岂不幸甚？方今时局维艰，旧学荒落，谦忘怀得失，颇以文章自娱，所著《二妙合谱》《金史艺文略》，并搜辑金源遗老《杜仲梁集》。在夏初，吴仲怿侍郎索取稿草，拟付杀青。观成以后，必当就正于大君子也。书不尽言，聊布区区。恭祝寿禧，虔敏道安。晚学孙德谦拜上。

致 曹 元 忠

一

君直先生道长：

　　前奉小疏，计尘阅览，惟未蒙赐复，殊深悬盼。尊藏《玉台新咏》宋本，昨往祝钱听邠寿，适与缪艺叟同席，告以此事，乞其在彼时加以一言，庶易美成。渠颇赞同，并沈醉翁已与府主翰兄提议，其价则以四子元数为言，翰公无异言。执事海上之游期在月杪，当已定准，届时一无阻力。公闻之，谅必欣悦也。至校勘之事，前朱沤老来此，分外褒扬，将来借钞韩氏书籍，再请艺风介绍，贤者即可就此理董矣。肃上，敬请著安。小弟孙制德谦拜状。

二

君直先生史席：

　　今晚翰公邀缪艺老诸君子讌集，座间艺老以尊书付读，欣知从者归期，殊盼。嗣又得蒙赐书，并诵佳章，切情怡怅，哀感顽艳，行与醉、翰二君一共赏奇矣。星驾贲然，无任景跂。下榻陈蕃，当必愉快。届时正在此间，弟明午再为先容也。沈休穆于前日来沪，亦寓馆中，如公憩乘，不特可畅叙幽情，兼之三人有同行之乐矣，何幸如之！弟久不作诗，惟文字积债，一月以来几无闲暇，近始去此尘累，几案稍清，然亦苦已。今夕艺老言及贵府主藏书之富，有尧圃钞本。弟亦从旁将前书意中述翰公，颇有意也。率复，敬请道安。弟制德谦拜疏。廿九夜时已二句钟矣。

　　今日谒沈乙盦先生，悉叔彦夫人于初四开吊，未知公早得此信否。

三

君直先生侍史：

在里时匆匆未获畅挹教言，此心阙然。二十日与休穆相晤，知尊藏宋刻《玉台新咏》，有求善而沽之意，已与同事沈子商议，俟先生来沪时或挟书而至，当无阻碍也。其值亦告以银计则为三数，洋计则在四子之谱，大约弟为绍介，近来新名词所谓"一致进行，可达目的"矣。并前夕与府主谈，曾言执事于十月杪当枉帆见顾，彼谓到时可相叙，甚好，盖中垒本有缁衣之雅也。

尊馆可钞书拟请开列目录，谅休穆已将鄙意述及。日前曾与古微侍郎提论，渠今日见刘主，颇极力称誉先生校勘之学。如簿录寄来，定有须钞者，则校书事公可任之。吾辈江湖贱贫，似亦一生计问题也。休穆于明岁可于原数十六外得增八士之目，谅先生亦乐闻之。肃上，敬请道安。弟孙制德谦拜言。

《遗民咏》八首呈政，亦代作。

四

君直先生大人阁下：

顷诵手教，悉闻《远丧服稿》已收到，甚慰。此稿订定后，可即付郑子兰写样，弟已与翰翁言之。寿文印本，弟处无存，只能俟公来沪，自取之宫中也。一山又作《远游赋》，渠在申时，曾谋一面，所事却无把握，然任奔走之劳，斯亦不可及矣。培老往访一次，《礼议序》确已写成半篇，惟秋暑殊烈，渠因此又辍笔。弟此来作文两篇：一为祭文，代吴蔚老作；一则《题叶天寥像》，亦翰兄所嘱也。敬请道安，不宣。弟孙德谦顿首。

致沈慈护

一

慈护仁兄大人阁下：

　　久未良觌，殊念殊念。属书之件草草塞白，托楫江兄转呈左右，谅早察存矣。里中新刊《周宣灵王庙碑》，由弟撰文并缮写，今以一分奉诒。惜碑额未经寄来，未为全拓，敝帚自享，恐不足观也。敬请侍安。弟孙德谦顿首。

二

慈护仁兄大人阁下：

　　拙著寿序，昨午后送在余楫江兄处，谅呈察阅。文中"子黻我佩"改作"我黻子佩"，"木母金公"改作"西母东公"，当时以匆匆交卷，未及检点。又，"形天舞干戚""形"字亦宜改为"刑"。弟书势甚劣，倘有他友缮写，请将误处更正。若无其人，由弟书之可也。诗已敬赋五章，奉乞哂政。再，昨晤朱古老，言寿文中既有同年出面，弟可不列名，因末段语意尚须斟酌也，亦祈酌定示知为荷。敬颂侍安。弟孙德谦顿首。

三

慈护仁兄大人阁下：

　　月初辱荷枉存，得亲教益，欣宠何如。弟极思诣府纵谈，一倾所怀。乃以衰躯多病，惮于行动，直至立春节过，精神稍振。唯阙然不报，心滋憾焉。乍子青来，知此事已结局，甚善甚善。并闻星旌即于初九赴绍，刻当早已安抵矣，念念。兹有恳者，德人颜复礼昨至此问学，言及与三儿怀瑛（字季英，又号啸亭）荐在经乾坤先生公司，但尚不能算成绪耳。颜君听讲由前政大校长张君劢介绍，却未言办法，其为三儿谋一位置，大约即以此为酬报。三儿于璖刻尚佳，古老、苏戬皆器异之。亲属琱镌，皆颇得意。又能作绘，亦尚可观。前曾在意城银行练习，去岁则赋闲无事。人尚灵敏而朴实，请公于经先生处加意嘘拂，俾早图成，感铭无似。惟三儿年龄尚幼，公司事未知门径，代恳经先生格外训教为祷。再者，弟客岁困守一年，异常艰窘，经先生当亦知弟能。三儿事成后，薪水从丰，实为弟帮忙，愿烦鼎言及之。弟之感荷盛德，真将每饭不忘焉。专肃奉恳，敬请台安。弟孙德谦顿首。正月十六日书。

　　拙著四种，去秋已由苏戬先生代为进呈矣，公闻之当亦忻快。如欲刻石，可即命三儿雕刻，此笺起首六字一章，为彼所作也，又及。

四

慈护仁兄大人阁下：

　　顷承枉顾，不克忝迓。实以迩来两腿浮肿，且觉酸痛，艰于行走，头部又似有微热，故不下楼者已数日，有失到屐，抱歉之至。先尚书文集，弟已统读一过，不但编次并有误字及脱去数行者，须将原稿细细校对，方可从事排比。弟自接手后，承公信托，急思整理。始则为校中考试有一二百卷，须加批评，嗣又为下学期预备讲义，重以天暑甚酷，精力亦衰颓，遂改延阁，颇引为憾事。其中多亲手真迹，弟当谨为收藏，不敢遗失。此事弟愿力任之，但时日不能迫促耳。弟刻多坐则肿又甚，惟恐劳注念，故书此奉慰。吾公何日回沪？谅不即行，弟未能趋谒，乞矜宥为幸。专肃，敬请台安，不宣。弟孙德谦顿首。

致刘承幹

一

《何大复先生年谱》阅过奉缴。其书体例不甚粹密，附录未免太多，他人投赠篇什应列入谱内。此等著述虽系编辑，亦不可不以心思贯串也，故为作序文，煞费经营。前宋君骈文序，弟用凝炼之笔，使知骈偶文字，非可矜才使气。然要须颂赞，措辞运典，皆宜惬当，殊觉殚精竭虑。今序次《何谱》，亦自不易。盖来稿大体精善，则撰文乃有兴会，强使之作，褒赞语最易困人。此中甘苦，公当深知之。公名闻海内，慕公者皆欲得一言以为荣。但学问之道，无体不备。弟向不傲才凌物，恐此后吾公声望日隆，请求序跋者必益多，非博览闳闻能文章者，殆难有来斯应也。《宋会要》已检校一通，"刑法"固是完全，其余"礼"类可增补者甚多，约计除略有重复外，可得十分七八，如此则《会要》可成全璧矣。弟愿为毛生之自荐，当协同编理，公其以为然乎？语云"家有千里骥而不御，反皇皇之而求索"，公其思之。酬谢一节，彼处欲得五百之数，请酌裁，不必急之也。敬请翰怡先生大人台安。弟德谦顿首。

致徐乃昌

一

顷奉手教，并承赐书，谨领，谢谢！《西津画图》适今午由小儿带来，今呈上，乞察收为幸。敬请积余先生大人道安。弟孙德谦顿首。

二

随盦先生大人阁下：

中秋趋诣高斋，适公他往，不克晤谈为怅。顷奉手谕，并蒙惠赠《金镜》拓本，欣感无似。承开示碑目，见者不多，可否请公饬人缮录全文？此至幸事。刘处中碣，况夔翁近属弟作考释，已命笔矣。但细审"处中"二字，实系隶体，"士"字不知何时增加三小直，遂成"中"字。然以笔画求之，尚显然有痕迹。且文开宗明义，则称"处士"，额题亦言"处士"。刘氏易名者屡，而独不列"处中"名。故弟儌作一说，以正之。吾公金石专家，愿就正焉。率复敬谢，祗请道安。弟德谦顿首。

致孙毓修

一

星如宗兄先生执事：

上巳别后，匆匆两月矣，甚以为念。顷奉惠翰，欢若对面，足解劳结。承询《章氏遗书》，今所刻者即为沈培老藏本，并《和州》《永清》两志，又益以《国学丛刊》中《信摭》一种。分内外编：内编卅卷，依王谷塍先生定目（此亦在藏本中），稍用增益；外编凡十八卷，如《和州志》等皆载其中。其散见他书者，则为《补遗》，共一卷。大约实斋典籍、生平著述，可谓搜括无遗矣。翰兄前征访《天门》《亳州》二志暨《史籍考》，今由柳蓉村云有《天门》一书，但索价过昂,尚未议定耳。前执事允以日人所撰《年谱》译成中文,敢乞早日寄交,俾易着手。倘详备,无须重作,则即以附入其后,愿速惠为幸。徐仲翁谅常晤面,渠属题《天苏阁诗梦图略》跋数语已可交卷,并翰兄及白也诗兄亦皆有诗词,祈公代为关白,有便可来取也。敬请台安,不宣。弟德谦顿首。

张菊翁祈代致声。去岁承其托访,尚未答拜也,颇抱歉忱。

二

星如宗兄大人执事:

奉初二日手诲,适有酬应拘率,又为翰怡作《希古楼图记》,以骈偶行之,至今尚未定稿,裁答迟延,维希鉴宥为幸。公所见《实斋文集》四种,书主既不乐假出,今寄上目录一册,敢乞检校。是否刻本,并祈示知。以《通志》第五册,此间稿本散无友纪,弟重为编次,颇费经营。倘是原刻,可一证异同也。日人所作《年谱》,询之醉愚,谓已缴还尊处,可谓不达情事矣。承公译出中文,弟极感盼。而醉愚不来关照,亦不转交,及今问及,则以"归还"二字了之。事虽无甚紧要,但又须烦公翻译,深抱不安。敬请台安,不宣。弟德谦顿首。六月初八日。

目录一册阅后仍祈掷还为盼。

三

星如仁兄宗大人阁下:

前荷枉存,尚未趋答,此心缺然。昨奉手翰,敬诵悉。拙著《诸子通考》往在存古学校印出三卷,却未讫功,其稿留在箧中,未经整理。翰怡兄为付刊,而迟延者已数年矣。诸子之学,以前或讲文字,或详训诂,弟则论其学术源流,不琐琐考订。今以三册奉政,能相与发明,无任愉快。《汉艺文志举例》公既须之,并送呈也。敬请台安,不宣。宗弟孙德谦顿首。七月初三。

四

星如宗仁兄大人阁下:

乍奉复谕,敬诵悉。事在缓办,则公亦无可设法,已作书复顾生矣。《诸子通考》,胡君谓其太尊孔子。扬子《法言》云"群言淆乱折诸圣",弟盖有所本也。且百家之学,久已斥为异端,使任臆而言,穿凿附会,未尝不足哗世取宠,必为有识所不取。即彼所著《哲学史》,亦荀子所谓持之有故而言之成理者,按其实则不然。弟拟作《商榷》一篇,载入《亚州学术杂志》以辨正之。《章氏年谱》闻张孟劬言,其中有采取鄙说者,印成祈惠赠为盼。敬请台安。《支那学》三日内当奉归,勿念。弟孙德谦顿首。

五

星如宗兄大人阁下:

前奉呈拙著《诸子通考》,曾蒙褒奖,愧甚。近想公已披阅数过矣,中有纰缪处,敢乞教正。惟弟治丙簿之学,专致力于源流得失,绝不穿凿附会。近世以《庄子》为大同派,《墨子》为格致家,全与其宗旨相违。《通考》若《内篇》告备,自信颇有摧陷廓清之功。夫学问不求其真理,而一任我便辞巧说,即以子部论,此所以周秦而后遂成绝响,为之释解者,皆未能得其要指也。弟尚有《要略》一种,别立篇目,而以道、墨各家融会而贯通之。全书共五十篇,首数篇有清稿,少暇再当就正有道。章实斋先生《天门县志》,翰兄近已购来，弟为翻阅一通，乃是其父所修，大体用表考传，不同俗志。则《文史通义·外篇》载《天门县五行考》诸序系由实斋后来删改者，而此书非其造述也，亦可以祛疑矣。古人云"书必博见"，信哉！年谱尚未命笔，俟中秋后天气凉爽当即从事也。老友曹复盦观察选定《吴郡骈体文征》属弟作序，已行成章。此文似尚遒炼，惜无抄手，不克录呈左右耳。敬请台安，不宣。宗弟孙德谦顿首。

六

星如宗仁兄大人阁下：

昨诵复书，欢若对面。《章氏遗书》刻工延缓，恐年内尚不成事。执事愿得白纸红样，当无不可者。惟刻书一事，最足令人闷损。此书人多以先睹为快，而手民迟缓，又须一再校勘，故至今未能讫功也。近又代翰兄作《骈文稿序》，亦以俪体行之，意在研炼，欲救原书豪放之病。弟论六朝文字，以遒逸为主，公以为然否？弟性疏懒，兼路涂不谙悉，常烦趋访，不能如志，殊歉歉也。敬请台安。弟德谦顿首。

七

星如宗仁兄大人执事：

不通音问计将两月矣，维起居康吉为颂。昨学子顾巍成来言，尊处整理旧籍，需用专员，由赵君学南为之绍介，以时经两旬，尚未得复，特此来沪，欲向吾公关说，望推爱录用为幸。顾生人极笃实，于旧学颇知门径，此弟所深悉。闻食宿须自行寻觅，学南曾与谢利恒兄言，当月得六七十元，可以就职。此两项开支，却须金三四十元足以为事,蓄资者实不多也。顾生并言事须由公与觉翁商酌,则栽成之力系公一言,愿嘘植之。不特顾生铭戴鸿施,弟亦感同身受也。拙著《诸子通考》,胡适之君取去,谅以为然。渠所撰《中国哲学史》,弟亦披览数过,但其中不无可商处。专肃,敬请台安,不宣。

此信如能速复,尤盼,以顾生望事甚切也,又及。小弟孙德谦顿首。

奉上《支那学》两册,乞检存为幸。《实斋先生年谱》已印成否?《章氏遗书》稿早发齐,刻工延缓,尚未告竣也。敬请恂如仁兄大人台安。宗弟孙德谦顿首。

(宝山路商务印书馆编辑所)

八

恂如宗仁兄大人执事:

前日晤叙,获亲教益,快何如之!弟近办《亚洲学术杂志》即在尊馆发印,第一期却于八月出版,见第二期又将装订成书矣。首期之中,弟有文两篇,均为《东报》译登,可见彼都人士于我国旧学颇能留心研治。其题一名《中国学术要略》,一名《史权论》,文尚提挈纲要,义据通深。拟于三数日内寄呈首册,公愿览观之否?敬请著安,不宣。小弟孙德谦顿首。

九

星如宗仁兄大人执事:

前日奉教言,并《忠贤像》《实斋先生年谱》领讫,谢谢。读赐书知初春辱荷柱存,甚感甚歉。弟自上月廿三来此,不但笔墨料理无有暇晷,弟在沪多年,途径不能谙悉,兼以去腊罹坠车之阨,行路颇有戒心。谒思接公言论,迄未晋谒高斋,此心缺然,惟希鉴宥为幸。《章谱》尚未卒读,篇首斥谭仲修氏"文章不大通,见解不高明",不免言之过甚。《实斋遗书》一再访求,而其学得显白于世。仲老表扬之力为多,作为志铭,以课蒙文人之,亦以此篇为通行《文史通义》所不载,足见其勤于搜采。凡论人贵得其平,又当存宽谅之心,不可肆我讥弹而掩人之功。故胡君于旧学确有高人之识,惜其是非任臆,自信太深也,吾公当亦以为然。《亚洲学术杂志》二期印出,曾属本会以一册奉呈左右,亮蒙鉴览。首篇《中国四部书阐原》为弟所撰,公谓何如?弟近又作《六经为万世治法,其实行自汉始论》,推明先圣删述之旨,乃历朝治术所从出,汉儒谓为汉制作,实则自汉以降,朝章国典皆导原于此。后世训诂、性理各树一帜,而经之义晦,可以见之行事者,更无人能窥其大。故实斋只言六经皆史,弟则谓《经》既为三代以前史籍,是掌故之书也。如仿宋王伯厚《汉制考例》,名曰《经制考》,取两汉以后一切治理分别编录,则今之废经者足关其口矣。小儿怀瑗,以中学毕业考入电报服职已数年。近知贵馆有试事,于数日前呈递西文函,未识能否录用?倘荷推爱为之关说,感德无既。此次贵馆考试,系用何等人才?小儿在电局中嫌其清苦,月薪二十元,译费五六元,不敷开支,故欲去彼就此也。蒙公嘘植,得以录取,岂特小儿戴铭盛谊,弟亦不胜感激矣。琐渎清神,容面谢。敬请台安。宗小弟孙德谦顿首。

十

星如宗仁兄大人执事:

久未通书,至以为念。弟自月朔返苏,至廿六回沪里居。时与图书馆长曹复盦观察相晤,渠欲购铅字全副,以便刷印书籍。字样共有几号,乞先行开示价目。并单用人工,不用机器,有无窒碍,亦祈示知为盼。再者,前贵馆招考在取办事人材,今岁如有编辑部考试,小儿怀瑗颇愿与考。倘有此机会,望先期赐谕。小儿见在南京下关电报局服务,月薪却有二十余元,以酬应甚多,不足开支。彼自言英文工夫尚有把握,故思入尊馆充编辑之役。辱承知契,用敢奉恳。《学会杂志》三期节前可出版,弟于论说中作成两篇,一为《六经为万世治法,其实行自汉始论》,一为《存伦篇补义》。计题目曾经奉告,其补义一篇畅所欲言,沈培老见之,皆称为大文章,只惜篇幅过长,不克录副就正有道也。敬请台安,不宣。宗弟孙德谦顿首。

十一

星如宗仁兄大人阁下:

六日淞社深盼大驾惠来,籍倾积愫,未见贲然,殊用怅念。昨北大预科教员郑介石来寓,谓拙著《诸子通考》贵友胡适之作有长跋,此文公见之否?可否索取赐示,至盼。弟此书却未完全,购求者甚多,少暇当续成付刊。翰怡曾允刻入求恕斋,特恨编辑校理诸事丛集,竟少闲晷耳。敬请台安,不宣。宗小弟德谦顿首。

十二

星如宗仁兄大人执事:

日前展诵,复示敬悉。昨有周君克家来寓,说及王勤之者为鹤琴世兄,光景奇窘,意欲在此谋事,谓曾托过贵同事高君,未能设法。周君知公与鹤老交契,属弟一言。弟与勤之却未曾谋面,公如能为力最妙。敬请台安,不宣。宗弟孙德谦顿首。

十三

星如宗仁兄大人阁下:

  乍奉手毕,甚慰调饥。《学报》三期已出版,昨会中人来,已属其送呈左右矣。弟所撰《存伦篇补义》,《东报》又复译登,罗叔蕴参事托朱文卿进呈御鉴。友人中见此文者,无不称快,公亦必以为然也。叔彦太史杜门蛰居,著书而外,不问世事,惟从之游者绝少,亦足见经教之衰矣。《实斋遗书》却已刻全,尚须统校一通,写定凡例,一时恐不能出书也。小儿仍在电局服务,承询至感。敬请撰安,不宣。宗小弟孙德谦顿首。

十四

星如宗仁兄大人执事:

  辱赐复言,适旋里,乍来沪始见,致稽裁答,歉歉,幸勿罪。《杂志》荷褒奖,愧甚。但狂流横肆,聊作一篑之防。此则区区之愚,阁下许为一线生机,敢不任之。《先德遗墨》转求叔彦太史题识,必可应允。惟渠两目失明已久,笔墨又滞缓,以墨迹留存彼处,恐阁置经年,似可虑耳。或抄录原稿,则无遗失之虞,公谓然否? 敬请撰安。弟孙德谦顿首。

十五

星如宗仁兄大人执事:

  不通音问倏将兼旬矣。弟于十一回苏,昨午后来沪。此次言归,以小孙忽患时症,于初八殇亡。小儿等皆异常悲悼,不能不与之譬解也。三小儿现考取南洋甲种商业学校,彼校颇注重英文,今附上票洋拾元并书名单,乞照给交来价带下为荷,价目中能便宜尤感。敬请撰安。宗小弟孙德谦顿首。

再,今购之书为预科甲班各种,并奉白。

陶元晖中丞遗集题跋荟存

《陶元晖中丞遗集》跋

传曰:逸人高张,贤士无名。吁嗟默默,谁知我之廉贞。呜呼!有明季年,阉宦窃执,摇乱网纪,摧勒忠良凡夫。在朝之臣,苟非希附曲求者,往往转相诬染,横被屠剿,此隆栋所以桡崩,弥襟为之叹息者也。元晖中丞性行高洁,当其出抚登莱,单心规画,向使三州宏总,莫视为冗僚;一箸前筹,益任其练士。方与熊襄愍扫荡艰患,建著茂庸,侵剥公帑,损秽明德。中丞之贤,讵致出此魏珰,捶挫善类,巧附重文,卒使饮恨吞声,幽徂犴狱。读其与两儿血书,良足吁哉!夫旌淑惩恶,表微阐潜,史家载笔,其职然也。以中丞之楚魄,久沈秦冤,足悯正宜,襮兹清节,发其幽光。兼以始绾州符,外勤庶政,穷萌饮德,愿刊三至之碑;寒士庇欢,闳建万间之屋。中丞勋略,卓有可传,岂可如丁廙隽才,见遗魏录;王通硕彦,删厕隋编。昔者子长有云:"富贵而名磨灭,不可胜数,唯倜傥非常之人称焉。"观于中丞,殆不然矣。修《明史》者,驱染烟墨,斫削汗青,抑何疏略之甚也。中丞《文集》旧有数十卷,今其存者,出于匀缉而成。然南陔逸目,虽待补亡;北海高文,只留残简。生平志绩,犕具于斯。顷其裔贤,重付刊刻。谦受而读之,以为此集行世,中丞素丝练节,丹服衔冤,枉陷一时,彰闻万禩矣。谨识数语,谬思附骥之尾云尔。元和孙德谦。

孙德谦友朋手札(二)

齐晓芳 整理 钟淇名 校对

致 金 武 祥

一

菽芗先生大人阁下:

别将一禩,殊深慕思。九月间瑗儿成室,辱蒙嘉贶,敬谢敬谢。谦近又著成《汉书艺文志举例》,刻已讫工,俟梁节老封题寄到付刊,便可装订,大约年内可呈诲政。沈培老序言有"今世渔仲"语,奖许可谓至矣。此书大旨,以目录家编次未当,发明中垒父子"流略"之学。史家作志,异于专家,凡举条例都四十余科,自谓有功班掾,一涤荛圃末流之弊。叶鞠老前月廿二奄忽叹逝,公与之雅故,良增感悼。吴中耆旧弱此一个,言之泣然。曹复盦亦多病,叔彦则终岁杜门,锐于著书,但惜其体弱,不足起衰,盖与子桓有同慨焉。公日来起居何如,定益康胜。苏、常路途虽局,恨不能时图良觌耳。敬请道安,不宣。晚孙德谦顿首。

二

菽芗先生左右：

　　日前由邮局奉呈寸笺，并附上拙著跋文一篇，未识早尘清览否，殊深悬系。旧刊《志道集》前印者已送讫，《新学商兑》一书刻重付排印，此二种，大约须竢明春再贡座上。今先将《诸子通考》并张君《史微》寄上，垂乞惠存。《通考》内、外篇共有十余卷，兹于校中印出两册。谦自问于百家学术略能识其源流得失，以后次第印成，当尽求教正也。前恳修志一事，倘明岁晤见艺风，如有端绪，无任欣感。存古数日前纷纷有停办之议，近风声少定。然学堂寔为畏途，谦久思离去。设有图书馆等事，我公代为设法，俾谦得厕编纂之列，仰荷美成，则铭戴宏谊庸有既耶？专肃。敬敏道安，伏希垂鉴，不宣。晚进孙德谦拜上。

三

粟香先生左右：

　　奉读手谕，并承赐宏撰暨《江阴丛书》，披览粲然，珍如球璧。先生著述精富，兼复罔罗放佚，表章前哲。名山之藏，古人与之并传，其盛业为何如哉！往岁《俯征》序言偶有误字，今已校正，谨尘清览。谦近数年来专攻子部，于百家之学略能考镜源流，辨核得失，所造《诸子要略》及《发微》等书，仿知几《史通》、彦和《文心》例，别立篇目，不事疏释，它日杀青，敢乞太冲作序，以为光宠。想辱承知末，不鄙弃焉。谦夏初适馆学署，使君嘱缮复函，因识公拟刊《杨文定集》，此时谅已动工，一俟就绪，嗜古如谦，愿惠寄全帙，俾多读未见也。省垣存古专校，颇殚心力，幸当道主持得以乐观厥成。闻我公于贵里亦有是议，当具有端绪矣。肃覆布谢，虔敏道安，伏希垂鉴。

晚学孙德谦敬上，六月廿六夜书。

致 周 庆 云

一

梦坡仁兄大人阁下：

今岁南皮彦会，未预胜游，容易秋风，致旷良觌，思君为劳，想同之也。前者醉愚携大著诗征属作跋尾，弟文既荒芜，益以声誉微暗，自当撰洨长后序，附骥而彰。惟执玩宏撰，为之探原立论，强列士安之间，所谓多见其不知量也。录呈左右，尚希删定为幸。敬请台安，不宣。弟孙德谦顿首。

二

梦坡社长大人阁下：

前者奉琼瑶之报，猥以拙编《经籍略例》。辱蒙奖饰，感愧参并。弟生平学业，溺苦于诸子家言，吟风缀颂，未皇问津，间有造述，不敢自信。上巳愚园禊集，儗如安国赋几，烟墨告疲。今勉效齐竽，录呈郢削。诗既不工，字又拙劣，适足见笑而自点耳。敬颂著安，伏希惠察，不宣。小弟孙德谦顿首。

致沈曾植

一

乙盦先生大人执事：

谦近作文两篇，皆拟刊入《学会杂志》。《六经治法》意在闭废经者之口，《存伦补义》以重远牵合时局解"伦"字，不过恐灭绝人类，非就伦常言，故辨明之。谦数年以来素所蓄积借此而畅所欲言，颇为快适。今奉呈诲正，倘有疵累，或尚须避时难者，愿一一导示，俾重删削，不胜跂盼。重远有书来，甚望谦为之佐理，彼亦志在集思广益也。敬请道安，不宣。

阅后原稿仍乞掷交为幸，以未录副也。

晚学孙德谦顿首。

二

横轴已书就，乞察收下。款则书大名，照晨间所请示者行之。今晚即可付邮，以邮局寄物件，则稍淹时日也。敬上乙盦先生大人道席。晚孙德谦顿首。

致刘承幹

一

叙跋之体，所以述作书之意，盖古目录家学也。若前贤撰著，重付杀青，则序吾刊刻之故可耳。休穆此二篇，以焦氏《古文尚书辨》列十五证,谓其出于假托,真荀子所云"持之有故,言之成理"者。但其文似近考据一流,宜艺风先生不甚印可。然君家中垒校董秘籍,已引其端。尝见《列子书录》有曰"《穆王》《汤问》二篇,迂诞恢诡,非君子之言",于《晏子》亦有辩论。则叙录之文足循往辙,略加芟翦,敢以质之闳达,裁其存否可也。此上翰怡先生道席。隘堪白疏。

外《诸子通考》三册奉诒呈政。

二

前于郑樵佚先生许曾见希社简章,有慕明季几、复之风。今为作《题刺客传》一篇,表扬忠孝,虽有触时忌,当不背其宗旨也。弟于《孔教会杂志》中常欲阐明圣教明伦大义,不敢轻于立言,故于此文著之,且亦读书有得耳。质之贤达,以为何如?修禊已成一记,体用骈偶,以今岁癸丑适同永和纪年,其中感怀世变,似理所当然。前后用意,则注重是集之不可少,想皆君意所欲言者。并奉删政。敬颂翰怡先生箸祺。隘堪上言。

三

前夕谈次,以菊老校"四史"需人襄理,却是极应如此。但此人必与菊老谈洽,为其所深信者。若学问平常,彼此不甚联络,则菊老必不愿意。弟再三思维,敢作毛生之自荐,菊老当必许可,未知尊意如何?倘或不然,弟决不见怪。但是课徒一事,明岁不敢担任,何则?终日危坐,疲神伤气。至散学后须稍休息,而他事不能兼顾。弟实心办事,不肯有一毫欺人之举,谅亦为公所知。然五十之年忽焉将至,精力实不支矣。若仅仅授读而无他种笔墨,尚觉绰然有余。今《通志》未行停办,葱石碑目事又要协理,一身兼数役,单在用心一面,犹可勉强。使一日之内,专致力于教授生徒,势必胜任而不能愉快也。葱石在去冬曾与弟有明年预约之说,若为教读计,弟断断不往。并与公相处数年,备承眷爱,亦不愿舍去。今或易以襄校,则遂弟栖依之志矣。如蒙印可,敢荐贤自代,贵同乡姚竹轩大令可继其任,卓见以为何如? 统希裁察,不尽愿言。肃上翰怡先生礼席。弟孙德谦顿首。

四

《翠微南征录》,据《铁琴铜剑楼书目》,则有旧钞本标目为《翠微先生南征录》,其卷数则同,惟此称"吴氏批校本",似有可疑。卷首本传"圛上""上"字当作"土",(以首篇《上皇帝书》观之,"罔上"之"罔"作"冈",亦未校正,其中误字尚多。)"母系""母"字当作"毋",今不改正,似非谷人先生手笔。又末卷跋云"此则其原本",盖谓郎氏刻以行世,而此是底本也。(于此则其原本句上原文云:"重加编次,刻以行世。"则既为编刻之稿本。如七古《伤春》,柴氏两首宜改入五古,何以今仍在七古中,可证此非先生校本。再:自行校理之书称曰"某某朱笔校正",决无是理。)然言偶出旧本,就郎本雠比,得其谬误,肆加涂抹,则先生所校,当在郎原本上矣。何以跋文中既谓七古中柴氏《伤春》二首,郎删末句以人五古,而此仍列七古,仍作七言,然则今本非先生校定本矣。即系先生校本,亦并无批评语。至其后跋,谛审字画,亦非先生墨迹。较之叔问所藏《史汉文选》,与醉沤所见立轴,不逮远甚。但此集传本不多,可以贱值得之。

(又疑书为劳巽卿藏本,或出劳氏手,必以为谷人先生批校,则未是。再以劳校《西溪丛语》比之,其字坚挺,亦非巽卿笔。)

隘堪白,十月二十又三日灯下。

五

晨起检视古人文集,凡墓表之文皆有铭辞,今无之,似当增加。及观欧阳文忠所作《胡先生》《连处士》诸文,均无铭言,则知体可不拘也。至世次,文忠亦皆叙述,而元遗山则篇篇有之。惟文忠《胡先生表》有云:"其世次、官邑与其行事,莆阳蔡君谟具志于幽堂。"今言已详《行状》,则略之未尝不可也。但具志幽堂,是谓墓志。墓志、行状文体不同,今或重为增入,即请澄之先生动笔可耳。至篇中"当咸丰之际"云云,在公以为可删,似无妨也。上有"趾美前人",下有"绍衣前绪"等语,并非记乃祖事,大致借其祖之功业,所以为米贼二事张本耳,不删亦可。此上翰怡先生阁下。

(篇首宋眉山一节,东坡贬窜以比履椉,似尚须斟酌。谦顿首。)

六

恢复优待条件,段、张两处固已去电致书矣。今皇上避入日使馆,情形又变。公屡劝弟作文,不知弟在皇上出宫以前,曾起草拟与段,请复君主。书尚未成篇,及明日阅报,见有威胁举动,知此事无望,遂致阁笔。前日又在作《修正优待条件驳议》,而明日报又载皇上到使馆事,因又中辍,可见今日动笔之难也。弟胸中题目甚多,如《孔子立法非改制辨》(康氏"孔子改制说"最为祸清之害,今人毁废孔子,动言改革,皆起于此)、《中国今日国体为臣主非民主说》(自袁氏以后,何一非皇室旧臣,彼以人臣而悍然不顾,为民主之元首,固大逆不道。而天下人民不辨其为臣主,方以为今日中国已是民主,可谓昏极)、《今日中国之乱,遗老不得辞其责》(一辈遗老,诚有气节,即彼丧心病狂者,亦必尚有顾忌。今主辱臣死之时,犹以诗钟为乐,可叹可叹)、《皇室今实受共产之祸,其源当归罪于考古家》(今次皇上被逼出宫,意在夺其古物,凡宫中书画有御题诗或有御宝,即可多得价。每取出一件,可抵押数十万。考古家主张掘地,皇室有现成古物,自然欲吞没之。考古家如罗振玉等,弟最恨其为此学问)。但一经作成,此等文字,岂不为众怨所归,故不欲操觚率尔也。加以弟近年处境,生趣索然,精力亦衰颓,每日自抄《通志》稿,时觉头晕目(炫)[眩],功夫亦少闲隙,至留入集中,以备传世。弟则重在学问,似于子、史之学略有所得。弟明岁拟再刻一种,其书名《太史公书义法》。倘果能博身后之名,亦足传矣,不必专恃文章也。吾公以为然否?惟弟今日思之,《优待条件》段氏主在修改。昨见报登李、张二姓言,心术之惨刻无人理,真可怕。段氏乃派人表示歉意,故鄙见万无恢复之理。如修改原文第一条"以外国君主之礼相待,不废帝号",今帝号必然废去。如帝号废去,此外恢复,恐无甚大关系矣。故据弟之意,当于会议修改之先,预为讨论。第一废去帝号,亦须发电往争乎?发电往争如何措辞,亦宜先有成竹在胸。今日人心,愿留存帝号者甚少。如欲保存帝号而立言得当,使人无可反对,则可先缮公信,仍致段、张,彼等亦易借口。否则修改后,帝号一去,皇上不能回宫。若所争只在优待,经费不但是空谈,似亦无须有此也。前日此间初次开会时,人皆谓吾辈不能不有此举,似不过做面子而已。大家不过做面子,妙在一毛不拔,电报费且出自公,一无所损也。果然条件悉照旧章,方谓海上遗老何等忠义,且得此名誉矣。窃观诸公已若置身事外,以为信电已发,吾人之人事已尽,此后若何修改,非可逆料。万事总须未雨绸缪,今办捐者办捐,打钟者打钟,于主辱臣死之际,能尽一分力,即当尽之。苟至事已无可如何,以一死塞责,古人犹不许之。况不但不死,而又逍遥自乐其生乎?如真有忠君爱国之意,当危急存亡之秋,正宜事事豫为计划。弟职分太微,然未尝无志节、无学问、无名誉,在日本则称为"中国硕学"一人,并以弟之学派足供其研究,谓近西洋知识分类学。而在中国,虽稍窃虚声,然往往拘于名位,不甚重视也。吾公孤怀耿耿,深所钦佩。今日偶有见及,故特奉尘请闻。敬请翰怡京卿大人台安。弟谦顿首。

(阅后祈付一炬为幸。)

· 史实钩沉 ·

辛亥革命之后的"自由"与"柿油党"：
中华民国自由党考论

摘要：自由党是民国初年规模很大的一个政党，得到了孙中山等同盟会要人的支持和赞助。长期以来，存在着关于该党的两种误解。其一是将自由党称为同盟会的别支。然同盟会并未主导该党的发起和建立，此后自由党与同盟会——国民党也存在着一合一离的复杂过程。其二是将上海《民权报》称为自由党创办的机关报。而实际上《民权报》自发行之日起，就取消了这一说法。该报是自由党"商办党报"计划失败的产物。自由党在地方的扩张非常迅速，同时广泛参与报刊、医疗、法律、教育、实业和选举活动。但是自由党始终未能有效约束党员行为，"藉党招摇"等现象屡禁不止，导致时人自由党多有批评，引起了关于"自由"的公共讨论，这些言论也成为鲁迅塑造"柿油党"形象的创作资源，对于历史记忆影响深远。

关键词：中华民国自由党，同盟会，《民权报》，李怀霜，鲁迅

作者简介：石希峤，复旦大学历史学系博士研究生

辛亥革命引发的政局演变和制度变革，促成了民国初年政党政治的勃兴。其中既有国民党、共和党等这类主要由政界精英构成，在国会和各省议会的地位举足轻重，并且深度参与中央政治进程的政党，也存在数以百计的、大量吸收中层和下层民众、积极参与地方政治与社会实践的各类党派。中华民国自由党（以下简称为"自由党"）在后一类政党中非常具有代表性，其自1912年初发起以来，在短短一年的时间内迅速扩张为号称拥有近三百个支部、数十万党员的全国性政党，同时还在报刊、医疗卫生、法律、教育、实业和地方选举等界广泛开展活动，颇受人关注。目前学界对于自由党的研究甚少，专题讨论仅见早期的两篇介绍性文章。① 近年来也有学者在分析民初"自由"观念和"民党"问题时，涉及该党的政治宗旨、内部争论和办报活动等方面。② 除此之外，自由党作为鲁迅小说《阿Q正传》中"柿油党"的原型，在鲁迅研究中也受到一定关注。③ 即使如此，既有研究对于自由党发展过程中的一些基本史实的叙述，仍然存在不少讹误乃至欠缺之处。在史料方面，与自由党关系密切的《民权报》和《天铎报》等刊载的大量自由党公告、新闻报道和党内通讯等，至今仍未被研究者系统地整理利用。本文以上述报刊史料为基础，结合相关档案、文集资料，重新考察相关史实问题，进而评估辛亥革命对于"社会面"的复杂影响。

---

① 曾业英：《民国初年的自由党》，《历史教学》1990年第2期；陈长河：《民国初期的中华民国自由党》，《档案与史学》1997年第6期。
② 桑兵：《民初"自由"报刊的自由观》，《近代史研究》2010年第6期；间泽：《在民间结社与政党之间——民初"民党"研究（1911—1913）》，《江苏社会科学》2022年第3期。
③ 吴东海：《〈阿Q正传〉中的"柿油党"和银桃子——关于民国初年中华自由党的文物》，上海鲁迅纪念馆编：《上海鲁迅研究》，上海社会科学院出版社，2002年，第176—189页。

一、并非别支：自由党与
同盟会之关系

长期以来，论者鉴于孙中山担任自由党主裁、同盟会要人对该党多有提携的情况，将自由党视为"同盟会的别支"。① 然而具体考察自由党的发展历程，可以发现自由党实际存在着一个相对独立的起源，其与同盟会、国民党也存在着一合一离的复杂过程。而即使是自由党与同盟会的联合，也始终伴随着各种反对声音和党内冲突。

1912年1月8日，即中华民国宣告成立一周之后，蔡之韶、谢树华、林与乐、杨鸿春、徐麟寰、高冠吾、梁舜传、梁炳麟、罗传、赵铨章、王钺在《时报》登载了《自由党缘起》，共同在上海发起"自由党"，同时刊登了"自由党简章"，以"维持社会之自由，扫除共和之障碍"为本党宗旨，宣布"俟党员满百人以上者，即开成立大会"。② 根据相关记载，这11位发起人多数为青年学生和趋新人士，在清末通过新式教育和革命宣传，对自由、共和等近代知识观念有所了解。然而除了高冠吾可以确定参加过同盟会，以及林与乐在辛亥革命期间与革命党有一定接触之外，其他发起人与同盟会基本都没有什么直接联系。③ 这些事实表明，同盟会并没有主导自由党

---

① 中华民国史事纪要委员会：《中华民国史事纪要（初稿）——中华民国二年（一九一三）七月至十二月》，（台北）正中书局，1981年，第298页；马光仁主编：《上海新闻史（1850—1949）》，上海人民出版社，2014年，第309页。

② 《自由党缘起》，《时报》1912年1月8日，第9版。

③ 闾泽：《在民间结社与政党之间——民初"民党"研究（1911—1913）》，《江苏社会科学》2022年第3期，第183页，注释3。此外参见《险哉林与乐》，《天铎报》1912年3月28日，第4版；JACAR（アジア歴史資料センター）Ref. B03050704100、支那ニ於ケル政党団体調査ニ関スル件2（外務省外交史料館）。

的发起和建立。

不过,自由党和同盟会要人的关系,很快就在其成员的积极活动之下变得密切起来。自由党发起之后,一方面不断在上海各大报刊发布广告,积极招揽党员,扩大社会影响;①另一方面更直接派出代表前往南京,向新成立的南京临时政府寻求支持,邀请孙中山、黄兴分任正副主裁。这一举动取得了出乎意料的成功,孙中山在接见自由党代表时,当面表示愿意"尽个人力助本党,并许国事大定后,就本党主裁之职"。②黄兴在阅读《自由党缘起之后》,"极表赞成",并且承诺"如解职后,当为党员,以表驱驰"。③对于一个刚刚发起、尚未正式成立的党派而言,孙、黄如此大力支持可谓破格。考虑到此际南京政府甫经成立,南北对峙的局面仍未化解,民军、清军战事频仍,孙、黄此举(尤其是当时不太可能落实的解职许诺)似乎不无通过宣示支持鼓吹民主共和的社会势力来加强新政权的政治合法性,进而扩大自身影响的考量。

孙中山、黄兴对于自由党的公开表态,既向自由党提供了重要的宣传材料,同时也使其得到了不少同盟会人士的大力支持。在此稍后,《天铎报》总编辑、同盟会员李怀霜通过《民立报》编辑周浩的介绍加入了自由党,并且很快被推举为临时副主裁(不久后改为临时主裁)。④李怀霜不仅通过《天铎报》宣传自由党,还帮助修订自由党章程,亲自撰写了长篇序言,并且将党名正式确定为"中华民国自由党"。⑤李怀霜为南社成员,长期在上海开展文学创作和政治宣传。武昌起义之后,李氏利用《天铎报》在沪鼓吹革命,

---

① 《中华民国自由党本部广告》,《时报》1912年2月16日,第4版;《中华民国自由党本部广告》,《神州日报》1912年2月16日,第3版。
② 《南京电报》,《民立报》1912年1月16日,第2页。
③ 《自由党之进行》,《民立报》1912年1月17日,第6页。
④ 《李怀霜敬告自由党全体》,《民权报》1912年5月21日,第4版。
⑤ 怀霜:《中华民国自由党章程序》,《天铎报》1912年2月2日,第1版。

刊登孙中山等人的宣言文告，为此曾受到南京临时政府的公开表彰。① 此外，据说当时李怀霜"功名心热，奔走于黄克强处甚勤"。② 由此可以推知其追随孙、黄，尽力扶植自由党发展的部分缘由。2月2日，自由党在上海张园召开成立大会，前来参会的党员已达千人，并且包括苏州、镇江、扬州、杭州四支部的代表。与同盟会关系密切的美国传教士丁义华（Edward Waite Thwing, 1868—1943）也被特邀参会演说。③ 与此同时，云南、福建、四川、常州、香港、东京等地的自由党支部也纷纷成立，由此初步形成了全国性的党务网络。④ 随之而来的是党员人数的显著增长。至2月下旬，自由党声称"遍设支部，人数已达五千"，李怀霜甚至据此致电就任临时大总统的袁世凯，要求派遣代表，参与国事。半月之后，自由党又宣布"党员之数，将达万余"。⑤

这一时期，国内政局迅速变动。南北政权的形式统一，以及随之而来的权力交接，对于自由党的发展产生了重大影响。尤其是孙中山辞去临时大总统，使其践行就任自由党主裁的承诺成为可能。3月中旬开始，随着政府北迁成为定局，不断有自由党支部致电本部，要求以全党名义请求孙中山就任党主裁。⑥ 3月25日，自由党在上海总部召开七十二支部联合大会，"公决电请孙中山先生为正总裁，黄克强先生为副总裁"，随即致电孙中山、黄兴"恳即实践前言，早日莅沪视事，宣布党纲，以谋进行"，同时请求总统府秘

---

① 《颁给〈天铎报〉旌义状文》（1912年3月1日），《孙中山全集》第2卷，中华书局，1982年，第151页。
② 陈布雷：《陈布雷回忆录》，岳麓书社，2018年，第40页。
③ 《自由党大会详志》，《天铎报》1912年2月5日，第4版。
④ 《自由党支部成立》，《天铎报》1912年2月7日，第3版。
⑤ 《去电》，《天铎报》1912年2月22日，第2版。
⑥ 《党事汇记》，《天铎报》1912年3月6日，第4版。

书长胡汉民代为劝驾。① 孙中山、黄兴很快同意了自由党的邀请。② 随后孙中山两次来沪,与自由党人"商议党事,备极热心",同时声明一般党务由同盟会员马君武代理执行。③ 同一时期正式党章也在修订完成,胡汉民、陈其美、汪精卫、戴季陶等同盟会要人纷纷列名赞成。④ 孙、黄的就任,使得自由党一时声势大盛,党员人数和支部数量急速增加。大约在5月初,自由党宣布"本部即各支分部先后相继成立者已有七十余处。统计全体党员,已有八万余人之多,各机关以下各员多至千余人"。此时距离该党正式成立仅仅三个月。⑤ 至6月中旬,党员人数扩张至"不下二十万众"。⑥ 至9月底,"入党籍达卅万人,设支部遍廿二省"。⑦ 稍晚于此公布的调查结果显示,自由党支部数量接近三百余处(见第三节)。上述报刊宣传中的自由党员人数增长不无夸张之处,但自由党的活动范围及其影响力从上海一隅扩张至全国各个省份,应当不仅仅是纸面上的夸示。有人回忆自由党在这段时间急速发展的情况时称:

> 自由党成立后,发展甚速。时予在乡僻小校读书,年才十二龄耳,竟有人介绍予加入自由党者。盖自由党成立不及半载,党员且深入长江沿岸一带乡村中,而乡间人士之阅《天铎

---

① 《去电》,《天铎报》1912年3月25日,第2版。
② 《如大旱之逢云霓》,《天铎报》1912年3月28日,第4版。
③ 《第一总统之莅沪》,《天铎报》1912年4月4日,第4版;《公燕中山先生》,《天铎报》1912年4月5日,第4版;《自由党欢迎主裁孙中山》,《天铎报》1912年4月18日,第4版。
④ 《自由党简章》,《近代史资料》第17册,知识产权出版社,2006年,第142—143页。
⑤ 同上书,第143页。
⑥ 《自由党新计划》,《民立报》1912年6月18日,第10页。
⑦ 《中华民国自由党饶州部成立通告》,《天铎报》1912年5月28日,第5版。

报》者亦甚多,即为党员努力宣传之结果。①

从上述发展脉络来看,孙中山等同盟会领袖的提携,以及李怀霜等参与党务,为自由党迅速发展壮大的最重要原因。然而,这一时期频繁发生的党内纠纷,又揭示了自由党与同盟会关系的一些复杂方面。

早在自由党召开成立大会、李怀霜就任临时主裁之际,即有37名党员联名提出异议,指出李怀霜以及其他本部职员属于临时推举,并未经过党内选举产生,其以中央名义发布通告、提出动议之举不合法理,然而"事属全体,理应全体认可,方能实行。若以少数职员,潜用全体名称,蛮横专制,独断独行,窃恐今之时势,有所不容"。对此李怀霜等援引中华民国临时政府和临时参议院的案例加以辩解,认为在草创时期"总以党事发达为主旨",同时也承诺尽快进行全党选举,正式通过党的章程。② 在此之后,尽管李怀霜等声明将在4月下旬召开选举大会,函请各地代表参会,并且将党章草案在《天铎报》予以公开,但质疑其党内合法性的声音始终存在,部分党员通过公开召开"纠正会"或寄送匿名信等方式激烈反对,使得党务纷扰不已。③ 而在同一时期,李怀霜等还在不遗余力地推动孙中山、黄兴等就任自由党的最高领导,遂利用各地代表来沪参加正式选举的时机,临时召开前述七十二支部联合大会,公举孙、黄为主裁、副主裁,并且由代表"公举各支、分部学识通达者

---

① 徐行:《李怀霜轶事补遗》,《社会日报》1931年11月7日,第2版。
② 《复自由党三十七党员书》,《天铎报》1912年2月26日,第1版。
③ 《自由党李怀霜君答纠正代表书》,《天铎报》1912年3月13日,第5版;《自由党修改章程草案》,《天铎报》1912年3月13日,第5版;《自由党人致本部书》,《天铎报》1912年3月15日,第5版;《自由党纠正会代表复本部临时副主裁李怀霜君书》,《时事新报》1912年3月15日,第9版;《自由党临时主裁李怀霜宣言》,《天铎报》1912年3月17日,第1版。

十八人加入临时参议部,暂作否决机关"。同时宣布选举大会"暂时停止",延期至孙、黄正式就任后举行。① 李怀霜等身兼同盟会员之身份的党内人士,其希望孙、黄领导自由党当然在情理之中,然而其将选举大会改为联合大会,以推举而非选举的形式实现孙、黄担任领导人的目的,实际上缺乏法理依据,并且违背了此前公开选举的承诺。这一举动曾经引起异议,此前负责修改党章、组织选举的自由党干部余菊农、经营三愤而辞退,并发表声明予以斥责:

> 本党修改章程、组织临时选举,临时主裁李怀霜先生已委托鄙人办理,业经刊部各报,定期选举。讵分支部各代表,及本部发起人之一部分,于阳历三月廿三日在本部开职员大会,公决取消全体党员选举权。鄙人等因其有违公理,在场力争。由临时主裁怀霜先生出为调停……鄙人等遂自行辞退委托权,以后概不负责。②

此后不久,又发生了一场围绕李怀霜本人与部分自由党干部的激烈冲突。事件的起因是发起人谢树华在自由党本部律师团发起了党友会,"专以联络感情,交换知识,相互维持为宗旨",参加者需要缴纳年费。③ 而另一位发起人林与乐则以本部名义发布通告,指责此举乃"想入非非,另立党友会,用自由名义敛费两角,则谢树华之心,路人皆见"。④ 谢树华等则驳斥称:"鄙人等爰以本部成立半载,只知内讧争权,而关于公共之事,未尝提及,故不忍坐

---

① 《自由党紧要通告》,《天铎报》1912年3月27日,第1版;《自由党事汇记》,《民权报》1912年3月29日,第10版。
② 《自由党临时主裁李怀霜宣言》,《天铎报》1912年3月17日,第1版;《自由党党员余菊农经营三宣言》,《天铎报》1912年3月31日,第1版。
③ 《自由党党友会通告》,《民权报》1912年5月5日,第1版。
④ 《自由党员注意》,《民权报》1912年5月14日,第1版。

视,遂组织党友会……实与本党谋进行,并非与本党分界限也。"①林与乐坚持认为组织党友会是另立名目,淆乱听闻之举。② 双方反复辩驳,矛盾日益加深。谢树华等批评本部"内讧争权",其实指的是副主裁李怀霜主持党务以来,始终无法有效整合全党,结果意见分歧,人事矛盾频发。与此同时,李怀霜在同盟会上海分部选举中当选,同盟会员黄郛等人批评李怀霜不应"歧入他党",自由党内则有人怀疑李怀霜"卖自由党"。结果在5月19日,本部职员报告发起人谢树华、梁舜传、蔡之韶以及其他党员"相率至本部,矢口谩骂,谓全体职员皆非吾辈所承认,竟将怀霜手定之《日行党事章程》及会计处之决算表概行揪毁"。李怀霜随即刊登长篇启事,历数自己以同盟会员之身份,"未尝为党员一日,即被推临时副主裁",办理党务,事事碍难,"欲联属感情,则仓卒失效;欲力持正当办法,则掖力无人"。党员"颇以怀霜为傀儡",然而实际上"本党人才,绝未一见头角"。③ 此后谢树华等人辩白并无谩骂及撕毁文件之事,李怀霜也收回相关指控,双方态度有所缓和。④ 然而自由党发起人之间,以及党友会和同盟会诸派别之间的深刻矛盾,于此可见一斑。

然而对于李怀霜而言,由于孙中山已经就任主裁,自由党的内部纠纷一旦扩大化,也会损害同盟会的声誉,自己作为负责日常事务的副主裁,绝无让步之理。面对派系林立的复杂局面,比较可行的方案,当属进一步推动自由党与同盟会的联合乃至合并,扩大同盟会对于自由党的影响力。这也符合孙中山对于"民党"相互提

---

① 《答复自由党林与乐君鉴》,《民权报》1912年5月15日,第1版。
② 《党友会解茂堂诸君鉴》,《民权报》1912年5月15日,第1版。
③ 《李怀霜敬告自由党全体》,《天铎报》1912年5月21日,第1版;《民权报》1912年5月21日,第4版;《民立报》1912年5月22日,第1页。
④ 《李怀霜启事》,《天铎报》1912年5月22日,第1版。

携、走向联合的一贯表述,其在与自由党讨论党务时,一再表示"今日政党宜亟谋联合,鄙人对于自由党极愿商榷政见","当联合各党会,成一有势力之民党,与政府对峙","无论政党民党,有相互监督,相互扶持之责"。① 因此,李怀霜虽然身负"卖党"之嫌,仍然公开呼吁两党联合,视之为解决内外危机的关键之举:

> ……两党同志多主张联合,并谓孙公担任正主裁即本此意。诚以党派过歧,虽有实力,亦非国家之福,幼稚时期,则为害不可胜言。稍知政党原理及历史者,类能道之。近时共和党即合数团体为一组织。我同盟会、自由党多出类才俊,党纲亦多吻合,讵不能收结合大群之效用?怀霜恪体众情,亟思从事联络,负咎虽深,未敢辞职。今少数党人倒行逆施,不可终日,两党结合,刻不容缓。用敢代表众意,敬告于我自由本部、支分部可爱可敬之全体党员、职员,同盟会诸同志欢迎本党党人,出于至诚,务恳于见广告后十日内齐集上海会商办法。设多数不以为然,亦祈就此组织选举,俾怀霜得洁身以退,实拜同志诸公之厚赐。党事舍此别无办法,切勿迟疑观望。怀霜幸甚,全党幸甚。②

李怀霜提出上述主张后,陆续有自由党支部通电表示赞成,或召开会议予以声援。如南京支部有党员发表演说,声称"本部职

---

① 《公燕中山先生》,《天铎报》1912年4月5日,第4版;《自由党欢迎主裁孙中山》,《天铎报》1912年4月18日,第4版;《在上海自由党的演说》(1912年4月18日),《孙中山全集》第2卷,第343页。

② 《李怀霜敬告自由党全体》,《天铎报》1912年5月21日,第1版;《民权报》1912年5月21日,第4版;《民立报》1912年5月22日,第1页。

员,有争权夺利,有闹意见者,皆为吾党之公敌",言毕"众咸鼓掌"。① 6月中旬,自由党在上海召开全体会议,议决"与同盟会联合进行,凡对于国家、社会种种方面,靡不协力进行,期为民国前途谋真幸福也"。② 尽管作出了这一决议,这次会议上仍有人提出异见,例如发起人之一的罗传由于"宗旨不合",当场递交亲笔信和党员徽章,宣布退党。③ 此次会议之后,自由党中反对李怀霜和同盟会的言论销声匿迹,同时也找不到关于党友会以及谢树华、梁舜传、蔡之韶等人的文献记载。实际上,考察此后的《自由党本部总机关部职员一览表》,除了林与乐和徐麟寰之外,并无其他九位发起人的记录,这意味着他们基本都已排除在党的领导层之外或者退党。④ 自此以后,李怀霜基本确立了自由党内的实际领导地位,此后孙中山致函自由党参议部时也明确表示一切党务"委托李君代表"。⑤

自由党既已宣言与同盟会联合,更有一部分党员将两个组织合并提上议事日程。松江部在八月中旬召开会议时,就讨论了与同盟会松江支部联合或合并的问题,指出:"自由与同盟同一正总裁,即副主裁亦极愿意合并,前曾登报(声)明,宜以合并为上策。"当即提议派出代表与本部磋商,并讨论了具体的手续办法,"众俱赞成"。⑥ 不久之后,又专门召开会议讨论此事。⑦ 然而,此时同盟会已经合并、改组为国民党,此前与自由党无甚交集的宋教仁主导

---

① 《自由党大会》,《天铎报》1912年5月30日,第4版;《九江》,《天铎报》1912年5月31日,第1版。
② 《自由党新计划》,《民立报》1912年6月18日,第10页。
③ 《自由党全体暨各界诸君鉴》,《天铎报》1912年7月25日,第3版。
④ 《中华自由党营口分部职员一览表》,《天铎报》1912年11月22日,第5版。
⑤ 《自由党消息》,《天铎报》1912年10月15日,第5版。
⑥ 《自由党合并问题》,《天铎报》1912年8月22日,第4版。
⑦ 《自由同盟合并问题》,《天铎报》1912年8月30日,第4版。

党务,孙中山、黄兴等对于党事的实际参与逐渐减少,加之自由党的规模已经扩张的非常庞大,这一提议显然已经不具备实现的可能性。因此自由党本部复函称:"今同盟会改为国民党,现象与前大异,应行缓办,候本部进止。"①但在实际上,松江部是因为负责人未能按时上缴党费,因此"贸然代表全体,归并同盟会,以图塞责"。本部查明之后,立即通告予以批评驳斥,重申"政党之组织,以党纲为前提,以党员为主体,非可随意聚散,形同乌合",进而强调"前说仅欲归并同盟会,并非归并国民党,同盟会改组国民党后,与本党政纲大有出入"。②并且致函松江国民党人士,请求代为调和当地党事。③大体而言,同盟会改组为国民党之后,自由党方面不再坚持此前紧密联合的政策,李怀霜本人日后也一再强调自由党的独立性。④不过,自由党员因之退党,转而加入国民党的现象时有发生。⑤

二、商办党报:《民权报》与自由党的报刊出版

在自由党兴办的各项事业中,机关报刊的出版是非常值得关注的一个方面,大规模的舆论宣传也是自由党的政治声势迅速壮大的重要原因。自由党成立之初,众多党员都参与了上海《民权报》的创办工作。副主裁李怀霜也利用自己《天铎报》总编辑的身份,专门增加了"自由党消息"的报纸专栏,使得该报承担了党务

---

① 《自由党消息》,《天铎报》1912年9月10日,第5版。
② 《自由党本部通告》,《天铎报》1912年10月6日,第1版。
③ 《自由党消息》,《天铎报》1912年10月26日,第5版。
④ 《横林自由党成立》,《天铎报》1912年11月22日,第4版。
⑤ 《国民党消息》,《天铎报》1913年1月15日,第5版。

通讯的重要职能。① 1913年初，本部还发行《自由杂志》作为机关杂志(与《申报》馆发行的《自由杂志》月刊并非一种刊物)。② 自由党对于各地创办报刊的活动也很关注，要求各部定期将所办报刊寄往本部。③ 桑兵曾统计过自由党创办的以"自由"为名称的报刊，包括浙江支部《自由报》、平湖分部《自由月报》、武汉《自由报》《自由日报》几种，④而如果不局限于报刊名称，则根据目前所见资料，还可以补充浙江支部《罗报》、松江部《自由旬报》、桐乡部《殳山旬报》、福州部《自由钟日报》和《帝民报》、衢州部《三衢日报》、江阴部《自由党旬报》等多种。⑤ 此外，四明分部、江西支部、苏州部分别筹办过《自由日报》《豫章日报》和《亚东平权报》，但最终是否发行已不可考。⑥ 另外，苏州《江苏公报》和绍兴《越铎日报》与当地自由党的关系非常密切，其中《越铎日报》报社还兼为绍兴分部事务所，自由党员还介入到报社的内部冲突之中。⑦ 这些案例，都反映了自由党对于民初地方报刊的影响力。

在自由党参与创办的各种报刊中，《民权报》作为民初上海很有

---

① 《本报于九月八日起就第六版后添载自由党消息希党员诸君注意》，《天铎报》1912年9月9日，第1版。
② 《自由杂志广告》，《天铎报》1913年1月21日，第1版。
③ 《自由党各部钧鉴》，《天铎报》1913年7月14日，第1版。
④ 桑兵：《民初"自由"报刊的自由观》，《近代史研究》2010年第6期。
⑤ 方汉奇主编：《中国新闻事业编年史》上册，福建人民出版社2018年版，第332页；《自由党松江分部紧要广告》，《天铎报》1912年6月16日，第1版；《自由党消息》，《天铎报》1912年10月12日，第5版；《自由钟日报出版广告》，《天铎报》1912年9月22日，第1版；《自由党消息》，《天铎报》1913年1月30日，第5版；《江阴自由党旬报发刊词》，《天铎报》1912年12月25日，第6版；《日报畅行》，《神州日报》1912年4月30日，第8版。
⑥ 《四明之自由钟声》，《民权报》1912年6月7日，第6版；《自由党之进行》，《天铎报》1912年5月17日，第4版；《自由党支部开会》，《天铎报》1912年8月16日，第4版。
⑦ 《自由党大会详志》，《天铎报》1912年2月5日，第4版；《绍兴》，《天铎报》1912年2月26日，第1版；《绍兴》，《天铎报》1912年3月17日，第2版。

影响的"横三民"报之一,尤其受到研究者的重视。即有报刊史论述,有时将《民权报》视为自由党机关报。然而揆诸事实,《民权报》在发行之日起,就取消了"自由党机关报"的说法,并且很快宣布与自由党完全脱离关系,其中涉及复杂的人事与财政纠纷。1912年2月初自由党成立之后,即宣布组织《民权报》作为本党言论机关,不过因为财力有限,决定采取"商办党报"的形式,公开向社会招股,声明:"关于股本者,本报虽属自由党之机关,然而财政独立,不与党事含混,故组织之性质,系完全商办,所有股东之权利及义务,悉以商律为准。"① 负责创办《民权报》事宜的发起人谢树华,也在自由党全体职员会上说明该报"为本党义务机关,事权、财权独立办法"。②

在商办招股过程中,《民立报》编辑周浩是自由党的一个重要合作者。周浩此前曾介绍李怀霜加入自由党,不过自己最终没有列名党籍。这一时期,周氏因为"反对议和条件"而与《民立报》编辑、作者群体产生严重的意见冲突,宣布辞去编辑一职。由此转而接受自由党的邀请,声明"以全力组织自由党附设之《民权报》",③ 承担招收商股、组织编辑人员等工作。不久之后,自由党将本部迁移至《民权报》报馆,二者关系之密切可见一斑。④

但是,此后《民权报》的出版发行并不顺利,原定于3月1日的出版日期延后至28日,自由党说明延期的理由是"年事繁忙,内外布置未周"。⑤ 不过,实际原因很可能与招股困难,以及党内对于商办机关报的异议有关。2月29日,张病秋等24位自由党员联合声明反对《民权报》的办理方法:

---

① 《上海自由党本部附设民权报出版通告》,《天铎报》1912年2月7日,第1版。
② 《自由党职员会》,《天铎报》1912年2月24日,第4版。
③ 《周浩启事》,《天铎报》1912年2月13日,第1版。
④ 《自由党本部迁移》,《天铎报》1912年2月24日,第1版。
⑤ 《上海自由党本部附设民权报出版改期通告》,《天铎报》1912年2月26日,第1版。

> 现因本党职员办事专横,窃全体名义,创立商办性质之《民权报》,将来于我本部机关及党员名誉,事实上必受绝大亏损。兹拟即开纠正大会……以维大局。幸甚。①

这一声明公布后,在自由党内引发了很大混乱,发起人杨鸿春等因此反对谢树华创办《民权报》。② 面对这一危机,谢树华刊登长篇启事,详细解释商办《民权报》的原委:

> ……树华等创办《民权报》,原冀为本党谋一言论机关,以期监督政府,巩固民权,为国民求得真正自由而已,岂有(纷)[分]毫私意存乎其间。其所以标明商办者,盖报馆原属商业性质,盈亏皆在股东,出资之股东非尽党员,安可不特别标明,以免与党事相混,而又不变立言,不变本党宗旨。股东只有清查财政之权,是《民权报》对于本党所负之义务,亦云多矣。且创办报馆,用本党附设名义及一切办法,曾经提出于成立大会,全体通过,树华等实不敢居办事专横之名。……至于《民权报》前订章程,有谓用全体党人组织而成之语为非者,固不妨略事修改。③

与此同时,自由党发起人召开谈话会调和意见,会上宣布杨鸿春"系被人唆使,并非有意破坏《民权报》",最后"各发起人按次誓言,嗣后须和衷共济,力图进行"。④ 几天之后,张病秋等也声明取

---

① 《自由党热心党事诸党员鉴》,《时报》1912年2月29日,第8版。
② 《自由党人发起谈话会》,《天铎报》1912年3月2日,第4版。
③ 《谢树华宣告》,《天铎报》1912年3月1日,第1版。
④ 《自由党人发起谈话会》,《天铎报》1912年3月2日,第4版。

消纠正会,对于谢树华的解释表示认可。① 最终在 3 月 25 日的自由党联合大会上,全体党员"公认自由党附设《民权报》,惟《民权报》宗旨有与自由党宗旨违背处,即行取消附设字样"。② 同时,正式通过的《中华民国自由党章程》,对于本部新闻团与《民权报》的权限关系进行了更加详细的规定:

第二十六条 新闻团。本党发行《民权日报》及各种新闻杂志为本党言论机关,各支部亦同此进行。其目的专在传播自由种子,发挥自由之真精神,兼提倡各种事业,以为厚利民生计。其组织方法,另章规定。
……
第八章 新闻团分则
第五十四条 组织。本新闻团由本党本部发起,发行股票,集合股本,组织成之。暂先发行中华民国自由党《民权报》。……
第五十六条 职员。本党新闻团职员,除总理事由本党本部推定,使负完全责任,其他之主笔、编辑以及各项职员,由理事临时酌聘。
第五十七条 经费。本党新闻须为本党言论机关,财政一部,系召集股本,完全独立,不得与自由党财政混合,其招股、印刷、发行等事,概由新闻团主持办理。
第五十八条 事务所。新闻事务所设上海英租界江西路四号《民权报》事务所。③

---

① 《自由党纠正会同志诸君鉴》,《时报》1912 年 3 月 7 日,第 4 版。
② 《自由党事汇记》,《民权报》1912 年 3 月 29 日,第 10 版。
③ 《中华民国自由党章程》,上海图书馆藏。

这种规定,无异于承认了《民权报》自主经营的性质,与创办时提出的"机关报"定位大相径庭。三天之后,《民权报》正式出版发行。即使如此,自由党内围绕《民权报》问题所产生的矛盾,也并没有完全化解,谢树华的支持者在会场自行登出议案,指责反对者"觊觎《民权报》权利",导致此后一段时间内仍然纠纷不断。①

除了党内争议,自由党与编辑长周浩以及股东群体的矛盾,很快也趋于激化。《民权报》发行仅20天后,编辑部即刊登启事,声明本报与自由党已无关联:

> 本报虽属自由党员发起,而大宗股本,多由周浩君向党外人士召集,且自周浩君以及编辑重要人物,俱未入自由党。当出版之时,周浩君曾在自由党中声明,本报办法,既与发起之初有异,自宜具有完全独立性质,不得视为自由党之机关……现时自由党系租本报之房屋为党址,以实际论之,本报为主,而自由党为宾,稍缓自可迁移。……外间阅者多谓本报与自由党有密切关系,用特辨正,免生纠葛。凡以自由党员之资格入股者,只有股东之权利可享,如未入股,幸勿称本报主人翁,致本报作诘责之词。②

这一纸声明,可以说完全推翻了自由党此前关于本党附设《民权报》,"股东只有清查财政之权"的声明。作为反击,自由党本部很快发布通告,加以严厉驳斥,与《民权报》正式决裂:"今请与各部全体党员约,自见此通告之日起,均当视《民权报》为公敌,倘再有

---

① 《自由党本部会计长杨鸿春启事》,《神州日报》1912年3月29日,第4版;《自由党本部职员公鉴》,《神州日报》1912年3月29日,第4版。
② 《本报与自由党无关系之通告》,《民权报》1912年4月17日,第1版。

购阅该报者,即为与全体党员不表同情。"① 但是毕竟有不少党员入股该报,日后双方关系有所缓和,《民权报》对于自由党广告和新闻,仍然予以登载。失去《民权报》这一平台之后,自由党决定将本党公电、要件附刊《天铎报》,②此后自由党一直没有重新组建机关报,《天铎报》实际上承担了机关报的职能,此举也于事实上加强了李怀霜在自由党的领导地位。

看似两全的商办党报之办法,却迭遭党员和编辑部两方面的激烈反对,最终以失败告终。其中最为重要的原因,是当时自由党规模太小,其资产不足以创办一个大型机关报。因此才在创办之初,选择与在报界经营有年的周浩合作,畀以全权。而根据周浩公布的数据,《民权报》总共招股 24 000 元,其中仅有 3 200 元来自自由党员,其余 20 000 余元概由周浩"向党外热心人士召集",因此"办报本属商业性质,股本既居多数,则发言自必有效。近来以党外人而入股者,纷纷要求明白宣布,不得如外间所云,《民权报》为自由党之机关"。③ 在这种情况下,周浩选择与自由党割席,明确报纸的所有权属于投资更多的党外股东。自由党对此则毫无办法,除了言论抨击之外,也只能听之任之。客观而言,《民权报》之得以创办,自由党方面的贡献未可忽视,不仅各地分部承担了招收股份的工作(尽管入股者大多并非自由党员),而且报馆费用"亦由本党公积项下垫付房金",周浩所称"自由党系租本报之房屋为党址"仅仅道出了一半事实。④ 因此自由党批评周浩"志骄气盈,塞源忘本,自以为渠个人之力,视本党如无物",愤而宣布其为"公敌",也并非全无缘由。

---

① 《自由党本部通告》,《民权报》1912 年 4 月 29 日,第 1 版。
② 同上。
③ 《周浩布告各地自由党员》,《民权报》1912 年 4 月 29 日,第 1 版。
④ 《上海自由党本部附设民权报出版改期通告》,《天铎报》1912 年 2 月 26 日,第 1 版;《自由党本部通告》,《民权报》1912 年 4 月 29 日,第 1 版。

从表面上看,民国初年政党政治的兴起,导致报馆纷纷依附于政党,党派机关报大行其道,所谓"凡著名之报,无一不落党阱,而无党之报,又奄奄如不欲战"。① 自由党"商办党报"及其失败,则反映出政党打造如臂指使的言论机关,其实并非易事。一方面,创办报馆动辄数万元的费用,对于草创之际的政党而言,是一项难以承受的负担,更遑论一旦经营不善,亏垫赔累,不可胜算。另一方面,握有股本的投资者,也并不都对政党持欢迎态度,尤其是对于报刊成为"政党机关"以后,政党是否会侵夺原本属于股东的权限,实际上多有疑虑。除了《民权报》之外,自由党支部、分部在其他地方创办的报刊,有不少也面临着类似的问题,大部分旋起旋灭,难以维持。例如杭州自由党创办的《自由报》,同样因为是否应该独立商办而在党内产生严重分歧。② 从这一层面观之,民国初年政党"机关报"问题,尚有待于更加深入的检视。

三、自由党的组织结构与政治——社会实践

自由党最初发起成立之时,设置正、副主裁各一人,书记、会计、理事若干,组织结构非常简单。③ 1912年3月中旬,自由党陆续将党章草案在《天铎报》予以公布,具体规定本部(总机关部)以主裁、副主裁代表全体党员,设置理事长、文牍、会计长、庶务长、调查、招待等职务,又增设参议部,作为党的议事机构。④ 孙中山就任党主裁之后,正式的自由党章程、简章规定"设理事、书记、会计、

---

① 姚公鹤:《上海闲话》,上海古籍出版社,1989年,第130页。
② 《自由党特开常会》,《越铎日报》1912年7月17日,第7版。
③ 《自由党缘起》,《时报》1912年1月8日,第9版。
④ 《自由党修改章程草案(续)》,《天铎报》1912年3月15日,第5版。

庶务、调查、交际、参议各员若干人",较之草案略有增损。① 同时,章程还规定支部除了不设正、副主裁外,上述"所列之职员及本章程各条之规定,均适用之"。② 根据现存的自由党湖北、湖南支部简章,支部的机构设置与本部基本相同。③ 8月中旬,自由党本部决议改组为执行、干事、参议三部,然而根据11月下旬公布的《自由党本部总机关部职员一览表》,这一决议最终并未实行。党的正、副主裁以下仅设本部部长和参议部长,本部部长下设总务、庶务、文牍、政学、招待、经济、调查各科科长,科长以下设置股员,参议部长下设参议书记、参议审查和议员等职。④ 此后直至自由党被勒令解散,本部组织结构未见更动。

在地方组织方面,自由党最初采取本部—支部—分部的三级体制,即在省会城市建立本省支部,进而在县乡镇地区发展分部。如湖南省支部规定"各府、厅、州、县分部(出)[由]本支部派员前往组织,其未得本支部之认可,及未携有本支部正式公文者,不得自由发生"。⑤ 这种组织结构,对于改变自由党早期发展过程中支部林立、组织四分五裂的现状起到了一定作用,例如常熟分部同时有两批党员发起,经过江苏支部调解整合,最终得以合并建立。⑥ 不过,这也导致支部权限太大的问题,如休宁分部抗议安徽支部强行统辖该部事务,引发纠纷;此外还出现过冒用支部名义设立分部等现象。⑦ 最终在1912年7月下旬,自由党本部宣布取消支部、分部名义,各部直接与本部交涉:

---

① 《自由党简章》,《近代史资料》第17册,第141页。
② 《中华民国自由党章程》,上海图书馆藏。
③ 《中华民国自由党湖北支部章程》,《近代史资料》第17册,第149页;《中华自由党湖南支部简章》,《近代史资料》第67册,知识产权出版社,2006年,第82页。
④ 《自由党本部总机关部职员一览表》,《天铎报》1912年11月24日,第6版。
⑤ 《中华自由党湖南支部简章》,《近代史资料》第67册,第84页。
⑥ 《自由之声》,《天铎报》1912年5月23日,第4版。
⑦ 《屯溪》,《天铎报》1912年6月23日,第4版;《公电节要》,《天铎报》1912年7月11日,第2版。

曩者本党各部以支分阶级，屡启冲突。现支分名称，业经主裁提交总参议部通过，实行取消。嗣后无论省城或县镇所在地，均一律改成某省某某部。如杭县（省城所在地）原为浙江支部，即改称浙江杭县部，绍县（县城所在地）原为绍兴分部，即改称浙江绍县部……（各省以此类推）所有一切党务，均得由各部直接本部及驻沪机关部。各不相属，各不相侵，削除阶级之制，庶免冲突之虞。①

这一时期，自由党组织在全国各地迅速发展。自由党平湖分部曾在5月中旬发表了《各支分部一览表》，统计了当时70余处支分部组织的情况。自由党本部则在10月中旬开始，陆续公布了《自由党各部一览表》，统计在内的地方组织多达270余处（此后数量仍有增加）。综合两表内容，可以了解自由党在这一时期的地域发展状况（参见表一）。

表一　自由党机关部、各支分部一览表
（＊为《自由党各部一览表》未见的支部）

省份、地域	1912年5月之前成立	1912年5月至10月之间成立
直隶（3处）	无	北京（总机关部）②、直隶、唐山
山东（6处）	济南、登州、威海卫	济宁州、胶州、莒州

---

① 《自由党各部钧鉴》，《天铎报》1912年7月25日，第2版。
② 自由党曾决定将本部前往北京，同时组织总机关部，然而出于经费不足、政局变化等原因，最终并未实施。参见《自由党新计划》，《民立报》1912年6月18日，第10页；《自由党本部暨驻沪机关部迁移广告》，《天铎报》1912年7月25日，第3版；《自由党史料·外左一区警察署函送自由党北京部简章》（1913年6月13日），《北京档案史料》1989年第4期，第11页。

(续表)

省份、地域	1912年5月之前成立	1912年5月至10月之间成立
山西(1处)	无	大同
陕西(1处)	无	长安
奉天(1处)	营口	无
江苏(51处)	上海(总机关部)、南京、扬州、镇江、常州、太仓、通州、无锡、盛泽、苏州、盐城、奉贤、山阳、宝应、十二圩、泰州、高邮、东台、昆山、东海(海州)、松江、江阴、仪征*	吴江、黎里、邳县、宜兴、枫泾、南汇、如皋、新市镇、崇明、丹阳、金坛、句容、赣榆、泰兴、溧水、沙溪、临泽、吕四、南□镇、海安、常熟、洙泾、华亭林泽、塘头、宝山、川沙、姜堰、沭阳
安徽(31处)	繁昌、徽州、舒城、庐州、芜湖、安庆*	顺昌、怀宁、涡阳、桐城、全椒、池州、宁国、南陵、□湖、和州、巢县、无为、泾县、青阳、宁国、当涂、休宁、旌德、广德州、建平县、宿州、泗州、滁县、庐江、建平
江西(14处)	南昌、九江、吉安、饶州、	抚州、景德镇、南康、赣州、乐平县、唐江、万年、安仁、石头镇、丰城
浙江(95处)	杭县、嘉兴、宁波、平湖、海盐、湖州、定海、绍兴、诸暨、长兴、南浔、菱湖、余姚、衢州、金华、兰溪、台州、桐乡、石门、嘉善、海宁*、温处*	乌青、双林、练市、处县、温州、德清、武康、龙泉、东阳、龙游、富阳、江山、桐庐、严县、余杭、昌化、塘栖、淳安、遂安、太平、孝丰、安吉、临安、萧山、常山、开化、於潜、硖石、上虞、武义、汤溪、义乌、建德、玉环、浦江、永康、崧厦、临浦、分水、奉化、宣平、镇海、缙云、崧镇、新城、上干、泗安、新昌、瓶窑、天台、仙居、筧桥、新市、太昌、

(续表)

省份、地域	1912年5月之前成立	1912年5月至10月之间成立
		临平、寿昌、平阳、桥司、泗安镇、象山、和孚镇、干洪、义桥、庆元、四乡、慈溪、新丰、袁家汇、碧湖、百岁坊、青田、云和、松阳、景宁
福建（33处）	福州、汀州、福清、兴化、漳州、	连江、古田、闽清、仙游、思明、南平、尤溪、浦城、霞浦、福安、宁德、马江、漳南、安溪、泉州、石码、同安、崇安、延平、漳浦、东美、天宝、金门、龙岩、南靖山城、长乐、德化、锦水镇
湖北（6处）	武昌、汉阳	汉口、沙市、江陵、宜昌
湖南（14处）	长沙	衡州、常德、湘潭、宁乡、浏阳、湘乡、宝庆、平江、石门、永兴、耒阳、桃源、安仁
广东（3处）	广州	潮州、番禺
广西（8处）	桂林、梧州	浔州、资江、平南、南宁、昭平、庆远
四川（2处）	成都	重庆
贵州（1处）	贵阳	无
云南（1处）	昆明	无
海外	新加坡、东京*	无

资料来源：《各支分部一览表》，《自由月报》第1期，1912年5月15日，第31—38页；《自由党消息》，《天铎报》1912年10月15日—11月15日、11月17—19日，第5版。

根据上表，可以发现自由党在全国各省的发展很不平衡，其在东南各省极为发达，尤其是浙江、江苏两省的支部数量几占全国之半;相比之下华北、西南和西北地区则相对薄弱,并且考察这些地区的分部职员情况可以发现,南方籍人士占有很大比例。① 从时间上来看,5月之前,支分部基本集中于江浙两省。5月以后,随着自由党的组织与宣传工作的推进,安徽、江西、福建和湖南等省份也有了显著的发展。上述地域分布,在一定程度上也是民国初年的"民党"乃至政党政治在全国不同地区的被接受状况的缩影。以下将从宣传言说、社会事业、男女平权和议会选举等方面,探讨自由党如何具体参与到地方的政治与社会进程之中。

自由党始终将公开演讲与宣传作为工作的重中之重,其章程明确规定各支部"必须从速建设"宣讲团,相比之下其他附属性质的社团则允许"量力举办",因此各支部成立的宣讲团数量非常可观。② 章程之所以如此规定,是因为在自由党员看来,民国甫经创立,不仅大多数乡民"尚不知中华民国为何物,共和为何事",很多地方官员也"不解自由之义",认为自由二字"骇人听闻",这必将对于自由党的发展形成巨大阻力。③ 职是之故,演讲活动基本贯穿各支部之始终,被视为向社会宣传本党宗旨、发展本党组织的基础工作,"一般社会,于自由之知识,绝少研究。故该党党员,急于进行,以组织宣讲团为前提"。④ 宣讲团"由党员中善于辞令者所组织",演讲主要内容在章程中被归纳为十条:(一)本团之宗旨;(二)民生与民权之关系;(三)公理中之平等,法律上之自由;(四)人道主义;(五)黄帝子孙数千年来不得自由之历史及原因;(六)自由平等与国家之关系;(七)地方自治与自由之关系;

---

① 《中华自由党营口分部职员一览表》,《天铎报》1912年11月22日,第5版。
② 《中华民国自由党章程》,上海图书馆藏。
③ 天仇:《平民与常识》,《民权报》1912年5月28日,第7版;《诬我自由》,《天铎报》1912年11月2日,第4版。
④ 《逢人说自由》,《民权报》1912年4月18日,第7版。

(八)尊崇自由及保持完全自由之方法;(九)各国自由党之历史及其发达效果;(十)各国党派之比较讲演,演讲者"均用浅近白话,使人民听之,容易明白"。① 这种宣讲活动,对于发展党员起到很大作用,如常州分部宣讲团成立时,临时主裁李怀霜亲往演说"自由真理",不久之后发起人高冠吾再次前往开展演讲活动,结果"演说自由真理后,党员报名者,极其踊跃,已达二百余名"。② 此外,在数以百计的自由党各支部成立大会的报道中,以"自由"为主题的演讲活动也极为普遍。在这些场合,演讲者大多着重指出遵守法律、规约为实现自由的前提,"欲要保守自己的自由,先要不侵犯他人的自由,不侵犯公共的自由"。③ 这与自由党发起时,征引《论语》中"己所不欲,勿施于人"以及罗兰夫人"自由,自由,罪恶假汝以行"的名言来解释党的宗旨的论述相一致。④ 同时,这也符合部分党员对于乡村地区"民智素不开通,语以共和,诸多未解,诚恐误解自由,逾越范围"的担忧。⑤ 由此可见,自由党宣传的自由观念,与日后自由主义的论述有着很大差距。不过,这些活动对于"自由"话语在地方社会的最初普及,意义仍然不容忽视。

自由党还通过在各地建立实业团、劳农团、交通部、医士团、律师团、教育团等机构,结合自身的组织优势涉足相关领域。自由党长期以注重实业、发展银行金融为方针,并将实业团列入章程,各

---

① 《中华民国自由党章程》,上海图书馆藏;《海盐自由党进行记》,《民权报》1912年4月1日,第7版。
② 《自由党常州分部广告》,上海图书馆藏;《逢人说自由》,《民权报》1912年4月18日,第7版。
③ 《自由党淳安部成立》,《天铎报》1912年12月2日,第4版。
④ 《自由党缘起》,《时报》1912年1月8日,第9版。
⑤ 《徽州之自由党》,《民权报》1912年5月1日,第7版。

地分部也陆续照章设立。① 同时,自由党本部也承认实业团"非(共)[空]言所能猝办,须有大资本家实力提倡,庶可达此宏愿"。② 不过,在苏州、济南等省会城市,仍然有自由党员成功集资创办纺织、染布工厂,生产国货。③ 除此之外,自由党分部通过发起劳农团、交通部等组织,倡导农业、航运的技术改良,其中苏州、平湖的自由党成立轮船公司,自办航运,均达到一定规模。④ 自由党还成立过医士团、律师团等同业组织,这些组织除了开展社会活动之外,主要为自由党员提供服务,如上海、松江的律师团建立律师事务所和法政讲习所,承诺帮助党友进行法律咨询和培训。这也与党章中"凡党员之诉讼事件,有陈请本党律师为之辩护之权利"等规定相符合。⑤ 在教育领域,自由党员也发起过小学校、夜校等多种形式的教育机构。⑥ 上述情况体现出,自由党对于各项社会事业,并未仅仅停留在宣传层面,而是凭借其比较广泛的社会基础,

---

① 《振兴实业之先声》,《天铎报》1912年3月29日,第4版;《自由党之经营实业》,《太平洋报》1912年4月10日,第9版;《海宁自由党分部启事》,《民权报》1912年5月1日,第4版;《自由党进行方针》,《民权报》1912年6月2日,第10版;《自由党夏季常会》,《天铎报》1912年7月24日,第4版;《自由党消息》,《天铎报》1912年12月29日,第5版;《中华民国自由党湖北支部章程》,《近代史资料》第17册,第151页;《中华自由党湖南支部简章》,《近代史资料》第67册,第83页。

② 《自由党紧要通告》,《天铎报》1912年9月22日,第1版。

③ 《裕华织业厂之先声》,《民权报》1912年6月28日,第10版;《国货之新发明再志》,《天铎报》1912年6月29日,第5版;《自由党之成绩》,《天铎报》1912年12月24日,第4版;《织布机大可获利》,《天铎报》1913年1月9日,第4版。

④ 《自由党水上自由》,《民权报》1912年3月16日,第4版;《中华民国自由党吴江分部附设劳农团草章》,《天铎报》1912年5月23日,第5版;《自由党之航业》,《民权报》1912年6月25日,第7版;《自由党航业之发达》,《天铎报》1912年11月16日,第4版。

⑤ 《自由党注重法政》,《天铎报》1912年9月25日,第4版;《自由党组织律师团》,《天铎报》1913年1月4日,第4版;《自由党员诉讼者鉴》,《天铎报》1913年1月10日,第2版;《自由党修改章程草案(续)》,《天铎报》1912年3月24日,第5版。

⑥ 《创设夜学》,《民权报》1912年3月28日,第7版;《自由党消息》,《天铎报》1912年9月30日,第5版;《自由党消息》,《天铎报》1913年2月13日,第5版。

开展过不同程度的实践活动。

不过,这些社团的兴办需要大量的资金支持。而从现存资料来看,自由党在章程中制定了缴纳党费和资金运用详细办法:"除收入各党员入党费五角,常年捐五角外,由本党组织之各项事业所获红利项下分别提补。至分部经常费用,概由分部党员常年捐款,开支与本部纯然划分,但本部有需分部代卖出品货物及报纸等项,得酌议报酬,以作补助。又分部党员入党费,须由各分部机关汇缴本部收存,以作兴办实业之用。"又规定:"如本部发生特别事件,及本党职员执行本党职务又特别需款时,或由常款开支,或由各项提拨,或开临时大会捐助,由临时参议会决议。"①各分部的章程对于赞助经费的人士尤其优待,如自由党北京部规定:"党员入党时纳费一元,徽章费一元,常年费二元。无论党员、非党员,特别捐助本党经费十五元以上者,赠以银质名誉徽章。五十元以上者,赠以金质名誉徽章,以表嘉誉。"②但是由于组织和交通的困难,实际能够收缴的党费非常有限,仅仅能够维持本部和支分部的日常运作,并无多余的财力用于此类社团开展事业。因此,自由党创办社团往往需要另行募款,尤其仰赖部分经济状况较好的党员资助,并且规定参加社团需要额外缴纳的年金、会费。如本部律师团规定"由各律师对于辩护事件所得报酬中,酌提十分之一二,以作常年经费"。③尽管有种种规定和措施,经费不足的问题始终困扰着自由党,甚至在自由党被解散时,负责相关事宜的党员还为经费问题大倒苦水。④ 与此同时,党员藉此敛财,或党外人员利用自由党名号

---

① 《中华民国自由党章程》,上海图书馆藏。
② 《自由党史料·中华民国自由党北京部简章》,《北京档案史料》1989年第4期,第11页。
③ 《中华民国自由党章程》,上海图书馆藏。
④ 《自由党本部取消》,《大共和日报》1913年8月12日,第6版。

进行诈骗的情况层出不穷,为此曾有报纸发表评论,抨击自由党"成立以来,惟以收集会费为事"。①

自由党员在社会实践中的一大特点,是吸收了为数众多的女性党员,并且在男女平权的宗旨下发起过不少活动。早在成立初期,自由党就专门成立了女报名所,负责招待女界人士入党,女医生汪人杰负责其事。② 与此同时,参议部也选举出高企兰、唐丽华、袁希澥三位女党员担任参议员,代表女界讨论党务。其中,高企兰曾为创办《民权报》出资两千元,为入股最多的自由党员,足见其活动能力。③ 上海以外,各地支部、分部也有比较活跃的女性党员,如广东支部女演说员李振坤在成立大会上,"所论道德法律范围,更得自由之真谛,深明罗兰之宗旨,满座为之感动"。④ 自由党陕西汉中部,则是由女性党员钟明早联系创立。⑤ 自由党湖州部、塘头部,发布过建立男女平权女学校、女子实业所、女子美术学校的党内通讯。⑥ 除此之外,辛亥革命前后于上海舆论界异常活跃的沈佩贞,曾列名自由党籍,其在参与发起男女平权维持会之后,依托自由党在湖州等地建立支会。此后沈佩贞前往北京参加女子参政权运动,而女子参政同盟会解散后,自由党也为其提供过支持。⑦ 不过,在1913年8月国民党"二次革命"失败,自由党面

---

① 松笠:《斥全浙公报谬妄之绪公》,《天铎报》1912年10月12日,第1版。
② 《自由党女报名所成立》,《天铎报》1912年2月19日,号外第1页;《中华民国自由党章程》,上海图书馆藏,"上海自由党女界题名处"。
③ 《自由党议事录》,《天铎报》1912年2月24日,第4版。
④ 《自由党支部纪盛》,《天铎报》1913年4月10日,第3版。
⑤ 《自由党消息》,《天铎报》1913年2月15日,第5版。
⑥ 《湖州男女平权女学校发起人姚联伯通告》,《天铎报》1912年5月16日,第4版;《自由党消息》,《天铎报》1912年9月18日,第5版;《自由党消息》,《天铎报》1912年9月22日,第5版。
⑦ 《男女平权维持会缘起》,《天铎报》1912年2月26日,第1版;《包办会党处》,《民权报》1912年4月21日,第7版;《自由党消息》,《天铎报》1912年12月16日,第5版。

临解散危机之际,沈佩贞、高企兰等人很快倒向袁世凯政府,公开组建女子南征团,与孙、黄以及自由党决裂。①

尽管自由党广泛地参与到前揭各个领域的社会事业,然而在民初政治光谱之中,其仍然无法与国民党、共和党等由政界精英组成的党派相提并论。李怀霜对此有着很清楚的认识:"本党创立以来,虽甚发达,而势力则尚未扩张。"②不过在国会、省议会选举开展之后,自由党也积极参与其中,并取得了一定的成绩。10月初,自由党本部发布通告,要求"本党党员,凡有选举权者,断不可自行放弃",同时"叠催各支分部,将党员选民册赶速调查,无任遗漏"。③不久之后,自由党本部成立了国会选举筹备会,以"使一般党员勿放弃其选举权及被选举权"为宗旨,组织各地选举事宜,同时发起本党法律维持会,为选举工作提供法律支持。④此后,自由党在开展了持续数月的选举宣传活动,如苏州部发表白话布告,解释选举的政治意义和基本原理,强调"人民就是国家的主人,政府的行为,不能不依多数人民的意向","本党的议员多,自然本党的势力优胜他党,不愁主义不贯彻了","诸君千万不可不去投票,若是不去,要这政党,要这公民,什么用场呢"。⑤从结果来看,自由党的政治势力不足以进入国会,不过在其组织比较发达的省份,例如江苏、浙江、安徽的省议会选举中,则取得了少量名额,有的当选

---

① 《沈佩贞等致内务部呈》(1913年8月),中华全国妇女联合会妇女研究所、中国第二历史档案馆编:《中国妇女运动历史资料·民国政府卷》上册,中国妇女出版社,2011年,第35页。

② 《自由党郑重选举权》,《天铎报》1912年10月2日,第4版。

③ 《自由党调查忙》,《天铎报》1912年10月4日,第4版;《自由党之选举谈》,《天铎报》1912年10月9日,第4版。

④ 《自由党国会选举筹备会简章》,《近代史资料》第67册,第80—81页。

⑤ 《中华自由党苏部长汪绍芬敬告本党诸同志》,《天铎报》1912年11月29日,第5版。

议员在县级选区取得了很高的得票。① 这既有其社会基础和宣传工作的因素,同时也受到自由党选择与国民党"相互提携,一致进行"的选举策略的影响。② 不过,这间接导致自由党与共和党等反对国民党的政治团体之关系日益恶化,并且引发了直接的冲突,③成为日后自由党解散的一个因素。

四、自由党的舆论观感与历史叙述: 以浙江为例

自由党凭借着政界要人的扶持、自身积极的舆论宣传,以及前述各类社团的组建和社会事业的兴办,很快发展为一股新兴的政治与社会势力,其影响力也逐渐从中心城市扩展到村镇地方。然而,在民国初年的组织与技术条件下,维持一个(即使只是名义上)具有数十万人规模的全国性政党的运转,有序维持党务和有效约束党员行为,是一件非常困难的事情。这就导致部分党员依仗党员身份,或党外之人假托该党名义,四处招摇,牟取私利乃至引起冲突的事件在各地都时有发生。上述现象,使得时人对于自由党的批评声音不断见诸报端,这同自由党的自我标榜和宣传形成了鲜明的对比。由此,日后的历史研究和文学创作对于自由党的叙事也就呈现出了明显的分化:一方面,自由党作为孙中山的追随者、同盟会—国民党的盟友以及近代民主自由等观念的拥护者,

---

① 《参议院议员党派一览表》,《太平洋报》1912年9月19日,第9版;《金华选举之怪相》,《天铎报》1912年12月6日,第4版;《自由党消息》,《天铎报》1913年2月14日,第5版;《自由党消息》,《天铎报》1913年2月15日,第5版。
② 《电报一》,《天铎报》1913年1月13日,第1版。
③ 《国民社会自由各党来函》,《天铎报》1912年12月7日,第2版;《怪哉王恪臣》,《天铎报》1912年12月7日,第5版;《自由党欢迎副主裁》,《天铎报》1913年1月10日,第4版。

长期在政治史论述中受到正面评价；另一方面，自由党的种种流弊和随之而来的种种恶评，对于自由党的记忆和书写也产生了深远影响，尤其是鲁迅等人将其作为文学创作素材，最终塑造了"柿油党"的滑稽形象，广为人知。本节以自由党最为发达的浙江省为例，在简要梳理自由党在这一地区的发展过程的基础上，探讨自由党在运作过程中引起的地方反应，由此产生对"自由"的各种解释和论述，以及鲁迅等人如何将之体现在其小说创作中。

浙江是自由党起步最早的省份之一，在自由党草创时期，就有为数众多的浙籍人士参与其中。例如前述发起人罗传，以及高企兰等较为活跃的党员均来自浙江。自由党正式建立之后，浙江杭州支部也在1912年3月8日召开成立大会，海盐、湖州、宁波、平湖、绍兴等地都推选代表参与。大会推举许畏三、罗传、王荦（字卓夫，同盟会员）为理事长、理事和参议长，其中许畏三在不久后担任新设立的杭州法院检事长，王荦时任浙江省临时议会议员，两人于浙江政界具有一定影响力。① 这些地方精英人士的加入，使得浙江当局对于自由党的态度颇为友善，为自由党在浙江的发展奠定了良好的基础。在此之后，浙江自由党通过组织社团，吸引各界名流参与，进一步扩大了自身影响。尤其是其发起浙江省实业团，还得到了陈其美以及蒋尊簋、褚辅成、杭辛斋等浙江军政要员的列名赞成。② 在此背景下，自由党的党员数量快速增长，同时浙江各县的分部相继成立，并进一步向乡镇地区扩张，使得该党在较短时间内发展为浙江规模最为庞大的一个党派。

然而，浙江自由党的迅速扩张，相应的组织规范却很不健全，

---

① 《全浙法院组织大纲》，《申报》1912年4月21日，第6版；《临时议会议员一览表》，《民立报》1912年12月14日，第5页。
② 《中华民国浙江实业团简章》，《汉民日报》1912年4月1日，《辛亥革命浙江史料汇编》第7册，国家图书馆出版社，2011年影印本，第208页。

众多问题随之产生,尤其是滥招民众入党导致党员素质良莠不齐,出现不少党徒藉党招摇、违法乱纪的事件。如自由党浙江支部尚在筹备期间,就有并未入党之人在杭州各处"假本党名义,招摇撞骗",支部不得不承认"顾此失彼,深自歉疚"。① 不久之后,又有党员"藉入党为护符","无所不为",甚至私自联络囚犯,为其包揽词讼,引发报界批评。② 而在省城之外,自由党卷入了更为严重的纠纷。在海宁县,自由党理事长沈佑之在筹建分部的同时却公然包庇盗贼,组织党员冲击县署,纠众大闹公堂,俨然视自由党为把持地方的工具。③ 在长兴县,自由党理事朱其康(乃瀛)因为"恫吓诈骗"受到知事呈请军政府惩办,时任浙江都督蒋尊簋最初尚留情面,认为"该党决无此种败类,致为全体名誉之玷,当系蒙混假冒",要求向自由党上海本部核实情况。④ 但是在得知朱其康确为自由党员,并且恃此对于县知事"招摇谎骗"之后,蒋尊簋的态度也随之改变,严厉批示:"以后该知事遇有各政党党员案件,但问其有罪无罪,不必问其是否党员也……方今会党名目过多,即品类亦至不齐,若尽如朱乃瀛之行为不法,其流弊伊于胡底!"⑤ 同一时期,浙江民政司也通令各属知事:"嗣后关于会党全体名义,或以党

---

① 《自由党浙江支部启事》,《汉民日报》1912年2月23日,《辛亥革命浙江史料汇编》第6册,第579页。
② 《藉名自由党揽讼》,《汉民日报》1912年3月5日,《辛亥革命浙江史料汇编》第7册,第4页。
③ 《海宁自由党成立进行大会通告》,《汉民日报》1912年4月14日,《辛亥革命浙江史料汇编》第7册,第305页;《唐塌饼怕党员》,《汉民日报》1912年4月19日,《辛亥革命浙江史料汇编》第7册,第350页。
④ 《批牍》,《浙江军政府公报》第61册,1912年4月8日,《辛亥革命浙江史料汇编》第5册,第219页。
⑤ 《蒋都督令长兴县为自由党恫吓诈骗案饬遵照民政司批示办理文》,《浙江军政府公报》第75册,1912年4月22日,《辛亥革命浙江史料汇编》第5册,第424—436页。

员名号干(与)[预]官厅用人、行政、司法及攻讦阴私者,概置之不理。"①军政府的上述回应,反映出其对于自由党等新兴党派可能威胁到地方政治稳定与领导人的政治权威的担忧。

"近日何者为沪上人士流行之物? 对曰: 政党与徽章"。② 徽章作为一种简易而显眼的身份象征与标志物,很快在民初政党中流行开来。自由党将政党徽章广泛应用于党务活动,曾大量制造、发放锡制徽章,并且在章程中明确规定"本党党员,佩戴本党徽章"。③ 在浙江,徽章对于自由党扩大自身影响力起到不小的作用,一篇报道形象地描述了这一过程:

> 光复以来,省中各衙署、各社会多胸悬徽章以为识别,然山僻之处尚不多有。近有淳安某由省回里,佩(自由党)实业团徽章一块,至高等小学堂访友。堂中教职员见之,大加欣羡,遂集资专人来省购办,以便悬挂襟间,炫耀闾里。一般时髦人物,见各员胸前有此辉煌夺目之一物,复又欣慕不已,闻亦集合多人酿资订购,淳安罗山县将来徽章发达,正未可量云。④

然而,部分党员利用徽章等物炫耀权势,也成为"藉党招摇"问题的另一体现。时人对于此类现象观感甚差,有不少报刊予以批评和讽刺。如《民权报》将徽章与清代顶戴花翎相提并论:"佩一徽

---

① 《民政司令各属知事嗣后凡用团体名义干涉用人行政司法概置之不理文》,《浙江军政府公报》第74册,1912年4月21日,第418—419页。
② 静观:《沪评》,《神州日报》1912年4月30日,第9版。
③ 张德恒:《自由党资料补辑》,《近代史资料》第67册,第80—81页;《中华民国自由党章程》,上海图书馆藏。
④ 《徽章病之传染》,《汉民日报》1912年5月14日,《辛亥革命浙江史料汇编》第7册,第550页。

章于胸前,宛似(带)[戴]一顶子于头上,摇摇摆摆,荣耀奚似。"
"一入党籍,便趾高气扬,胸悬徽章,欺侮同侪,压制乡民,可鄙。"①
《天铎报》也批评一些人"假入党为护身符,徽章眩目,议论雌张,
日穿花街,夜宿柳巷,乃党会之公敌"。②

面对这些恶评,自由党本部和支分部一再发布通告,要求规范
徽章使用场合,严禁利用本党名义滋生事端。③ 浙江自由党还在
多个场合对于政党宗旨和"自由"的意涵加以界说。如浙江支部
发布长篇通告,反复申说法律和公德为自由的前提:

> 秩序者即自由也……凡我党内同志,党外同胞,能守个
> 人秩序者,本党即称之谓法律自由。莫谓无法律智识,遂不
> 足以言自由也。然而自由要素,根于公德。公德者,自由之
> 母。法律者,自由之师。世人不讲公德,假自由之名,招摇
> 索诈者有之,藉本党之势,放佚为非者有之。自由理晦,公
> 德心消。于是法律从而纠正之,岂非于自由中而反求不自
> 由乎?④

绍兴分部的自由党员,多次撰文批评社会上对于"自由"的误
解和误用,强调"服从即为自由之母",同时阐述自由党应该始终
以谋求公益为目的,而不应成为少数人谋求权势的工具:

---

① 《天花乱坠》,《民权报》1912年6月27日,第11版;《天花乱坠》,《民权报》1912年7月12日,第11版。
② 《珠玑砂砾》,《天铎报》1912年6月1日,第6版。
③ 《自由党员鉴》,《民权报》1912年5月14日,第1版;《天成银楼启事》,《越铎日报》1912年4月13日,第2版;《自由党浙江支部告白》,1912年3月12日,《辛亥革命浙江史料汇编》第7册,第115页。
④ 《自由党浙江支部通告》,《汉民日报》1912年3月21日,《辛亥革命浙江史料汇编》第7册,第128页。

> 自命为新学派者,莫不以自由二字为口头禅矣。推其意,以为同是圆颅,同是方趾,上下尊卑,何所差等。父兄无烦督率,师长无烦约束。轻剽淫薄,不就范围。而犹靦颜抗辩曰:吾自由,吾自由。自由名词,何不幸而被若辈误用也哉!①
>
> 若循一人一家之利益,或少数人之意见,联结数千百恶劣之徒,高振旗帜,纳党费为义务,备徽章为权利,今日扰害人民,明日与他党起无意义之冲突,夫岂有益于国家之进步,直速亡之。吾转为吾国家前途危也。②

自由党的上述回应,实际上已经从简单的问题批判,转向了关于"自由"等近代观念在近代中国社会的接受与反应等问题。自由党内对于"自由"涵义和前提的一再辨正、修改与扩充,体现出此类近代概念在中国的接受,并非一个简单的翻译与传播的过程,而必然要伴随着复杂的调试和再阐释。而在自由党员的反思之外,一些地方知识分子在批评自由党之余,进一步讨论辛亥革命对于地方社会的实际影响,尤其是革命带来的"自由"究竟意味着什么。杭州《汉民日报》主笔邵飘萍,在这一时期撰写了很多短评,于此多有论述。早在杭州自由党召开成立大会时,邵飘萍就注意到会场虽然写明禁止吸烟和喧哗,而参会党员随意吸烟、喧哗者比比皆是,因之批评此辈"皆非善享自由者也"。③ 或感于此,他在另一篇短评中指出,即使自由党令"自由"这一名词广为传播,大部分人对于其内涵、前提也始终不甚了了:

---

① 一鸣:《自由解》,《越铎日报》1912年3月1日,第3版。
② 孙千里:《自由之意义与自由党之组织》,《越铎日报》1912年4月10日,第3版。两篇文章作者的自由党员身份,参见《中华自由党绍兴分部通告》,《越铎日报》1912年2月27日,第1版。
③ 《振青随笔》,《汉民日报》1912年3月9日,《辛亥革命浙江史料汇编》第7册,第40页。

> 自由党浙江支部开会,到者千余人。此千余人之胸间,既人人悬自由二字,此千余人之脑中,谅亦人人藏自由二字。虽然,自由必先自立,不能自立,焉能自由? 自由尤必须自治,不能自治,又焉能自由? 则试问此千余人中,能自立者有几? 则试问此千余人中,能自由者有几? 呜呼……自立……自治……求真自由……吾同胞其勉之矣! ①

邵飘萍还发现,党会兴起导致徽章泛滥,其原因在于党会将本来用于标识的徽章"误用以广招徕",结果社会"有称入会为'买徽章'者"。② 邵氏对此尤其反感,指出:"集会自由,非谓徒卖徽章以介绍会费于首饰店也。"③ 而在前述海宁、长兴等地自由党员的不法行为公开之后,其更是激烈抨击自由党的宗旨与实践完全不符,乃至南辕北辙:

> 自由党之少数党员倚势横行,几已口碑载道,罗兰夫人之言,何竟不幸而再中于我国也。原该党之所以发起,盖欲保护同胞之自由,今乃结果相反。曷亟图补救之,方以期不背自由本旨乎? ④

无独有偶,绍兴《越铎日报》的记者,也注意到自由党在当地

---

① 振青:《时评》,《汉民日报》1912年3月9日,《辛亥革命浙江史料汇编》第7册,第36页。
② 《振青随笔》,《汉民日报》1912年3月17日,《辛亥革命浙江史料汇编》第7册,第96页。
③ 《振青随笔》,《汉民日报》1912年3月3日,《辛亥革命浙江史料汇编》第6册,第658页。
④ 振青:《时评》,《汉民日报》1912年4月24日,《辛亥革命浙江史料汇编》第7册,第388页。

迅速扩展的情况。不过根据他的观察,很多民众之所以入党,乃是因其对自由党宗旨的认知过于简单,仅仅停留在字面之故:

> 入自由党的人,常较入社会党的人多,此何以故?自由党有排除自由之障碍一条。社会党有遗产归公一条。因排除自由之障碍,可以为我权利名誉之保障,故入党者多。因遗产归公,恐我子孙之饥馁,故入党者少。①

另一方面,在革命的动荡时期,很多面临生存困境的绍兴民众,最基本的需要尚且无从满足,这些对于"自由"的标榜对其毫无意义,而只能及于少数有势力、有特权的人士:

> 若自由若平等,号为共和国人民第一之幸福,而不意吾越之共和,真能享此幸福者,仅有势力之几少数人而已。穷门陋巷之中,又孰哀其无告,恤其生命者哉!②

至1912年底,自由党已经成为绍兴规模最大的党派,党员人数远超共和党、国民党和社会党的总和,但是"党员中之具有常识、确有把握者实鲜","以党员而问其党中之近况,瞠目无以对者,十居八九"。③ 这些巨大的反差,加之自由党在当地兴办的小学校、阅报社多数经营不善,④令不少地方人士对其愈发失望。曾有人撰写了一篇题为《自由梦》的小说,并发表在《越铎日报》,讽刺追寻自由的梦想已经破灭。文中小说的主角对于"自由"朝思暮想,

---

① 伏魔:《稽山镜水》,《越铎日报》1912年4月16日,第8版。
② 丰儿:《呜呼绍兴之平等自由》,《越铎日报》1912年2月27日,第5版。
③ 倦尘:《祝民国二年之绍兴》,《越铎日报》1913年1月10日,第3版。
④ 剑痴:《稽山镜水》,《越铎日报》1913年1月15日,第6版。

在睡梦中"组织刊发自由新闻,发起自由社会,居然禀自由新闻之笔政,为自由社会之党魁,编自由之言论,宣自由之真理,一时声价十倍,名重寰宇",社会上人人"胸前悬自由社会之徽章,璀璨光明"。忽焉梦醒,发现周边环境凋敝不堪,"新闻社址、社会场所悉如泡影,自由幸福平等特权诸皆幻境"。他意识到自己只能在醉梦中享受片刻自由,心灰意冷,"吾从此当不再痴心而希望自由矣"!①

前揭现象和评论,既是自由党在地方政治实践中遇到困境的缩影,也体现了"自由"这类富有西方启蒙意义的政治概念在近代中国落地过程中所具有的派生效果。自清末以迄民初,此类概念的传播,经历了从学界、教育界迅速向普通民众扩张的过程,像自由党一类的社团组织在其中发挥了重要的媒介作用。正如一位记者的观察:"中国青年,稍涉英日学风,轻举妄为,每多误于自由平等之谬说。光复而后,凡假新名词为口头禅者,骎骎普及于寻常社会,如涂涂附,遂成习惯而不以为非。"②然而,自由党发起人、领导人和一般党员、地方民众关于"自由"的理解和认知并不一致,如果说发起人和领导人对于这些西方政治概念,还有一些基本认识的话,那么对于很多一般党员和民众而言,"自由"的含义大概只是望文生义地理解为"放纵"或"无拘无束"之类。然而值得注意的是,这种"误解"本身其实也隐含着一般民众某些真实的诉求,助推了"自由"对于部分民众的号召力,成为自由党迅速扩张和壮大的一个现实利益因素。江苏泰兴的另一个案例很好地说明了这一点,当地两位会党首领卞绍庭、石子卿利用自由党名义,成立分部。然而此后又"变更自由党面目,改名龙虎自由党,又名大刀会,

---

① 劈情:《自由梦》,《越铎日报》1912年11月11日,第3版。
② 《神州月旦》,《神州日报》1913年7月7日,第9版。

以均贫富为宗旨,欲假社会主义之名,以行其盗贼之实",同时宣称"凡前清债务,无论多寡,一概取消。银租田每亩五百文(该地租田向来须三四元一亩,或五六元一亩不等),借钱利息限定一厘,结婚纯然自由,全无限制"。结果张贴告示之后,"痞棍流氓,趋之若鹜,近已增至三千余名之多",此后"凡遇反对者,即以刀枪从事",结果"凡稍有财产者皆逃走,而卒无敢告发者",当地会党则在自由党名号下"白日打抢",焚烧民房。最终还是自由党以事关名誉,主动报告地方官,宣布断绝关系,最终将卞绍庭等拿获。① 这个有些荒诞的自由党变相,尤其是会党将"自由"等名词与均贫富、免债务、减租税、废除高利贷和婚姻限制等举措联系,通过新旧杂糅的形式表达出当地游民、贫民的某些需求,从而吸引了大量民众参加,是非常值得注意的。职是之故,时人对于"藉党招摇"等现象的批评,也大多将其论说落脚点放在这一方面,将自由党视为"自由"实践者,进而指出其言行之间的矛盾之处。

最后,我们再据此来反观鲁迅文学创作中的"自由"面向。鲁迅小说《阿Q正传》中的自由党,主要有三个特点值得关注:其一是乡村的下层民众根本不知道自由为何物,以致将名称讹传为"柿油党";其二是赵秀才等人加入自由党、佩戴党徽即"银桃子"之后,"骤然大阔","目空一切",立刻变得招摇起来;其三是自由党很快成为白举人等地方权贵的政治靠山,以及维持其权势的工具。② 上述三个方面的讽刺描写,基本都能够从本节征引的各种论述中找到类似的批评。从鲁迅的个人经验尤其是阅读经验来看,浙江尤其是绍兴地方报刊对其影响很大。在鲁迅1912—1913年的日记中,可以找到其大量收阅《越铎日报》《民兴日报》和《天

---

① 《泰兴自由党员之暴举》,《神州日报》1913年1月29日,第7版;《泰兴自由党之流毒》,《神州日报》1913年2月12日,第10版。

② 《阿Q正传》,《鲁迅全集》第1卷,人民文学出版社,2005年,第544页。

觉报》等绍兴地方报纸的记录。① 其中出现次数最多的《民兴日报》,从鲁迅记录和新闻报道中可以看出,该报编辑和作者群体与绍兴自由党的关系很差,其创刊不久就刊登关于自由党的讽刺画,遂引发自由党的抗议。② 后人回忆也声称该报"关于自由党劣迹的来稿很多,堆满了一抽屉。大家忽然想到了这一件事,就拣了几十则,报纸停下,专印这东西,印了四五千份,叫卖报的到茶店去分"。③ 可惜该报在今日难觅,内中具体情形我们只能推测。但无疑通过这些报刊传达的信息,善于观察社会万象的鲁迅将之利用作为描绘"柿油党"形象的重要思想资源,而其小说流传开后,反过来又帮助塑造了后人关于自由党的历史记忆。当然必须指出的是,"藉党招摇"和炫耀徽章,并非自由党的"专利",诸如共和党、社会党和大同民党等在浙江较有势力的政党,都有类似表现,也同样为媒体所关注、斥责,只是其热度可能不如自由党,其对于时人的象征意义也不如"自由"那么刺眼。④

余 论

根据前文所述,自由党的骤然发达,与孙中山和同盟会关系密切。然而,这种关系也成为自由党遭到政府解散的造因之一。尤其是自由党经常以孙中山的主裁名义发布通告,引起了各方势力的警惕。1913年6月底,在国民党与北京政府即将兵戎相见之际,副总

---

① 参阅《鲁迅全集》第15卷,人民文学出版社,2005年,第1—98页。
② 《自由党临时大会详记》,《越铎日报》1912年5月14日,第4版。
③ 张能耿:《鲁迅早期与报刊杂志的关系》,《鲁迅早期事迹别录》,河北人民出版社,1981年,第136页。
④ 《赌徒依恃社会党》,《越铎日报》1912年6月3日,第7版;《共和党成立记》,《越铎日报》1912年11月20日,第7版;《大同民党大动》,《越铎日报》1912年11月21日,第3版。

统黎元洪致函袁世凯,表达了其对于自由党"欲结合党徒(与下文的"乱党"均指国民党——引者),阴与政府为敌"的疑虑。① 袁世凯及国务院收到该函后,要求黎元洪在湖北加以调查,随后得到专员报告称"尚无别项不法证据"。即使如此,黎元洪仍然配合袁世凯的做法,于8月初强令解散自由党在湖北各地的分部,②其理由是,"该党机关部擅用印文,未免侵入行政范围,轶出法赋自由之外",目前湖北处于军事戒严时期,"各种集会结社,均已停止进行",因此"严行取缔,查追停闭,免滋嫌疑"。③ 未几,上海镇守使郑汝成也于8月11日派员查禁自由党本部。④ 数日之后,在自由党最为发达的浙江,浙江都督朱瑞也下令解散全省自由党组织。⑤ 8月底,北京政府内务部根据湖北民政长夏寿康关于取缔自由党的报告,发布训令:"所有该党各省支部,自应一律解散,以杜乱萌。"⑥同时,报送京师警察厅的呈文,则着重指出自由党"该党首领系孙文、黄兴,占成员半数籍隶乱党",作为取缔自由党的重要依据。⑦ 自此之后,各省自由党或者遭到民政厅取缔,或者自行开会解散,⑧沦为

---

① 《黎元洪致袁世凯函》(1913年6月26日),《近代史资料》第17册,第146页。
② 啸云:《赣乱声中之鄂州》(六),《神州日报》1913年8月5日,第5版。
③ 《民政长夏寿康呈北洋政府内务部文》(1913年8月13日),《近代史资料》第17册,第147页。
④ 《自由党本部取消》,《大共和日报》1913年8月12日,第6版。
⑤ 《解散自由党》,《神州日报》1913年8月18日,第9版。
⑥ 《北洋政府解散各地自由党令文》(1913年8月30日),《近代史资料》第17册,第154页。
⑦ 《北洋政府京师警察厅呈报解散自由党文》(1913年8月30日),《近代史资料》第17册,第154页。
⑧ 《专电》,《时事新报》1913年8月16日,第4版;《自由党史料·外左一区警察署呈报自由党解散情形》(1913年9月3日),《北京档案史料》1989年第4期,第13页;《通饬解散自由党》,《申报》1913年9月8日,第6版;《自由党之命运将终》,《大共和日报》1913年9月14日,第7页;《警厅奉到解散自由党之通令》,《盛京时报》1913年9月16日,第6版;《通饬解散自由党支部》,《新中国报》1913年9月21日,第9版;《解散自由党之通令》,《大共和日报》1913年10月3日,第7页。

"二次革命"前后政治斗争的牺牲品。李怀霜本人则亡命南洋,在当地华侨报刊担任主笔,以革命党的身份鼓吹反袁。① 此后数年,自由党继续成为北京政府的打击对象,尤其是自由党证书与章程因为有孙文、黄兴等字样,私藏者被视为"乱党"。② 与此同时,一些反袁势力也利用自由党为号召,策划反袁行动。③ 洪宪帝制结束后,曾有部分党员试图重建自由党,公开电请孙中山、李怀霜重新组党,并向政府函索此前被没收的党产、文件,但因为缺乏各方回应,最终归于沉寂。④

就民国初年的政治语境而言,自由党的兴起和扩张与这一时期的"民党"话语也颇有关联。在清末民初的论述中,民众自发结成"民党",监督和帮助政府行政,是立宪民主政治的应有之义。基于这一理念,孙中山等同盟会人士对于自由党、中国社会党、大同民党之类的民众党派多有赞助,进而提出各党相互联合,在全国形成庞大的"民党"势力,以此来建立共和政治基础的主张。不过在国会和省议会选举制度正式确立之后,大批中下层民众反而被排除在这一体制之外,上述比较空泛的构想很难付诸实施。即使如此,以自由党等民众党派为载体,将民众纳入政治进程,仍然是这一时期值得关注的政治和思想动向。尤其是这些党派继承清末以来的思潮,通过会议、演说、办报以及各类社团,开启了"自由""共和""社会主义"等相关话语在地方社会的初步传播,构成了民国初年社会观念演革的一个环节。尤其是各类宣传论述和社会实践,在"五四"新文化运动中也成为新一代知识人检视和批判的重

---

① 《革党在南洋之潜势力如是》,《神州日报》1914年9月6日,第7版。
② 《无中生有之苏州党狱》,《神州日报》1914年11月11日,第7版。
③ 《桃源新自由党之破获》,《神州日报》1915年7月22日,第7版。
④ 《自由党要恢复》,《民国日报》1916年10月18日,第10版;《自由党再生记》,《神州日报》1916年10月18日,第10版;《自由党函索没收物品》,《时报》1916年10月24日,第9版。

要思想资源。

在民初政府官员和外国人员的观察中,自由党员包含大量下层民众,在政治和社会上建树无多。如日本驻上海领事馆在1912年5月的一份报告中指出,自由党"尚未受到中等以上之社会的重视"。① 又如负责调查湖北自由党的专员不无讽刺地在前揭报告中提及,"该党成立以来,党员多下等社会人,实荆州最无价值之党"。② 此外,具有共和党—进步党背景的《大共和日报》,也在时评中轻蔑地声称:"若李怀霜之自由党,皆以不知谁何之人,创立莫名其妙之党。"③ 不过在另一方面,除了孙中山、黄兴之外,自由党仍然争取到了不少政治高层的支持,例如奉天都督张锡銮、两任江西都督吴介璋和彭程万都曾担任过当地自由党分部的领导。此外,自由党北京部成立时,国务总理赵秉钧也列名赞成人。④ 这种政治高层主导其上、大量下层民众依附其下的政党结构,与清末士绅群体演变而来、主导国家和地方议事机构的政党(如共和党)相比,呈现出了完全不同的面貌。在民国初年政治参与权(尤其是选举权)与资产挂钩的政治设计中,自由党"中层人士"的相对欠缺,导致其虽然规模庞大,却很难在国会、省议会选举中取得一席之地。此外,也正是由于这一原因,自由党在参与各地既有的政治—社会进程之时,与既有权势群体的各种摩擦和冲突也就在所难免,地方官员敌视自由党,故而捣毁、封禁党部,殴打党员的现象时有

---

① JACAR(アジア歴史資料センター)Ref. B03050704100、支那ニ於ケル政党団体調査ニ関スル件 2(外務省外交史料館)。
② 《民政长夏寿康呈北洋政府内务部文》(1913年8月13日),《近代史资料》第17册,第147页。
③ 一鸢:《徐企文》,《大共和日报》1913年9月1日,附张。
④ 《自由党之进行》,《天铎报》1912年5月17日,第4版;《自由党消息》,《天铎报》1912年12月9日,第5版;《自由党史料·中华民国自由党北京部简章》,《北京档案史料》1989年第4期,第11页。

发生,士绅群体造谣、抵制自由党,学校教员反对学生入党之类的事件也屡屡见诸报章。① 尽管自由党本部告诫各地党员"勿藉党与官厅为难",然而效果却十分有限。对于这些问题,以及其所反映出的辛亥革命对于"社会面"影响的其他方面,尚有待于进一步考察。

---

① 《自由党消息》,《天铎报》1912 年 9 月 24 日,第 5 版;《解散自由党之风潮》,《大共和日报》1913 年 2 月 1 日,第 5 版。

· 书评 ·

发现被塑造者的另面
——读《再造与自塑:上海青年工人研究(1949—1965)》

作者简介:周永生,江西师范大学历史系讲师

近年来打破1949年的政治事件鸿沟,从延续与断裂的视角考察1950年代的中国,成为当代中国史研究的亮点之一。其中,新的研究成果对1949年后社会受"压迫"与被"挤压"的叙事进行了反思,认为步步进逼的国家外,社会仍因既有文化的延续性,存在相对独立的"灰色地带","入场"的国家与"在场"的都市仍有互动的空间。① 1949年后"国家入场"无法忽视,那么在不告别革命史叙事的情况下,如何书写出有新意的,证明社会脉搏仍在不停跳动的当代中国史作品? 书写"国家入场"的同时强调"都市在场"已被证明是值得深入掘进的研究路径。刘亚娟的《再造与自塑:上海青年工人研究(1949—1965)》(复旦大学出版社,2020年)是近

---

① 参见张济顺《远去的都市:1950年代的上海》,社会科学文献出版社,2015年。

年来由青年史学研究者探索这一命题颇有新意的作品。不同于从"新劳工史"脉络理解中国工人阶级形成之角度对该著所作评论,①本文将从社会文化视角解读《再造与自塑》所呈现的当代中国社会文化中的青年工人及其主体能动性。

一

自茫茫人海辨别出一个群体,实是不容易的一件事,但通过国家结构性力量的"探照",我们就比较容易地看到了一个青年工人(简称青工)群体。正如有研究者指出包括工人在内的劳动人民原本是一个徘徊于国家与社会之间的利益多元的庞杂集合体,②但中共在进城前既已强调在城市斗争中"必须全心全意地依靠工人阶级",故而从多元庞杂的集合体里"找出"某个特定的人群——关注和打造工人群体,便体现了中共依靠工人阶级从理论到实践的水到渠成。《再造与自塑》之序章《上海青工:工人谱系上的新生代》,引入社会学中"代"的概念,在中共的工人谱系中将上海青工定位为"新生代"。作者告诉我们,中共全心全意依靠工人阶级话语之下,对工人群体常常是划而分之,进而分而治之的,青工与老工人随着政策摇摆而成两个群体。所谓"青工"实际由无数模糊个体构成,但因政治塑造,上海青年工人的政治文化内涵压倒了年龄、工龄等"客观标准"。在此基础上,作者指出,浸透着国家视角的青工群体,在建国初期,曾被积极动员参与"镇反"、"三反五反"等社会运动,他们思想包袱少,容易发动。老工人则顾虑多,眼光旧,不太容易被鼓动。这些是官方文件里反映的青工

---

① 林超超:《评〈再造与自塑〉:中国工人阶级的形成》,《澎湃新闻·上海书评》,2020年9月11日。
② 张济顺:《远去的都市:1950年代的上海》,第16页。

与老工人对党的政策的不同回应。同时双方被认为存在不少矛盾，青工与老工人之间在1949年前就成见很深，而建国初期，两者矛盾不断升级，青工在政治上、老工人在技术上各占优势，双方互相瞧不起。(《再造与自塑》第28页，以下只标注页码)新老工人之间，新政权到底要依靠谁？联系新政权后来对新老工人政策不断变动，我们对新政权要依靠哪些人有了新的认识：根据形势需要，新政权要依赖的对象是因时而异地摇摆着的，谁是朋友，谁是敌人，这个问题的答案是因势利导的结果。所以不能用刻板的意识形态公式理解中共的社会治理方式，也不能用刻板的意识形态理解中共。群体的摇摆引导我们思考中共处理复杂问题时的模糊性优势问题。中共放弃单纯以年龄(生理)标准界定工人群体，转而将政治表现纳入区分标准。对新老工人界定模糊且多变，作者指出："是为了使共产党人能够随时随地地找到'依靠对象'，并实现以一部分工人教育另一部分工人的目标。"(第211页)模糊性虽然与事物本身性质相关，但事物分类的位置，并不全由事物自身性质决定，政治力量可在群体定义与分类的过程中形成话语权以及扩大政策游走的空间，故而模糊性意味着权力空间的扩展，相比精确明晰有时反具优势，不妨将之称为"模糊性优势"。模糊性优势意味着，政治权力介入日常的定义与分类，并不一定谋求一般意义上知识的确定性与白纸黑字的书写定型，反而追求一种难以被感知的具有流动性的知识权力。当然这种知识权力进行的人群分类往往是策略性、语境性、历史具体性的，以及不可避免地具有临时性，这是新老工人群体变动的一个机制原因所在。

"青工出场"后，青工进厂的话题映入眼帘。作为一种强大的结构性力量，工业化的扩展对一代青年的命运产生了重大影响。在第一章《知识青年进厂与"学生工"的演变》中，作者指出"一五"计划的实施，吸纳了大量年轻人进入工厂，青年工人占工人总数的比例随之上升，工人群体也呈现年轻化趋势。于是青工进厂，尤其是学生进厂，推动了工人队伍更新换代，其过程却一波三折。计划主导下的工业化总体扩张，出现大进小退的现象，教育部门应时而动，不断调整在校生规模，故而作为新增工人主力的学生工，命运也在全国和地方层面的宣传中摇摆不定。先是由于初高中发展相对滞后导致小学、初中出现"升学危机"，升学不成，进入工厂成为一条出路，官方指导学生要端正升学思想，参加生产劳动，"劳动光荣"成为教育宣传的重要口号。（第64页）但是当各级教育部门感到"学生不足"时，政策宣传的基调又转为强调"升学第一"。（第72页）作者在这里点出了工业部门与教育部门的竞争关系，而颇让人感到不解的是，尽管两个部门间存有竞争，但1956年仍有大量学生不能升入初、高中继续学业的同时，劳动局对不少学生要求参加工作却也疲于应付。所以这很让人产生疑问：工业部门和教育部门在争什么？部门协调的问题于焉凸显。当然，仍有为数不少的学生进入了工厂，成为工厂青工不容忽视的组成部分。随着大量青年入厂，"不同成分、不同出身的青年进入工厂成为新工人，客观上冲击了在建国初期政治运动中已经被整顿和识别了的'工人'队伍"（第42页）。接下来，再造新工人成为政府的重要任务，"再造与自塑"的命题也越来越凸显。

《再造与自塑》既是工人阶级身份认同、工人阶级形成研究在当代中国史领域的落地，同时提供了认识1949年后青工的新视角，它是劳工史作品的更新，但议题展开的空间并不限于工厂，或者工厂空间其实甚少出现，反而主要反映了上海广阔的社会舞台上的青工面貌。从工人阶级形成的认同层面来看，工人作家、明星劳模与工厂阿飞，似乎都对工人、对工厂有着不小的离心力，作者在文本中笔端的这些人物不同程度地存在或有过逃避工人身份的面向，这是《再造与自塑》不同于其他群体新劳工史作品的重要特点。而为什么青工有很多超出工厂场域的旁溢的话题,因为他们是共产党宣誓的铲除不平等社会的赋权对象,这个庞大工程本来就是要改造中国社会,工人、农民和学生是极其重要的动员对象。对他们而言,动员和改造本就是一体的。

从工作空间的工厂走出,自塑的张力也迸发出来。第二章《文学青年出厂与"工人作家"的培养》展示了给广大工人分配文化权力的社会实验。① 在"劳动人民知识化"政策的促动下,上海涌现出数以万计的工厂文学青年,他们"拿起笔来能创作,放下笔来能劳动"。(第 116 页)该章以胡万春、唐克新、费礼文等青工作家的遭遇为例,生动地展现了官方试图从"工人阶级"中孕育书写工人生活的文学种子努力。首先,作者指明,"这些文学青年能够从单纯的喜爱阅读发展到拿起笔来进行创造,关键还在于政府有意识地发现与培养"(第 118 页)。响应政策号召,《劳动报》为胡万春提供平台,"大老粗"的名字上了报。唐克新也是"拿锤子的也能写作了",(第 122—123 页)后来上海市作家协会还吸收胡万春、费礼文等人为作协会员。(第 127 页)

后期工人文学创作方针几经调整,工人文学创作也潮起潮落,工人作家从工厂走出,实现了由工人写工人的夙愿;工人作家进入作协,但脱产写作让他们有脱离工人队伍之感,重新回归工厂既是创作需要也再现了"再造"力量的意图安排。这一章中,作者分析了青工作家当时的文学作品,利用这些作品展示了官方"再造"的结构性力量,为而今理解这些作品提供了不可忽视的文本语境,如作者提到 1963 年 4 月号《上海文学》发表胡万春的小说《家庭问题》,小说中工人福新 33 岁,弟弟福民则只 19 岁。福新继承了父

---

① 关于中国共产党重新分配文化资本的个案研究,参看安舟著、何大明译《红色工程师的崛起:清华大学与中国技术官僚阶级的起源》,香港中文大学出版社,2017 年。

辈的传统,还经历了工人阶级内部的阶级斗争锻炼和劳动锻炼,而弟弟福民1949年后十几年间几乎都在学校,是刚走入工人阶级队伍的青年工人。福民身上没有工人的朴实气质,"经过父亲的教育和工厂环境的改造",福民最终成了一个真正的"工人"。(第143—144页)《家庭问题》里福新和福民的对比,结合当时如火如荼进行的社会主义教育运动,透露出一个关键信息:个体是否被接纳和信任,重点不在于是否长在1949年后的红旗下,而在于是否经过运动洗礼和劳动锻炼。年长者在此两方面相对经历丰富,虽然很多人从1949年前走来,反而具有了某种优势,这也可以帮助我们理解为何"老工人"一再成为教育青工的样板,也折射出中共教育"长在红旗下"的一代所具有的复杂性。

因为政策不断摆动,青工作家在出厂和回厂的安排下不断摇摆。虽然上海作协最终形成了"在厂—脱产—回厂"的工人作家培养新思路,但这一制度并没有被固定下来。拿起笔来写作的以唐克新为代表的青工作家似乎有了更高的追求,艺术调门的提高似乎说明工人作家要被"艺术"熏陶走了,如工人作家姜浪萍后来"变质"到"一心只想写出一本有'高度艺术技巧'的'大部头'后,好当专业作家"(第130—131页)。这些许展示出进入文学场域的青工作家,在官方再造之外,的确存在"自塑"的愿望。但在官方"反修防修"的政治运动下,这样的自塑很容易使他们成为被怀疑的对象,甚至成为上海工人作家队伍新陈代谢的淘汰对象。

如果说青工作家们的"自塑"能动性束缚重重,对比之下劳模黄宝妹和走入社会的青工阿飞们的自塑力量就显得有几分张扬。走出工厂的青工,活出了别样的亮丽人生,黄宝妹是其中典型。不同于一般社会主义民众艰苦朴素的刻板印象,作者用第三章《"摩登"劳模:从青工模范到时髦女郎》讲了一个出人意料的故事:在1949—1965年的上海工厂中,存在着颇为庞大的摩登女工群体,她们奉行着"劳动所得、光荣享受"的原则,对"吃好穿好是否属于追求资产阶级生活"这一问题认识模糊。(第178页)借助黄宝妹,作者告诉我们,虽然上海摩登不时遭到清理,但风雨过后,摩登仍在。而且作者深刻地把握住了摩登、时髦的精髓,勾勒出了它随时而动的适应力:一方面表现在喜欢洋气的黄宝妹们"向苏联学习"另一种"洋",另一方面表现在她们自豪地用社会主义的欣欣向荣肯定自己。(第162页)更令人想不到的是,黄宝妹后来借助谢晋执导的艺术纪录片《黄宝妹》成了"工人影星"而走向全国,(第169页)此后更作为工人代表向世界展示上海风韵。(第172—173页)涉外场合的着装被认为代表着中国和中国人的形象,历来为外交部门高度关注,所以此时黄宝妹的着装并不只是个人选择的结果,可以说她穿着一身社会认同和国家形象。不过,经常出入外交场合的黄宝妹虽可注重打扮,却也让她与自己的劳模身份渐行渐远。(第174页)借助黄宝妹这样身兼"旧上海"的灰色与"新中国"的红色的摩登劳模,作者揭示出"新中国"与"旧上海"并非完全不兼容,"过去的国际大都市在社会主义中国走向了新生"。(第178页)

"旧上海"的灰色之所以能在"新中国"留存,作者认为上海社会文化的连续性和对新政权意识形态的适应性值得关注。谈到适应性,编辑兼作家金宇澄在一次访谈中谈到上海市民阶层的生活生态。他认为上海的市民阶层就像特别敏感的海底生物,一旦海洋温度适宜,就会蓬勃生长,但时候不对时,立刻偃旗息鼓,在他眼中的上海"什么时代就什么样子","老百姓都可以过,老百姓非常灵活,市民阶层非常灵活,但是他内里是不改变的"。[①] 金宇澄的

[①] 《许知远对话金宇澄》,《十三邀》第四季第11期,网络地址:https://v.qq.com/x/cover/mzc002001knwbok/u0951gpf8u2.html。最新访问时间:2023年1月2日。

谈话对上海人的适应性作了生动注解。不过,《再造与自塑》还是提醒我们更关键的在于,"共产主义意识形态本身包含了容纳摩登的潜在空间","工人物质生活与外在形象的丰裕有着重要的象征意义,被视为社会主义政权制度优越性的写照"。(第 178 页)但这样的容纳空间事实上是随意识形态的松紧不断变动的,比如黄宝妹后来大学毕业回到工厂,又变成了朴素的黄宝妹,所以一旦到了"宁要社会主义的草,不要资本主义的苗"的意识形态紧张阶段,丰裕的象征意义反倒容易成为被打击的对象。反而金宇澄的"什么时代就什么样子""内里是不改变的"对上海人生存方式的拿捏更为精准。

如果说黄宝妹是官方呵护的对象,那么"阿飞"与官方关系则似游离而叛逆。不过,工厂"阿飞"仍是黄宝妹摩登故事承载的"旧上海"的延续。典型的"阿飞","在时人眼中,裤脚管细得像笔管,花得耀眼的衬衫、尖头皮鞋乃至于乘势凌空的'飞机头'"(第 181 页),黄宝妹们的爱漂亮与阿飞们的爱潇洒在精神气质上是相通的,毕竟如果烫头发,打扮比较漂亮,女工也经常被人斥责为"小阿飞"(第 160 页)。在《工厂"阿飞":平民时髦人的流变》一章中,作者试图将太过小众化、典型化、模范化的黄宝妹式摩登普及开来,让读者在普遍意义上认识到普通人身上的"旧上海"印记,所以作者在章节题目中突出了工厂"阿飞"的平民化。

通过考察阿飞话语的流变,作者有了不少值得注意的发现,首先是阿飞概念在新社会的流动性,流动不仅是青年自身的特性,更是社会政治环境的摇摆不断形塑着"阿飞"的内涵。阿飞文化是美国文化与海派文化的混血儿,它比后来的社会主义文化先到上海,不经意间却被后来的社会主义文化再定义。1949年后新政权对资产阶级生活方式的不断批判,对好莱坞电影毒害青年的揭露,不能不说是抓到了阿飞文化的一条根脉。作者发现，1954年共产主义道德教育运动的指向并非"生活道德"，好逸恶劳、脱离生产才是官方教育阿飞们的重点。（第188页）引导青工开展正当的、有益的文化娱乐活动是接踵而至的步伐。《人民日报》严肃批评上海某些工厂举行的舞会铺张浪费、败坏道德，暗地里担心资本主义国家输出的"阿飞舞"毒害本国青年。但青工为何偏离主流文化而参加舞会大跳"阿飞舞"，作者指出这与青工婚恋的苦闷密切相关。在婚姻市场上，工厂舞会提供了男青工与青年女性接触的空间，而且"阿飞"式的平民时髦更容易引起女性注意。（第190页）显然官方与阿飞们考虑的问题没有太多交集。

但随着时势转变，1957年6月上海工潮后，作为"闹事"主力的青工被推向了舆论中心。（第194页）此时工厂阿飞的活动，除了旷工、违反劳动纪律的行为，已不再属于"小恶"范畴，"而是基本上可以被认定为'犯罪'"。（第196页）原来的小阿飞渐渐被"流氓阿飞"的指称所代替。吊诡的事情再次发生，原本为了配合教育青年而解禁的"阿飞戏"，后来却被认为是"渲染、描写和展览了'阿飞'的糜烂的生活方式"，迎合了"小市民的低级趣味"。（第197页）观众自然拥有阿飞戏的接受与解读自由，但阿飞戏把阿飞的行为刻画得绘声绘色，让批判声质疑"阿飞戏"宣扬了什么？阿飞戏的被批也道出了此种文艺教育的痛点：到底应如何呈现被批判者，或许只呈现批判结论不传播事迹才能规避一切社会危害？而对工厂阿飞们的重大打击来自不经意的高层关注。同年夏，中共高层点了阿飞的名，"轻罪重判不对，重罪轻判也不对，目前时期的危险是在后者"（第198页）的指示带来了风向突变。后来"政法进场"，加速了阿飞与流氓的合流。再后来国民经济遭遇严重困难，一些"伪造公章买紧张商品、贩卖粮票、从事投机贩卖等活动的问题青年也被归为"流氓阿飞"（第201页），"阿飞"的内涵不断拓展。

阿飞本来是一个模糊性的指称,但在变动不居的政治经济形势下,主导意识形态却自上而下通过"团市委开展的共产主义道德运动、公安部门的集中打击、此起彼伏的政治运动"(第208页)不断改写着"阿飞"的定义,不同部门(团系统、政法系统)的介入意味着问题严重的程度不同,"'工厂阿飞'在经历了从平民时髦到'流氓阿飞'、坏分子的流变之后,最终被打上了严肃的政治烙印"。(第207页)阿飞整顿的反反复复并不在于表明改造青年亚文化的艰巨,而是透露出政治经济形势的不断变化,形势越紧张,对阿飞的管控也愈收紧,原来只是平平有奇的阿飞文化开始变得怪异,甚至罪名化起来。原来的抱怨听起来也越发刺耳,变得具有攻击性。比如有青工吐苦水,"作为一个中华民族的一个成员,我不能不为目前的半月工资只能买一双鞋子而感到羞耻"。(第206页)此种抱怨,在"文革"前夜,很难不被严肃对待。

如果青工身份的摇摆是一种表征,那么在《结语》中,作者试图指出造成摇摆的原因。一个原因是在与老工人的比较中,具有建构性的政治色彩的"代"影响甚大,而它的出现又与新政权对"在城市斗争中依靠谁"的问题之回答相关。(第210页)再者,就是旧上海的在场,其中包括历史上海的能量与作用,海派文化的缓冲和对新文化的容受。(第212—214页)第三,"再造"过程中的"回弹",形成既有交锋又有互融的两种作用力。另外,青工因为"青年一代"与"工人阶级"的身份,受到青年团和工会的双重保护,这是一种结构性解释的复归。(第214—215页)不过,对"再造"之后"回弹"的揭示,却展现了作者优秀的史学洞察力。如同天文学家可以通过观测引力波信号佐证黑洞的存在,"回弹"也佐证了青年工人自塑的存在。过往对毛泽东时代的各种政治社会运动学界已积累了大量研究，而对与运动相关的社会"回弹"则关注不足，而社会"回弹"后的状态才更可能是社会日常。对此，作者提出"政治运动从发生到结束存在一定的规律。运动频繁展开，快速收缩与前后替代，在一张一弛之间，实际上存在一个恢复旧生态的空间"（第215页），敏锐地捕捉到了"回弹"的存在，体现了自身优秀的史识。总之，三重原因有力解释了青工形象为何摇摆，同时也确证了青工自塑空间的存在。最后，作者还提到了具有普遍意义的人性因素，认为"对工人的再造既是一种对人性的改造，也是对复杂人性的重新发现"（第216页）。

《再造与自塑》展示了群体研究的新路径，在谋篇布局的结构上，每个章节独立成篇，每章都是对1949—1965年间上海青工不同侧面的专题研究，包括序章在内的五个章节好似平行的五线，共同奏出了上海青工研究的乐谱。这种研究的好处是显然的，个案的专题研究有力地提升了所触及问题的深度，同时作者将五个章节总括在"再造"与"自塑"张力纠缠下青工摇摆这一现象上，从多方面给出了合理解释。书中使用了大量馆藏档案、报刊、文集、地方志、年鉴等资料，同时也使用了自己采访或机构馆藏的口述资料，此外对文艺作品的运用与分析也是本书的一大特色，文艺作品中惟妙惟肖的文字使得工人作家、劳模、阿飞等青工精炼而传神地站在了读者面前，拉近了读者与研究对象的时空距离。

新文化史对中国研究的刺激在于"眼光向下"和"人的能动性的发现"，新文化史的出现，非常重要的指向便是反结构性的、"只见森林不见树木"的历史叙事，但结构趋向和"人的能动性的发现"实际上对历史研究皆有可取之处，因而强调结构历史中人的能动性不失为一种融合二者所长的研究取径。《再造与自塑》中的

"再造"强调结构力量的历史作用,而"自塑"即对应人的能动性,故而《再造与自塑》可视为结合强调结构力量的社会史和强调人的能动性的文化史两者优长的史学作品。

二

在工厂劳动之外,《再造与自塑》发现了1949—1965年间上海青工以往不太为人注意的社会文化面向。作者试图在再造之外,呈现青工自塑的力量,平衡反思过去强大的国家改造或全能主义叙事,然而从整体来看,作品展示了再造力量影响青工生命际遇作用之大,自塑有时显得力量不足:青工常常随着国家的指挥部不停摇摆,即便诸多青工中最有自主性的"阿飞",作者讨论他们的"审美取向和生活状态",主要展示的却是政府相关职能部门和国营工厂领导层如何定义他们及如何进行社会综合治理,未能很好地揭示青工的"利益诉求、身份认同和行为逻辑"。[①] 故而,虽然作者揭示了"青工阿飞"在官方话语谱系中的流变,却相对缺少阿飞把自己定位为主流工人之外,变成社会治理对象从而再生产阿飞文化的面向。这提示我们,沿用1949年后旧上海仍旧在场的视角来讲述1949年后青年工人的文化故事,在强调文化结构的社会化传递外,但更为关键的是展现行动者在一定的政治社会环境中如何自我认知、自我选择,进而完成群体再生产的。具体到阿飞们的故事,通过《再造与自塑》,我们仍旧不太清楚阿飞们为何及如何将"旧上海"的文化遗存内化为自身的文化惯习,同时将自己再生产为"阿飞"。这一点之所以重要,是因为"'阿飞'打不胜打"(第208页),如果没有青年将阿飞文化内化,很难想象这一上海"土

---

① 董国强:《中国当代史研究方法论两题》,《中共党史研究》2021年第1期。

产"文化会如此持久。正如保罗·威利斯在研究工人阶级子弟为何逃避学校精英文化,选择子承父业时指出的,"翻天覆地的宏变往往被视为被动的过程,并被上层以动名词加以描述——没有人,没有行动主体真正为此承担责任。……那里没有能动性,它只是'发生'。这些都是自上而下的观点。危急而又紧迫的是,人们需要一种来自底层的'实践感'"。①

如何获得底层的实践感,关键是把"行动者"找回来。这需要在考察阿飞官方概念的流变外,青工的社会心理与他们主动选择的活动和意识是否有意把将自己再生产为阿飞。或许我们可以换个视角思考,在官方的反复打压下,阿飞们的行为是一种自我放弃的表达,还是对支配秩序的洞察与抗争?② 有型、身段好、引人注目的阿飞们能够构成对工厂里正在形成的缺乏个性的集体文化之反抗吗? 抑或对不断加固的阶级文化的异议? 借用威利斯对学校意义的揭示,我们亦可以认为,工厂不只是生产工具,更是文化生产和洞察的领地。一边是积极先进的劳模工人,一边是追求吃喝玩乐的"阿飞",但是为何阿飞们不"从良"? 或许阿飞们早已看穿枯燥的工厂生活,出卖体力换得的工资或工人阶级荣誉感对他们产生不了太大的吸引力。循着阿飞们的实践感,我们能否发现新政权下工厂中社会阶级再生产更广泛的文化影响及其意义? 如果能充分揭示青工阿飞们主动逃避成为主流意识形态中的文化动因,那么青工的文化自塑之光将更为夺目。而要实现此目标,研究者需要大量接触工人群体,并获得档案资料以外的各种历史文

---

① [英]威利斯著,秘舒、凌旻华译:《学做工——工人阶级子弟为何继承父业》,译林出版社,2013年,中文版前言。
② 周潇:《反学校文化与阶级再生产:"小子"与"子弟"之比较》,《社会》2011第5期,第70—92页。

献。① 作者在呈现张顺有、②黄宝妹的故事时,已注意到口述史料的搜集与运用,如能将此方法扩充运用到工人作家、工人阿飞等青工群体研究上,提升"访谈口述资料本身的系统性、完整性和丰富度",同时"注意访谈对象社会角色的多元性和典型性",③应能呈现更精彩的故事。

呈现个人实践感的同时,我们也应该注意物质社会的能动层面。《再造与自塑》中作者已突出强调了旧上海的在场(第 212 页),而"旧上海在场"的物质性值得进一步阐释,这需要作者更好地接续上海史之 1949 年前的相关研究。如李欧梵在《上海摩登》中描绘了 1949 年前上海成为联系中国与世界的桥梁,自身形成了一个国际化的文化空间:由上海都市的建筑物和场景逐渐描绘至这个风华绝代的都市在大时代中的生活——汽车、洋房、雪茄、回力球馆等物质及各色娱乐形式的长驱直入,由这些物质所象征的现代性再引申至现代意识如何存在于上海城的微妙过程;慢慢的,它把一个城市所能提供的声、像和商品囤积起来,然后将之转换为艺术,上海遂正式成为联络中国与世界其他文化的斡旋者。④ 而 1949 年后作为物质性存在的上海很大程度上成了中共与摩登文化的斡旋者。过往的叙事,常常强调 1949 年后上海的摩登气质被连根拔起,近年的研究却提示我们"都市并未远去",《再造与自塑》通过黄宝妹和阿飞们的个案已告诉我们,"旧上海"的灰色文化与"新中国"的红色文化存在嫁接的可能,从苏联引进的布拉

---

① 董国强:《中国当代史研究方法论两题》,《中共党史研究》2021 年第 1 期。
② 刘亚娟:《从张顺有到"张顺有":原型、典型与变型》,王奇生主编:《新史学》第 7 卷《20 世纪中国革命的再阐释》,中华书局,2013 年,第 161—188 页。
③ 董国强:《中国当代史研究方法论两题》,《中共党史研究》2021 年第 1 期。
④ 李欧梵著,毛尖译:《上海摩登:一种新都市文化在中国 1930—1945》,上海三联书店,2008 年。

吉、苏联花布、鱼子酱实际上也在重复昨日上海国际化的故事,印证了"洋气"的国际化文化空间1949年后在上海仍然存在,曾作为城市骄傲的上海繁华并不一定是上海的"污点与政治包袱"。① 不过,还是需要进一步充实剖析旧上海的"摩登"与海派具体如何影响青工的塑造,沿着这一思路,我们在人的能动性之外,或许需要突出物质的能动性。前已提及旧上海提供了一种嫁接新洋气的空间,但物质空间的能动性不容忽视。这种物质的能动性在于旧上海为新来者准备了丰富的物质条件,这些不仅是要被改造的,同时也是会被继续消费的。比如作为空间的舞厅与溜冰场,就是一个个上海摩登与海派文化具体的承载物,它们在新中国仍在发挥作用。比如作者提到1958年起,交谊舞活动被全面禁止,阿飞们占领了沪上众多溜冰场所。(第202页)这是革命后,上海工人自由进入之前公共租界高级场所的例证。这与1952年国庆日工人得以进入人民公园并待了很久,还有1957年很多人参观国际饭店并到顶楼远眺具有异曲同工之妙。② 这种空间的转移,显示出平民文化的顽强适应性离不开旧上海遗留的物质文化。虽然由舞会而溜冰场,阿飞们实现了一种文化空间的占领,但这种文化空间本身就是一种力量,代表了官方叙事外隐秘的秩序存在。

此种强调地方社会物质能动性的研究,具有普遍的方法论意义。例如高峥《接管杭州》的研究即表明,中共一方面改造了杭州的商业与文化格调,另一方面也耳濡目染受其影响。在杭州的中

---

① 参见张济顺《远去的都市:1950年代的上海》;叶文心:《上海繁华:都市经济伦理与近代中国》,时报文化出版企业股份,2010年。

② Jake Werner, "The Making of Mass Society in Modern Shanghai: the Socialist Transformation of Everyday Life, 1949 – 1959", University of Chicago, Ph. D. dissertation, 2015, pp. 108 – 109,121. 转引自连玲玲《打造消费天堂:百货公司与近代上海城市文化》,社会科学文献出版社,2018年,《序言》第4页。

共干部"开始在潜移默化过程中感受到杭州的城市美景与文化氛围的感染,并且懂得利用杭州的自然与人文资源同中央讨价还价"。"当许多城市开始照搬苏联模式,优先发展重工业的时候,杭州则以'东方日内瓦'著称,在发展工业的同时保留了传统旅游业商业的发展"。"通过打造'东方日内瓦',南方干部能够他们得以享受的新生活合法化与正当化"。杭州"优厚的居住条件使中央在建国初期将许多重要会议放在此召开"。① 另外,何其亮近年来对评弹、杭州西湖等的研究也在传递着社会与物质能动性的学术理路,作品具有相当启发性,这一理路值得进一步借鉴发挥。②

在上海地方能动性的影响因素外,另一种混合了再造与自塑力量的作用力也应该予以关注,那就是毛泽东时代的人消费史议题。《再造与自塑》呈现了黄宝妹穿布拉吉引领潮流,但除了展示社会主义优越性的需要而允许女性穿得漂亮些外,可能官方还有着现实的经济考量。有研究就指出,在1953年国内就曾兴起过一阵穿苏联大花布的热潮,其社会经济背景是当时苏联花布生产过剩,中国便适时从苏联进口了大批花布以弥补棉布短缺。为了让人们接受这些苏联花布,政府号召干部带头购买做衬衫、布拉吉等,通过穿着花衣服展示中国社会主义建设的新面貌,并以此感谢"苏联老大哥"的支援,把穿着"苏联大花布"的衣服看作是穿"爱

---

① 胡悦晗:《共产党干部眼中的新旧杭州——评〈共产党接管杭州〉》,潘世伟、黄仁伟、周武编:《中国学》第2辑,上海人民出版社,2012年,第558页。
② Qiliang He, *Gilded Voices: Economics, Politics, and Storytelling in the Yangzi Delta since 1949*, Leiden and Boston: Brill, 2012; *The People's West Lake: Propaganda, Nature, and Agency in Mao's China（1949－1976）*, Honolulu: The University of Hawai'i Press, 2023. 关于近代中国物质文化的研究,可参看复旦大学历史学系、复旦大学中外现代化进程研究中心编《近代中国研究集刊:近代中国的物质文化》,上海古籍出版社,2015年。

国衣"。① 而作者提到黄宝妹 1954 年出访苏联看到苏联女工们穿着花衣服、花裙子,回国后她"烫了头发,又立刻做了两件布拉吉"(第 159 页)。黄宝妹穿布拉吉助推国内布拉吉的时尚潮流,似乎也应结合苏联大花布的流行背景来理解。作者在本章中将社会主义与流行时尚、消费主义并非完全对抗的一面展示了出来,已大大丰富了我们对过往的认知,如能将议题进一步延伸,或许有更深的认识。瑞士记者莉丽·阿贝格观察到,1956 年"五一"游行,学生、手工业者和其他许多游行者的着装并没有统一。"妇女们,尤其是年轻姑娘们穿着漂亮的衬衣和花裙子,几个月前这儿还是一片蓝色的海洋,现在提倡服装多样化"。② 由蓝色海洋到多样化服装的转变,离不开民众对美丽与漂亮的追慕,不过离开政治力量的"提倡",短时间内的花衣运动也较难实现,政治力量的引导是影响中国民众消费行为的重要变量,有研究即指出:"与市场经济的竞争逻辑不同,总体主义背景下的时尚遵从权力和资源的垄断逻辑,其产生与传播的背景包括列宁式政党、军队和国家政权。"③长期从事中国消费史研究的美国学者葛凯,其新近的著作就通过研究国家试图引导人们消费渴望的商品,如手表、自行车、电影和时尚、休闲旅游、毛泽东像章等,表明中共从消费端回笼资金的政策实际上扩大了消费主义在中国的影响。④ 如果商品交换或消费不可能被消灭,那么官方引导的社会主义式的消费行为反过来也可以扩大

---

① 许星:《论 20 世纪五十年代苏式服装在中国的兴衰》,《南京艺术学院学报》2008 年第 6 期。

② 《五一大游行》(1956 年 5 月 3 日),档案号:Q192-1-2842,上海市档案馆藏。转引自汤锐《审美与政治:20 世纪 50 年代城市女性流行服饰探析》,《中华女子学院学报》2017 年第 4 期,第 81—89 页。

③ 孙沛东:《总体主义背景下的时尚——"文革"时期广东民众着装时尚分析》,《开放时代》2012 年第 4 期。

④ Karl Gerth. *Unending Capitalism: How Consumerism Negated China's Communist Revolution*, Cambridge: Cambridge University Press, 2020.

青工们自塑的空间。与苏联历史相比,我们会发现早在1930年代中叶,苏联已根本性地转向消费文明、物质主义,当时国家领导层开始积极鼓励民众追求精致的衣服、美食、娱乐、奢侈等美好生活的象征物。故而,探讨在中国发生的类似现象,有助于解答中国是否存在苏联式的既指向工业化又"面向消费者"的"工业务实主义"。①

三

历史书写关乎权力,材料留存状况往往是权力意态的一种反映,档案和报刊史料中最常见的也是国家叙事,历史研究常常面对谈国家易、谈个体难的境况,在此境况下如何发掘被塑造者的能动性,具有相当大的挑战。余敏玲在研究新中国成立后中共形塑新人的历史时援引法国哲学家阿尔都塞(Louis Althusser)的观点,指出:"意识形态国家机器对个体进行体制化规训和合法化'生产'。所有的意识形态都有'形塑'具体个人成为'主体'的功能,将具体的个人呼叫或建构成具体的'主体'。这种呼叫或建构就是一种征召或改造个人的方式。如此成就的新人,在心理上可能自觉是历史的行动者,但事实上是在特定的论述下建构出来的非自主性'主体'。"②如此看来,被塑造者的自主看似无望了。但即便意识形态的征召或改造力量如何强大,我们仍应相信被征召与被改造的人有一定的自主空间和资源。前已提及,新文化史研究特别看重被改造的客体本身之能动性,事实表明政治是精英与民众的共

---

① [俄]叶列娜·亚历山德罗夫娜·奥索金娜著,施海杰译:《苏联的外宾商店:为了工业化所需的黄金》,生活·读书·新知三联书店,2020年,第344—345页。
② 余敏玲:《形塑"新人":中共宣传与苏联经验》,"中研院"近代史研究所,2015年,第3页。

同创造,被治理者的政治尤其需要学术关注,因为"人民学会,同时也迫使他们的统治者学会,他们愿意怎样被统治"。① 故此,即便承认意识形态话语深入人们的日常生活,权力真的无远弗届,我们仍然需要展示被塑造者另面的历史。

"百川异源而皆归于海,百家殊业而皆务于治",②中国素不乏务治之学与术,在此千百年的务治传统下,《再造与自塑》的可贵之处便是在再造之外,尝试描绘被塑造者的"自塑"面向。从《再造与自塑》中,我们看到了新工人入厂、出厂、走向社会的复杂,青工不只是在工厂里被动接受技术培训和技能养成的螺丝钉,他们还肩负着展示新社会工人阶级面貌的任务。他们中的某些人选择抓住新社会给予的机会,成为作家,成为劳模,有些则成为主流文化之外的"阿飞",选择逃离成为一般意义上青工的命运,是自塑之力把一根撑杆递给了站在时代潮流中飘荡木筏上的人们。作者最终放弃"摇摆的新生代"的原题,改换为"再造与自塑"的二重奏,虽然青工自塑仍有待进一步"深描",但证明被塑造者能动性值得赞许。因为自塑力量的存在,在强大的潮流中,个体仍可选择自身命运,是满腔激情、投身潮流、意欲弄潮,还是退避三舍、选择绕开,甚或躲避不及为潮流吞噬。大时代中不同个体不同阶段的心路历程非常复杂,那些个体背后丰富的心灵史隐而不彰,好的历史书写应该挖掘历史中"执拗的低音",③让他们发声。《再造与自塑》正是意识到了时代潮流中被

---

① [印]帕萨·查特杰著,田立年译:《被治理者的政治:思索大部分世界的大众政治》,广西师范大学出版社,2007年,第90页。
② 何宁:《淮南子集释》,中华书局,1998年,第922页。
③ 参见王汎森《执拗的低音:一些历史思考方式的反思》,生活·读书·新知三联书店,2014年。

塑造者的价值，其非常重要的贡献就是试图掀开青年工人"自塑"的面纱。这种结构力量下兼顾主体能动性的研究，提示我们研究毛泽东时代的群体时，应该利用学术追光发现被塑造者的能动性。

· 会议综述 ·

"第二届复旦大学近现代史研究生论坛"综述

王艺纯(复旦大学历史学系博士研究生)

  2021年10月30—31日,复旦大学历史学系中国近现代史教研室主办的"第二届复旦大学近现代史研究生论坛"通过线上平台召开。来自全国多所高等院校与科研机构的37位博、硕士生提交了论文并参与论坛讨论。

  论坛开幕式由复旦大学历史学系高晞教授主持,复旦大学历史学系金光耀教授致开幕辞。金光耀教授指出,中国近现代史教研室举办此次论坛,目的是为大家提供线上交流的机会,便利同龄人之间切磋学术,结交朋友,在学术交流中收获成长。金教授回忆自己曾在南京参会的经历,鼓励大家在论坛期间多作交流,切磋学问,增进学术友谊。高晞教授也表示,自己读书期间学术交流机会不多,此次张仲民教授费心为全国近现代史的研究生建立了一个互相交流对话的平台,十分难得。今年的论坛相较去年在规模和范围上都得到更大扩展,共收到131篇论文投稿,其中37篇入选,同时也邀请多位学术期刊的编辑老师参与主持与点评,愿大家交流时坦诚相待,收获学术成长。

之后,论坛进入分组报告与讨论,具体流程为每组参会同学报告与互评论文,并在综合讨论环节切磋交流,最后由主持老师总结点评。在此,笔者仅就论坛报告及讨论情况略加介绍如下。

一、民国初期的政治局势

第一组第一场论坛由复旦大学历史学系高晞老师主持并组织讨论,论题主要围绕民国初期的政治局势展开。

中山大学段仁波的文章《洪宪帝制后北京政府重组责任内阁之困境》,围绕洪宪帝制失败后北京政府责任内阁重组的过程展开,因各方对于改组责任内阁的诉求不同,南北及北京政府内部发生分歧,北京政府重组责任内阁陷入法理之争,背后则展示出各方复杂的权力博弈。评议同学认为,文章叙述流畅,逻辑紧密;过去学界更多关注约法之争,围绕黎元洪"继任"与"代理"的问题展开讨论,而北京政府重组内阁的过程仍值得探讨;文中对段祺瑞内阁留任的情况有所铺陈,但仍存在疑问。约法之争爆发后,段祺瑞内阁仍有延续,可以将其纳入讨论。另外,文章对南方的讨论侧重护国军,没有提及革命党系的情况。

华中师范大学李贺的文章《辛亥革命再思考:皖督更迭与民初政局(1911—1912)》聚焦民初皖督更迭,通过考察辛亥革命时期安徽都督的更替与权力斗争,展示民初中央与地方各势力的博弈,以此来反思辛亥革命失败的地方性因素,认为其仍未摆脱传统政权鼎革的局限。评议同学认为,文章条理清晰、结构合理,史料运用充分。摘要应更聚焦于文章内容,还可以对学界在辛亥革命论题的既有讨论模式作简单说明;作者还可以思考,孙毓筠辞去皖督后,为何又转而成为袁世凯的拥趸,文中解释缺乏说服力,是否因他在辛亥鼎革之际目睹各方权力交哄,才走向认同强人政治。另外文中也未能清晰说明为何辛亥革命没有摆脱传统模式。

西南大学杨湛的文章《"位高德茂,继祖业而起来兹":从〈金粉世家〉看北洋政府国务总理》别出心裁,从张恨水小说《金粉世家》的写作背景与史料价值出发,采取文史互证的方法,将小说文本与其他史料比照研究,重新审视北洋国务总理与北洋政府,并探究小说作者与读者对待北洋的认知。评议同学认为,文章研究方法新颖,以文学材料入手,从文史互证的角度为北洋政府研究提供了新的思路。不过,若从文学角度填补史学空白来讲,文章在史实认知上没有新的推进,只是对过去认知的一种验证。从资料方面,作者仍需发掘更多实证材料;若类比《红楼梦》的索隐派研究,作者应该注意考索小说印证史实的做法是否存在牵强附会的可能。

高晞老师评议指出,本组文章各有聚焦,但文章表述均存在一定局限,即预设读者对自己论题背景已充分了解,而独立的专题论文在面临发表时,还应考虑读者与刊物的需求进行修改,避免自说自话,缺少铺垫。高老师提示,段仁波同学的文章需要增强国际视野。在北京政府重组责任内阁的过程中,有来自各方的张力,不仅来自南方政府,还有来自海外国际势力的影响,如日本人的影响。北洋时期参与组阁的群体,学贯中西,外文素养高,具有很好的海外社交圈。若研究忽视海外资料,就仍未突破原有的框架与视野,因此需要把眼光稍微扩展,如扩充日文史料及日文研究。另外,《泰晤士报》是当时北京地区的重要报纸,莫理循即《泰晤士报》常驻北京记者。北京政府从晚清到民国时期的变局,都直接与国际政坛相关,也影响国际势力。文章应拓宽视野,将框架放在国际角度去思考,在北京的政治舞台之外还应考虑来自各方政治势力的张力,包括英美关系、德日关系等。文章的讨论若将视角扩展到海外,不能忽视相当丰富的英文报纸材料。李贺同学的文章同样存在史料局限。文章旨在讨论地方政治，却缺乏档案及地方志的使用，安徽地区的报纸材料也未使用到。杨湛同学应进一步思考文章价值，不应仅停留在作索引文章。值得思考的问题是，杨同学在写作之前已对北洋政府的认识存有框架，用既有认知去印证《金粉世家》。真正需要思考的问题是，张恨水视野中的时代，与我们现在对北洋政府的了解有何不同。目前文章的呈现，以线性叙述或是资料长编的形式与历史互相对应，结论显得薄弱。

二、民国时期的社会思想与消费文化

第一组第二场论坛由《复旦学报》编辑部陈文彬老师主持并组织讨论，主要涉及民国时期的社会思想与消费文化等议题。

南京大学马建凯的文章《反赤的另面：十月革命后徐世昌政府对社会主义思潮的反思与疏导（1918—1922）》着重考察了十月革命后徐世昌政府对社会主义思潮的应对，认为其应对并非过去所认知的一味反对与扼杀，而是有着反思、疏导的一面。徐世昌当局希望以儒家社会主义与民生主义来进行疏导。皖、直系对此既有认同、利用，也各有目的。徐世昌政府采取的各类疏导措施均以失败告终，但社会主义思潮的勃兴使得统治者更关注人民群众的需求。评议同学认为，文章关注社会主义思潮在中国传播过程中反对派的处理策略，其同样也在新文化运动笼罩之下。北洋政府利用传统儒家的颜李之学来消解社会主义的影响，从对手方角度，恰恰从反面说明了社会主义思潮影响之大。徐世昌政府对于社会主义与马列主义似乎了解有限，将儒家与社会主义捏合在一起进行疏导，也许对维护统治起到了反作用。另外，其疏导政策也可以放在更长的时间维度中去思考，徐世昌政府的疏导是否为此前北洋政府国家社会主义治国思路的延续。作者还可以辨析当时流行的社会主义思潮的类型与区隔,进而探讨徐世昌政府如何了解社会主义以及为何批评苏俄式社会主义。此外,文中所使用的"徐世昌系""羽翼"等提法需再斟酌。文章还可以进一步探讨社会主义思潮的群众基础及其对徐世昌政府的重要性;徐世昌政府如何应对皖、直两系在执政中的企图;徐世昌政府对于思潮的借鉴目的为何,其执政措施是否可以简化为对社会主义思潮的疏导等。

北京师范大学的徐添报告了《寻找谢晋青:1920年代初留日学生中的无政府主义者》的文章,梳理了以谢晋青为代表的1920年代初留日学生中的无政府主义者的思想与活动,他们以东方书报社为中心建立书报网络,通过东京通信社或个人向国内投稿宣传,并参与日本的各类社会主义运动,从而进入东亚社会主义者的网络中。他们的活动受五四新文化运动与日本大正社会主义运动的影响,也体现出浓厚的世界主义情绪。评议同学认为,文章从全球史观出发,寻找世界主义在东亚的萌芽,与孙江《五四时期中日知识界的往还》异曲同工,① 可以考虑与之进行学术对话,并在研究视野上与全球史观互动。作者还可以思考:无政府主义在留日学生中的传播,除受日本社会思潮的影响外,是否也与留日学生自身情况如家庭出身、个人倾向等因素相关;留日学生创办书社以贩售书籍,除宣扬主义外是否也有盈利层面的考虑;谢晋青等人的文稿为何不受欢迎,是否因此导致他们后来湮没无闻;无政府主义者在国内做了哪些努力;谢晋青与东亚其他各国如何进行合作,处于何种位置。

兰州大学王琳的文章《"卖国贼"的生意:以五四时期〈新世界〉和新民图书馆为例的考察》,聚焦五四运动发生后,作为《新世

---

① 孙江:《五四时期中日知识界的往还》,《中国社会科学》2021年第8期。

界》小报主笔与新民图书馆经营者的郑正秋、周剑云通过商业出版活动炒作"爱国"话题,借助"卖国贼"文字的生产、出版、宣传、销售来牟利的现象,以此讨论政治与消费文化的互动。评议同学认为,文章生动讲述了民间建构"卖国贼"的过程,从小报中看到大世界,史料扎实,写法巧妙,观察细致。"五四"时期的社会政治动员,与上海的出版消费文化互相影响,产生了奇妙的化学反应。正如葛凯的研究指出,文化消费不光是商业战争的战场,同样也是建构国族的战场,[1]本文从小册子角度来讨论"卖国贼"的消费建构,令人耳目一新。文章还可以探讨"卖国贼"生意中买卖双方的特性,如进一步考察消费者的情况,还可以考虑生意的竞争者,探讨《大世界》为何会弱于《新世界》。此外,北京与上海的小报在消费"卖国贼"话题上为何存在地域差异,是否与上海特殊的地域文化有关,抑或小报本身存在政治背景,此类文人的商业炒作是否与政治派系有所联系。

陈文彬老师总结了本场讨论,并从学术刊物编辑选稿的视角为同学们提供了诸多建议。他提出,发表期刊论文最重要的是了解该期刊的自身定位和选题偏好,特别是能否接受学生投稿,并提示作者在投稿时应当细致校对论文的行文、标点与引文,做到准确无误。

三、晚清的地方文教与政局变动

第二组第一场论坛由复旦大学历史学系戴海斌老师主持并组织评议,涉及的论题主要包括晚清的地方文教发展、地方督抚与政

---

[1] [美]葛凯著,黄振萍译:《制造中国:消费文化与民族国家的创建》,北京大学出版社,2007年。

局的变动。

复旦大学刘润雨的文章《戊戌维新之前的地方新学与时务——以贵州学政严修为考察中心》考察了戊戌维新之前,严修任贵州学政时在地方推行新式教育的情形,以及贵州学界对新学、时务的接受情况,希望以此考察戊戌变法的地方性思想基础。评议同学从文章写作层面指出,文章标题的时间界定较为宽泛;文中对新学、时务的定义也比较模糊,以西学来概括可能更好;文章的语言表达可以更加凝练。从文章内容层面,作者可以进一步考察严修与贵州巡抚的关系,以及他与黔籍京官的联系。

安徽大学伊纪民的文章《毓贤的涉教态度与拳会政策再研究》,通过丰富翔实的资料对毓贤对待教会的态度及处置拳会的政策进行了梳理,同时也关注到了清廷的态度、山东政局的复杂性以及民众的反应。评议同学认为,文章资料扎实,内容详尽,特别注意考察毓贤的政策在基层的落实与州县官员的执行情况。作者可以进一步说明文章在毓贤研究上的具体推进;在毓贤观点的罗列之外尽量展示其中的张力与曲折;讨论毓贤与清廷中枢如端王等人的关系;并可以进一步挖掘文中提及的彭虞孙越级上报的情况,如考察总理衙门的回应等。

南开大学邹晗的文章《左宗棠、袁保恒之争与同光交替之际湘系势力在西北的扩张》以同光之际左宗棠、袁保恒的矛盾斗争为中心,讨论清廷在西北的人事调整以及西北政局的变动。评议同学认为,既往研究多关注左宗棠,对于"塞防"派内部权力关系的讨论较少,对湘系集团如何将权力扩展到全国的情况讲得不多,本文视角独到。文章还可以进一步回答:左宗棠与袁保恒的斗争如何影响了他对用兵新疆的态度;左、袁之争是个人之争还是派系之争;袁保恒在湘系势力扩张过程中的重要性如何;斗争双方实力悬殊,朝廷如何看待袁保恒的角色。在写作层面,评议同学还就文章所用纪年方式、文章标题中左袁之争的提法、讨论湘系势力扩张的问题时把左宗棠归为湘系一派、引言及文献综述与标题的契合程度等问题提出了讨论。

戴海斌老师分别就三篇文章在研究推进、谋篇布局、史料运用、内容写作等方面存在的问题提出了具体的指导意见。

对于刘润雨同学的文章，戴老师认为对该论题不能仅就思想论思想，还应兼顾更多线索。文章预设严修深受新学影响，对严修本人的理念探讨不足。西学在中国的传播是长时段、多层次的，需要更细致的清理。在《时务报》之外，还应注意严修如何将新学系统纳入传统经世之学，这并非完全受《时务报》与康梁的影响。文章还应思考以贵州为中心讨论地方的意义及其与主流研究的关系。严修培养新学学生的情况与文章主线不统一，可另单论。

针对伊纪民同学的文章，戴老师认为，其应首先阐明对既有研究的突破，将所作学术贡献进行更清晰的说明。文章史料使用比较充分，特别是充分利用了义和团在山东的史料，但也要扩充其他类型史料，注意同质性史料与异质性史料的区分，进而发掘在其他史料中看不到的内容，如可关注《清史稿》中"毓贤传"的编纂过程。文章结构应详略得当，并注意阐释现象背后的原因，如可以对己亥年清廷中央的对外交涉态度进行深入讨论。文章已注意到毓贤在山东内部对待拳会有不同层次的差别，可进一步探讨清廷交涉上谕、彭虞孙向总署上书等事件背后的问题。

关于邹晗同学的研究，戴老师认为，文章比较成熟，问题意识明确，对左宗棠和袁保恒的争执讨论聚焦，也讲清楚了左宗棠收复新疆的准备及政治布局的问题。但文章后半部分对于湘系地位的讨论不够明确，更多呈现出两位大员的斗争而非政治派系角力，还需要与相关先行研究进行更好的对话。针对派系斗争中双方态度变化的问题，还要结合其他史料深入讨论，从而在两人的政治斗争之外呈现更多派系的问题。此外,湘系内部也非铁板一块,也应进行细致的派系区分。文中呈现了左宗棠收复新疆的态度变化,对此过程中清廷中枢部分的讨论还应再加强。

四、民国时期的战争、外交与战后处置

第二组第二场论坛由《社会科学研究》杂志社许丽梅老师主持并组织讨论,主要涉及民国时期的国军抗战、对外交涉与战后处置的议题。

浙江大学祁复璁的文章《豫中会战国军的派系纠葛——以蒋、汤失和为中心》从派系和人事角度出发,以蒋鼎文与汤恩伯之间的矛盾为线索重新梳理了豫中会战,指出了国军内部的派系纠葛对战争的影响。评议同学认为,以往对豫中会战较为熟知的视角是大溃逃,文章从派系斗争角度重新检讨战争失败的原因,视角新颖。文章围绕蒋汤矛盾、新旧黄埔矛盾、国民党"四不和"展开,资料充分。值得注意的问题是,文中对国军的作战细节论述不太清晰,可以补充作战图等内容作为参考。回忆录、口述资料的大量使用宏观上会弱化战略对战役的影响,可以增加客观资料以及对战局的客观分析。另外,作者可以思考国军主力军与地方军的战力差别如何,蒋鼎文未出兵是否有战术方面的考虑。最后,文中对两人关系的判断更多出自他人评论,在私人恩怨之外实际情况如何,是否存在夸大或被当局作为推诿的借口。

西南大学彭张敏的文章《1940年日英关于封锁滇缅公路的交涉》,从日本视角出发,综合运用了多国史料,考察滇缅公路封锁时日、英、缅三国交涉的情况及其对国际局势的影响。评议同学提出,文章在滇缅公路研究较为充分的情况下提供了新的认识。但

文章偏向海外视角，较少涉及中国的情况，最好将落脚点回归中国本身。另外，文中提及英国在交涉中占据主导地位，但更多展示出日方的强硬，是否需要加强英方的视角或调整论述，如讨论英国为何做出不符合外交逻辑的行为，为何有前恭后倨的态度转变。评论同学还对文章结构、细节、表述等方面提出了建议。

西南大学孙航的文章《战后国民政府对日索赔路径新探——以日本吴港海军兵工厂发电设备案为中心》，聚焦于战后日本在华兵工厂设备处置问题的具体个案，讨论了国民政府对日索赔的路径变化及其导致的后果。评议同学认为，文章发掘了事件的核心档案，注意与先行研究对话，并在史料引用与具体表述方面提出了一些建议。另外，文章使用了大量图表，部分数据不够严谨，展示方式可以更加清晰直观。同时，作者可以思考中共在对日索赔过程中扮演的角色及对日索赔的启示等问题。

许丽梅老师从编辑的视角，对三位同学的文章在文字细节、数字校对等方面进行了评论，并给出了进一步的指导意见。彭张敏同学的文章，若更有针对性地提出英国对滇缅公路的策略会更好；祁复璁同学还可以思考豫中会战中国军派系的划分问题，如蒋鼎文是中央军里的旧派，汤恩伯则是地方军里的新派，在具体派系划分上存在纠葛，并非泾渭分明；孙航同学作了非常细致的个案研究，较有新意，不过应当思考"对日索赔路径"的表述是否恰当。政府通过索赔机构进行索赔，"路径"并未改变，而是政府想要达成的目标在变化。

针对青年学生如何争取文章发表机会的问题，许老师也进行了回答。她表示，不同学术刊物存在偏好与倾向，杂志会在考虑自身风格与传播力的基础上，对选稿有所偏重。青年学生在投稿前，应首先了解刊物的基本情况，摸清选稿风格，再进行针对性的投稿。

五、民国时期的地方经济与社会治理

第三组第一场论坛由复旦大学历史学系何爱国老师主持并组织讨论,论题围绕着民国时期的地方经济与社会治理的相关内容展开。

中国人民大学段易成的文章《"寓救济于生产":抗战时期云南华侨垦殖研究(1937—1945)》考察了抗战时期华侨在云南的垦殖事业,从兴起背景、事业开展、事业成效与官民互动等方面展开。评议同学认为,文章关注到了抗战大后方的农业生产,特别是归国华侨的情况,选题新颖,史料丰富,并从文章结构、学术史梳理、小标题、语言表述与行文逻辑等方面给出了修改建议。文章还可以从战时经济的角度,讨论政府如何以垦殖的方式安置归国难侨,难侨垦殖所生产的物品又如何支持抗战等问题。

西南大学高少博的文章《从"永久留川"到复员返沪:复旦东迁与地方社会的因应》,将目光投向复员前后的复旦大学及大后方北碚,关注复旦大学内迁后"永久留川"的争议、复旦东迁回沪的过程以及复员后因遗留校产归属问题与北碚地方之间的分歧。评议同学认为,过往研究集中于战时大后方特殊的战略地位,该文章则揭示了大后方史的另一个面相,即大后方在战后的回落。文章为大后方研究提供了新视角,且问题意识明确,资料丰富,结构合理。不过,文章摘要表述不够清晰,"复员"与"复原"的概念需要厘清,视角也可以更多放在大后方在回落后的复原。文章亦可作为复旦校史的一部分,还可以将复旦内迁的背景与过程略作交代。

北京师范大学王超民的文章《汪伪上海市警察机构研究》,以丰富的档案和报刊史料为依托,扎实细密地考察了汪伪上海警察机构的沿革、募训、职能等情况。评议同学认为，文章研究沦陷区城市行政机构，选题很好，对汪伪上海警察机构的梳理亦十分详尽。从文章结构角度来看，整体结构合理但篇幅太长，可以以问题为导向进行拆分与扩充，在论述上有所侧重以简明扼要地突出核心论点，还可以使用图表更加清晰地说明问题。余论较松散，可以将伪警察的日常生活与品格问题放到第二部分集中论述，还可以将其改作结论，对警察机构进行一个全方面多视角的综合评价。从文章内容来讲，汪伪政权未能有效拉拢警察，除了从薪资角度，还可以补充警察自身的视角。另外，文章还可以讨论警察机构的基层治理与其他基层机关的关系，如日方的基层治理措施。同时，抗战时期上海情况复杂，各方势力角逐，文章聚焦警察机构，对各方关系的展示不足，因此还可以讨论汪伪警察机构对国共两党秘密工作的破坏、汪伪警察机构与重庆国民政府的关系变化、汪伪警察机构的社会治安功能，以及维护日伪统治功能的情况等内容。此外，伪政权研究还需要处理历史事实与立场的平衡，伪政权的治安改观部分论述显得突兀。

何爱国老师对三位同学的文章也进行了评议。他提出，段易成同学文章中对少数民族用"夷""未开化"的表述不太恰当，华侨垦殖与原住民的分歧与其说是文化冲突，不如说是生活方式差异。垦殖失败的原因，与生活方式相关，还是利益冲突，值得思考，如华侨财物被抢劫是社会治安问题，而非政府治理本身的问题，且社会治安混乱的表述在文中没有足够的史料支持。针对高少博的文章，何老师建议，"复旦东迁"可以考虑更恰当的表述，如"东归""返迁"。文章提出要考述复旦从迁移到复员的完整过程，但是复旦西迁的部分未加讨论。另外，复旦没有选择"永久留川"的原因，"国立化"并非决定性因素而是催化剂，复旦为何没有选择留川，文章只给出结论，缺乏足够史料解释。对于王超民的文章，何老师认为,文章扎实,选题较好,并具体指出,文中提到汪伪警政机构效能不能充分发挥,又提及汪伪警察给上海人民带来了很大的痛苦,论述是否存在矛盾。另外,余论部分篇幅过长,应精简内容,调整论述。何老师还与各位同学就文章中的其他问题进行了讨论和交流。

六、民国时期的战局、政争与政治团体

第三组第二场论坛由复旦大学历史学系曹南屏老师主持并组织讨论,主要涉及民国时期的战局、地方省政与政治团体等内容。

山西大学王光耀的文章《地道战:冀中根据地的环境改造和战术博弈》从环境史角度出发,通过对抗战时期冀中地区地道战的研究,探讨战时中日双方对自然地形的改造利用与战争策略。评议同学认为,文章的环境史视角有所欠缺,通篇来看环境问题并非论述重点。从环境史角度出发,文章可以着重讨论如降雨、湿度、植被、季节性等因素,或从身体史角度出发,探讨普通战士进入地道后在营养、防护等方面的情况。另外,研究者应保持中立态度,对地道战不应有主观色彩,应尽量避免宣传性表述和口语化表达。文章还可以思考地道战的群众基础,如百姓修筑地道在人力、财力方面的耗费如何衡量,军民关系如何。此外,文中提及因太平洋战争等情形八路军处于优势,这与地道战仍是防御态势的表述是否存在逻辑问题。

华东师范大学王亚飞的文章《闸北水电厂商办案中的江苏省政(1922—1924)》,考察了闸北水电厂由官办改为商办过程中,江苏省议会与省长韩国钧之间以及议会内部的复杂争端,为了解北洋时期江苏省政提供了诸多细节,也为反思行政体制的政权运作

提供了参考。评议同学认为,文章扎实、详细、流畅,萧邦奇在《血路》中对考察此类政治斗争提出,制度上的诸多设置只是冠冕堂皇的摆设,内部仍充斥各类派系倾轧,可供参考。① 文章还可以考察各方在竞争中是否争取了军事援助,以及北洋政府对此有无关注。评议同学对文章使用的部分报刊史料提出了补充和修正,并建议可以对这类材料的真实性作相关探讨,同时尽量增加其他类型史料的使用。

复旦大学许良的文章《社会主义青年团训练制度的形成逻辑——以地方实践为视角(1921—1926)》着重考察了"五四"之后,社会主义青年团对团员训练制度的设计与具体实践,以及后续的调试过程。评议同学认为,过去中共制度史研究多集中于文件,本文呈现出有温度的制度史,并提醒作者可以进一步讨论以下问题:社会主义青年团作为党的预备,可否与党的训练制度比较讨论;还可以思考行为规范与制度的区别,如上层派人检查工作是否属于制度层面;文中所展示的并非严格的科层化制度,文章可以进一步思考科层化的概念;训练制度是否单指组织学习的制度,其他方面的规范是否可以纳入。评议同学还对文章的部分行文逻辑与细节问题提出了建议。

曹南屏老师也对三位同学的文章提出了修改建议。对王光耀的文章,曹老师认为,作者应思考如何区别于以往的地道战研究,以及如何突出地道战对于整个战局的影响。文章的考察更多沉浸在细节中,地道战对冀中平原以及抗日战争的意义需要进一步发掘,对环境史的体现也不充分。针对王亚飞同学的文章,曹老师认为,文章资料翔实,用功较深,但线索的铺叙更依赖报刊,造成头绪

---

① [美]萧邦奇著,周武彪译:《血路:革命中国中的沈定一(玄庐)传奇》,江苏人民出版社,2018年。

纷繁,可以在充分消化史料的基础上,以自己的观点逻辑来重建叙事脉络。另外,文章导论中可以增加制度史的梳理,如补充从晚清督抚制度到民国省长制度的脉络。余论部分需更精炼,最后落脚点可以讨论分权带来的行政问题,从而导致江苏政局问题以及后续的走向与解决。对于许良同学的文章,曹老师指出,作者应注意社会主义青年团名称的准确性,尽量使用全称,还可以考察青年团在中共内部的位置、角色与作用。此外,当时的青年备受重视,成为各种政党争夺的对象,从此角度出发可以将论题的关怀进一步拓展。文章所使用的地方史料主要集中在广东,也可进一步丰富,还可以参考吕芳上《从学生运动到运动学生》中对社会主义青年团的考察。①

七、民国时期的国共关系与政治博弈

第四组第一场论坛由《广东社会科学》杂志社李振武老师主持并组织讨论,论题主要围绕民国时期的国共关系与政治博弈展开。

中国人民大学王叶伟的文章《中共台湾省工作委员会的解放台湾方案及其演变》从抗战结束后,中共派往台湾组建的台湾省工作委员会的组织内部出发,讨论了台工委解放台湾的具体方案设计及其演变过程。评议同学认为,文章涉及的问题较为复杂,对战后台共发展的许多细节讲得不够清晰,如为什么选择蔡孝乾参加国大,蔡为何不坦诚自身台共身份,如何处理新人和原台共的关系

---

① 吕芳上:《从学生运动到运动学生——民国八年至十八年》,"中研院"近代史研究所专刊,2018年。

等问题,可以进行更好的回答。文章选题视角新颖,但没有超出基本的组织史架构,缺乏美国、国民党、台湾民众等视角,由此可以进一步思考,美国为何提出"台湾自治"的口号,这与台湾人提出的"台湾自治"有何区别,国民党政权来台后如何因应等问题。评议同学还对文章部分表述细节提出了建议,并认为可以再补充更多台共内部人员的人物史料。

南开大学吴子跃的文章《从统战对象到特务匪首——国共博弈中陕甘宁边区国民党县长的遭遇》,从陕甘宁边区国民党县长的角度切入,围绕高仲谦等人的经历展开,探讨了从抗战初期到整风运动中陕甘宁边区国民党县长的情况及其在国共博弈中扮演的角色。评议同学认为,文章选题重要,标题可以更加聚焦,结构平衡性需再调整。对于国民党文件能否到达边区县长的问题,作者应考虑高仲谦交代材料的真实性,并进一步拓展史料考察中共一方的记载,也可以将题目延伸至重庆谈判之后。陕甘宁边区"双重政权"的问题可以作进一步探讨,如考察何为"双重政权",有哪些县采取了"双重政权",国民党如何看"双重政权"等问题。

华东师范大学薛克胜的文章《运力与国权:战后初期的维护航权运动(1945—1946)》梳理了抗日战争胜利初期,由国统区航界所发起的维护航权运动的缘起、演变、影响及地方因应。评议同学认为,文章精彩地呈现了政治生态的多重面向。过去的党史书写中,维护航权运动常被作为1940年代的代表性爱国运动出现,但如何界定学生和航界大亨的同盟关系,是真实同盟还是仅仅观点相同,值得思考。文中更多展示了青年学生对航权问题的表述,可再发掘中共方面对航权问题的直接论述。文章结语部分可作进一步升华,如基于航权运动讨论经济问题在舆论中如何上升到政治层面的论题。

李振武老师评论认为,三篇文章在选题上都富有新意,构思、写作等方面均有独到之处。王叶伟同学的文章标题需要更加准确,"解放台湾"应加引号。蔡孝乾的相关研究在大陆不多见,可更多参考域外的研究。"二二八事件"牵涉到政治因素,相关的具体表述需更谨慎。吴子跃同学的文章需考虑将县长作为统战对象的表述是否得当。同时,文中将整风运动的概念扩展到党外的说法也会引起争议。薛克胜同学的文章讨论到航权问题,似乎与晚清反对外资修筑铁路的情况类似,可以从反对外资的脉络进行思考。

八、晚清到民初的财税与金融制度

第四组第二场论坛由复旦大学历史学系章可老师主持并组织讨论,议题聚焦于晚清到民初的税务、财政与金融制度的情况。

暨南大学王淼华的文章《清末矿务章程施行中的税制变革及其限度》讨论了清末矿务章程颁布前后矿税制度的设计、变革与实施情况,并以萍乡煤矿税费征收的具体过程为个案,敏锐地指出了清末矿章关于矿税的制度设计与最终效果背道而驰,税制变革引发的复杂利益纠葛导致了清末矿税杂乱无章的局面。评议同学认为,文章资料充分,但学术史梳理可以更加清晰,使主题更加聚焦。结构上,作者可以将前两部分整合,把清末矿章的内容作为背景叙述,将第一节重心放在税改前后,体现厘金由费到税、由地方到中央的税制变革。文章还可以进一步考虑税率和税收的关系,税收不一定随税率变化而减少。另外,文章还可以将矿税厘金放置在整个厘金制度的脉络中去观察。

华中师范大学樊宇翔的文章《光绪朝军需善后报销饭银制度探析》,探讨了清光绪朝军需善后报销饭银这一制度出台的历史背景、具体过程及其运作实态,并以此检讨清廷财政治理的能力与限度。评议同学认为,文章视角新颖,结构有些头重脚轻,第三部分学术贡献较大,但篇幅较短,主题不够突出,可以围绕饭银章程作进一步扩充说明,并尽量丰富人物史料。饭银制度虽改革失败,但有史料显示该制度仍一直存在,作者可围绕此线索作进一步探讨。

华中师范大学钟钦武的文章《南京临时政府货币本位变革的制度导向与实践困局》讨论了南京临时政府对于货币本位制度的设计、变革及其实践情况,呈现出从晚清的银本位制到拟定金汇兑本位方案,又因多重张力逆转回银本位的过程,但也为后续的货币本位制度变革起到了示范与试验作用。评议同学认为,文章选题新颖,行文流畅,并对未被孙中山政府通过的制度设计为何能够被陈锦涛通过、钞票收兑问题、汇丰银行拒收原因等问题提出了思考方向,还针对文中一些细节提出了调整建议。

江苏师范大学牛澎涛、陈先松的文章《析论清政府对胡光墉破产清算案的审理——以华商股份、行用补水案为中心》结合学界过去未曾留意的史料,通过细致探讨户部清查华商股份及行用补水案的来龙去脉,对胡光墉破产清算案作出了进一步阐发。评议同学认为,文章使用新材料对旧有问题提出了新观点,见解独到。作者还可以进一步思考,邵友濂在案中扮演何种角色,为何会替胡雪岩辩护,应如何看待两人早期发生摩擦的情况。另外,文章立论不能仅以是否合乎制度规范来判断事件性质,在此案中户部是通过对事例原则的利用来达成目的。并且,很多官商斗争实质是官员派系斗争,政治因素要超过商业行为的考量,作者也可从这一角度进行思考。文中缺少胡雪岩自身的史料,姜朋的文章可供参考。①

章可老师最后对本组同学的文章进行了总结。他指出,本场

---

① 姜朋:《从胡雪岩故事看官商关系与商法要义》,《清华大学学报》(哲学社会科学版)2007年第1期。

四位同学的研究领域接近,皆围绕财政相关问题展开,时段上涉及了从晚清到南京临时政府时期,囊括了财政、税收、货币、金融等问题,且都与制度史密切相关,尤其展示出人在制度中所发挥的作用。四篇文章通过对史料的合理使用,书写具体的人如何对案件和财政问题造成影响,以及财政制度在具体实践过程中如何产生问题,如何进行灵活调整。在此过程的研究中,把握好制度与人的关系最为关键。

九、民国时期的教育、经济与外交

第五组第一场论坛由《安徽史学》杂志社方英老师主持并组织讨论,主要涉及民国时期的教育、经济与外交等方面。

河南大学陈晶晶的文章《从"教育专款监理委员会"到"教育款产管理处"——试论河南谋求教育经费独立之路(1922—1942)》梳理了河南教育经费独立过程的来龙去脉,特别是对其管理机构的设立、运作与成效进行了深入研究。评议同学认为,文章史料充分,体系完整,逻辑严密,并对文章存在的一些问题提出了建议,包括学术史梳理中可加入索薪运动的内容;考虑调整时间断限;进一步充实和细化全国层面的教育经费独立问题;探讨制度设计能否落实的问题,补充实践层面的考察;增加河南省与其他省份的对比以凸显河南的地方特色;补充更多第三方资料,并在具体表述上提出了一些建议。

陕西师范大学胡杨的文章《经济突围:合作制经济视阈下的陕甘宁边区盐业》,从合作制经济这种新型经济组织形式的角度出发,探讨了合作组织在边区盐业发展中的形成机制、运行原理及实现效果,以及其如何影响了民众的劳动观念。评议同学认为,文章选题精细、论述完整、逻辑体系清楚,选择合作制视阈探讨陕甘宁边区的盐业,视角独到。文章更多强调了合作化的优点和历史作用,对其不足之处提及较少,可进一步扩大资料搜索面,如当事人的日记记载等进行发掘。另外,合作制作为中共发展的重要领域,其定义从何而来,可从制度层面进行分析。文章也可以继续扩展,讨论抗战时期形成的集体模式在中华人民共和国成立后的发展变化。评议同学还对文章关键词、结语的修改提出了建议。

复旦大学王钊的文章《全面抗战初期关于"胡佛总统"号事件的中美交涉》,分析与梳理了1937年由"胡佛总统"号被炸事件而展开的中美交涉及背后的复杂因素,并对这一时期的中美关系与美国远东政策进行了阐释。评议同学认为,文章选题新颖,视野开阔,并提出一些问题供修改参考。写作层面上,文章的学术史回顾还应进行分析和概括;文章结构可略做调整,第一部分篇幅较少,可将事件的发生与应对部分合并,作为对"胡佛总统"号事件的整体描述,将重点放在后文对中美外交关系的呈现;还可以补充人物史料。针对文章内容,评议同学还提出问题,如不同群体对国民政府的对美交涉有没有不同态度;此事件作为美国远东政策的反映,交涉过程是否阻碍美国协助中国的步伐等。

方英老师作为学术刊物编辑,在本组的总结中特别对同学们的论文写作提出了建议。他认为,文章选题应适中,在史料运用、论证层次和逻辑结构等方面都要反复推敲。论文在把事情本身讲清楚之外,还需要关照更大的背景。在史料运用上,同学们要尽量避免多条同质史料的罗列,而是选择更权威的史料说明问题。

十、近代的政治理念、史学思想与民族史书写

第五组第二场论坛由《学术月刊》杂志社周奇老师主持并组

织讨论,关注到近代的政治理念、史学思想与民族史书写等不同论题。

上海社会科学院潘岩的文章《从"意识"到"权力":从清末民初文本管窥空权观念在华演进》从西方航空知识的传入与中国"领空"观念的萌发、知识界对航空法知识的争论及北京政府在航空立法和外交上的初步实践出发,探讨了国人对近代"领空"权力认知的发展变化。评议同学认为,文章具有强烈的现实关怀。空权观念在近代的出现,是从无到有的过程。文章探讨了空权观念从西方进入日本译介再到规范引入的各个层面,并辨析了空权观念的歧异,论述清晰。评议同学还指出了文中的一些细节问题,并提出作者可以进一步丰富和细化知识分子与政府在空权观念上的互动过程。

复旦大学王玉婷的文章《经院派知识分子与马克思主义的耦合:陈守实史学思想析论》梳理了史学家陈守实从青年时期起治学的内在理路,论述了其从传统国学阵营转向马克思主义理论的详细过程,并指出陈守实的学术转变并非仅受外在环境影响,而是从自身的学术观念出发,存在内在变化的脉络。评议同学认为,该选题具有较大史学价值,文章作为对学术史的探讨,没有停留在学术与观点的层面,而是结合了时代与个人。过去认为,许多史家被迫转向了马克思主义,但是文中指出这些史家有自身的学术理路,为后来的史学转向埋下伏笔。由此,文章还可以进一步探讨,时代对人的影响究竟多大。另外作者还可以考察,陈守实在中华人民共和国成立前与党的关系如何,因为并非所有受马克思主义影响的史家都转向了马克思主义史学。评议同学还提出,作者可以通过查阅清华大学的有关校史资料来探讨陈先生在清华就读时的情况,如可以补充学校成绩、日记、同学记录等内容。并且,陈先生较早接触到《资本论》,可以与相关人物作对比来讨论马克思主义理论在当时的界定与归纳化的问题。

北京师范大学吴昕璇的文章《在五族共和下发现苗族》详细阐发了从清末到民国时期,在"五族共和"的民族框架激发之下,苗族进行自我身份建构与认同调试的复杂历史过程。评议同学认为,文章研究综述不够明晰,还应注意到苗族史书写的发展历程与对苗族概念的认知历程并不等同,作者可进一步对学界关于苗族的认知和书写进行分析。

周奇老师对本组同学的报告内容进行了总结,并针对几位同学的文章进行了补充与指导。对于王玉婷同学的文章,周奇老师补充,在经历知识分子改造之后,除极个别学者之外,绝大多数谈论马克思主义的学者,都从内心接受了改造。也许后来人难以理解这一变化,但在当时确实如此。关于吴昕璇同学的文章,周奇老师指出,近代对"民族"概念的理解是一个很复杂的问题。欧洲、苏联的定义各不相同,中国在引入外来概念时,"民族""国家""族群"的概念相互混杂,相关研究探讨很多。中国有自己的特殊国情,尤其应将古代与现代的"民族"概念进行区分,将现代意义上的"民族"重新定义,对应的英文翻译为"minzu"而非"nation"。中国的"民族"概念与西方有很大差异,要警惕西方中心论影响。

十一、民国时期的财政金融、日本殖民与伪满政权

第六组第一场论坛由复旦大学历史学系马建标老师主持并组织讨论,围绕着民国时期的财政金融、日本殖民与伪满政权等论题展开。

北京师范大学张子秋的文章《日本殖民下"奉天省"农村基层财政权力的畸变》聚焦日本在伪满洲国推行的街村制等农村基层

财政体系,通过对村级财政权力变化的微观考察,并结合计量方法对东北农村基层经济状况进行了分析,指出这种财政体系造成了农村基层财政权力的畸变。评议同学认为,文章结合了经济学的分析方法,提出了比较前沿的研究方向,富有新意。文章标题中"日本殖民"与"奉天省"的具体表述需再加斟酌,几则史料的背景考辨与史料运用也需要思考。

复旦大学祝越的文章《丽新公司与中国银行借贷关系研究——以20世纪三四十年代为中心》,以丽新公司与中国银行关于借款问题的具体交涉为中心,对民国时期企业与银行的借贷关系进行了探讨,指出双方关系存在动态博弈的过程,政府的影响也日益深入。评议同学认为,文章运用了丰富的档案史料,并注意与时代背景结合,但讨论时段偏长,可考虑以对货币政策的探讨为文章主线,并且可以在档案等核心史料之余,增加报刊等外围史料。文章还可以讨论契约双方订立借款条件与达成共识的动态过程以及丽新公司的特殊性;补充对于上海沦陷时期的讨论;结论中还可以补充中国银行性质的转变,以及汪伪政权时期借贷关系的情况。

东北师范大学高聪的文章《从"王道"到"皇道":伪满"王道"统治理念的日本化》梳理了"九一八事变"之后成为伪满统治理念的"王道"观念的日本化过程,分析了"王道"和"皇道"论述本身的实质内容,并分析指出这一过程存在诸多矛盾。评议同学提出,文章逻辑通顺,分析合理,前言部分可以更加简练并突出创新。作者还可以进一步思考,郑孝胥与伪满关于"王道"解释权的学理之争与现实有何种联系,日本国内的争论与伪满的统治有何直接关联,上层的道统之争对普通人有何影响,"协和会"的组织机构如何执行精神层面的内容。另外,当时对"王道"感兴趣的不仅是郑孝胥和日本,《蒋介石日记》中也有很多记载,可以拓展视角进行比较研究,挖掘"王道"观念更丰富的面相。

马建标老师对本组讨论进行了总结,并对同学的文章提出了一些修改意见。针对张子秋同学的文章,马老师认为,讨论伪满洲国农村基层权力的变化视角应进一步拉长,如将奉系军阀统治时期的基层情况也纳入考察,在较长时间脉络下更能看清楚变化。同时,文章使用量化方法来处理数据是很新的视角,但也要保持警惕,将量化得出的数据作为参考,并补充更多材料进行论证。对于高聪同学的文章,马老师指出,文章标题使用"伪满洲国"的表述更为合适。

十二、近代的思想文化

第六组第二场论坛由复旦大学历史学系张仲民老师主持并组织讨论,主要聚焦于近代的思想文化专题。

上海社会科学院艾超的文章《运动空间中的"双十节"纪念》以有关"双十节"的运动空间为切入点,探究了"双十节"运动会的物质载体运动场的空间内部装扮以及行为主体的"记忆实践"对"双十节"记忆的重塑与多变。评议同学指出,文章标题太过空泛,运动空间与"双十节"纪念论述亦较为脱节。关于运动场、运动员、运动会与辛亥记忆的部分表述较为牵强,理论与史料的结合不太完美。结构上显得头重脚轻,对运动员与裁判等主要参与者的讨论不够丰富,可以进一步补充更多当事人特别是接受方的资料,如增加运动员与观众的视角,同时要保证中立的态度,客观转述史料。

复旦大学张钰婷的文章《塑造抗战儿童:民国上海儿童节研究》主要考察了民国时期上海的儿童节活动,包括国民政府对儿童节的利用与改造,以及儿童群体对儿童节的认知与实践等内容,认为国民政府将儿童节改造成为训练儿童的重要场域但并未完全奏效。评议同学认为,文章扎实有趣,但受限于材料或其他原因,作为儿童节主体的儿童显得比较单薄。选择上海作为考察对象是因为中华慈幼协会,但是上海的特殊之处没有体现。文中关于慈幼协会的内容篇幅较多,应调整叙事策略,围绕主题展开。根据档案资料显示,儿童与儿童节似乎也没有得到国民政府的特别重视。儿童可能更多处于被要求、被规训的茫然状态,无法自己表达。文章可以进一步丰富史料,如发掘小学生日记与作文中关于儿童节的记忆和论述。

南京大学王建军的文章《国中异"国":民国"国历"概念的错位与纠葛》探讨了民国时期"国历"的发展历程及其概念的流变,尤其关照西历成为"国历"这一名实错位的过程与其间中西新旧的复杂纠缠。评议同学提出,文章可以进一步阐发"国历"与其他国字号事物的联系与差异,同时提出几个问题供作者参考,如当时西方人如何理解阴历;除胡适反对之外有无其他阻力;中西医争夺"国医"称号时,是否利用孙中山的西医身份等。

张仲民老师对参与本组讨论的三篇文章均作出了针对性评议。对艾超同学的文章,张老师指出,该文偏理论化,不应将其用于历史实践的讨论。此外,中文学界有不少关于空间政治的研究成果,如对中山陵、①北京的空间政治②的探讨,文章可以与之进行对话。对于张钰婷同学的文章,张老师认为,文章主要使用报刊材料,在史料上应尽量丰富扩充。儿童是被表达的对象,可以从档案史料鉴别的角度去考察国民政府是否真正重视儿童。文章需要更深入思考"主体性"的问题,以更好回答"谁的儿童节"的疑问。对于王建军同学的文章,张老师认为,文章在结构、内容、表述上都有

---

① 李恭忠:《中山陵:一个现代政治符号的诞生》,社会科学文献出版社,2009年。
② 洪长泰:《地标:北京的空间政治》,牛津大学出版社,2011年。

独到之处。张老师还补充道，文章所列举案例涉及的人物严谔声是当时一位小报文人，应尤其注意这个群体随局势变化而反复摇摆的多变属性及其高超的炒作技巧。另外，文章的论述主要限于知识精英群体，而历法问题对农民的直接影响较大，也应关注农民的看法，可进一步扩充相关资料，增加考察农民的声音。

十三、综合讨论

论坛最后的综合讨论中，复旦大学的戴海斌老师、上海社会科学院的沈洁老师、北京大学的黄江军老师、《史学月刊》杂志社的张秀丽老师共同围绕着"学术论文的选题、写作和发表"的主题进行了分享。

戴海斌老师认为，此次论坛是针对研究生同学的交流会，虽然"没有年轻的历史学家"，但任何学者都曾经从年轻走来，因此应当鼓励针对年轻人发表言论和交流场合的出现。同学们进行学术报告时，要在有限时间内有逻辑地表述观点；进行学术批评与回应时，要了解评论对象的基本逻辑，针对性地提出批评。大家要围绕这些内容做好训练，流畅地表述学术观点，从而查漏补缺，见贤思齐，得到师友的指教与赏识，获得提高，进而得到发表的机会。此次会议所邀请的主持与评议老师的范围有所扩大，特别邀请了诸多期刊的编辑老师提出针对性意见以帮助发表，如论文选题由更有经验的编辑老师来讲更加合适。在了解刊物的取向偏好之外，最基本的工作还是要在把握学术史脉络的基础上作出有效推进，要跟从老师与经典作品慢慢学习，逐渐起步，扩宽眼光，同时不要一味追求学术热点。

沈洁老师分享了自己关于近代史研究的诸多反思与成长经验。关于选题，她表示，选题应从阅读中来。历史学研究从来都是具体而微地描述历史演进具体型塑、变迁的过程，只有深入到肌理、史料中，才有可能将其起承转合勾勒和分析出来。若是套用一种经典理论和框架，则可能只是一个假问题，意义不大。史学没有标准答案，需要深入问题自行探索。研究问题的第一步，要先模糊地确立大致方向，就像思考成为一个好厨师要如何处理原材料、调味和火候。接下来要做的是，一方面，继续阅读并扩充史料；另一方面，继续阅读已经搜集的材料，并进行大致分层，区分不同章节，再进一步细化与清理，使问题清晰化。

研究史学应察源观流，要点是"具体而微"与"纳入脉络"，即从小的切口进入，再回应大的历史脉络。近代史领域史料"爆炸"，很容易找到一个未开垦的研究空白。从阅读体验上讲，具体细致的内容会显得无趣。在获得具体的历史知识之后，我们对于历史的了解没有加深，是因为没有做"纳入脉络"的工作：事件到底如何发生，为何呈现这种状态，这些基于常识的内容没有厘清，是因为没有"纳入脉络"，因此就需要在前人讨论和具体问题中做推进，还应注意是前人讨论的问题，而不是前人积累的有关此问题的知识。

沈老师还就文章写作的标题、结构、行文与修改等方面提出了具体指导。关于文章标题，沈老师认为，对写作与投稿而言，题目至关重要。初学者可参考一种取巧的办法，即采取主题加副题的命名方式。主题内容是文章所回应与讨论的问题，副题则是文章写作的具体事件，如此可以比较容易使人理解到文章内容。关于文章结构，沈老师指出，从阅读经验来看，初学者的通病是层次与结构不清晰。文章的节与节之间要分层次，也要有逻辑联系。作者在文章开篇就要有建立逻辑联系的自觉，去思考所讨论的问题有几个层次，互相有什么关系。这些联系并非天然形成，而是需要在行文中用文字去处理与串联。至于具体的操作方式，作者可以在每个层次末端用论述性语言将上文进行总结概括,再用几句话进行过渡,阐明逻辑关联,做到层次分明,结构清晰。同时,大家对史料也应精当处理,而非简单排列。关于文章行文,沈老师提出,大家要有逻辑清晰化的自觉,做到每句话都有用处。好的文章,表述清楚明白是第一重要求,在此基础之上再谈修辞。若是高明的作者,则非常擅长使用闲笔。闲笔会带来节奏感,不过这是很高的要求。关于文章修改的经验,沈老师建议,文章在完成初稿之后,再继续修改四至六稿,是很基本的情形。作者应通过不断修改,努力将逻辑理顺,尤其可以通过通读、朗读的方式,把文字读出来以帮助清晰化自己的表达。

黄江军老师提出,在学术内卷时代要更多从自省的角度去应对内卷,并与同学们分享了诸多研究心得。针对文章选题,黄老师提出,选题的重点是找到自己问题的研究意识。若单纯将论文所论对象的具体史料零散地汇集起来,爬梳史料,再转述历史信息,最终形成一篇论文,这不能算是有问题意识,只是研究的具体对象。而文章试图将一个事件或对象讨论清楚,就要思考其对学术的具体推进在哪里,这便是纳入学术脉络的工作。针对学术史写作,黄老师认为,进行学术史的梳理与交代,将历史智识(而非历史知识)进行深入讨论和说明,其核心是对前行研究的观点进行充分的掌握并进行提炼和评述。一篇文章的讨论,要纳入何种脉络,进入到哪些研究领域,前人已经了解到何种程度,在文中应有相应呈现。梳理前行研究时,不应只关注具体议题,还应将其放置在更大的研究脉络中,不断去抽象研究主题。作者在文章开篇就要进行明确批评,找到学术对手方。此过程可以参考前人的经典研究,学习他们如何提出问题、解决问题、推进问题。另外,作者应避免在结论部分作前人表述的注脚,导致自降水准。黄老师还补充,研究应抱有了解之同情的状态。当下的史学研究偏向程式化,常存在

"人的隐去"的情况。一些文章"见事不见人",没有涉及各方人物的思考,也没有呈现出足够的复杂性。研究中更常见的是使用数据库检索到的报刊史料,而文集材料可以提供此类补充。

关于文章修改,黄老师同样认为,作者在改文章时一定要有理顺逻辑的自觉意识,同时一定要懂得舍弃,将无关的表述删除,化繁为简是修改文章的重要取径。关于文章写作,黄老师提到,写作时要避免"硬写"。"硬写"的论文往往平铺直叙,追求面面俱到,同时可能对前行研究缺乏清晰了解。作者应尽量尝试从史料中抓取关键表述,将所有史料都统一对待,再铺陈开来。很多研究缺乏吸引力、感染力,简单以"×××研究"为标题,说明没有充分把握学术史脉络。史料是多元的,产生方式不同,所承载的历史信息的容量、深度和角度都有差别。作者要有意识从史料中抓住关键表述,辅助其他史料进行论证,做到罗志田老师所谓的"一干竖立,枝叶扶疏"。① 同时作者要有消化史料的过程,否则所有论述都只是悬浮于史料信息之上。最后,黄老师还提示大家论文发表要摆正心态。发表的过程,不仅是将文章公开出去获得名利的过程,同时也是论文不断修改的过程。作者应将其当作不断改进论文的机会,首先要对自己的论文满意,才能打动刊物。现在不少人忙于看材料、写论文,真正的读书时间少,写作呆板、无趣,可以通过读书来进行改善,如阅读经典文本和文学、社会学领域的著作等,避免陷入程式化的对抗。

张秀丽老师从编辑工作角度出发,对于青年学生在投稿方面可能存在的诸多问题进行了分析。她指出,作为编辑,收到文章后会先看题目与学术规范,从研究规范、写作规范、学术史梳理、解决

---

① 罗志田:《非碎无以立通:简论以碎片为基础的史学》,《近代史研究》2012年第4期。

问题的思路等角度评判文章。文章还要选题适中、章节均衡。另外，她特别提到青年学生应注意对材料的使用，特别是对材料的消化吸收。当下多数史料都可以公开检索，而论文不应成为史料汇编，作者要避免大段引用与史料排比。来自青年学者的投稿往往是博论中的一部分，比较容易存在大段引文的情况。另外，投稿作者要注意核查引文，不要错漏。在投稿之前，一定要对所使用的材料从引文到注释的出处，即版次、作者、书名都进行准确校对。最后，青年学生的语言文字表述通常也存在问题。作者在投稿之前要多朗读文章，做到文通字顺，避免错别字。

最后，同学们还就史料使用、经典阅读、写作技巧、论文修改等问题与各位老师进行了交流。

结　　语

本次论坛为复旦大学历史学系中国近现代史教研室第二次组织举办的研究生学术论坛，也是首次将参会规模从本系拓展到全国的学术交流活动。综合来看，本次论坛议题丰富，讨论充分，围绕着晚清至民国时期的政治外交、财政金融、经济社会、思想文化等主题均有精彩论述。与会同学均准备充分，报告翔实，点评精当。各位主持老师不仅提出诸多针对性建议，还从编辑视角为同学们提供诸多修改参考。参与旁听的各位老师和同学也各抒己见，畅所欲言，讨论氛围热烈。张仲民老师在论坛最后进行了总结并对各位同学提出了期许，希望大家能够努力提高史料使用与鉴别能力，积极参与学术讨论，以积极的心态面对学术批评，同时希望论坛能越办越好。

"第三届复旦大学近现代史研究生论坛"综述

刘鹏(复旦大学历史学系博士研究生)

2022年11月20日,复旦大学历史学系中国近现代史教研室主办的"第三届复旦大学大近现代史研究生论坛"在腾讯会议平台召开。来自全国多所高等院校与科研机构的14位博、硕士研究生提交了论文并参与论坛讨论。

论坛开幕式由复旦大学历史学系张仲民教授主持,复旦大学历史学系高晞教授致开幕辞。高晞教授指出,本次论坛已是复旦大学近现代史教研室组织筹办的第三届研究生论坛,两年前在历史学系张仲民教授的提议和组织下,搭建起这一供全国中国近现代史研究生学习和交流的平台,前两届论坛已涌现出不少颇具水准的研究论文,同学们能够通过论文讨论相互学习,取长补短,共同提高。希望同学们能够在本次论坛中珍惜机会,坦诚交流,认真听取评议嘉宾的点评,修订出高水平的学术论文。

之后,论坛进入分组报告与讨论,具体流程为每组参会同学报告论文,由复旦大学历史学系中国近现代史教研室的各位老师担任评议,最后由各位报告人回应并参与综合讨论。在此,笔者就论坛报告和点评情况介绍如下。

一、清末民国的政治制度

第一组第一场论坛由复旦大学历史学系戴海斌教授、曹南屏副教授担任评议，本组四位报告人分别围绕晚清总理衙门的密函文书及其流转机制、北京国民政府时期军阀的幕僚群体、南京国民政府在地方的警政实践、南京国民政府在地方自治机构中的改革展开研究。

复旦大学王艺朝的报告题目是《论总理衙门的密函制度》。报告人集中调查和考订了目前已影印出版的《密启簿》档案，根据密函中的文书格式、修改痕迹、最后堂官的花押样态综合判断，确认《密启簿》是总理衙门用以保存归档的密函定稿。《密启簿》形成了一系列文书处理流程：函件草稿首先据总署大臣或总办章京指导，由各股章京分股缮写，继由总办章京等修改草稿，同批文稿交付一起交主责堂官花押；花押后的定稿交付誊抄，最后誊抄件作为正本封发，定稿留存总署；章京在定稿函件中补注发函、信函编号及传递速度等信息；待部分大臣事后画押毕，底稿积累至一定数量后编订命名为《（某股）密启簿》。总署可以部门名义发出函件，密函作为咨文附件随同咨文发出，此后随着密函制度化的发展，总署向清帝"奏准径用函达"各督抚，密函可作为独立文件进行文书流转。作者认为，总署将机密事宜以密函形式寄给督抚将军，而呈递密函又确保督抚将军上奏至清帝的折片在经由总署函复时保持一贯的保密性。

北京大学杨一帆报告的题目是《吴佩孚幕僚的分化与北伐前后的政治格局》。幕僚在民国军阀政治中扮演者重要的角色，吴佩孚的幕僚介入政局颇深，报告人注意到这一现象，围绕吴系幕僚的形成、规模、内部纠葛、与吴佩孚的关系以及对政局的影响进行论述。1925年10月,吴佩孚担任讨贼联军总司令,原直系军人以及大量与奉系和段祺瑞相疏离的政客纷纷来到汉口为吴佩孚效力,吴属幕僚规模迅速扩大。白坚武、蒋百里、张其锽先后成为吴佩孚幕僚中的关键人物,其影响力也因时局关系各有强弱。白坚武曾推动吴佩孚建立护宪军政府,"护宪"导致直系内部分裂、吴佩孚下野,白坚武不再得到吴佩孚重用;吴佩孚复起后,在蒋百里的建议和主导下,团结直系内部各方,拉拢国民军共同对抗奉系,后因吴佩孚突然决定联合奉系讨伐国民军,致使蒋百里离吴而去;张其锽和张志谭是吴佩孚幕僚中联奉讨国策略的支持者,但因吴佩孚南下对抗北伐军,张其锽逐渐失势,直系内部矛盾激化而走向分裂。在报告人看来,吴佩孚幕僚内部政见分殊,裂痕难弥,是吴佩孚政治策略多变、失误的重要原因。

上海师范大学刘金源的报告题目是《1940年代蒋经国赣南禁娼研究——以赣南县为例》。在1940年代的赣南地区,私娼问题十分突出,蒋经国在担任赣南专员兼保安司令期间依靠地方警政系统打击私娼。通过民众的自发检举和警察的定期搜缉,政府不断打击私娼的生存基础。根据报告人对私娼案件的分析,战争环境下缺乏稳定的生计来源、夫妻关系破裂与淡薄是女性从事娼妓行业的重要原因;多数案件在48小时内处理完成,高效的结案反映出警局与县府、乡镇、保甲之间有着密切的行政沟通。报告人指出,警察因规范条例的束缚、办案业绩的现金奖励而主动上交贿款,显示其公正和廉洁形象。但警方又往往自行调整对私娼案当事人的罚金标准,以保证其完成办案业绩,操作空间较有弹性,故"禁娼虽严,私娼不绝"。

浙江大学罗豪的报告题目是《中心的边缘地带:国民政府和国民党中央地方自治机构沿革(1928—1937)》。报告人认为自南京国民政府施行训政至抗战爆发前,国民党对地方自治的整顿先后经历了国民政府内政部行政院地方自治专门委员会、国民党中央执行委员会民众运动指导委员会下属地方自治指导委员会和国民党中央执行委员会地方自治计划委员会三阶段。训政伊始,地方自治建设面临着党政矛盾、财力不足和人才匮乏的困境,国民政府决意通过改革中央地方自治机关来夯实地方自治的政治基础。在地方自治指导委员会时期,国民政府"停自治而行保甲"以应对战局,在政治上提升政府汲取社会资源的能力,在社会上改良社会风俗,推动地方教育建设。国民党"五大"召开后,国民党利用其党权以党代政,发展和强化中央机构在地方的力量。国民党改革地方自治的历程,表明其因始终无法找到集权—分权的平衡点而制约了政治实践的能动性,因组织结构和宏观政策的内在问题而制约了政治能力的增长,国家主义逐渐取代自由主义成为地方自治改革的实践路线。

针对王艺朝的报告,评议人认为学界目前对总理衙门文书制度的研究是较为薄弱的,作者的选题十分新颖,特别是作者较为细致地展现了文书样态、形成过程和流转机制,勾勒出《密启簿》的基本情况,是对相关问题的推进。但作者在密函的讨论主题、文章的结构编排和案例选取上仍存在一定的问题:首先,作者在文中过于强调密函的保密性,将"径用函达"督抚理解成督抚只自行阅看而不咨询他人,而按照惯例,督抚向幕僚咨询专业事务的建议本属常态,文章到目前无法论证是总理衙门到督抚的点对点通信,论证效力较弱;其次,作者反复引用相同的案例和材料论证《密启簿》的实际作用,缺乏更多的案例来论证密函的功能和角色,对于密函在外交交涉事件中的作用揭示不足;此外,从阅读体验来看,作者在文章开始部分本可将作为例证的外交案例交代得更充分,帮助读者抓住作者的论证重点,这样通过叙述外交案例的背景,再将密函放在具体的背景中加以讨论,能有效说服读者。

对于杨一帆的报告，评议人认为作者能综合利用档案、书信、日记、回忆录等史料，细致铺叙了吴佩孚幕僚群体的史实，清楚地梳理了吴佩孚幕僚群体在护宪问题上的主张，及其与吴佩孚亲疏关系的变化，完成度相对较高。作者致力于揭示军阀政治视野下的文武关系，眼光相对独到，但对这一议题下所涉及的文人和武人角色、幕僚的时代语境和特征、制度背景和非正式关系的把握有所欠缺。评议人指出，作者在文中曾举出章太炎和蒋百里两个人物，本是彰显这一时期文武关系特点的好个案，但作者没有正面处理这一案例：作者没有解释为何坚持护法的章太炎在1925年前后会一度接近吴佩孚，章氏的思想观念、对时局的看法及其对中国未来出路的思考何以支持他做出这一选择；蒋百里虽是武人，但其文人特质在军阀时代的众多军人中颇为不同，其与梁启超、胡适的关系较为密切，对中国的政局走向自有一番愿景，文中未能正面讨论其与吴佩孚的观念差异和离合缘由。评论人建议作者进一步梳理幕僚的学术前史，理应注意到幕僚的生平背景和思想特质，北洋时期的幕僚多不是传统旧时文人出身，他们或有过留洋经验，或出身法政学堂，深受新思想的影响，他们为军阀出谋划策，既有仕途和政治见解上的考虑，也有经济利益的考量，这样或能全面解释北洋时期幕僚的时代特征。

评论人认为，刘金源的报告试图从基层社会治理和国共交替的时代特征两个视角同时切入，前者展现作为地方个案的赣南，如何通过警局的制度化运作解决社会问题，后者则突出在国共政争背景下地方秩序的变迁。但从行文的完成度而言，作者只相对处理了基层社会治理这一面向，对论文标题中出现的政治人物——蒋经国的身份、作用和形象缺少正面讨论，没有叙述蒋经国因何选择赣南作为其政治实践的区域，他如何规划、调整和部署赣南警局的力量，相应的制度安排如何改变了地方社会的面貌，以及在这一时期国共力量是否有在赣南地区出现博弈。作者聚焦于作为地方治理主角的警局和警察群体,但对警局在地方政府中的位置,与国民党党权、保甲机构、地方军队的协作关系缺少必要的论述,作者只利用档案材料来展示警察作为地方治理主体的形象,其给读者的直观印象较为模糊,对警察群体多样的生活样态揭示不足,有必要扩充资料类型。作者强调理论对话,但对话点稍显分散,如能针对具体问题进行正面论述,注意到理论和案例之间的距离,或能从史实角度回应理论问题。

评论人指出,罗豪的报告利用到台湾地区所藏机构档案,条理清晰地从国民政府和国民党中央两个系统论述地方自治的机构沿革,作者对史实的梳理和把握较为扎实和细致。从文章设置的问题意识、关键概念、学术对话点而论,作者尚有进一步提升的空间:1928年以来的国民党地方自治变革多停留于文书行政和政治规划层面,实际成效有限,作者单就机构沿革而论地方自治建制本身的历史过程,缺少对具体问题的讨论;作者设置的主副标题缺少的逻辑关联,本有意强调地方自治机构变革过程中出现的机构"边缘化"特征,但在标题中以"边缘地带"对应机构沿革,对概念的界定尚不严谨;作者列举了相关研究,但对前人研究没有系统性评述,没能从学术史研究的脉络中设置问题,从而相对地制约了文章的深度;文章强调地方自治面临党政矛盾、财力不足和人才匮乏三点"特有"困境,这三点或是当时国民政府各项制度变革面对的普遍问题,理应从个案和比较的维度上把握地方自治的实态。评论人建议作者从近代地方自治和县制变迁两个方向上梳理学术史,通过对代表性研究成果的准确评述,具体设置文章的问题方向。另外,民国时期的政治学家如陈之迈、钱端升等人,他们的专题著作既可以作为学术史,也可以作为材料,有助于作者把握这一时期地方自治的理论特征。

二、民国时期的战争与外交互动

　　第一组第二场由复旦大学历史学系皇甫秋实教授、周健副教授担任评议,本组三位报告人分别就英国驻华公使馆迁移问题、英日在上海公共租界权力的争夺、南京国民政府对苏芬战争的外交因应加以研究,描摹民国时期战争对外交关系和外交策略的影响。

　　北京大学丁旭辉的报告题目是《英国驻华公使馆的迁移(1929—1931)》。1928年6月,北京国民政府结束统治,南京成为新的中央政府所在地,是否将使馆迁移到南京成为列强对华外交考虑的焦点。在南京国民政府成立后,受日本、美国愿意升格对华关系的影响,英国外交部和驻华公使馆不得不考量和回应迁馆问题。围绕迁馆与否、迁馆到何处,在华英商、英国驻华公使蓝普森、英国外交部意见不一。在华英商基于经济利益的考量,出资邀请英国著名活动家柯蒂斯进行游说,强烈建议英国政府果断南迁使馆;而在坚持对华"理解与适应"策略的英国驻华公使蓝普森看来,此时南京国民政府地位尚不巩固,渐进地处理使馆迁移问题才符合英国的战略利益。中原大战结束后,南京国民政府利用外交途径和报刊舆论,一再要求仍留北京的英国驻华使馆南迁。但蓝普森一面以馆舍选址和面积问题为由拒绝南迁,一面派遣公使代表应歌兰移驻南京与宁方接触,最终英国公使馆仍驻留北平。作者指出,《辛丑条约》签约国的共同利益和平衡在远东地区的战略利益成为英国政府采用渐进路线处理该问题的关键因素,并最终形成公使馆驻留北平、公使代表常驻南京的变通办法。

　　南京大学李泽晖的论文题目是《太平洋战争前夕英国对日本争夺上海公共租界权力的因应》。1940年,英法在欧战战场上的失利为日本改变远东战局提供了改变远东格局的机遇,日本政府鼓励在上海租界中的日本侨民打破公共租界原有的权力平衡，工部局董事会年度选举的董事席位之争便是公共租界权力变局下日方与英方矛盾激化的焦点。日方与英方同样利用《土地章程》的漏洞，通过拆分大产业、转让和分割土地的方式增加选票数，破坏了《土地章程》的权威性。尽管英方赢得了该年度的董事席位选举，无疑激化了同日方的矛盾。随着欧战的进行，日方以参与欧战的国家有违日方不介入政策，可能在华发生冲突为由，要求英方撤离在公共租界的军队，英方从帝国整体利益出发决定撤离驻沪军队，此举鼓舞了租界日侨的反英情绪。1941年，缺乏驻沪英军和美方支持的英方迫于时势向日方妥协，在年度董事席位选举中打破了公共租界原有的国籍分配原则，增加了日籍代表的席位，日方、英方、美方的董事人数持平。公共租界权力结构的变化，反映了日本竭力挑战华盛顿旧秩序的民族心态。

南开大学吴子跃的报告题目是《是非利害中的抉择：国民政府对苏芬战争的观察与应对》。1939年苏芬战争的爆发，给国际局势造成了极大的冲击，原本被中国视为一体的英、法、苏三国，此时却出现了英、法与苏联的对立。如何定位中苏关系以应时变，成为摆在战时重庆国民政府面前的难题，鉴于苏联对华的抗战援助，国民政府在初期采取缄默态度，静观欧洲及远东局势的变化。1939年12月3日，芬兰就苏芬战争向国联申诉。在渝府看来，芬兰抵抗苏联与中国抵抗日本的行动在道德上完全一致，但就现实利害和地缘政治的而言，渝府又希望苏联不对日妥协，因此曾试图既不采取反苏立场，也尽可能不招致英法等国的反感。夹在是非与利害之间的中方，被迫以弃权表明己方对国联驱逐苏联提案的立场。事后，苏联对渝府未能在国联投票中维护苏方表示不满，苏联对华态度日趋恶化，中国的国际环境愈发凶险。

对于丁旭辉的报告，评论人认为作者能将政治史背景嵌入到外交史的讨论中,将使馆迁移问题放在中原大战的时代场景下加以分析,将外交使馆迁移、国内政权竞争、列强在华关系勾连讨论,既注意到南京国民政府在北伐建政后努力调整其革命外交的政治路线,又能立足驻华外交官、本国外交部和在华英商等多个主体展现列强在华外交策略的复杂面向,叙述相对清晰。在学术前史方面,评论人建议作者应放宽对话视野,将相关探讨英国对国民政府内部派系矛盾看法的研究一并回顾,以准确设置文章的对话问题;文中对英国外交部不愿意迁往南京的原因分析有些单薄而分散,特别是未能注意到北伐过程中针对外侨的南京事件给列强强烈的不安全感,这可能是影响英国对国民政府和迁址南京有所保留的重要原因;作者曾留意到英美在外交使馆迁移的行动上并不一致,没有正面处理这一问题;文章题目略有不妥,使馆并未迁移,只是对迁移提议的讨论。

针对李泽晖的报告,评论人十分肯定作者对多国档案挖掘和解读的能力,十分肯定文章在问题设置和论述对象上的新意,作者留意到既有研究中不太注意到的日本侨民群体,特别考虑到日本侨民在英日关系中的位置和角色,显示了作者对史料解读的细致程度。评论人建议作者可进一步回顾日本学者藤田拓之的研究,全面把握这一时期英日在工部局权力分配上的矛盾;可以仿照文内对日侨与日本外交部关系的叙述思路,留心在华英侨的"上海思维",同样叙述英侨与英国外交部的关系;作者曾论及日方曾利用英美矛盾,但没有正面阐释英美的矛盾究竟是什么,又为何产生分歧而有行动不一致的情况。评论人特别提醒作者,在评述外交主体选择外交策略究竟是否适当时,需要保持评述的克制。

吴子跃的报告能够利用到档案、日记和报刊资料,能立足于不同史料的性质,综合叙述外交主体的政治选择,注意到外交主体因力量、道义和时势而限制其外交的主动性和能动性,这点得到评论人的肯定。评论人认为作者可从制度史和情报史的角度深化这一研究，学界目前有关抗战时期中国的外交机构、外交制度及其相应的外交策略成果丰富，相应介绍到国民政府如何利用各种渠道了解他国的外交情报，作者应相应补充这部分的前人研究，明确前人对国民政府的情报搜集能力研究到何种程度；作者有意强调情报的信息价值，点到情报文件、媒体报道、外交函电等多样的消息来源，但没有明确这些渠道是否有相应的政治机构加以甄别、汇报和分析，这些消息各自归口于哪些军政机构，如何在不同的机构建制和文书程序中加以流转，其可靠性和效力如何，对外交决策的影响和作用如何尚比较模糊；可进一步讨论中国共产党此时对苏芬战争和对国民政府外交动向的看法。就文章内容，评论人特别提示作者可以留意这一时期国民政府与美国在经济领域的合作，综合考虑这一时期国民政府对美关系的策略。

三、民国时期的知识传播与地方社会

第二组第一场由复旦大学历史学系董国强教授、林超超副教授担任评议，本组报告的四名同学关注除虫菊的知识和商业发展、沙眼疾病的概念塑造、狂犬病的地方控制和福建茶业的统制面向等议题，着重于近代知识传播背后的政治、商业、文化和话语因素，聚焦地方政权对社会和经济事业的控制面向。

南京大学俞泽玮的报告题目是《知识流转、商业投机与产业形塑：除虫菊在近代中国（1897—1937）》。除虫菊是二战前重要的植物性驱虫剂原料，自清末甲午年间为国人渐渐知悉，在时人译介除虫菊知识的相关文本中隐含着"农家经营"和"国族主义"的叙事脉络，前者强调除虫菊对农业生产的助益，后者则与捍卫国权相联系。民初，江浙商业种植园通过各式日用读本宣传除虫菊的功效，开始试种和出售除虫菊种苗，朱启绥的定海仙乐种植园便是掀起除虫菊栽培投机风潮、打造除虫菊知识与消费文化的重要推手。在南京国民政府时期，在实业部的指导下，中国化学工业社通过订定"合作种植特约农场"的形式稳定除虫菊的产销供应链，各地乡村建设群体为增加农户收入也纷纷从事除虫菊的栽培和种植，得益于政府、中化社、乡建团体的合作，本土的除虫菊栽培、加工产业链条逐渐形成。由于产业链中农工关系不平衡和本土除虫菊易受国家花价变动的影响，本土除虫菊产业链较为脆弱，1936年除虫菊收购风波的爆发导致种植农户利益受损，除虫菊产业链的发展自此一蹶不振。除虫菊在近代中国所经历的知识流转、商业投机、产业形塑阶段，反映出新兴原料作物逐渐本土化、商业化、产业化的发展过程。

　　复旦大学李雅闻的报告题目是《"亡国病眼"：近代中国沙眼疾病概念的塑造与利用》。沙眼是接触性传染病，由于起症时不易察觉往往为患者所忽视，极易传染，进而蔓延于整个社会层面。近代医学将沙眼视为由病毒或细菌引起的传染病而进行防治，认为传统"不洁"和"野蛮"的生活方式是导致患者感染沙眼的主因。近代知识分子将这种病因分析赋予污名化内涵，将沙眼疾病与社会文明程度、国家建设进程相联系，称其为"亡国病眼"。在南京国民政府推行新生活运动时，便将"疗治沙眼"看作改良中国社会积弊的重要事项。为控制沙眼的传播，南京国民政府更是将沙眼与入学、入职资格相挂钩，严格限制沙眼患者求学和工作机会，以此来提升社会对沙眼的重视。相对而言，深受政治控制、舆论认知与知识权力影响的沙眼患者，因患沙眼而不得不艰难求生，长期无法恢复健康的现实使之饱受病痛折磨，他们是近代疾病隐喻下沉默的群体。

清华大学褚芝琳的报告是《屠犬记：近代宁波对狂犬病的认知与防治（1899—1948）》。20世纪40年代以来，疯犬噬人致人死亡的案例屡见不鲜，引发社会大众对狂犬病的恐慌。对此，宁波地方政府推行了肃清野犬和挂牌登记家犬的管理规定，但部分民众对挂牌费心有疑虑而迟迟不愿给家犬登记，导致家犬与野犬界限难别，为短时间内肃清野犬出台的奖励机制则使得屠犬工作队见犬即予以捕杀。屠犬不仅成为一桩生意，更成为无差别屠杀犬类的社会运动。在治疗层面，地方政府虽有引进专药和疫苗，但治愈狂犬病的报道较少，无法安定普通市民的社会情绪。出于对西法、西药成本和疗效的担心、怀疑，市民更易受"分文不取"的免费土方药物的诱惑，热衷于寻求土方疗法的帮助。作者指出，土方疗法盛行，成效却不显著，且因服用土方而导致延误治疗的案例不在少数。近代宁波防治狂犬病的地方实践，揭示出地方社会中的民间知识、传统观念、社会舆论和政府控制策略是影响疾病防治成效的限制因素。狂犬病防治的实质性推进仍然有赖于犬用和人用预防疫苗的推广。

中山大学郑小红的报告题目是《走向统制：1933—1938年福建茶叶管理机构的演进》。福建茶商在将茶叶由闽东运往福州的过程中，需要两次临时囤放洋驳完成交接，极易产生偷茶和湿茶等损害茶商利益的问题。为"谋输运盘卸之便利、寄存之安全"，部分福宁茶商与福州恒元堂袋茶帮于1933年在福州桥北台江码头设立了宁昌茶仓，后因码头和茶仓经营不善于次年亏折停办。福建事变后，国民政府实业部已有整顿和改良茶叶、推行茶业统制的计划。福建省政府利用茶商提议恢复设立茶仓的机会，以官商合办为原则，在原宁昌茶仓的基础上开办了福州第一茶仓。官商合办后，福建省建设厅直接拨款和管理第一茶仓，增加了茶叶检查的职能，赋予了该茶仓管理机构的性质。1936年4月，福建省建设厅设立茶仓管理所,顺应推进茶叶管理的统制需要,以官商合办"未尽妥善"为由全面接管茶仓。茶仓管理所通过改善仓储业务、增加调剂金融、协助稽核茶税等职能,加强了对茶业的管理。1938年,南京国民政府正式对全国茶叶实施统制,福建省政府将茶仓管理所和出口红茶联合运销处合并改组为茶叶管理处,福建省茶业进入统制管理阶段。在福建省茶业统制的渐进过程中,地方茶商、茶行、茶栈虽有反对,但终究只能向国民政府妥协。

  关于俞泽玮的报告,评论人肯定其选题的价值和新颖性,论述较为充分。评论人建议作者可以调整文章各部分的论述重心,突出各部分内容间的关联性,帮助读者在阅读中体察文章的论述核心和论述层次。就史料的解读而言,评论人提醒作者应注意史料表达的陷阱:作者常使用广告论证行业形势的变化,这种论证相对单薄,可以进一步利用行业的销售量、销售网点的铺设情况来全面反映行业的起伏;作者强调除虫菊的广泛传播是商业建构助推的结果,也应注意到作为某一类型的科学知识,其传播过程亦需要科学话语的支撑;作者留意到报刊中常使用"投机"一词描述商业行为,并直接袭用在论文中,并未详细考证商业投资行为是否是投机,从何种角度上可以论证是投机行为。此外,作者虽着重处理除虫菊的产业链问题,仍需要全面介绍除虫菊全行业、全产业的整体情况。

  李雅闻的报告能够相对准确地评述前人研究成果,较为新颖地讨论了疾病的隐喻和政治意涵,得到了评论人的肯定。在文章的内容上,评论人指出,近代政府的公共服务本需要依赖政府对社会资源的财政汲取能力,其公共服务的成效建立在财政对公共服务的投入上,作者立足疾病文化史的取向,着重强调知识分子和政府利用对疾病的解读来介入到对疾病的控制过程这一面向,相对忽略从政府的财政和公共服务能力上讨论疾病控制的基本背景,因此所归纳的结论稍显跳跃。在史料的利用上，作者对史料的剪裁稍显粗疏，内容较为精彩、信息量较大的材料没有恰当予以分割，评论人建议作者可按时间顺序裁剪史料，并相对平均地安排不同部分的史料。在具体行文方面，作者对节标题和节标题下的引入部分稍有错位，需要在修改时明确该部分讨论的核心主题，标题和引入部分的设置均是为讨论相应的主题服务。

针对褚芝琳的报告，评论人指出作者能够利用地方个案来展现疾病在地化的问题，选题新意十足，并就文章的内容逻辑、知识背景、史料解读给出了相对具体的建议。在内容方面，作者较强调民众没有形成对狂犬病的科学认知、政府对狂犬病的处理不当、商业利益主体的介入是导致"屠犬运动"爆发的原因，尚未考虑到政府本身的行为逻辑。疾病作为公共安全问题，公权力在介入和控制的过程中形成和发展出相应的政府职能，通过投入相应的资源和力量来控制问题，但在近代国家政权的建设中，其相应的政府职能尚在发展当中，提供的资源是有限的，向社会发包的权力缺少有效的监管，这是导致公共问题泛利益化的主因。为便于读者把握到作者的论述对象，建议作者在开头部分交代狂犬病的预防和治疗知识，相应叙述在近代上海、北京、南京等大城市控制狂犬病的措施，再来铺叙宁波这一个案，则能凸显个案的研究价值。作者应谨慎使用同质性史料论证观点，可以通过增加数据统计的方式丰富文章的呈现方式。

对于郑小红的报告，评论人肯定了作者的史实梳理工作，较为完整地叙述了福建实现茶业统制的三个阶段，论文完成度较高，但文章在问题意识和关键概念上仍有进一步讨论的空间。评论人指出，作者虽强调茶业市场的统制面向，但对统制一词缺少深入的辨析和归纳，影响了文章的深度。统制作为国家利用权力实施的主导行为，其与市场经济有何差异，统制经济在质量监管、降低交易成本、刺激出口和内销上是否有正面作用,在市场发育、市场组织、市场调整上是否存在负面影响,茶业市场的兴衰与统制强度存在何种关联,均可纳入考察范围。作者未能全面考察统制,一方面与作者只考虑地域个案本身,只评述了有关福建茶业市场统制的前人研究,忽略了统制政策、其他行业的统制措施、其他地域的统制过程的研究,另一方面与作者较为集中地使用强调国家机构角色和作用的官方文件有关,评论人建议作者广泛搜集前人成果,扩充史料的搜索范围,尤其是需要注意茶商和市场的声音。

四、民国时期的阅读文化与思想宣传

第二组第二场报告由复旦大学历史学系刘平教授、章可副教授担任评议,本组三名报告人的议题涉及无政府主义书籍的流通、"伪中央大学"的日籍师资和中日关于"人道远征"的舆论宣传,展现了民国时期阅读文化与社会舆论的多样面貌。

北京师范大学徐添的报告题目是《"五四"时期秘密书籍的流通与阅读:以无政府主义书刊为中心》。五四运动以来,北洋政府对无政府主义书刊采取了严厉的查禁措施,代售无政府主义书刊意味着巨大的政治风险,上海的出版机构遂很少发行无政府主义书刊,秘密或半公开发行成为无政府主义印刷品最主要的流通手段。无政府主义者一面利用大报大刊刊登书籍广告,一面利用刊物的通信栏、消息栏搭建交流平台,各地的无政府主义者经由通信形成了超越地缘、学缘、亲缘的社会网络,无政府主义的传播范围日益扩大。《告少年》和《夜未央》作为这一时期无政府主义书刊传播和阅读的代表性个案,它们通过师友赠阅、同学介绍,借助广告推销,逐渐为青年所注意;青年们或"雪夜闭门读禁书",或参与读书讨论,又或参与撰写相关剧本,在感受和创造中加深了对作品内容和情感的理解。"五四"青年从无政府主义书刊的秘密阅读中"运动"起来,以乌托邦社会为理想,走上革命道路。

复旦大学应焕强的报告题目是《侵华"思想战"与沦陷区高等教育实践:南京中央大学的日籍师资》。抗战时期,沦陷区学术和高等教育事业的发展状况是抗战史的重要研究课题,反映着日本对华"思想战"的实态。报告人聚焦沦陷后在南京创办的"国立中央大学",以南京中大日籍师资为研究对象,对其人员组织、教学活动以及日本的高等教育控制策略进行了论述。在南京中大成立后,日本"兴亚院"和"大东亚省"等机构先后选派各科专职日籍教师、日籍学务专员前往学校,从事教学和管理工作。日籍教师在南京中大教授现代科学技术知识、文化知识,其教学模式、理论术语多具有日本特色,对在校学生影响不小。报告人指出,日方派遣日籍教员来华从事高等教学,是期望建立以日本为主体的"东亚新秩序",输出具有特色的科学技术和思想文化,以同化、安抚尚在沦陷区生活的中国青年;由于南京中大在沦陷区高等教育中的特殊地位,在抗战结束后,南京国民政府发起了甄审运动,对南京中大师生的学术和生活影响巨大。

南开大学潘岩的报告题目是《舆论战:由"人道远征"管窥全面抗战初期围绕中日战事的宣传博弈》。1938年5月19日,两架中国战机从宁波机场起飞,飞抵日本九州地区散发传单,因此次行动未投掷炸弹,舆论将此次行动称为"人道远征"。作者主要关注中、日、英多方对此次"人道远征"的报道方式和宣传策略。中方主要通过广播、电影、诗歌、绘画等多种形式报道此次行动,着力强调其人道意义,揭示日方暴行,鼓舞民众的抗战斗志。日方初始采用封锁消息的方式,防止不利报道的传播,之后则利用其在本土、殖民地和国际舆论的宣传网络,展现其强大的军事力量。此时,日方对公共租界的控制力尚较为有限,无法彻底管控上海各类报刊的宣传口径和信息渠道,租界内的西文报刊仍保持相对独立性。中方通过国际宣传处、政治第三厅、抗战委员会等从事战时宣传的机构,利用在上海、香港等地的情报和组织网络,为公共租界内的西文报刊提供消息,是以西文报刊的事实叙述、舆论倾向相对偏向中方。

徐添的报告内容完整扎实,资料丰富,对巴金的阅读个案和《告少年》《夜未央》的流通和接受的个案描述细致,得到了评论人的一致认可。对于"五四"时期的无政府主义研究,研究者需要回溯到历史现场,注意到"五四"时期无政府主义内部有着多样的主义、团体和派系,虽共称接受了无政府主义,但人言人殊,需要作者予以警惕,避免铁板一块的倾向。作者在文中主要强调了文本的出版、流通和接受情况,但对文本本身的内容梳理不多,由于无政府主义语义的丰富性,不同的文本在无政府主义的观点、认同程度、提出的解决方式上各有不同,作者可兼顾内史和外史合并讨论。对于文章的时代背景,评论人提醒作者在注意"五四"时期国内因素的同时,同样需要注意到欧战和苏俄革命的影响,特别是因为苏俄革命的爆发导致北京政府对无政府主义和社会主义的查禁力度有所加强。在考虑民国时期相关法律对于出版和印刷事业的规定、"五四"时期出版机构的生存环境、时代政局的内外因素的基础上,作者应明确所谓书刊"秘密"问题,明确其是编辑过程意识到会有审查而对公开范围有所限制,还是因为在发行过程中受外界因素的影响遭到查禁,被迫转入地下,需要界定清楚"秘密"的概念。

对于应焕强的报告,评论人指出沦陷时期的南京中央大学是前人研究相对较少的领域,也是目前民国高等教育史研究所亟待研究的课题,作者注意到这一主题并能对具体问题进行讨论,较有新意。但文章在完成层面有所欠缺：首先，标题语义不清，应明确是日本的侵华"思想战"，斟酌"思想战"和高等教育实践的主体关系；其次，日籍师资是作者考察的重点，文章着重叙述了来华交流演讲的日本专家和在南京中央大学授课的日本学者两类主体，但前者是否属于师资，作者没有辨析和界定，具体到在职授课的日本学者的数量也缺少相应统计；再者，对沦陷时期南京中央大学的成立情况交代不足，包括财政基础、院系设置、师资力量等基本信息缺少背景信息梳理。此外，评论人提示作者可以进一步关注战后国民政府对南京中央大学发起的甄审运动，通过梳理甄审的史实，分析甄审运动未能实现其既定目标的原因，揭示战后社会对甄审运动的舆论反应。

　　评议人认为，潘岩的报告能够注意到不同政权利用人道主义观念及其道义影响力进行舆论攻守，在研究主题上十分新颖，但目前的文本在史实层面还有进一步夯实的空间。作者仅在文章开头部分介绍了"人道远征"，没有详细铺陈"人道远征"发生的具体情况，国民政府在当时何以做出这一决策、军政机构对这一决策的目的和效果预估、是否有相应配合"人道远征"行动的舆论准备等问题并未加以考察。作者关注"人道远征"发生各方的报道和反应，在国民政府方面需要注意事前准备、事后配合两点，不能单就事后的报道阐释国民政府的利用情况，应在考察国民政府的舆论宣传策略、制度安排的基础上综合论述；在公共租界方面，作者需意识到租界内英文报刊的立场是复杂而多元的，撰稿者、编者都选择性地摘述事实，根据立场和利益而表达的态度差异较大，其对"人道远征"的态度也与对抗日战争、英美与日本在公共租界的权力对比息息相关，较难在整体倾向上判断其政治态度。评论人建议作者可进一步探究中国共产党对"人道远征"的看法。

结　　语

　　总的来看,本次论坛议题广泛,报告人围绕晚清至民国时期的政治制度与地方治理、中外关系与外交策略、知识建构与社会传播、阅读文化与思想宣传等主题展开论述,选题新颖,叙述周详,新见迭出。各位老师极其赞赏与会同学能够就当前中国近现代史研究所关心的主要议题寻找研究问题,利用较高的搜集和挖掘史料的能力,掌握和解读多语种、多类型的史料,立足不同主体之间的政治、经济和社会关系,将研究对象还原到具体的时空场景中加以论述,显示了各位报告人上佳的研究能力。同样,各位老师也提醒各位同学在尝试跳出就事论事的旧式论述时,务须了解研究议题的学术史脉络,准确评述学术前史的推进和不足,在"接着讲"中打磨论文的问题意识;充分考察议题在研究时段前后的关联性,努力挖掘新的论述角度;清晰界定论文使用的术语和概念,避免自我造词和望文生义,警惕史料的预设和陷阱,提升写作能力;多以读者意识审视论文,反复诵读与修改,坦诚接受学术批评。未来,我们热切希望"复旦大学近现代史学研究生论坛"能够成为全国范围内中国近现代史研究生交流的园地,相互分享学术资源,交流学业困惑,探讨学术见解,提高学术能力,以新的研究视野推动和引领中国近现代史研究的发展。

图书在版编目(CIP)数据

近代中国的人物形象与记忆塑造/复旦大学历史学系,复旦大学中外现代化进程研究中心编. --上海:上海古籍出版社,2024.8
(近代中国研究集刊)
ISBN 978-7-5732-1010-4

Ⅰ.①近… Ⅱ.①复…②复… Ⅲ.①历史人物-人物研究-中国-近代 Ⅳ.①K820.5

中国国家版本馆 CIP 数据核字(2024)第 008638 号

近代中国研究集刊(12)
近代中国的人物形象与记忆塑造
复 旦 大 学 历 史 学 系
复旦大学中外现代化进程研究中心 编
上海古籍出版社出版发行
(上海市闵行区号景路159弄1-5号A座5F 邮政编码201101)
(1)网址:www.guji.com.cn
(2)E-mail:guji1@guji.com.cn
(3)易文网网址:www.ewen.co
常熟市文化印刷有限公司印刷
开本635×965 1/16 印张26.5 插页5 字数321,000
2024年8月第1版 2024年8月第1次印刷
ISBN 978-7-5732-1010-4
K·3536 定价:118.00元
如有质量问题,请与承印公司联系